AF818545

Liebe Leserin, lieber Leser,

ABC – das klingt klar, logisch und aufgeräumt. Deshalb haben wir dem vorliegenden Buch auch diesen Titel gegeben, denn genau diese Beschreibung trifft darauf zu: Es ist klar in der Aussage, logisch aufgebaut und wirkt vom Layout her ausgesprochen strukturiert.

Der Bereich Kommunikationsdesign besticht wie viele andere Bereiche auch durch eine Vielzahl an Fachbegriffen, deren genaue Bedeutung gerade Einsteigern oft verborgen bleibt. Exakt hier setzt das Buch an: Zu allen wesentlichen Fachausdrücken bietet es Definitionen, die wirklich verständlich sind und auf die man sich verlassen kann. Wie nur wenige versteht es Markus Wäger, uns komplexe Themen einleuchtend näherzubringen. Erklärt er mir, woran man eine klassizistische Antiqua erkennt, so verstehe ich es, bringt er mir das Thema Farbe näher, so weiß ich die Details auch im nächsten Monat noch.

Also lassen auch Sie sich von diesem Buch überzeugen! Nach der Lektüre werden Sie neue Einblicke in die Gestaltung gewonnen und sich eine solide Basis für alle Designaufgaben aufgebaut haben.

Nun wünsche ich Ihnen viel Vergnügen beim Schmökern. Wenn Sie Fragen, Wünsche und Anregungen haben, stehen der Autor und ich gerne zur Verfügung.

Ihre Ruth Lahres
Lektorat Rheinwerk Design

ruth.lahres@rheinwerk-verlag.de
www.rheinwerk-verlag.de
Rheinwerk Verlag • Rheinwerkallee 4 • 53227 Bonn

Inhalt

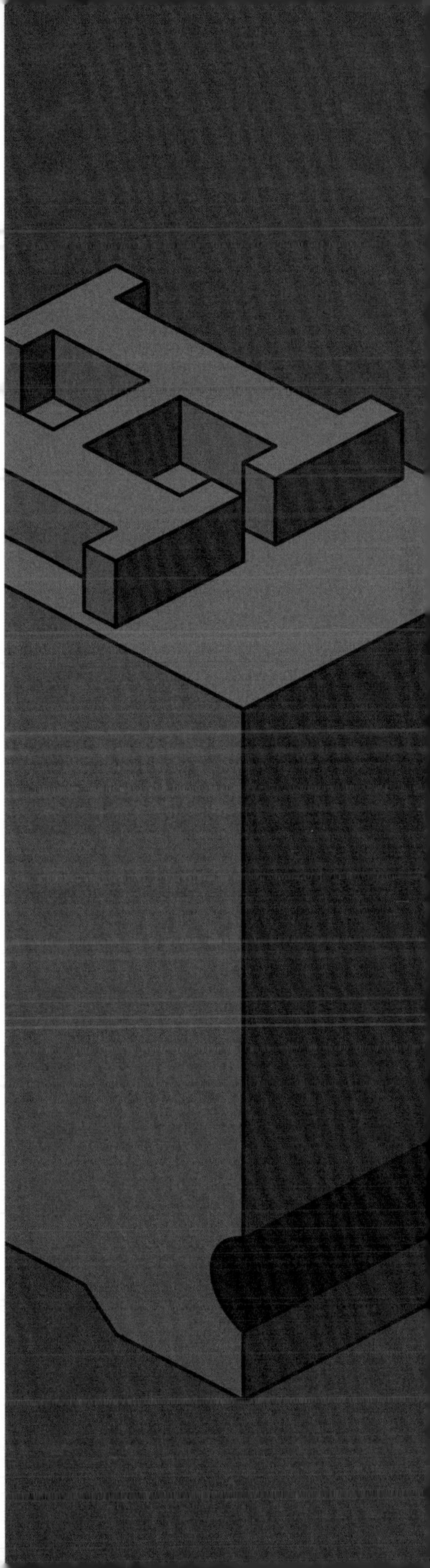

Kapitel 4: Typografie 181

Kapitel 5: Farbe 219

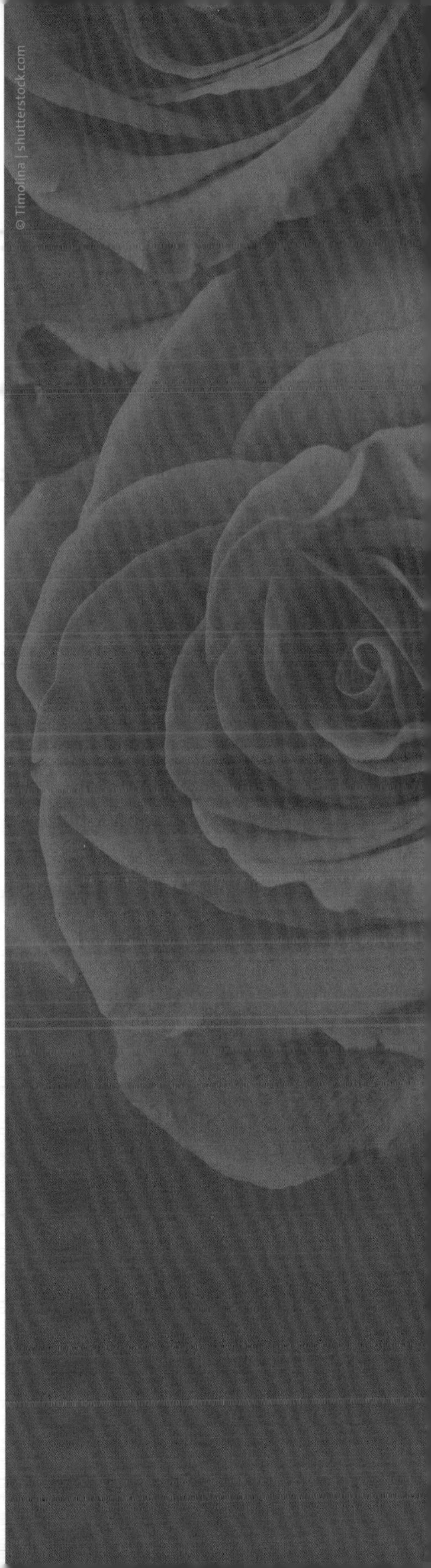
© Timolina | shutterstock.com

Inhalt nach Alphabet

A

B

C

D

F

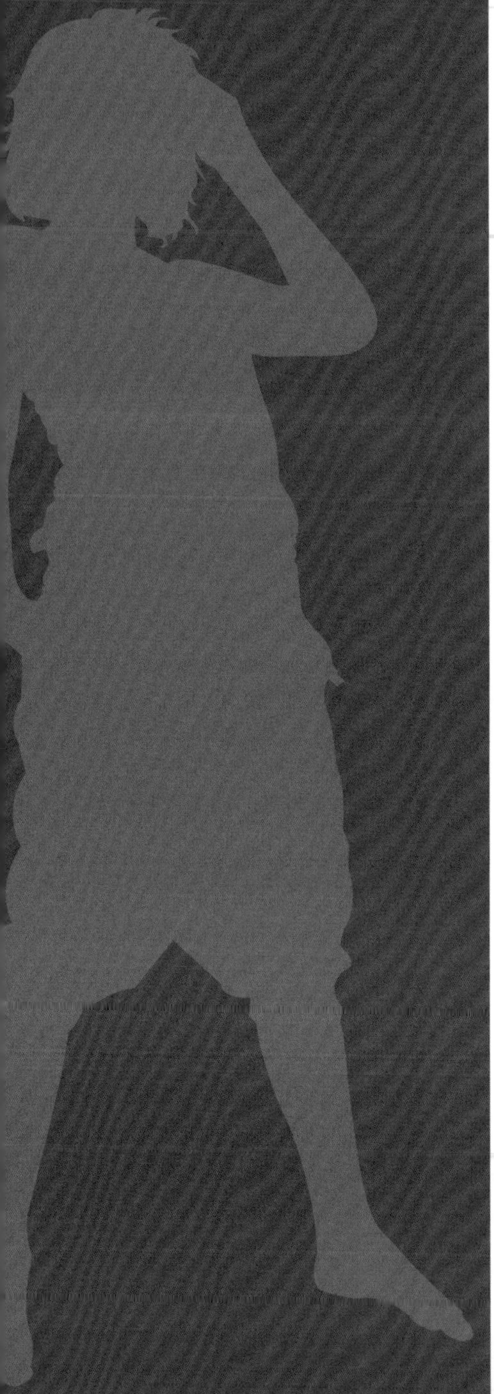

G

H

O

P

R

S

Erfolg macht Spa

Vorwort

Nach meinem Buch über die Kamera Nikon D700 wurde ich häufig nach einem Tipp zu einem Buch gefragt, mit dem man Fotografie lernen kann. Es fiel mir schwer, diese Frage mit *einem* Buch zu beantworten. Die Fotoschulen, mit denen ich gelernt hatte, beschrieben zwar alles, was man über Fotoausrüstung und die fotografische Theorie wissen musste, aber sie erklärten nicht, wie dieses Wissen in der Praxis einzusetzen war, um kreativ gestaltend zu fotografieren. Also habe ich selbst ein Buch geschrieben, das Technik und Theorie im Kontext der fotografischen Praxis erklärt.

Aus demselben Grund schrieb ich 2009 »Grafik und Gestaltung«: Es gab zwar Bücher über alle möglichen Aspekte des Grafikdesigns, aber keines, das alles, was man über grafische Gestaltung wissen muss, zwischen zwei Buchdeckeln vereint. Ein umfangreiches Unterfangen, das am Ende etwa 700 Seiten in Anspruch nahm.

Ich schreibe die Bücher, die ich selbst gerne lesen würde. Darüber hinaus unterrichte ich die Themen, über die ich schreibe. Es versteht sich von selbst, dass ich für meinen Unterricht meine Bücher als Grundlage verwende. Das ist praktisch und gibt mir die Möglichkeit, zu beobachten, wo meine Erklärungen von den Teilnehmenden der Kurse und Lehrgänge gut verstanden werden und wo sie noch nicht optimal verständlich sind. Aus dieser Erfahrung heraus entwickle ich die didaktischen Konzepte meiner Unterrichtseinheiten und Fachbücher kontinuierlich weiter.

Auch beim 2017 erschienenen Buch »Das ABC der Farbe« war das Fehlen eines Werks, das das Thema Farbe spezifisch für die Bedürfnisse von Grafikdesignerinnen und Fotografen erklärte, Antrieb, es zu schreiben. Dafür entwickelte ich ein Konzept, bei dem auf jeder Doppelseite ein für Fotografie und Grafikdesign wichtiger Begriff erklärt wird und so das Wissen, das man in diesen Bereichen über Farbe haben sollte, aufbaut. Im Mittelpunkt stehen auf diesen Doppelseiten Abbildungen, die den jeweiligen Begriff anschaulich visualisieren.

Es lag nahe, das Konzept auf das allgemeine Grafikdesign zu übertragen, woraus dieses Buch entstand. Inhaltlich beleuchtet es dieselben Themen wie »Grafik und Gestaltung«. Doch während dort die Beschreibungen die Basis bilden und die Abbildungen den Text unterstützen und ergänzen, stehen hier die Abbildungen im Mittelpunkt und die Texte dienen der Unterstützung und Ergänzung.

So wie viele Branchen ist auch das Grafikdesign kontinuierlichen Umbrüchen unterworfen. Ständig entstehen neue Werkzeuge, Möglichkeiten, Methoden und Medien. Kaum ein Grafiker, der heute noch so arbeitet wie vor zehn Jahren. Die Grundlagen des Grafikdesigns hingegen sind weitgehend eine Konstante. Die menschliche Wahrnehmung funktioniert nicht wesentlich anders als vor der Erfindung des Internet. Unsere Aufmerksamkeitsspanne mag kürzer geworden sein, aber die Kriterien für gut lesbaren Mengentext sind heute nicht anders als damals und sie sind am Bildschirm nicht wesentlich anders als auf Papier. Die Modefarbe mag von Jahr zu Jahr wechseln, aber die Art, wie Farbe wirkt, ändert sich nicht. Der größte Teil des in diesem Buch vermittelten Wissens ist zeitlos und wird 2125 noch genauso gültig sein wie 2025. Daran wird auch KI nichts ändern, solange Gestaltung für Menschen gemacht wird. Zwar zeichnet sich ab, dass Künstliche Intelligenz den Gestaltenden zukünftig viel Umsetzungsarbeit abnehmen wird. Know-how in Anwendungsprogrammen wird an Bedeutung verlieren. Vielleicht werden in einigen Jahren nur mehr einzelne Spezialisten mit Photoshop arbeiten, die dann beauftragt werden, wenn die KI nicht mehr weiter weiß. Den kreativen Teil des Grafikdesigns, das Wissen darum, was funktioniert und was nicht geht sowie die Erfahrung, Design beurteilen und gute Entwürfe von unbrauchbaren zu unterscheiden, wird noch einige Zeit menschliche Kernkompetenz bleiben.

KI ist weder intelligent noch kreativ. Die AI-Tools von 2025 sind nichts anderes als komplexe Programme, die ihre Resultate auf Basis von Wahrscheinlichkeiten berechnen. Die Ergebnisse wirken beeindruckend intelligent und kreativ, sind aber eigentlich Zufallsprodukte. Das merkt man, wenn man der KI Fragen stellt, für die im Internet nicht reichlich Datenmaterial zur Verfügung steht. Dann kommt es schon vor, dass man wiederholt dieselbe Frage stellen kann und jedesmal eine andere Antwort erhält.

Gestaltung bedeutet auch im KI-Zeitalter, dass Menschen die Ziele definieren und die kreativen Ideen entwickeln. Die KI ist ein großartiges Hilfsmittel für den Entwicklungsprozess. Aber *ich* muss die Ausgangslage und das Ziel verstehen. *Ich* muss wissen, womit ich die KI beauftrage und wie ich es formuliere, um einigermaßen zu bekommen, was ich mir vorstelle. Und bei dem, was ich bekomme, muss *ich* unterscheiden, was gut und was nicht funktioniert.

Auch in KI-Zeiten müssen Designerinnen und Designer Gestaltung verstehen und wissen, was sie tun. Deshalb glaube ich, dass das Wissen in diesem Buch heute so relevant ist wie immer, vielleicht sogar noch relevanter. Grafik umsetzen wird zukünftig KI. Grafik gestalten muss bis auf Weiteres der Mensch.

Markus Wäger
Feldkirch, Oktober 2025

buero@markuswaeger.com
www.grafikundgestaltung.com

Kapitel 1: **Grundlagen**

© Everett-Art | shutterstock.com

© Marzolino | shutterstock.com

© Yuravector | shutterstock.com

© Zsolt Horvath | shutterstock.com

Grafik

Der Begriff *Grafik* hat mehrere Bedeutungen. Seine Wurzeln finden sich im altgriechischen *Graphiké* für *Zeichnung* und *Malerei*. Die Malerei ist bestrebt, Motive realitätsnah abzubilden. Zeichnungen hingegen konzentrieren sich auf Linie und Form. Linien und Reduzierung sind charakteristisch. Wo Farbe eingesetzt wird, geschieht dies spärlich oder flächig. Durch Verzicht auf Nuancierung und Schattierung wird die Form betont. Heute werden mehr oder weniger stark reduzierte Abbildungen generell *grafisch* genannt.

Mit dem Aufkommen des Buchdrucks geht das Bestreben einher, auch Bilder drucktechnisch zu reproduzieren. Komplex schattierte, farbige Malerei ist dazu nicht geeignet – Rasterdruckverfahren, die das ermöglichen, fassen erst im 20. Jahrhundert Fuß. Deshalb werden Bücher zunächst mit Grafiken illustriert. Künstlerische Drucke gehören heute als *Grafik* neben Zeichnung, Malerei, Fotografie, Baukunst, Bildhauerei und Kunsthandwerk zu den bildenden Künsten.

Mit Erfindung der Fotografie verliert die Malerei das Monopol auf die naturgetreue Abbildung von Motiven. Lediglich Farbe entzieht sich der Fotografie zunächst. Lichtbilder sind lange Zeit monochrom (schwarzweiß). In Folge verliert der Realismus in der Malerei an Bedeutung und die Wirkung der Farben rückt in den Vordergrund. Gemälde werden flächiger und *grafischer*.

Auch in der Fotografie nennt man reduzierte Aufnahmen mit Konzentration auf die Form *grafisch*. Nicht zu übersehen ist die Verwandtschaft des Wortbestandteils *-grafie* in Fotografie mit *Grafik*. Dieser stammt von *gráphein* ab, was für *Schreiben* und *Zeichnen* steht. Fotografie ist *zeichnen mit Licht* (*photos*: Licht). Denselben Bestandteil haben auch die *Kalligrafie* und *Typografie*. *Kállos* heißt *Schönheit*. Kalligrafie steht für die Kunst des Schönschreibens von Hand. *Týpos* bedeutet *Abdruck* oder *Figur*. Typografie ist also *schreiben mit Figuren*. Mit Figuren sind natürlich Buchstaben gemeint – Druckbuchstaben. Druckbuchstaben sind über Jahrhunderte hinweg kleine Stempel, in der Regel aus Blei, die man *Lettern* oder *Typen* nennt. Um mit ihnen Worte und Sätze zu bilden, ist Type um Type aneinanderzusetzen. Man spricht vom *Setzen*. Wer das macht, ist *Setzer*. Das Ergebnis ist der *Satz*. Letzteres darf nicht mit dem grammatikalischen Satz verwechselt werden. Die Gestaltung des Textsatzes sowie seines Umfeldes – das, was man heute *Layout* nennt – ist Aufgabe der Typografie. Ebenfalls der Typografie zugerechnet wird die Gestaltung der Buchstaben – das Schriftdesign.

Wenn Sie etwas in einen Computer tippen, übernimmt er den Satz, indem er eine digitale Type an die andere setzt. *Grafik* steht in der EDV allgemein für die Bilderzeugung auf digitalen Ausgabegeräten wie Bildschirmen und Beamern. Anders als in den Frühzeiten des Computers erfolgt die Bedienung heute nicht über Texteingabe, sondern über eine grafische Benutzeroberfläche mit Symbolen und Fenstern.

In der multimedialen Welt kann mit *Grafik* jede Art Bild gemeint sein, auch Diagramme, die Datenlagen mittels Säulen, Balken oder Torten veranschaulichen. Digitale Bilder lassen sich in zwei Kategorien einteilen: *Pixelbilder* und *Vektorgrafiken*. Pixelbilder bestehen wie Mosaike aus winzigen Steinchen (Pixel), so klein, dass sie mit freiem Auge nicht als Einzelelemente zu erkennen sind. Fotos und Illustrationen mit komplexen Strukturen lassen sich nur auf diese Art sinnvoll erstellen. Pixelbilder sind das digitale Äquivalent zur Malerei. Vektorgrafiken basieren auf mathematisch beschriebenen Formen, sind entsprechend formorientiert, reduziert und eher mit der Zeichnung vergleichbar. In der Medienbranche wird unter Grafik üblicherweise eine Illustration mit reduziertem Charakter verstanden.

Grafik steht also für einiges, manchmal auch Widersprüchliches. Wie der Begriff gerade zu verstehen ist, hängt vom Kontext ab. Gemein ist den unterschiedlichen Bedeutungen im Wesentlichen, dass *grafisch* für eine reduzierte Abbildung von Motiven steht, wobei das Motiv nicht zwingend eine Szene sein muss, sondern ebenso ein Diagramm, Ornament, Symbol oder Zeichen sein kann.

Gemälde: »Porträt eines jungen Mannes« von Bronzino, ca. 1530

Grafik: Gravierporträt eines Beduinen von 1864

Grafik: Comic-Zeichnung

Grafik: Japanische Seidenmalerei des 18. Jahrhunderts

Design

So wie Grafik mehrere Bedeutungen hat, hat Design viele Gesichter. Wir finden es in der Architektur, bei Möbeln, in der Mode, in Benutzeroberflächen elektronischer Geräte, der Form der Geräte, in der Gestaltung jeglicher Produkte sowie in den Verpackungen, in denen die Produkte vertrieben werden. Es begegnet uns in Zeitungen und Magazinen, in Büchern, Prospekten und Katalogen. Werbung erfährt ebenso Design wie Verkehrs- und Hinweisschilder. Schlecht gestaltete Gefahrenhinweise können Leben gefährden.

Wie vorteilhaft Sie sich in einem Spiegel sehen, hängt von der Qualität des Lichtdesigns des Raumes ab. Außerhalb des visuell Wahrnehmbaren finden wir Design in Form von Sounddesign, Geruchsdesign, dem Design von Software und Datenbanken sowie in Designerdrogen. Kreationisten betrachten das Leben selbst als von Gott designt. Design ist allgegenwärtig!

Design ist bewusst und kompetent ausgeführte Gestaltung zweckbestimmter Werke. *Werk* dient hier als Platzhalter für alles, was sich entwickeln und anfertigen lässt. Vom Zeichnen einer Skizze über das Erstellen einer Homepage, den Bau eines Möbels, die Konstruktion eines mechanischen oder elektronischen Apparats bis hin zur Planung eines Gebäudes. Man kann kein Werk schaffen, ohne es zu gestalten. Jeder, der etwas schafft, gestaltet. Doch solange die Gestalt des Werks eine zufällige Begleiterscheinung von Funktion und Zweck ist, reden wir nicht von Design. Von Design spricht man, wenn der Form bei der Entwicklung dieselbe Aufmerksamkeit zuteilwird wie dem anvisierten Zweck und der erforderlichen Funktion.

Das heißt nicht, dass jede bewusst betriebene Gestaltung Design ist. Auch Künstlerinnen werden ihre Werke bewusst gestalten. Der Unterschied zu Design liegt darin, dass in der Kunst das Werk der Zweck der Gestaltung ist. Wenn eine Person ein Kunstwerk kauft (und es nicht um die reine Geldanlage geht), dann wahrscheinlich, weil es ihr gefällt, weil es sie inspiriert, zum Nachdenken anregt oder sie sich eine Aufwertung der Atmosphäre von Wohnung oder Büro verspricht.

Kunstwerke werden üblicherweise nicht gestaltet, um einen Zweck über die Wirkung der Form hinaus zu erfüllen. Das Werk ist Zweck des Werks. Ein Radio hingegen kauft man kaum, um es der inspirierenden Form wegen ins Regal zu stellen. Radios werden gekauft, um Rundfunksendungen zu hören. Der Zweck des Radios ist Rundfunkempfang. Das Design muss sich dieser Funktion unterordnen.

Heißt das, jede bewusste Gestaltung zweckbestimmter Werke ist Design? Grundsätzlich ja. Man sollte allerdings den Aspekt der Gestaltungskompetenz nicht außer Acht lassen. Schließlich ist auch nicht jede gepfiffene Melodie Musik, und nicht jeder, der ein Lied summt, ist Musiker.

Das Verständnis hierzulande reduziert Design meist auf die ästhetische Formgebung von Gebrauchsobjekten. Dabei wird verkannt, dass es weit darüber hinaus auch Bedeutung für den Gebrauch hat. Dinge, die zwar ansprechend gestaltet sind, deren Form jedoch der Bedienung oder Anwendung hinderlich ist, sind nicht gut designt. Gutes Design unterstützt die Bedienbarkeit und optimiert die Funktion. Hochwertige Komponenten in einem Radio erzielen erst durch ein optimales Design des Geräts einen guten Klang. Darüber hinaus sorgt Design für eine selbsterklärende Bedienung.

Im Englischen steht der Begriff Design sowohl für Entwurf und Gestaltung als auch für Planung und Entwicklung. Das geht viel tiefer als die Gestaltung der Oberfläche. Es durchdringt den ganzen Prozess von der Material- und Komponentenauswahl bis in die Planung des Aufbaus. Optimale Produkte sind nur zu erwarten, wenn Ingenieure und Designer Hand in Hand arbeiten.

Bauhaus Tischlampe aus den 1920er-Jahren

Braun Tonbandgerät TG 1000,
Dieter Rams, 1970

VW Käfer, Entwicklung ab 1938
unter der Ägide von Ferdinand Porsche

© Dreamprint | shutterstock.com

© Rob Lavers LRPS | shutterstock.com

© sarunyu rapeearpa-kul | shutterstock.com

© Bjoern Wylezich | shutterstock.com

© Cozine | shutterstock.com

© 8th.creator | shutterstock.com

© Alexandre Rotenberg | shutterstock.com

Grafikdesign

Grafikdesign ist Design mit grafischen Mitteln. Anders als in der bildenden Kunst und im Kunsthandwerk, in denen Werke um ihrer selbst willen geschaffen werden, tritt im Grafikdesign die Ausrichtung auf konkrete Ziele in den Vordergrund. Prof. Kurt Weidemann sagte einst: »Der Künstler macht, was er will. Der Designer will, was er macht.« Weidemann sagte auch: »Typografen sind Dienstleute.« Das gilt auch für Grafikdesigner. Grafik ist Design, wenn es den Menschen dient.

Die Wurzeln des Grafikdesigns liegen in der Kunst und der Typografie. Infolge der industriellen Revolution und des Aufkommens der Massenproduktion begannen Unternehmen zu werben. Gestaltet wurde die Werbung von Künstlerinnen. Im Gegensatz zu den *schönen Künsten* spricht man von *angewandter Kunst*.

So wie Design viele Gesichter hat, gibt es auch zahlreiche Formen des Grafikdesigns. Um das Thema zu ordnen und Gestaltungsprinzipien zu beschreiben, gliedere ich es in vier Felder: die Gestaltung von Zeichen, das Mediendesign, das Corporate Design und die Werbegrafik.

Bei der Gestaltung von Zeichen geht es darum, mit Bildern zu kommunizieren. Die essenziellste Form der visuellen Kommunikation läuft über Symbole. Das geht von Piktogrammen über Verkehrszeichen, Icons, Firmen- und Produktlogos bis zur Gestaltung der Zeichen, mit denen Laute festgehalten werden, den Buchstaben.

Zeichen spielen auch im Mediendesign eine zentrale Rolle. Die wichtigsten Zeichen sind hier die Buchstaben des Textes, mittels derer Inhalte transportiert werden. Während Zeichen nonverbal kommunizieren und Emotionen transportieren, steht im Mediendesign die Information im Zentrum. Dazu dienen nicht nur klassische Medien, wie Zeitungen, Zeitschriften und Bücher, sondern ebenso Folder, Broschüren, Kataloge und Websites.

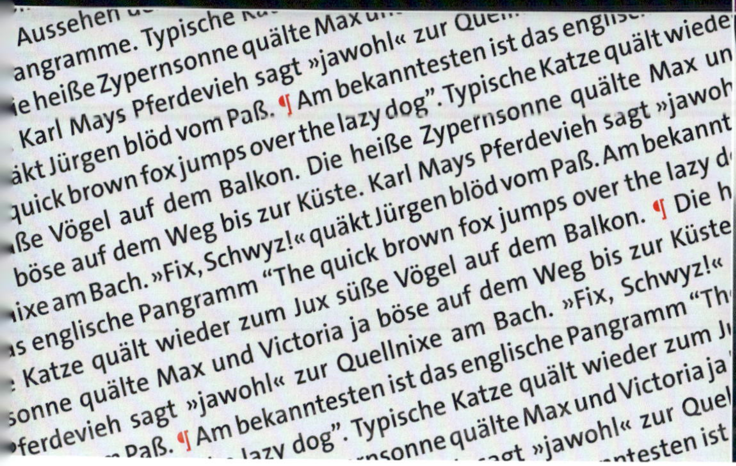

© GingerGiraff | shutterstock.com

Corporate Design ist Design-Standardisierung. Es geht darum, Unternehmen ein unverwechselbares visuelles Erscheinungsbild zu verleihen. Im Idealfall erkennen die Zielgruppen die visuellen Repräsentanten des Unternehmens unmittelbar und aus der Ferne. Rotes Kreuz, Feuerwehr und Post sind ebenso Paradebeispiele wie Tankstellen. Ein Zeichen allein – das Logo – ist dafür nicht ausreichend. Erst durch Kontinuität im Farbraum und der Typografie entsteht ein prägnantes Erscheinungsbild.

Bei Werbung treffen sich Symbolik, Mediendesign und Corporate Design. Zur Werbung werden üblicherweise auch Geschäftsdrucksachen, Broschüren, Websites und vieles mehr gezählt. Ich beziehe den Begriff hier allerdings primär auf aktive Werbung, wie Plakate, Inserate und Verpackungen. Werbung soll auf Produkte, Dienstleistungen oder Firmen aufmerksam machen. Dazu muss sie die Aufmerksamkeit auf sich ziehen, weshalb Eyecatcher zu gestalten sind, die den Blick der Zielgruppen einfangen. Am besten eignen sich Bilder. Gute Werbemotive funktionieren wie Zeichen: Sie vermitteln Botschaften unmittelbar visuell erfassbar, und oft sind sie emotional konnotiert.

Zeichen, Medien, Corporate Design und Werbung sind Aufgaben des Grafikdesigns. Die Mittel der Gestaltung sind Form, Farbe und Typografie, zu denen es in diesem Buch jeweils ein Kapitel gibt. Das vierte Mittel sind Bilder. Allerdings bestehen Bilder aus Formen und Farben und werden meist nicht vom Grafikdesigner erstellt, sondern von Fotografinnen und Illustratoren. Deshalb habe ich dem Thema Bild kein eigenes Kapitel gewidmet. Dennoch gehört es zum Grafikdesign, da die Motive meist vom Grafikerinnen konzipiert werden. Allerdings gilt vieles, was im Kapitel »Zeichen« beschrieben wird, ebenso für die Konzeption und Gestaltung von Werbemotiven.

Form und Funktion

Bis zur industriellen Revolution gehört Verzierung ganz selbstverständlich zu allem, was Menschenhände schaffen. Gebrauchsgegenstände sind keine Wegwerfprodukte, sondern kostbar, und Verzierung soll dem Wert Ausdruck verleihen. Als sich die Herstellung von Gütern vom Handwerk zur Industrie verlagert, stellt sich die Frage, wie sich Produkte effizient in Serie herstellen lassen. Zierrat verkompliziert die damals noch recht simplen Methoden der Massenproduktion.

Zur selben Zeit suchen Architekten, Künstlerinnen und Designer nach einer neuen Ästhetik abseits herkömmlicher Ornamentik. Es entsteht der Funktionalismus. *Form follows function*, lautet die Parole. Die Schönheit der Objekte soll sich aus der Funktion ergeben. Was für den Gebrauch nicht erforderlich ist, ist entbehrlich.

Ab den 1920er-Jahren prägen Künstlergruppen wie De Stjil aus den Niederlanden und die 1919 in Weimar gegründete Kunstschule Bauhaus zusammen mit anderen Strömungen eine Gestaltungsästhetik, die auf Purismus abzielt und in der die Geometrie eine tragende Rolle spielt. Deren simplen Formen begünstigen auch eine einfache Serienfertigung.

Parallel entsteht die Stromlinien-Moderne. Auch hier folgt die Form der Funktion, nämlich dem Ziel, den Luftwiderstand bei Fahrzeugen zu minimieren. Die Stromlinienform steht für die Dynamik einer modernen Zeit, wird von der Architektur aufgegriffen und spiegelt sich auch in anderen Bereichen des Designs.

Die Ideen des Bauhauses gelten als prägend für das internationale Design und sind bis heute stilbildend. Aus Nazideutschland emigrierte Künstler beeinflussen die Architektur der Vereinigten Staaten. In der Schweiz nehmen sie in den 1950er-Jahren Anteil an der Entwicklung der *Schweizer Grafik*. In Ulm tritt 1953 die Hochschule für Gestaltung das Erbe des Bauhauses an. Im selben Geist setzt der deutsche Industriedesigner Dieter Rams Maßstäbe in schlichtem Design, dessen Arbeiten auch Apples Designer Jonathan Ive beeinflussten.

Die Reduktion der Formen auf reine Geometrie stößt allerdings auch an Grenzen. Nicht alles lässt sich ihr sinnvoll unterordnen. Manche geometrisch gestalteten Sitzmöbel laden mehr zum Anschauen als zum Hinsetzen ein. Der Versuch, Schrift geometrisch zu konstruieren, ist weder ästhetisch überzeugend noch lässt sich darin gesetzter Text flüssig lesen.

In den 1980ern entstehen Designströmungen, die der ergonomischen Handhabung den Vorzug gegenüber strenger Geometrie und schlichtem Funktionalismus geben. Produktdesigner, wie der Deutsche Luigi Colani, orientieren sich an den organischen Formen der Natur. Zu den bedeutendsten Designs Colanis gehört Canons Spiegelreflexkamera T90. Das Design folgt nicht der Funktion des Apparats, sondern der Ergonomie des Anwenders. Nicht umsonst erinnern viele Spiegelreflex- und Systemkameras bis heute an diesen Entwurf.

Doch nicht jedes Design nimmt die Funktion bedingungslos ernst. Die italienische Designfabrik Alessi beispielsweise ist ab den 1970er-Jahren ausgesprochen erfolgreich mit Produkten, die das Spiel mit und den Spaß an der Form in den Mittelpunkt rücken. Zu den Klassikern zählt ein Espressokocher, der nicht nur wegen seiner Form legendär ist, sondern auch wegen der Verbrennungen, die man sich bei Unachtsamkeit holt, sowie eine Saftpresse, die neben Saft und Fruchtfleisch auch jeden Kern einer Zitrusfrucht ins Glas lässt.

Egal jedoch, ob man bei der Gestaltung eines Objekts die Funktion zur zentralen Prämisse macht oder den ästhetischen Qualitäten der Form den Vorzug gibt – Design ist immer Form *und* Funktion. Objekte ohne Funktion mögen Zierrat, Kunsthandwerk oder Kunst sein – Dinge ohne Form sind erst gar nicht möglich. Design bezieht sich auf die Gestaltung von *Gebrauchsobjekten*. Nicht von ungefähr lautet ein alternativer Begriff für Grafikdesign *Gebrauchsgrafik*, in Abgrenzung zur dekorativen und künstlerischen Grafik.

- De Stijl: Rot-Blauer Stuhl, G. Rietveld, 1917 (3D-Rendering)
- Bauhaus-Gebäude in Dessau, W. Gropius, 1925/26
- Lokomotiven im Stromlinien-Design, ca. 1930
- Die Canon T90 von Luigi Colani aus dem Jahr 1986
- Alessi Zitronenpresse »Juicy Salif«, Philippe Starck, 1990
- Tastatur in organischem Design

© Cinematographer | shutterstock.com

© Everett Collection | shutterstock.com

Akairom unter Public Domain

© WooHoo Production | shutterstock.com

© Dmitry Melnikov | shutterstock.com

»Gestaltung ist doch reine Geschmackssache!«, höre ich oft. Das ist in gewisser Weise richtig, allerdings nur, solange wir es auf uns persönlich beziehen. Designerinnen designen jedoch üblicherweise nicht für sich selbst, sondern für andere, für eine Öffentlichkeit, für ein Publikum. Auch wenn nicht jeder in der Gesellschaft denselben Geschmack teilt, wird sich bei breiten Gesellschaftsgruppen in der Bewertung von Ästhetik doch weitgehende Übereinstimmung finden. Es gilt, den persönlichen Geschmack einzelner Individuen vom kollektiven Geschmack der Gesellschaft zu unterscheiden. Der Designer gestaltet mit Zielgruppen vor Augen.

Dass Gestaltung reine Geschmackssache sei, heißt es auch häufig in meinen Kursen. Ich widerlege das stets mit einem Bild eines Fiat Multipla. Der Multipla ist eine eigenwillige Familienkutsche aus den späten 1990er-Jahren, die von hinten an eine Postkutsche erinnert, während man vorne in ein Froschgesicht blickt. Kaum eine Hitparade der hässlichsten Autos aller Zeiten, in der der Multipla nicht einen Spitzenplatz belegt. Nie habe ich erlebt, dass ein Teilnehmer danach noch darauf beharrte, Design sei nur Geschmackssache. Man mag den Multipla gerade wegen seiner Eigenart lieben oder ihm einen schrulligen Charme abgewinnen. Aber schön? Nicht in diesem Universum!

Einen anderen *Beweis*, dass die Qualität von Design keine reine Frage des subjektiven Geschmacks ist, lieferten auch die Homepages der Frühzeiten des World Wide Web. Jeder, der einen Computer hochfahren konnte, musste damals eine Homepage haben. In aller Regel wurden sie in Heimarbeit selbst gestrickt. Texte in grellen Farben wucherten vor wild gewordenen Tapeten. In jeder Ecke blinkte es, an allen Enden drehten sich dreidimensionale @-Zeichen. Es grenzt an ein Wunder, dass wir, die wir diese Zeit miterlebt haben, mit heilen Augen davongekommen sind. Die heute noch im Netz verbliebenen Ruinen aus HTML, animierten GIFs und Java Applets sollten unter Denkmalschutz gestellt werden, gemahnen sie uns doch, dass Gestaltung ohne Gestaltungskompetenz auf schreckliche Abwege geraten kann.

Ästhetik ist kein Naturgesetz. Wie wir Gestaltung rezipieren, ist vom Kulturkreis ebenso abhängig wie von der historischen Epoche. Die ästhetischen Ideale in Fernost unterscheiden sich von jenen im arabischen Raum und diese wiederum von denen in Zentraleuropa. Was im Mittelalter als schön gilt, entspricht nicht den Idealen der Renaissance, die Ästhetik der 1950er-Jahre unterscheidet sich von jener der 70er und diese wiederum von der gegenwärtigen. Designklassiker mögen zwar Bewunderung oder Nostalgie hervorrufen, aber sie sind stets Ausdruck ihrer Zeit und nur selten 1:1 in eine andere Epoche übertragbar.

Funktion ist objektiv. Dinge, die nicht funktionieren, sind in Peking ebenso nutzlos wie in Kairo oder Paris, im Mittelalter, der Renaissance oder der Gegenwart. Demgegenüber ist Ästhetik relativ. Was einst ein Meilenstein der Designgeschichte war, kann heute antiquiert wirken. Was in einem Land hoch geschätzt wird, gilt in einem anderen vielleicht als geschmacklos.
Und das ist nicht das Einzige, was die Bewertung von Ästhetik schwierig macht. Während sich Funktion leicht prüfen lässt, ist Ästhetik kaum messbar. Es ist wie mit einem Roman: Ob er fesselnd oder langweilig ist, lässt sich nicht messen, doch man kann ihn nicht lesen, ohne es zu erfahren.

Auch wenn Ästhetik keinen Naturgesetzen folgt, so gibt es doch Regeln, an denen sich der Designer bei der Gestaltung orientieren kann. Diese basieren auf den Gesetzen der Wahrnehmung und der Art, wie das Gehirn Information verarbeitet. Es ist davon auszugehen, dass Design eher positiv empfunden wird, wenn es den Gesetzen der Wahrnehmung entgegenkommt, als wenn es ihre Präferenzen ignoriert.

»Ugliness does not sell« – »Hässlichkeit verkauft sich nicht« – ist ein berühmtes Zitat des Industriedesigners Raymond Loewy. Das mag sich nicht für jede Produktkategorie verallgemeinern lassen. Doch je näher ein Produkt dem *persönlichen* Umfeld des Menschen ist, desto mehr gewinnt der Stil an Bedeutung.

Noch ein Zitat von Raymond Loewy: »Between two products equal in price, function and quality, the better looking will outsell the other.« Wenn wir die Auswahl zwischen zwei Produkten mit gleichem Preis, gleicher Funktion und gleicher Qualität haben, werden wir zu dem greifen, das uns besser gefällt.

© art_zzz | Adobe Stock

- Der Fiat Multipla (1999–2010) soll ein Platzwunder sein. Immerhin finden in der ersten Reihe drei Leute Platz. Auch sonst soll das Design viele clevere Detaillösungen enthalten. Wenig überzeugend hingegen empfinden die meisten die Ästhetik. Ich habe nie eine Person getroffen, die den Wagen ernsthaft als schön bezeichnet hätte.
- In den Kindertagen des World Wide Web hatte jeder seine private Homepage. Die meisten davon haben etwa so ausgesehen.

Prinzipien guten Designs

Dieses Buch soll möglichst praxisnah die Prinzipien vermitteln, auf deren Basis Gestaltung zu Design wird. Selbstverständlich, dass sich grafische Prinzipien am besten grafisch vermitteln lassen. Doch bevor wir uns mit den visuellen Gesetzen befassen, möchte ich ein paar grundsätzliche Prinzipien beschreiben, die ich für die Arbeit an Design für wichtig halte.

Innovativität: Innovativität bezeichnet die Fähigkeit, Neues hervorzubringen. Design ist ein innovativer Prozess. Wer nachbaut, designt nicht, sondern reproduziert. Eine Kopie ist kein Design, sondern nur die Kopie eines Designs. Als Gestalter suche ich nach neuen Wegen zur Lösung der mir gestellten Aufgaben. Es geht nicht nur um innovative Funktion, sondern auch um Innovation in der Ästhetik. Allerdings darf Innovativität nicht zu weit gehen. Raymond Loewy brachte das im MAYA-Prinzip auf den Punkt: Gutes Design ist »most advanced, yet acceptable« – so fortschrittlich, wie es die Zielgruppen gerade noch akzeptieren.

Benutzbarkeit: Für den Industriedesigner Dieter Rams muss gutes Design ein Produkt verständlich und brauchbar machen. Grafikdesign ist meist Kommunikationsdesign. Ist die Kommunikation nicht verständlich, ist es kein gutes Design. Der US-amerikanische Usability-Experte Steve Krug schrieb ein Buch mit dem Titel »Don't make me think!«. Besser kann man es nicht auf den Punkt bringen: Gutes Grafikdesign ist so verständlich und benutzerfreundlich, dass es sich intuitiv erfassen lässt.

Krug befasst sich mit der Benutzerfreundlichkeit (Usability) von Interfaces. Interface steht für Schnittstelle. Im Design steht Interface für Mensch-Maschine-Schnittstelle – die Oberfläche, über die eine Person eine Maschine bedient. Überwiegend wird der Begriff heute mit einer auf einem Display dargestellten Benutzeroberfläche (GUI – Graphical User Interface) assoziiert.

Authentizität: Dieter Rams postuliert in seinen zehn Thesen für besseres Design: »Gutes Design ist ehrlich.« Häufig findet man an industriellen Produkten Bauteile, die wie Metall, Holz oder Leder aussehen, tatsächlich jedoch aus Plastik sind. Solche Oberflächenmimikry ist nicht ehrlich. Sie simuliert eine Wertigkeit, die dem Material nicht zu eigen ist. Ich bin kein Freund von Design, das zu vermitteln versucht, mehr zu sein, als es ist. Deshalb setze ich weder grafische Effekte noch Veredelungstechniken rein um des Effekts willen ein. Schatten und 3D-Effekt, Prägung und Folienkaschierung müssen sich aus der Logik des Designs ergeben. Ist Effekthascherei erforderlich, um einem Entwurf den Schein der Hochwertigkeit zu verleihen, ist die Gestaltung schwach.

Stringenz: Stringenz steht für logische Richtigkeit und Schlüssigkeit. Was stringent ist, ist konsequent. Es weist keine Lücken auf, ist in sich stimmig und ohne Widerspruch. In stringentem Design ergeben die Details ein logisches Ganzes. Gutes Design ist stringent. Oder, wie es Dieter Rams ausdrückt: »Gutes Design ist konsequent bis ins letzte Detail.«

Gutes Design ist kohärent. Kohärenz steht ebenfalls für logisch, schlüssig, stimmig und konsequent. Es umfasst aber zusätzlich die Bedeutungen »aufeinander abgestimmt« und »zusammenhängend«. Es genügt nicht, die Einzelteile eines Layouts harmonisch zu gestalten. Sie müssen in Beziehung gesetzt werden. Durch aufeinander bezogene Platzierung und Ausrichtung entsteht Ordnung, durch die die Einzelteile zu einem Ganzen verschmelzen, das mehr ist als die Summe der Teile.

Reduzierung: »Keep it simple and stupid« ist Leitsatz vieler Designerinnen. Die Formel ist auch als KISS-Prinzip bekannt. Sie fordert auf, für jedes Problem die einfachste Lösung zu finden. Das Akronym stammt vom Flugzeugingenieur Clarence Johnson. Lange Zeit als »keep it simple, stupid« interpretiert – »halte es einfach, Dummkopf« –, wurde es von Johnson später auf »keep it simple and stupid« zurechtgerückt.

Der Volksmund glaubt, dass viel viel hilft. Im Design jedoch werden die Dinge umso unübersichtlicher, je mehr wir hinzufügen. Übersichtlichkeit verlangt nach Reduzierung. Deshalb heißt es oft auch: Reduce to the max! Reduziere alles auf das Wesentlichste! Je weniger Elemente dem Kern eines Designs Aufmerksamkeit streitig machen, desto klarer bringt es seine Bestimmung auf den Punkt. Deshalb gilt im Kommunikationsdesign noch mehr als in anderen Designdisziplinen: Weniger ist mehr!

Fokussierung: Maximal reduziert ist Kommunikationsdesign, wenn die Botschaft für sich alleine steht. Verkehrszeichen sind so konzipiert. Alles, was das Erfassen der Kernaussage behindern könnte, wird weggelassen.

Die wenigsten Aufgaben des Grafikers lassen sich so weit reduzieren. Ein Inserat, das auf eine Veranstaltung hinweisen möchte, erfordert mehrere Bestandteile. Ein Motiv, das als Eyecatcher funktioniert, beispielsweise. Einen Titel, vielleicht einen Untertitel. Eine kurze Beschreibung kann sinnvoll sein. Veranstaltungsort, Datum und Zeit sind anzugeben, eventuell auch der Eintrittspreis und wo Karten zu bekommen sind. Oft kommt ein Logo hinzu, manchmal mehrere.

Layouts mit mehreren Elementen funktionieren nur, wenn die Gestalterin eine klare Fokussierung vornimmt. Es ist zu entscheiden, welchem Element die größte Bedeutung zukommt. Darauf ist zu fokussieren. Die anderen Elemente sind dem unterzuordnen. Gutes Design erfordert eine klare optische Hierarchie der Elemente.

Begründbarkeit: Wenn in meinen Gestaltungskursen Arbeiten besprochen werden, fordere ich die Teilnehmenden zu Feedback auf. Wichtig ist dabei, dass nur begründete Rückmeldungen gegeben werden, keine bloßen Meinungsäußerungen. »Gelb ist nicht schön«, ist eine Meinung. »Gelb finde ich hier unpassend, weil ...« und dann die sachliche Begründung – so sieht nützliches Feedback aus.

Genauso versuche ich auch meine eigenen Arbeiten zu beurteilen. Ist ein Entwurf ausreichend gediehen, lehne mich zurück und lasse ihn auf mich wirken. Getreu dem Motto »Die wichtigste Gestaltungsregel lautet: schauen«, prüfe ich, ob sich das Layout richtig anfühlt. Ich gehe Element für Element durch und frage es, wozu es da ist. Weiß es keine Antwort, ist es verzichtbar. Weiß nicht gibt's nicht! Jedes Element muss einen Grund für sein Dasein haben. In der Regel. Tatsächlich kommt es vor, dass ich ein Element nicht sachlich begründen kann, und dennoch fehlt etwas, wenn ich es entferne. Ich kann die meisten meiner Layout-Entscheidungen begründen. Aber nicht jede. Manchmal fühlt es sich so einfach richtig an. Man sollte dennoch so weit als möglich nach Begründbarkeit streben, auch wenn sich im Design nicht immer gar alles begründen lässt.

Regeln: Der Mensch definiert seit alters her Regeln für die Gestaltung. Ich habe zwar ein paar kennengelernt, die ich irgendwann verworfen habe, weil sie sich in meiner Praxis als nicht sinnvoll erwiesen haben, doch die meisten finde ich laufend bestätigt.

Manche sagen: »Es gibt keine Regeln – mach was du willst!« Natürlich soll jeder machen, was er will. Ich finde es allerdings nicht besonders clever, auf Erfahrungen zu verzichten, die über Jahrhunderte hinweg gesammelt wurden. Wer die Regeln der Gestaltung kennt, kommt meist schneller zu ästhetischen und funktionierenden Lösungen, als wenn er sie ignoriert.

Es heißt auch, »man muss die Regeln kennen, die man bricht«. Das klingt so, als müsse man sie nur lernen, um dann gegen sie zu verstoßen. Das wäre natürlich unsinnig! Regeln sind selten ohne Grund entstanden – meist verbessern sie die Funktion oder die Ästhetik des Designs. Gegen sie zu verstoßen ist keine Kunst – das kann jeder. Regelbruch ist erlaubt, manchmal sogar notwendig, aber es ist selten sinnvoll bzw. vertretbar, es ohne guten Grund zu tun. Ein guter Grund besteht, wenn die Regel eine optimale Lösung verhindert – dann ist der Regelverstoß besser als die suboptimale Lösung. Die Regeln sollen helfen, schneller zu guten Resultaten zu gelangen, nicht ihnen im Wege stehen.

Kompromiss: Design erfordert auch Kompromisse. Manchmal kommen sich Regeln in die Quere. Will man eine einhalten, wird die andere verletzt. Nehmen Sie dieses Buch als Beispiel. Es basiert auf zwei Gestaltungsrastern, an denen ich so weit als möglich alle Elemente ausrichte. Abbildungen schließen unten bündig mit Textzeilen ab. Dieser Prämisse ordnen sich auch Bildtexte unter. Damit diese dem Grundlinienraster folgen, muss ich sie jedoch näher an den Unterkanten der Abbildungen platzieren, als es optisch optimal wäre. Leider geht nur eines von beidem: entweder Bildtexte im Grundlinienraster oder mehr Abstand zu den Abbildungen. Ich habe der Ausrichtung am Raster den Vorzug gegeben. Ein Kompromiss. Manchmal geht es nicht ohne.

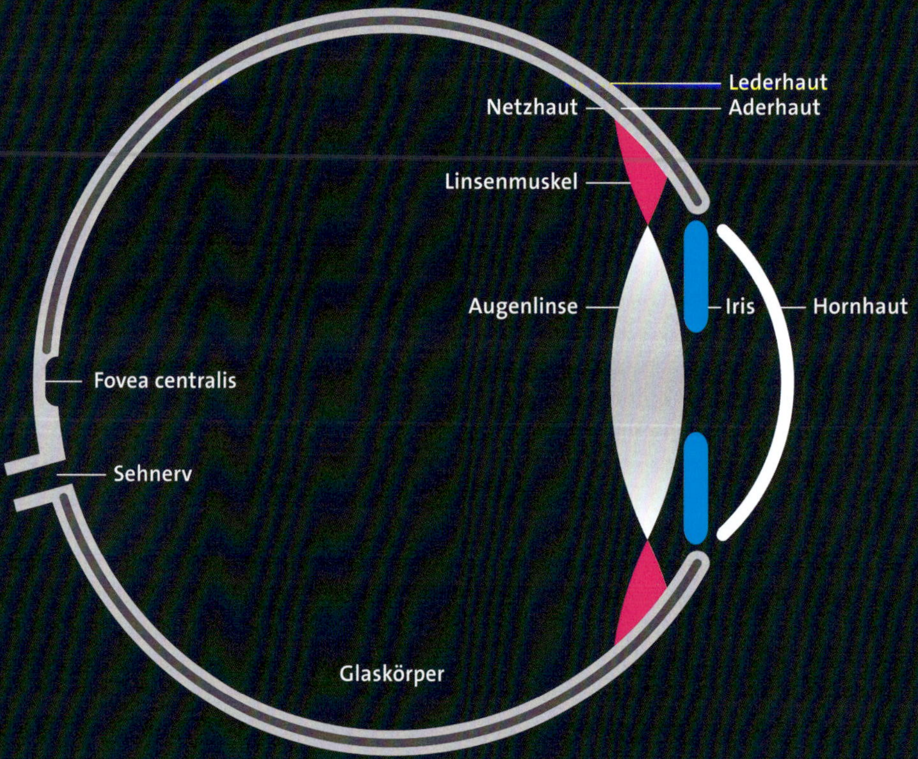
Lederhaut
Aderhaut
Netzhaut
Linsenmuskel
Augenlinse
Iris
Hornhaut
Fovea centralis
Sehnerv
Glaskörper

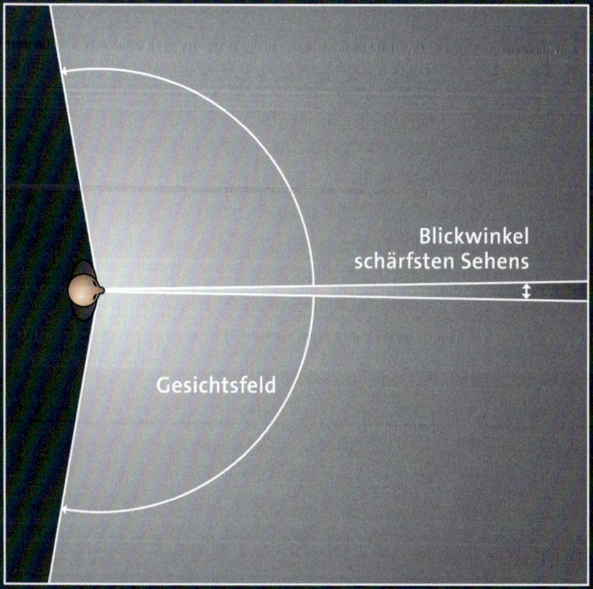
Blickwinkel
schärfsten Sehens
Gesichtsfeld

Sehen und wahrnehmen

Wir glauben üblicherweise, dass wir die Welt so sehen, wie sie ist. Tatsächlich jedoch sind die Bilder, die uns zu Bewusstsein kommen, keine exakten Abbildungen der Umwelt, sondern vielmehr Interpretationen des Gehirns der von den Augen übermittelten Informationen. Wir sehen Realität nicht, wir konstruieren sie.

Strecken Sie einmal einen Arm aus und recken Sie den Daumen nach oben. Die Fläche, die von den Augen scharf und farbig erfasst wird, entspricht einem Blickwinkel von etwa 2° – ungefähr die Größe des Daumennagels auf die Distanz einer Armlänge. Bei dem für das Lesen üblichen Abstand von 40 cm können wir von einem Durchmesser von ca. 15 mm ausgehen. Im restlichen Gesichtsfeld (≈ 160° bis 220°) sehen wir unscharf und weitgehend farblos.

Der Grund dafür ist die Art, wie unsere Augen aufgebaut sind. Das Auge ist ein Ball mit etwa 24 mm Durchmesser. Sein Inneres ist mit der Netzhaut ausgekleidet, auf der sich lichtempfindliche Zellen befinden. Die meisten davon sind für Hell/Dunkel-Kontraste empfindlich. Rezeptoren für farbiges Licht finden sich primär in der Sehgrube (Fovea centralis), deren Durchmesser rund 1,5 mm beträgt. Hier ist die Dichte farbempfindlicher Zellen 30-mal höher als auf der umgebenden Netzhaut. Erfasst wird damit ein Blickwinkel von 2°, in dem wir eben scharf und farbig sehen.

Wir haben zwar den Eindruck, unsere Umwelt als Ganzes scharf und farbig zu erfassen. Tatsächlich sammeln die Augen mit dem Spot schärfsten Sehens jedoch nur Teile unserer Umgebung ein. Dass wir die Umwelt als ganzes Bild erfassen, ist eine Illusion. Eine Illusion von außerordentlicher Effizienz. Hätte die Evolution auf den Trick der Konstruktion der Realität verzichtet und die ganze Netzhaut so hoch und farbig aufgelöst mit Sehzellen ausgekleidet wie in der Sehgrube, wären deutlich dichtere Nervenbahnen vom Auge zum Gehirn erforderlich, und das Gehirn müsste um ein Vielfaches größer sein, um die Daten zu verarbeiten.

Das System hat sich bewährt und etabliert, weil es gut funktioniert. Nur manchmal führt es zu *Fehlkonstruktionen*, wodurch optische Täuschungen entstehen. Es ist ebenso dafür verantwortlich, dass wir manchmal Dinge unmittelbar vor der Nase nicht wahrnehmen. Vielleicht haben Sie schon einmal Ihren Schlüsselbund gesucht und ihn irgendwann an einer Stelle gefunden, die Sie auf der Suche mehrmals passierten, ohne ihn zu sehen, obwohl er da wie auf einem Präsentierteller lag. Was der Spot schärfsten Sehens nicht erfasst, wird nicht Teil des vom Gehirn von der Umwelt konstruierten Bildes. Erst wenn der Spot die Stelle streift, an der der Schlüssel liegt, erscheint er in unserem Bewusstsein.

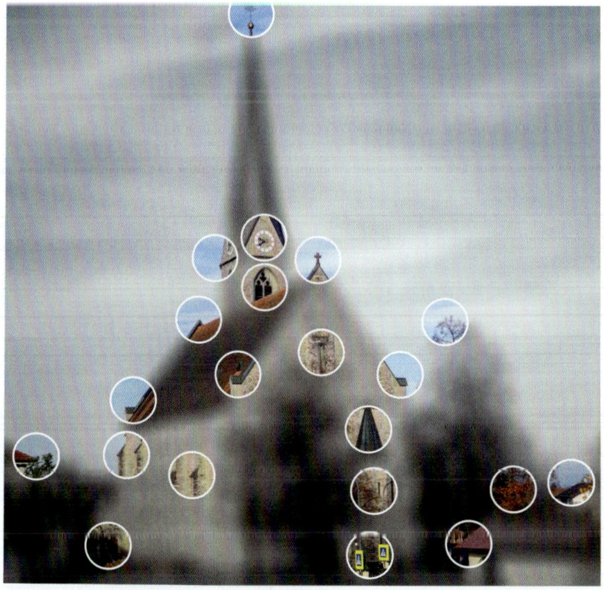

Helligkeits- und Farbensehen

Um Farbe zu sehen, ist Licht notwendig. Im weißen Licht sind alle Farben enthalten. Fällt Sonnenlicht in ein Regenfeld, wird das Licht gebrochen und die Spektralfarben werden im Regenbogen als Rot, Orange, Gelb, Grün, Blau und Violett sichtbar. Um nahezu alle Lichtfarben durch Mischung zu erzielen, genügen drei Grundfarben: Rot, Grün und Blau.

Der Mensch ist ein Trichromat. Das heißt, wir nehmen Farben mit drei Farbrezeptoren (Zapfen) wahr, die jeweils für Rot, Grün oder Blau sensibel sind. Die meisten Säugetiere verfügen nur über Rezeptoren für zwei Farben, sind Dichromaten und erfassen deshalb weniger Farben. Menschen mit Farbenfehlsichtigkeit haben weniger bis gar keine Zapfen für eine der Farben und sehen die Welt ebenfalls weniger bunt. Absolute Farbenblindheit – also reines Schwarzweißsehen – ist hingegen außerordentlich selten.

Die Fähigkeit des Auges, Kontraste wahrzunehmen, ist beschränkt – es erfasst lediglich Helligkeitsunterschiede von 1:100. Unter kräftigem Sonnenlicht kommen Kontraste von bis zu 1:1 000 000 vor. Doch da wir die Umwelt mittels kleiner Spots erfassen, gelingt es dem Gehirn, aus den übermittelten 1:100-Daten einen Kontrast von 1:10 000 zu konstruieren. Ein cleveres System! Allerdings führt es in Kombination mit Begleiterscheinungen der photochemischen Reaktionen, mittels derer wir Farben sehen, dazu, dass wir identische Farbtöne je nach Umfeld unterschiedlich wahrnehmen.

In der Grafik glauben wir zwei Verläufe zu erkennen. Tatsächlich enthält nur der Hintergrund einen Verlauf, der Balken hingegen ist gleichmäßig. Der Grund für die Täuschung liegt in der Art, wie wir sehen. Der Spot schärfsten Sehens erfasst den linken Rand des Balkens als heller als das Umfeld, den rechten hingegen als dunkler. Das Gehirn schließt daraus, dass der Balken einen Verlauf enthalten muss, und konstruiert ihn.

Feld A des Schachbretts scheint deutlich dunkler als Feld B.

Tatsächlich sind die Töne der beiden Felder, wie in dieser Grafik zu sehen ist, absolut identisch.

Im Regenbogen sind die Spektralfarben Rot, Orange, Gelb, Grün, Blau und Violett sichtbar.

Mit den Lichtfarben Rot, Grün und Blau lassen sich nahezu alle Farben erzeugen.

Der Ring und der Punkt haben in allen drei Grafiken dieselben Farbtöne. In unserer Wahrnehmung jedoch erscheinen sie vor den verschiedenen Hintergrundfarben sehr unterschiedlich.

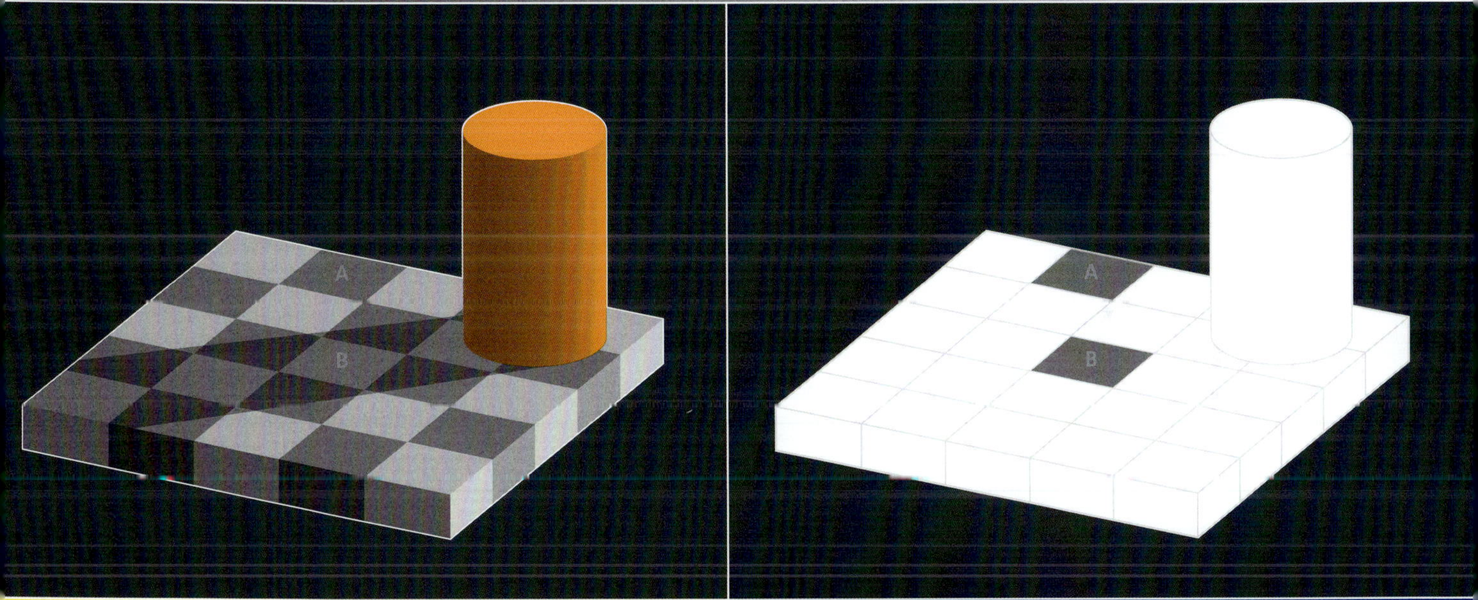
A
B
A
B

Gestaltgesetze der Wahrnehmung

Die Art, wie wir unsere Umwelt wahrnehmen, folgt Gesetzen. Gutes Design richtet sich nach Gesetzen. Davon profitieren sowohl Ästhetik als auch Funktion. Die Gestaltpsychologie kennt sechs Wahrnehmungsgesetze, die zu Grundlagen der visuellen Gestaltung geworden sind:

- **Gesetz der Ähnlichkeit:** Ähnliche Elemente werden als zusammengehörend wahrgenommen.
- **Gesetz der durchgehenden Linie:** Linien werden bevorzugt so interpretiert, dass sie den einfachsten Weg fortsetzen.
- **Gesetz der Geschlossenheit:** Einzelelemente, die sich zusammen als geschlossene Form deuten lassen, werden als zusammengehörend wahrgenommen.
- **Gesetz der guten Gestalt:** Lässt sich aus mehreren Einzelelementen eine bekannte Form interpretieren, wird die übergeordnete Interpretation gegenüber den Einzelteilen bevorzugt.
- **Gesetz der Nähe:** Elemente mit geringem Abstand werden als zusammengehörend wahrgenommen.
- **Gesetz des gemeinsamen Schicksals:** Elemente, die sich gleich bewegen, werden als zusammengehörend wahrgenommen.

Diese Gesetze wurden in den Gestaltungslehren um zusätzliche Prinzipien erweitert:

- **Gesetz der Symmetrie:** Symmetrische Elemente werden als zusammengehörend erfasst.
- **Gesetz der Parallelität:** Parallel ausgerichtete Elemente werden als zusammengehörend erfasst.
- **Gesetz der Kontinuität:** Folgen mehrere Elemente einer nachvollziehbaren Linie, werden sie als zusammengehörend erfasst.
- **Gesetz der gemeinsamen Region:** Elemente innerhalb einer geschlossenen Linie oder eines Feldes werden als zusammengehörend erfasst.
- **Gesetz der Verbundenheit:** Miteinander verbundene Elemente werden als zusammengehörend erfasst.
- **Gesetz der Prägnanz:** Einzelelemente, die sich deutlich vom Gros der Gestaltungselemente unterscheiden, wirken besonders prägnant.

Auf den folgenden Seiten beschreibe ich die Gestaltgesetze, die für das Grafikdesign von Bedeutung sind, eingehender und ergänze sie um Wahrnehmungsprinzipien, die ich darüber hinaus für wichtig halte.

- Die Schreib-/Leserichtung bestimmt, wie wir Layouts, Bilder und Symbole erfassen.
- Durchgehende Linien und Kontinuität setzen Gestaltungselemente zueinander in Beziehung.
- Die Wahrnehmung bevorzugt die vertikale und horizontale Richtung gegenüber der diagonalen.
- Gleiches oder Ähnliches wird als zusammengehörend wahrgenommen.
- Elemente, die sich näher stehen, werden als zusammengehörend wahrgenommen.
- Auch Umrandung und Abgrenzung machen Elemente als zusammengehörend erkennbar.
- Die Wahrnehmung ist sehr gut im Erkennen von Mustern und neigt dazu, aus simplen Einzelformen komplexe Gestalten zu konstruieren.
- Unsere Interpretationen und Assoziationen werden von der Erfahrung geprägt.
- Ein abweichendes Element unter vielen gleichen wird prägnant wahrgenommen.
- Je mehr Optionen zur Verfügung stehen, desto länger brauchen wir zur Bewertung bzw. Entscheidung.
- Wir erfassen in Layouts nicht Element für Element gesondert, sondern alle Elemente als Gesamtheit. Deshalb darf auch der Grafiker die Einzelelemente nicht unabhängig vom Gesamtkontext gestalten.
- Gutes Kommunikationsdesign ist nicht nur klar in der Aussage, sondern auch klar in der Gestaltung.

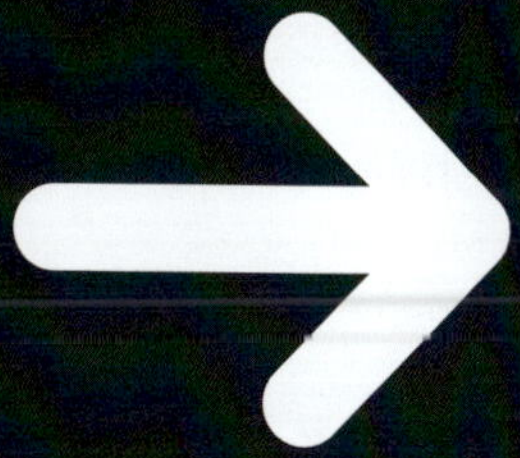

Schreib-/Leserichtung

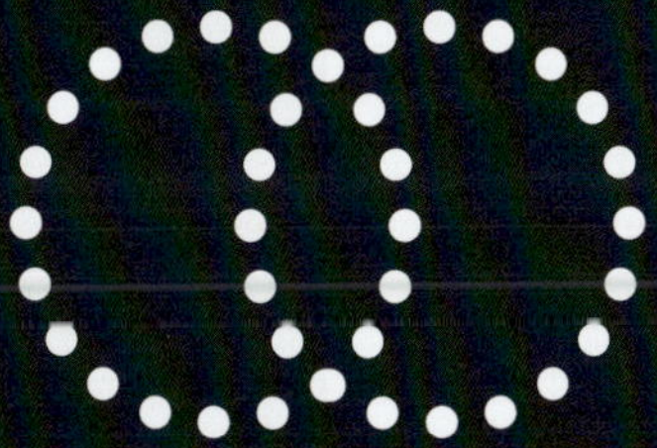

Durchgehende Linie und Kontinuität

Vertikal und horizontal bevorzugt

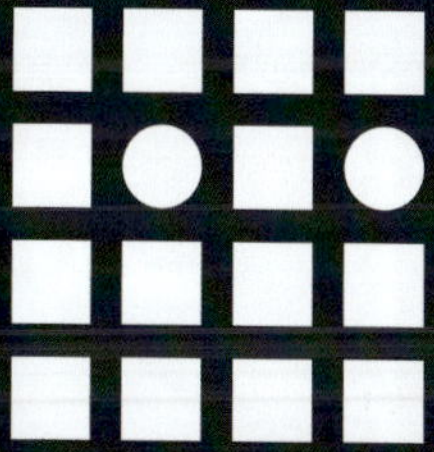

Beziehungsbildung durch Ähnlichkeit

Beziehungsbildung durch Nähe

Beziehung durch gemeinsame Region

Einfache Formen werden oft als komplexe Gestalten interpretiert.

Interpretation ist von Erfahrung abhängig.

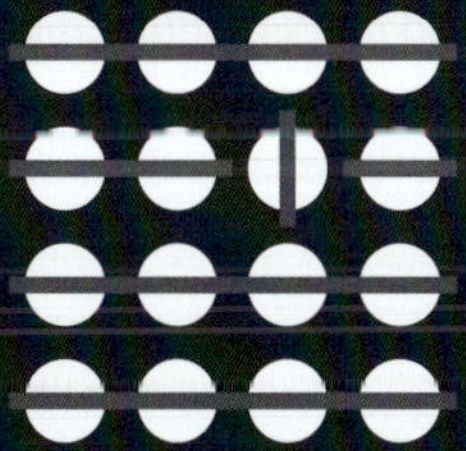

Was abweicht, wirkt prägnant.

Mit der Anzahl der Optionen steigt die Dauer der Bewertung.

Interpretation ist vom Kontext abhängig.

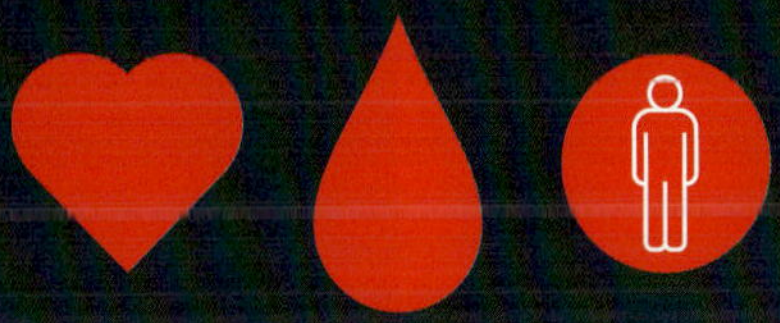

Unterschiede sollen eindeutig sein.

Gesetz der Schreib-/Leserichtung

Unsere Wahrnehmung ist geprägt von der Schreib-/Leserichtung. Beim Lesen folgen wir den Zeilen von links nach rechts und von oben nach unten. Der zeitliche Ablauf von Geschichten entwickelt sich nach dieser Logik. Bildgeschichten zeigen links die früheren Ereignisse, rechts die späteren. Rechts ist die Zukunft, links liegt die Vergangenheit. Bewegung interpretieren wir dieser Konditionierung entsprechend. Ein nach rechts gerichteter Pfeil weist nach vorne, ein Pfeil nach links zeigt zurück. Dieser Pfeil ▶ steht für Start, dieser ▶| für weiter, dieser |◀ für zurück.

Verläuft eine Linie von links unten nach rechts oben, interpretieren wir sie als aufsteigend, umgekehrt als absteigend. Das Foto der Bahn rechts lässt keinen Schluss auf die Fahrtrichtung zu. Aufgrund unserer Vorliebe für Links-rechts-Bewegung scheint sie aber im linken Bild in den Tunnel zu fahren, während sie in der gespiegelten Variante rechts aus ihm herauskommt. Sie können die Richtung in den zwei Varianten zwar willentlich beliebig wechseln lassen, doch die Grundtendenz, mit der wir Bewegung interpretieren, führt von links nach rechts. Deshalb geht auch fort, wer nach rechts geht, und nach Hause, wer sich nach links bewegt.

Nach diesem Prinzip erschließen wir uns nicht nur Geschichten, sondern jedes Bild, jedes Foto, jede Grafik und jedes Layout. Links oben steigen wir ein, rechts unten aus. Links oben: Anfang; rechts unten: Ende.

- Der Pfeil weist nach vorne.
- Der Pfeil weist nach hinten (zurück).
- Die Treppe führt aufwärts.
- Die Treppe führt abwärts.
- Der Zug fährt in den Tunnel.
- Der Zug fährt aus dem Tunnel heraus.
- Die Frau geht zur Arbeit (oder aus).
- Die Frau geht nach Hause.
- Die Frau blickt in die Vergangenheit.
- Die Frau blickt in die Zukunft.

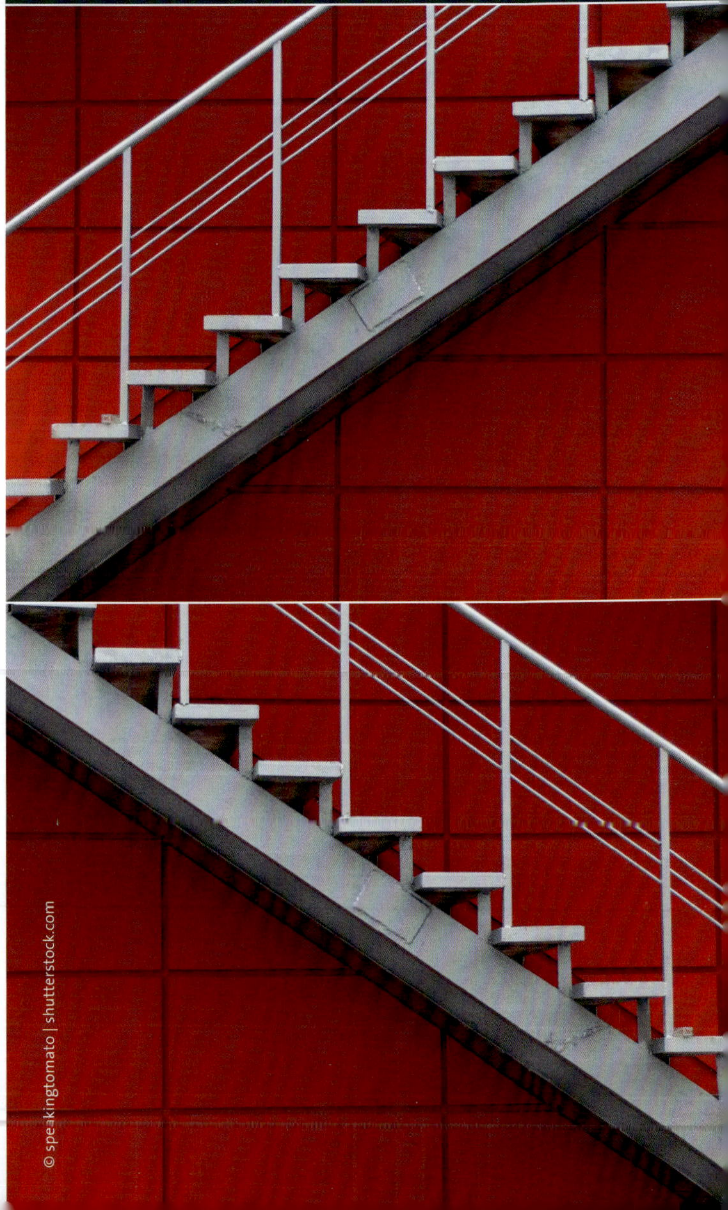

© speakingtomato | shutterstock.com

© Vladitto | shutterstock.com

© Stuart Jenner | shutterstock.com

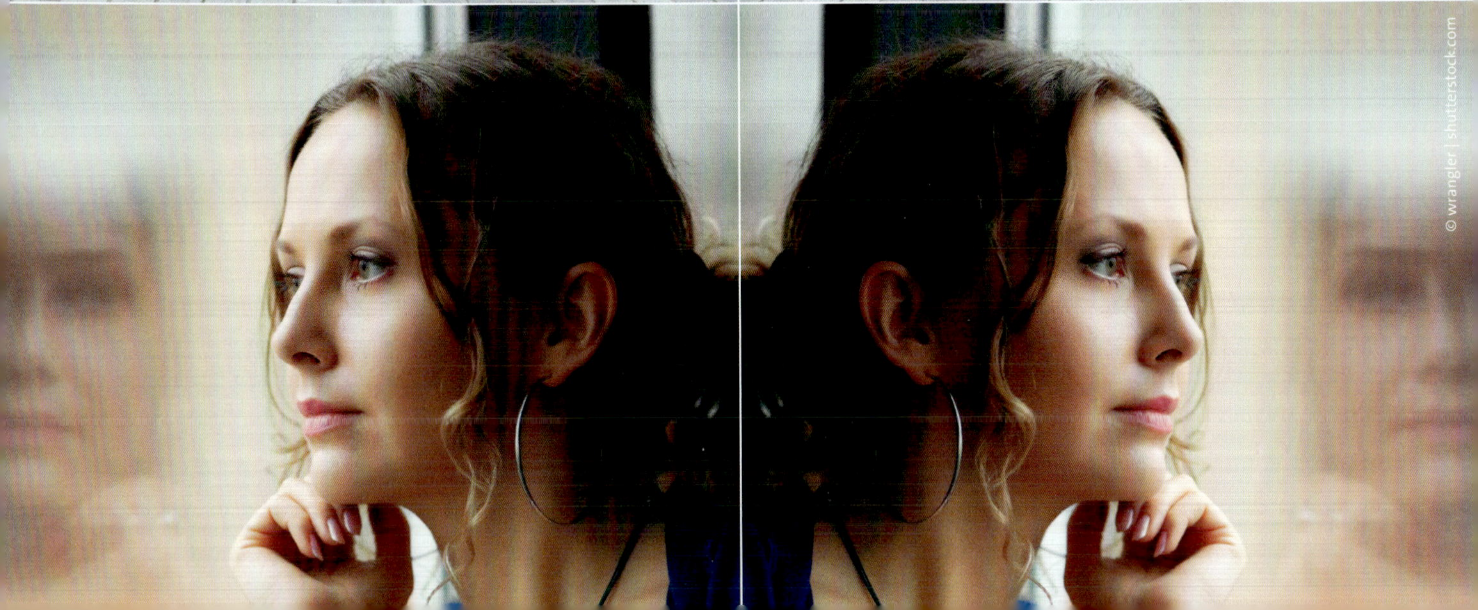
© wrangler | shutterstock.com

Gesetz der durchgehenden Linie

Das Gehirn hat es gerne einfach und geht am liebsten den Weg des geringsten Widerstands. Eine einmal eingeschlagene Richtung fortzusetzen ist ihm lieber als abrupte Richtungswechsel.

Das Gesetz ist simpel, doch von immenser Bedeutung für das Design. Ist die Wahrnehmung entlang einer Linie erst einmal richtig in Fahrt, folgt sie ihr auch über ihr Ende hinaus. Vor allem die Verlängerungen, die über die Gerade hinausragen, sind wertvoll, denn diese imaginären Linien lassen sich an anderer Stelle von anderen Geraden aufnehmen – darüber mehr im zweiten Kapitel. So werden die Einzelteile der Gestaltung zueinander in Beziehung gesetzt.

Die Form oben wird als zwei sich überlagernde Ringe interpretiert, so wie in der Mitte dargestellt, kaum wie in der Abbildung unten.

Die Form oben wird als Würfel interpretiert. Die Wahrnehmung setzt bei sich schneidenden Linien die Richtung fort (mittlere Grafik). Interpretationen, die Richtungswechsel erfordern, werden vermieden.

Zwar wirkt die obere Grafik geometrisch und ordentlich, während die untere an ein Wollknäuel erinnert, über das ein Rudel Katzen hergefallen ist, dennoch fällt es leichter, den gebogenen Linien zu folgen als den rechtwinkligen Richtungswechseln.

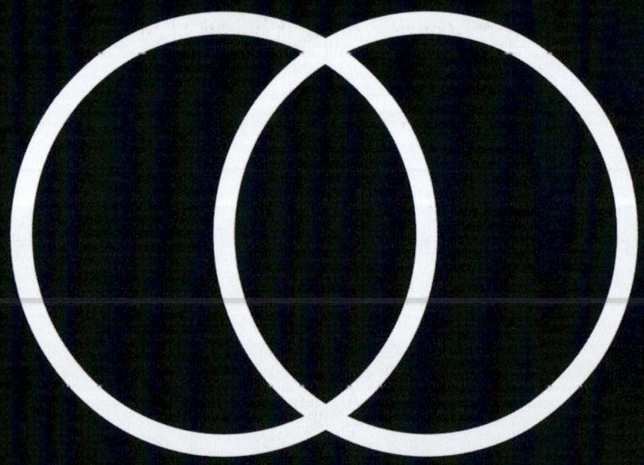

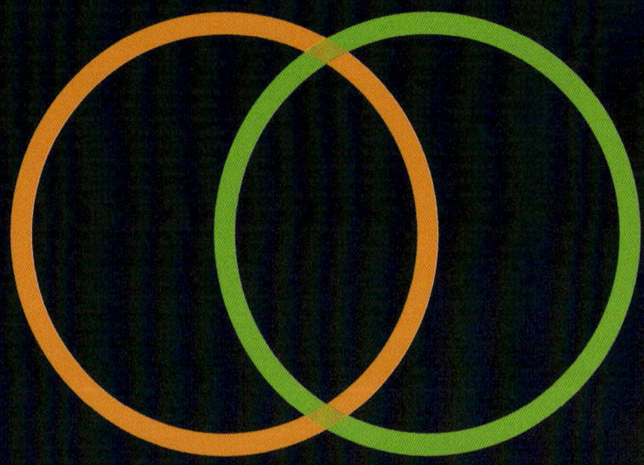

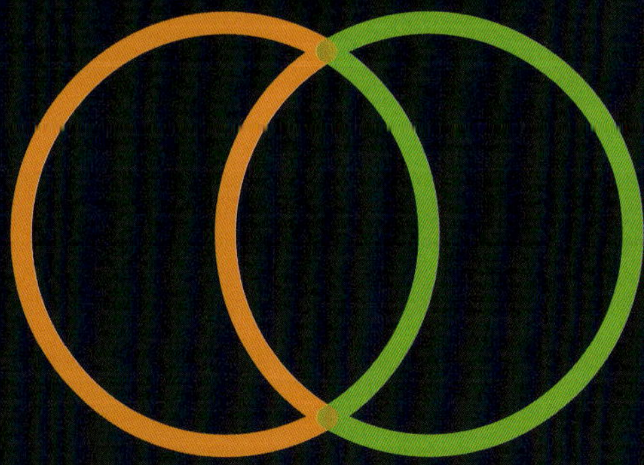

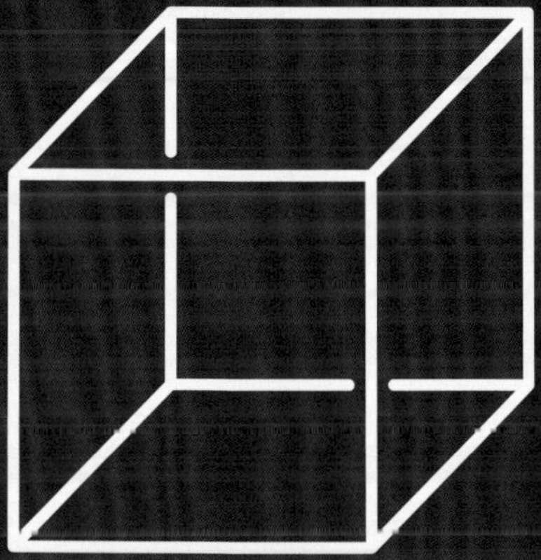

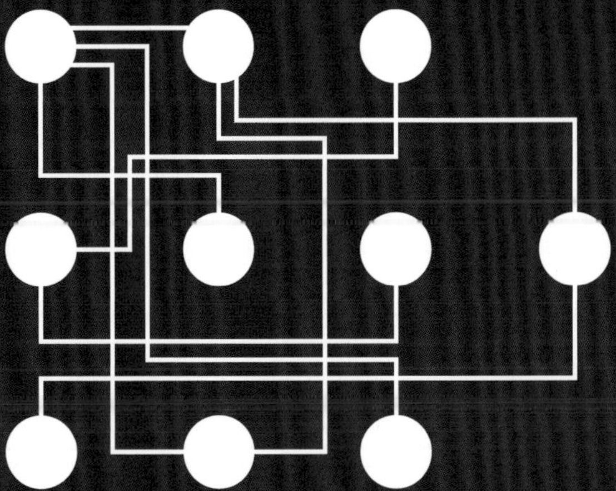

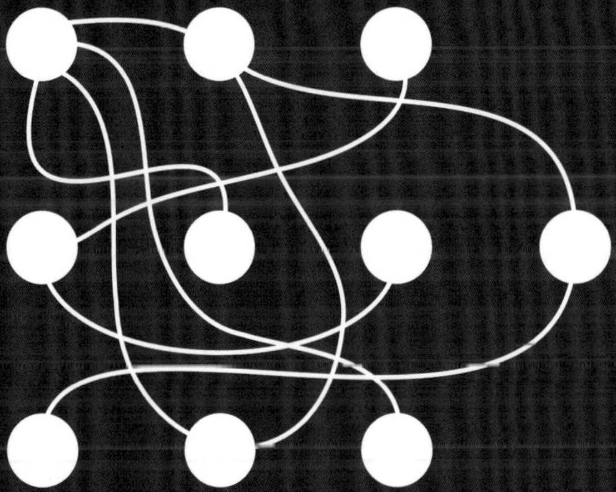

Gesetz der Kontinuität

Das Gesetz der Kontinuität ist eine Erweiterung des Gestaltgesetzes der durchgehenden Linie. Elemente, die regelmäßig bzw. rhythmisch einer nachvollziehbaren Richtung bzw. Linie folgen, werden als zusammengehörend wahrgenommen. Folgt eine größere Anzahl Punkte einer Geraden, einem Bogen oder einer Welle, werden sie nicht als in Linie angeordnete Punkte wahrgenommen, sondern als gepunktete Linie. Ebenso fungieren Textzeilen gestalterisch als Linien.

Die Grafik der gegenüberliegenden Seite zeigt deutlich, wie sehr die Wahrnehmung dazu tendiert, Elemente, die in einer Linie ausgerichtet sind, als zueinander in Beziehung stehend bzw. zusammengehörend zu erfassen. Damit lässt sich nicht nur vermitteln, was als aufeinander bezogen wahrgenommen werden soll, sondern vielmehr verschränken sich die Einzelteile der Gestaltung umso mehr zu einem homogenen Layout aus einem Guss, je mehr visuelle Beziehungen erkennbar sind. Die Herausarbeitung kontinuierlicher Linien ist ein wesentliches Mittel dazu.

- Die Punkte bilden eine Linie.
- Die Punkte bilden eine Welle.
- Die Punkte bilden einen Kreis.
- Text bildet Linien.
- Das Beispiel der Gestaltpsychologie veranschaulicht, wie unsere Wahrnehmung auch entfernte Elemente als zusammengehörend erfasst, wenn sie einer gemeinsamen Linie folgen.
- Die vier geneigten Quadrate bilden eine Linie und werden als zusammengehörend erfasst.
- Auch diese Quadrate bilden eine Linie und werden als zusammengehörend erfasst.
- Selbst zwischen den Elementen an gegenüberliegenden Ecken stellt die Wahrnehmung wegen der Ausrichtung in einer Linie eine Beziehung her.

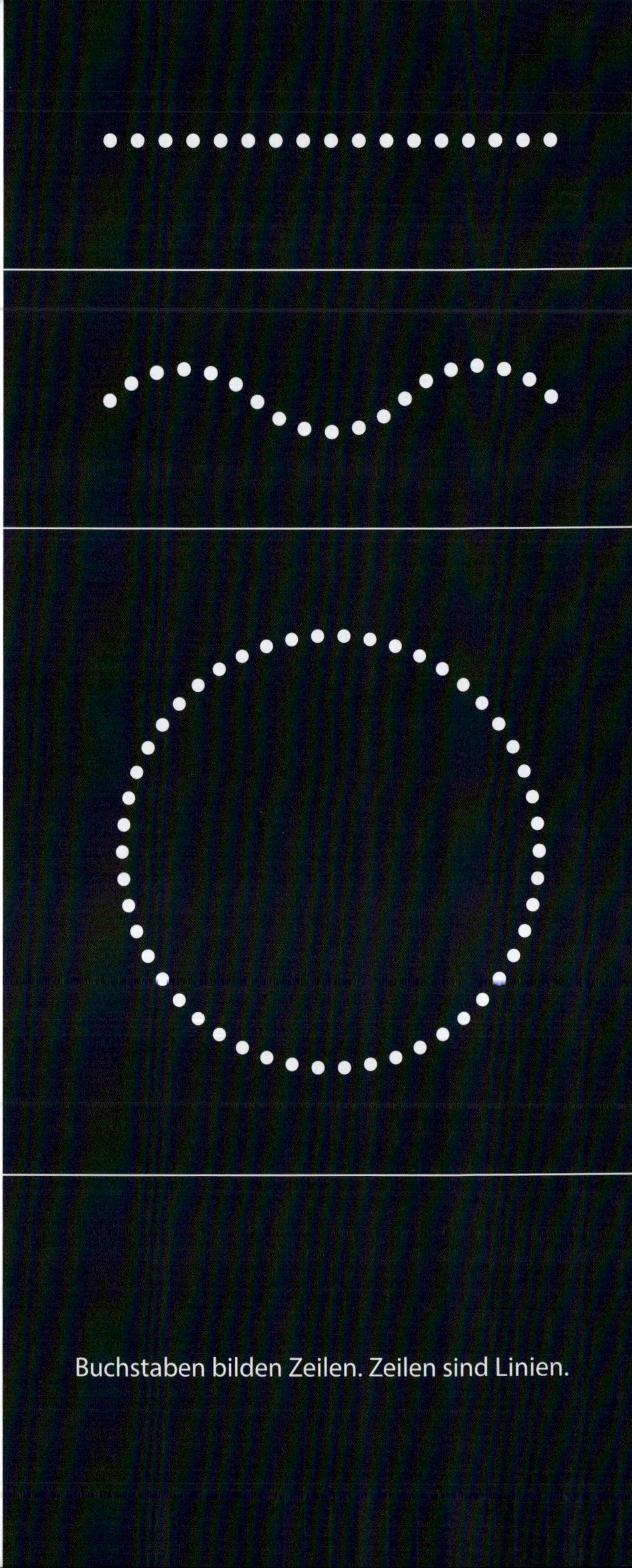

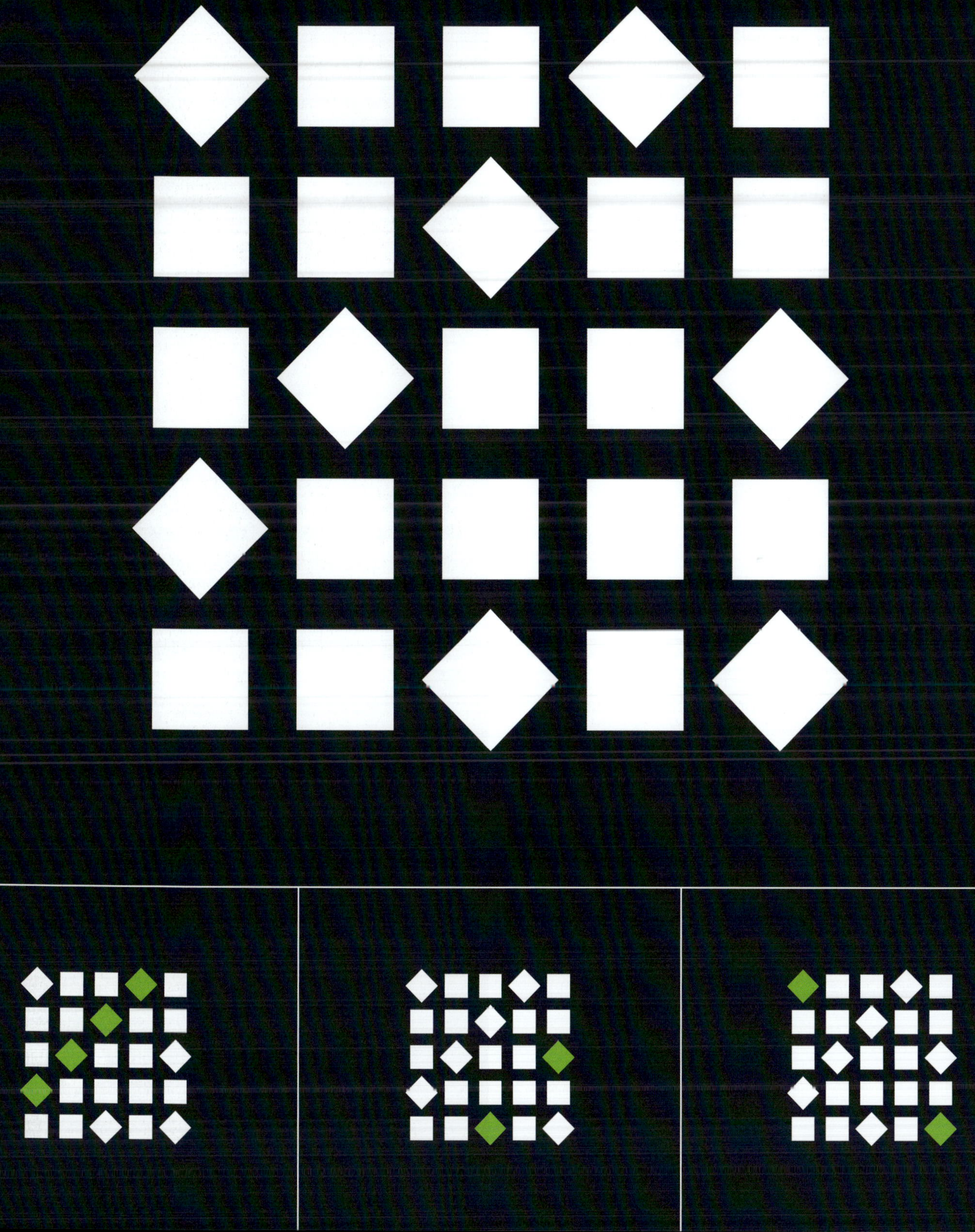

Gesetz der guten Richtung

Unsere Wahrnehmung bevorzugt horizontale und vertikale Orientierung gegenüber schräg verlaufender Ausrichtung. Kontinuierliche Ausrichtung wird besonders eindeutig erfasst, wenn sie der Horizontalen oder Vertikalen folgt. Horizontale und vertikale Linien spielen deshalb bei der Ausrichtung eine besondere Rolle. Sollen Elemente mittels schräg verlaufender Linie in Beziehung gesetzt werden, ist eine deutlichere Herausarbeitung erforderlich und nicht immer funktionieren Schrägen für die Beziehungsbildung.

Aufgrund der horizontalen Orientierung erkennen wir in der Anordnung der Punkte ein gleichseitiges Dreieck.

Auch bei vertikaler Orientierung lässt sich das Dreieck gut erkennen, allerdings nicht ganz so klar wie bei horizontaler.

Bei schräger Ausrichtung verliert sich die Form. Ohne Stützung durch die beiden Grafiken darüber könnte man die Verteilung auch als zufällig empfinden.

Das horizontal ausgerichtete gleichseitige Dreieck weist nach oben.

Das vertikal ausgerichtete Dreieck weist zur Seite.

Das schräg stehende Dreieck weist überall und nirgends hin.

Die in Linie platzierten Punkte werden als zwei überlagernde Dreiecke oder Hexagramm (sechszackiger Stern) wahrgenommen.

Auch diese Punkte lassen sich zu einem sechszackigen Stern verbinden, doch ohne lineare Ausrichtung nehmen wir eher ein kleineres Sechseck in einem größeren wahr.

Durch Abweichung von horizontaler/vertikaler Ausrichtung verliert sich die Sternform noch mehr.

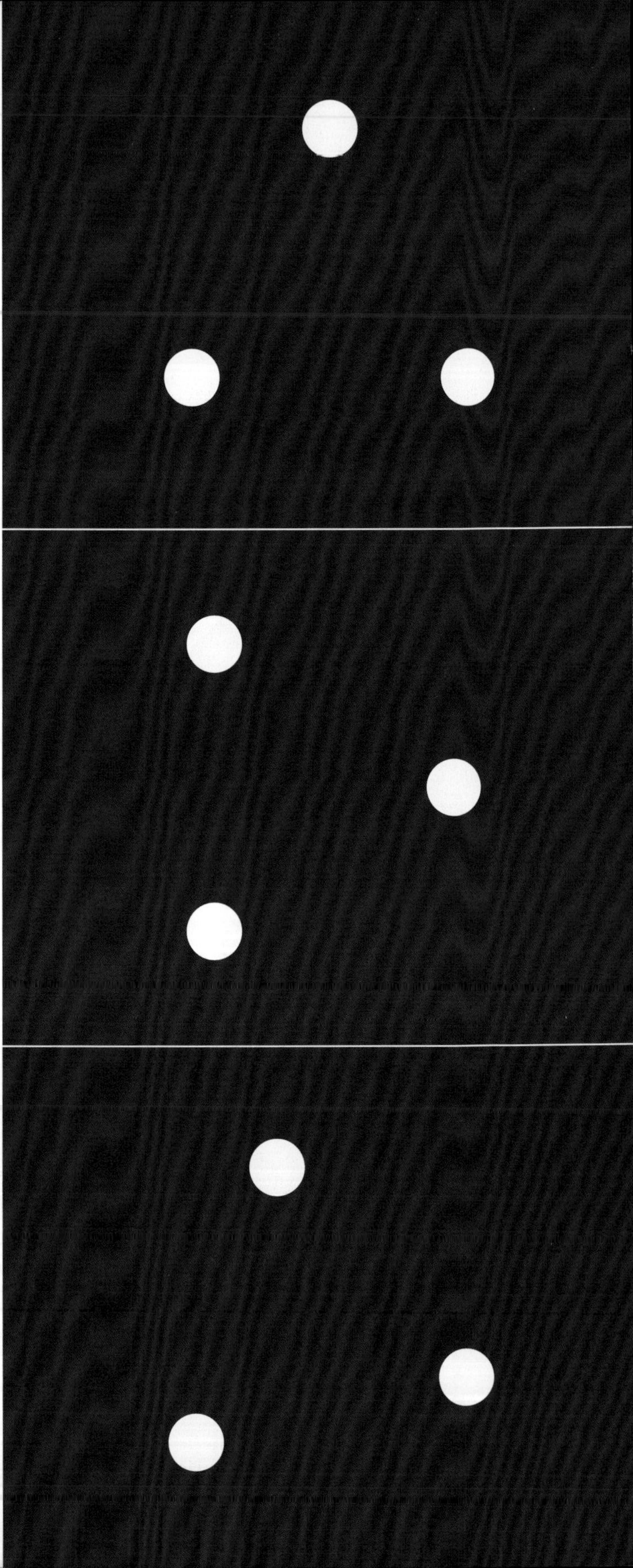

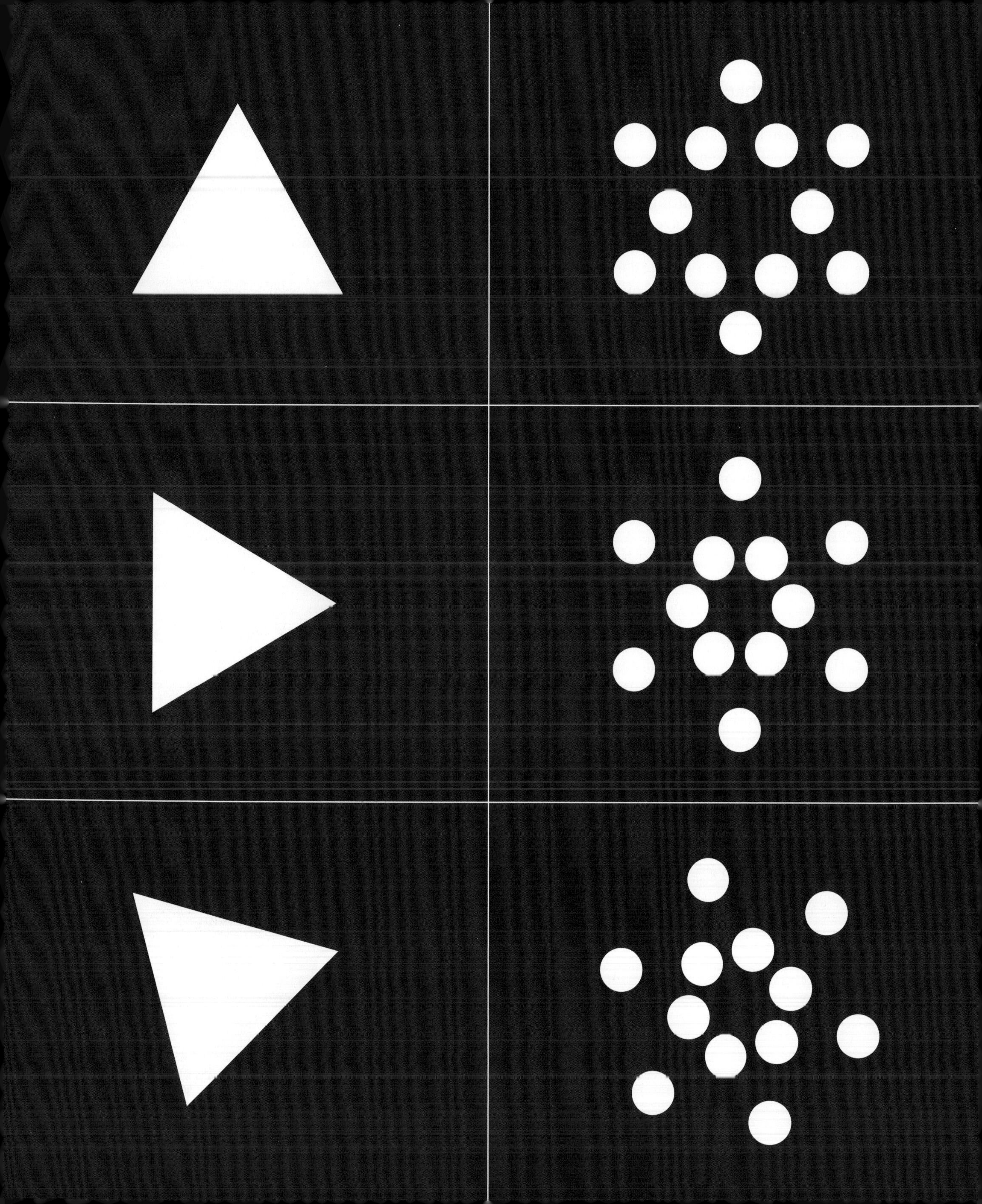

Gesetz der Ähnlichkeit

Elemente mit gleichen oder ähnlichen Eigenschaften werden als zusammengehörend wahrgenommen. Gruppenbildend wirken Form und formaler Charakter, Größe, Farbe, Textur und Ausrichtung. Bewusst eingesetzt lässt sich das Gesetz dazu nutzen, Zusammengehörigkeiten im Layout erfassbar zu machen und die Gestaltung zu gliedern. Gleichzeitig sollte darauf geachtet werden, dass nicht durch ein Übermaß an Unterschiedlichkeiten zu viele *visuelle Gruppen* entstehen.

- Elemente gleicher Form werden als zusammengehörend wahrgenommen.
- Ähnlichere Elemente werden eher derselben Gruppe zugeordnet. Die Abbildung zeigt 18 geometrische und 6 amorphe Formen.
- Elemente derselben Größe werden als zusammengehörend wahrgenommen.
- Elemente derselben Farbe werden als zusammengehörend wahrgenommen.
- Farbe wirkt besonders stark gruppenbildend und hat Vorrang gegenüber gleicher Form, gleicher Größe, gleicher Textur oder gleicher Ausrichtung.
- Auch wenn sich die Farben ähneln, können sie als zusammengehörend wahrgenommen werden, wenn sich die Farben deutlich von den Tönen der anderen Elemente unterscheiden.
- Elemente mit gleichem Muster bzw. gleicher Textur werden als zusammengehörend wahrgenommen.
- Elemente mit gleicher Richtung werden als zusammengehörend erfasst.

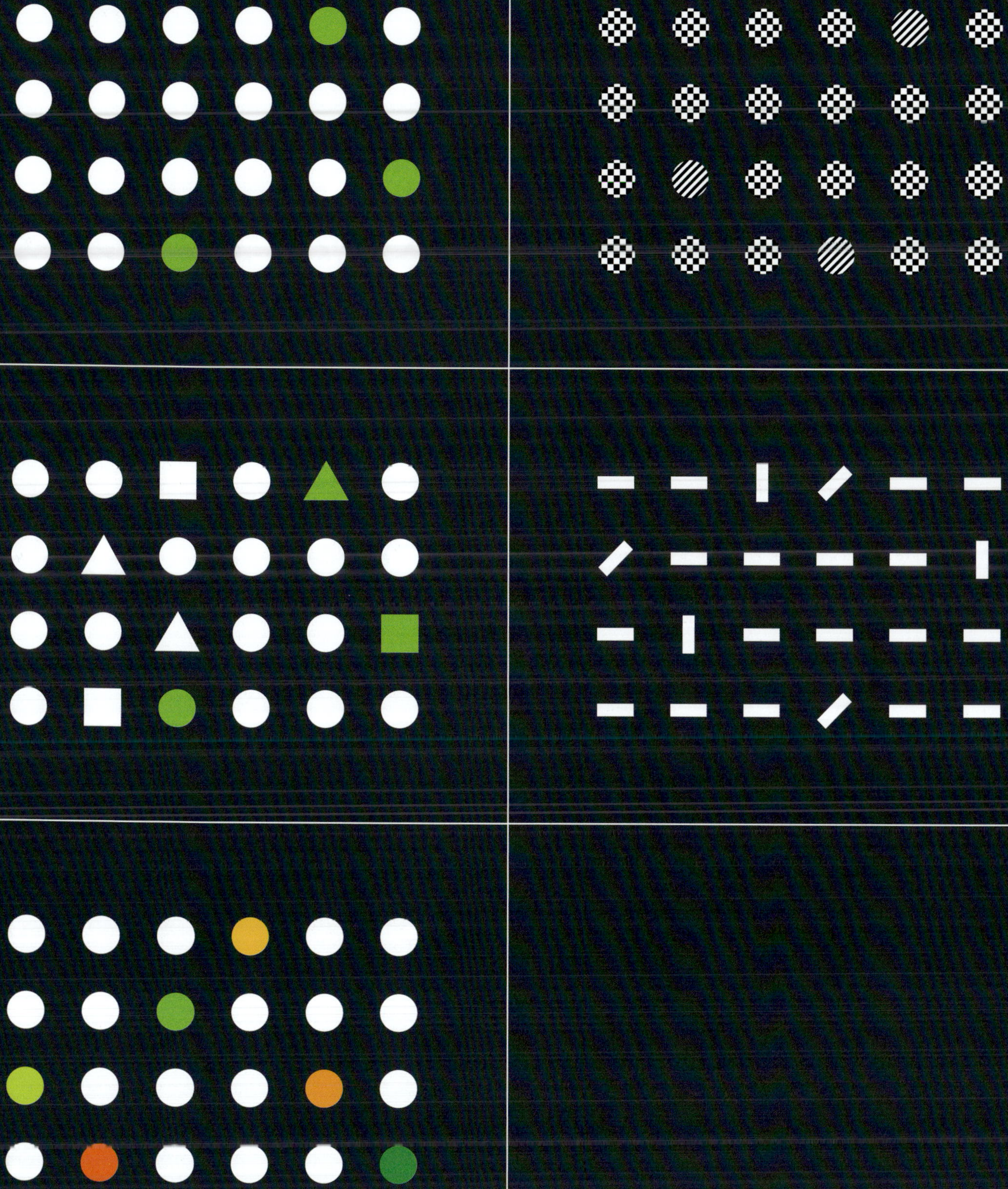

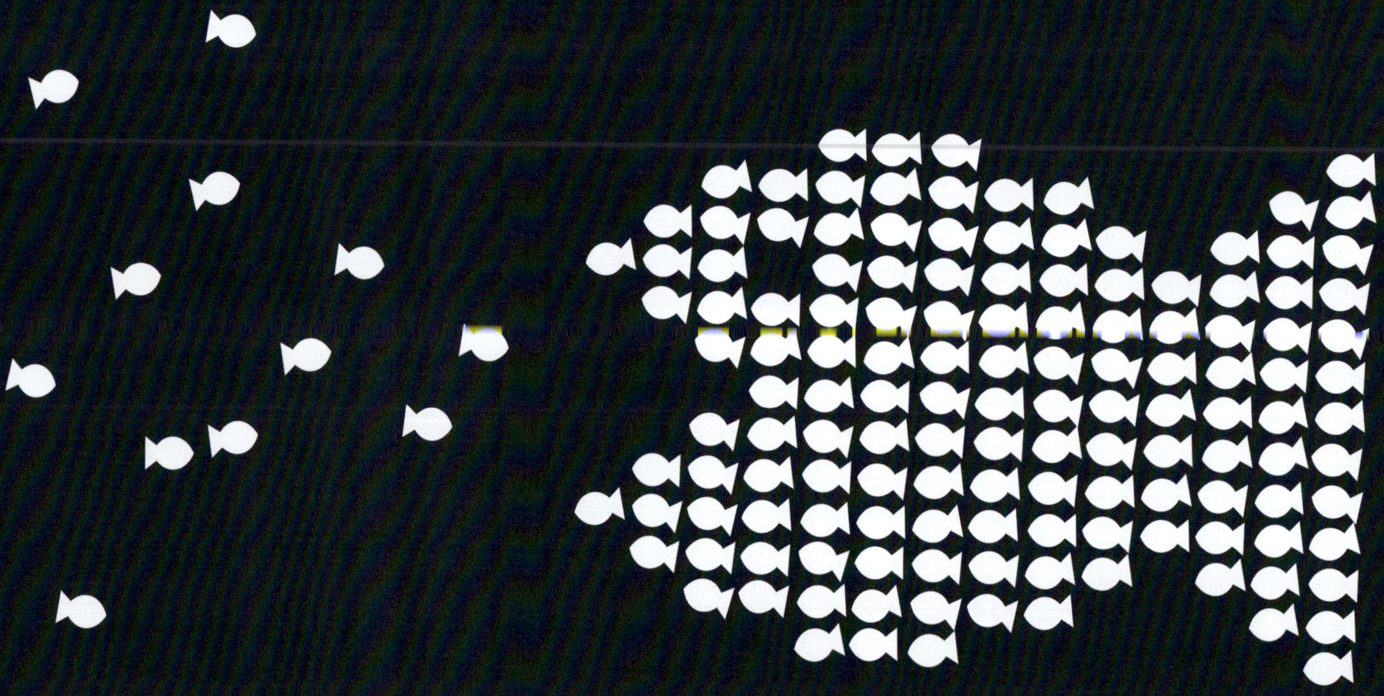

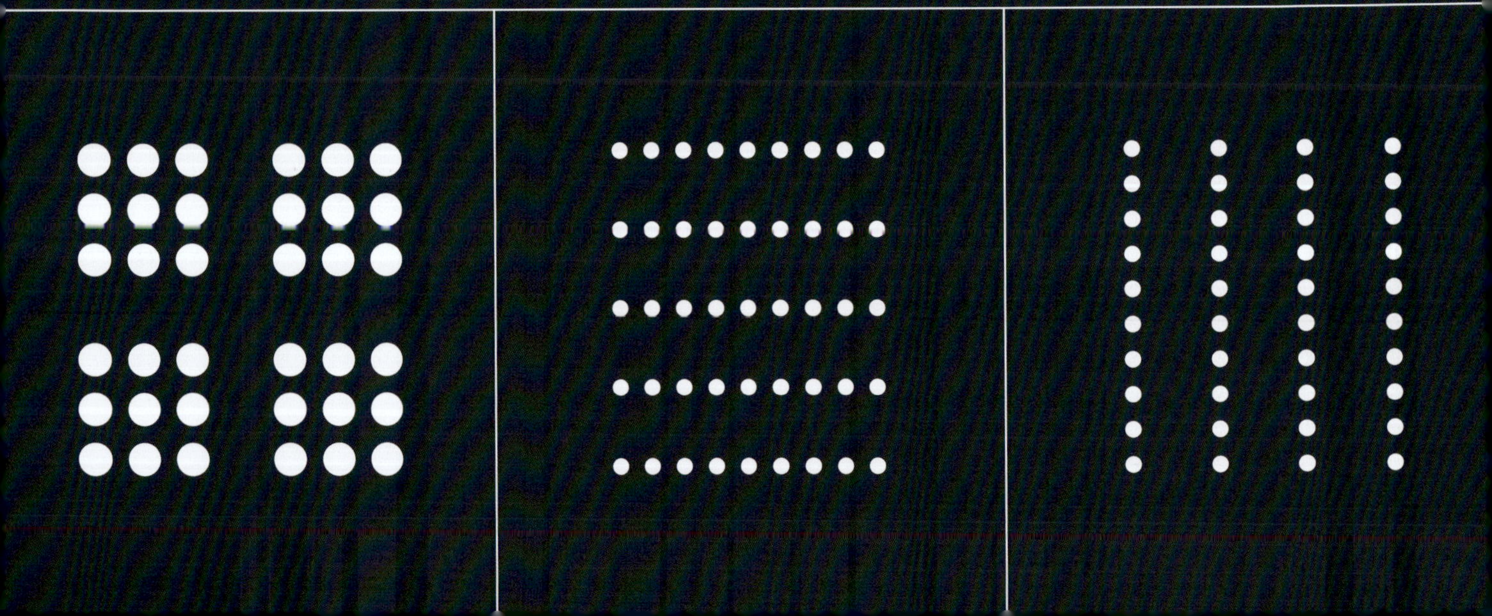

Zwei flinke Boxer jagen die quirlige Eva und ihren Mops durch Sylt. Dieser Satz ist ein Pangramm. Ein Pangramm enthält alle Buchstaben des Alphabets. Es wird manchmal als Blindtext genutzt. Blindtexte dienen als Platzhalter in einem Layout, um das Aussehen des fertigen Satzes anschaulich zu machen. Es gibt noch weitere Pangramme. Typische Katze quält wieder zum Jux süße Vögel auf dem Balkon. Die heiße Zypernsonne quälte Max und Victoria ja böse auf dem Weg bis zur Küste. Karl Mays Pferdevieh sagt »jawohl« zur Quellnixe am Bach. »Fix, Schwyz!«, quäkt Jürgen blöd vom Paß.

Zwei flinke Boxer jagen die quirlige Eva und ihren Mops durch Sylt. Dieser Satz ist ein Pangramm. Ein Pangramm enthält alle Buchstaben des Alphabets. Es wird manchmal als Blindtext genutzt. Blindtexte dienen als Platzhalter in einem Layout, um das Aussehen des fertigen Satzes anschaulich zu machen. Es gibt noch weitere Pangramme. Typische Katze quält wieder zum Jux süße Vögel auf dem Balkon. Die heiße Zypernsonne quälte Max und Victoria ja böse auf dem Weg bis zur Küste. Karl Mays Pferdevieh sagt »jawohl« zur Quellnixe am Bach. »Fix, Schwyz!«, quäkt Jürgen blöd vom Paß.

Gesetz der Nähe

Elemente, die nahe beieinanderliegen, werden von der Wahrnehmung als Gruppe erfasst. Im Grafikdesign muss deshalb nahe beieinander platziert werden, was zusammengehört, und ausreichend Abstand haben, was in einen anderen Kontext gehört. Beispielsweise muss der Abstand eines Bildtextes zum Bild, das er beschreibt, immer deutlich geringer sein als zu jedem anderen Gestaltungselement.

Elemente, die nahe beieinanderliegen, werden als zusammengehörend empfunden. Ergeben sie gemeinsam ein geläufiges Bild, tritt das Gesamtbild gegenüber den Einzelelementen in den Vordergrund (Grafik nach dem Vorbild einer Illustration von Silvano Pellin).

Die 36 Punkte werden aufgrund ihrer Anordnung in vier Quadraten gruppiert.

Die Punkte werden als horizontale Linien interpretiert.

Die Punkte werden als vertikale Linien interpretiert.

Das Gesetz der Nähe wirkt deutlich stärker als das Gesetz der Ähnlichkeit.

Buchstaben werden durch unterschiedliche Abstände zu Wörtern und Sätzen. Nahe beieinanderliegende Buchstaben bilden Wörter und werden durch größere Abstände von anderen Wörtern getrennt. Buchstaben- und Wortabstände sollten jeweils optisch möglichst gleichmäßig sein, damit Text gut lesbar ist und ein ästhetisch überzeugendes Satzbild entsteht.

Für eine klare Zeilenbildung und ein ansprechendes Satzbild muss der Zeilenabstand eindeutig größer sein als der Wortabstand. Hier ist das nicht der Fall!

Gesetz der gemeinsamen Region

Unter mehreren Elementen werden diejenigen als zusammengehörend wahrgenommen, die in irgendeiner Weise von den anderen Elementen abgegrenzt sind. Nutzen Sie diese Möglichkeit, Layouts zu strukturieren, wenn andere Wahrnehmungsgesetze nicht ausreichen, um die Zusammengehörigkeiten eindeutig zu visualisieren. In Zeitungen beispielsweise dienen häufig Spaltentrennlinien dazu, Inhalte visuell zu gliedern.

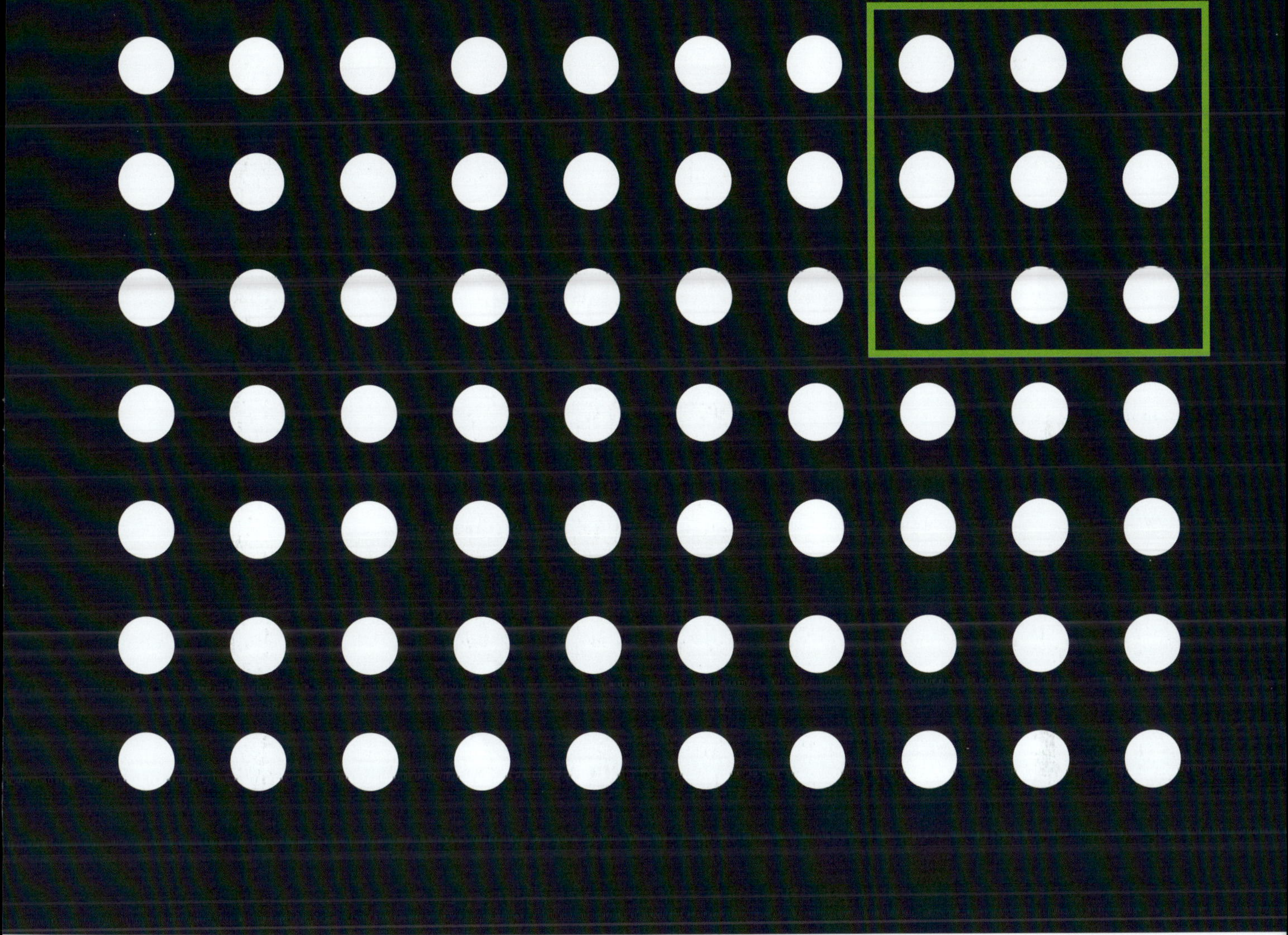

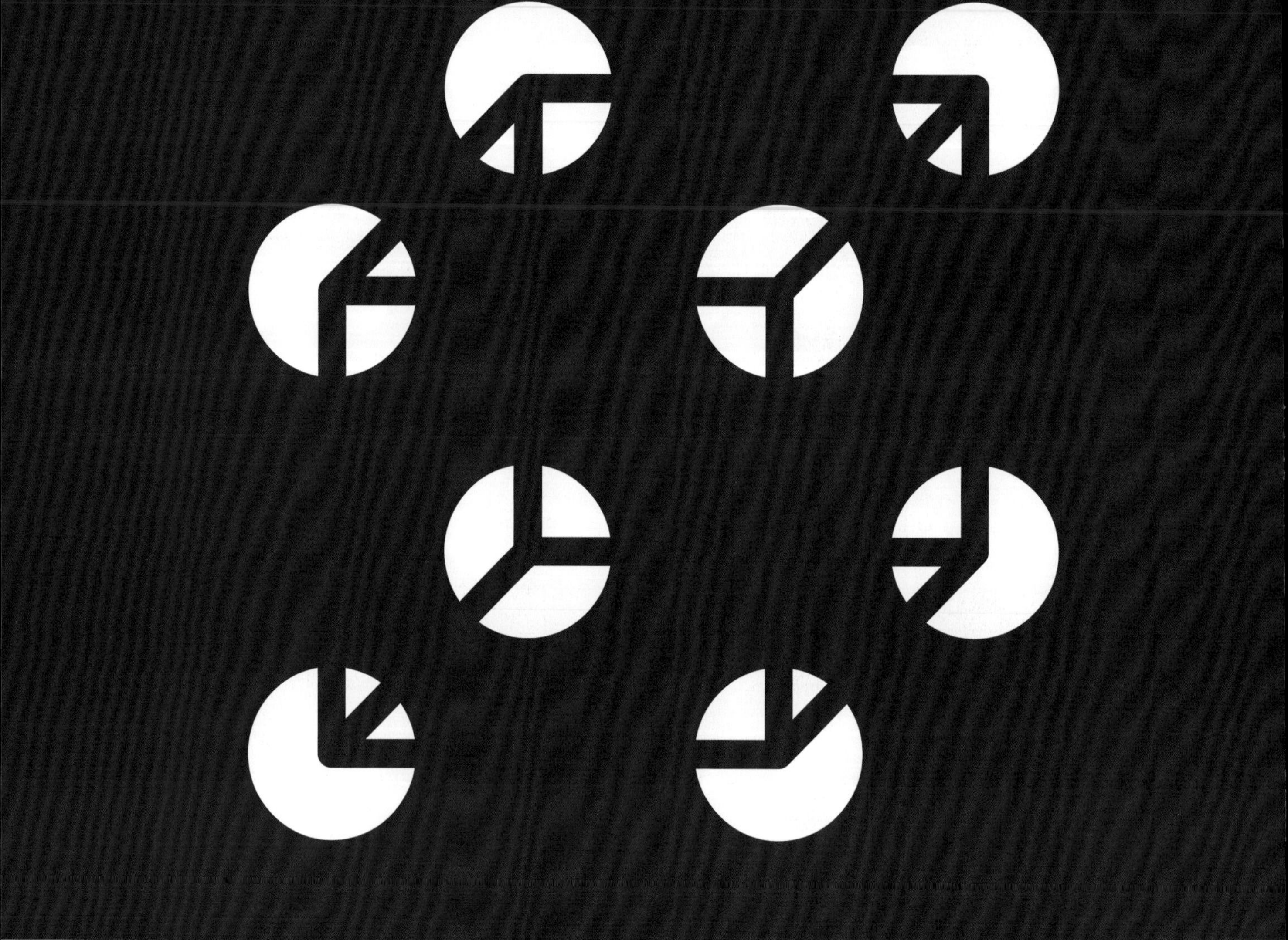

Gesetz der guten Gestalt

Wie beschrieben folgt das Gehirn gerne dem einfachsten Weg. Auch für komplexe Formen werden einfache Lösungen bevorzugt. Lassen sich die Elemente eines Motivs als logisches, vertrautes Bild interpretieren, nehmen wir dieses wahr, während die Einzelteile in den Hintergrund treten. Selbst in drastisch reduzierten, geometrischen, abstrakten oder scheinbar chaotischen Strukturen werden konkrete Gestalten erkannt.

Manchmal wird das Gesetz der guten Gestalt auch »Gesetz der Prägnanz« genannt, oder es wird mit dem »Gesetz der geschlossenen Form« gleichgesetzt.

Acht komplexe Formen, und das Gehirn macht daraus eine einfache Lösung.

Im Chaos der Punkte lässt sich eine Gestalt ausmachen – finden Sie sie?

In der Ansammlung von Flecken erkennt die Wahrnehmung die Gestalt eines Dalmatiners (»Human Information Processing« von P. H. Lindsay und D. A. Norman, 1972).

Es könnte sich um die Einfahrt zu einem Straßentunnel handeln – diese bilden solche Bogen über flacher Basis. Doch unsere Wahrnehmung bevorzugt die Interpretation eines vollen Kreises, der unten teilweise verdeckt ist – so könnte es sich beispielsweise um die auf- oder untergehende Sonne handeln oder den Vollmond, der durch ein Fenster nicht zur Gänze zu sehen ist.

Eigentlich nur sechs einzelne Formen, doch unsere Wahrnehmung interpretiert sie als zwei Gestalten.

Die Wahrnehmung interpretiert keine zwei Dreiecke zwischen I und K, sondern ein N.

© Juan Enrique del Barrio | shutterstock.com

Gesetz der Erfahrung

Wie wir die Welt wahrnehmen und beurteilen, ist stark von unserer Erfahrung abhängig. Wir haben erfahren, dass rote Herdplatten heiß sind, dass schwarz-gelb gestreifte Insekten schmerzhaft stechen können, und wir können beurteilen, was stabil und was fragil ist. Wir haben gelernt, dass dieses Symbol ▶ in einem bestimmten Kontext für Start steht, dieses ■ für Stopp, dieses ❚❚ für Pause und dieses ● für Aufnahme.

Wie stark wir von unserer Erfahrung geprägt sind, zeigen die beiden Bilder auf dieser Doppelseite. Eigentlich handelt es sich um ein Bild, das lediglich einmal um 180° gedreht wurde. Wir haben gelernt, dass Licht von oben kommt, und leiten von den Licht- und Schattenkanten ab, ob Elemente erhaben oder vertieft sind. Deshalb nehmen wir auf der linken Seite die floralen Elemente vertieft wahr, während wir sie rechts erhaben sehen.

Gesetz der Prägnanz

Unter mehreren gleichen oder ähnlichen Elementen tritt hervor, was sich deutlich unterscheidet. Im Grafikdesign lässt sich das nutzen, um die Aufmerksamkeit der Betrachtenden gezielt auf ein Element zu lenken. Das funktioniert am besten, wenn nicht nur das zu betonende Element anders gestaltet ist, sondern parallel dazu die Elemente, von denen es sich abheben soll, ähnlich bis gleich angelegt sind.

In der Gestaltpsychologie und der Gestaltungslehre begegnet man dem »Gesetz der Prägnanz« noch in einer anderen Auslegung: Manchmal wird der Begriff synonym für das »Gesetz der guten Gestalt« verwendet (Seite 51).

© Kudryashova Vera | shutterstock.com

Hicksches Gesetz

William E. Hick war Mediziner und Wissenschaftler. Sein Gesetz von 1952 – auch Hicks Gesetz oder Hick-Hyman-Gesetz genannt – besagt, dass die Reaktionszeit mit der Anzahl der zur Verfügung stehenden Möglichkeiten steigt. Es spielt in der Verkehrspsychologie eine Rolle. Seine Untersuchungen zeigten, dass die Zeit, sich für eine Option zu entscheiden, durch jede zusätzliche Alternative steigt. Bei zwei Möglichkeiten beträgt die Reaktionszeit durchschnittlich etwa 0,3 Sekunden, bei vier 0,6 Sekunden und bei sieben etwa 1 Sekunde.

Man mag denken, dass Reaktionszeit in der Werbung keine dem Verkehr vergleichbare Bedeutung hat. Doch wie lange brauchen wir, um ein Plakat zu passieren oder eine Seite um- und damit ein Inserat zu überblättern? Was für Auswirkungen hat das Gesetz im Umfeld eines Shops oder Markts, in dem dutzende oder hunderte Optionen zur Verfügung stehen?

Mir als Gestalter sagen die Erkenntnisse von Hick, dass sich visuelle Kommunikation besser erfassen lässt, wenn sie den Kern auf den Punkt bringt.

© Anton Havelaar | shutterstock.com

Gesetz des Kontexts

Zu den Kernaussagen meines Gestaltungsunterrichts gehören zwei Sätze: »Die wichtigste Gestaltungsregel lautet: schauen!« und »Die richtige Antwort auf alle Fragen lautet: Es kommt drauf an«.

Es gibt im Grafikdesign keine 08/15-Standardlösungen. Jede Aufgabe erfordert ihre eigene individuelle Lösung. Auch in der Anlage der Details gibt es für Gestaltung kein Schema F. Die Bedeutung der Mittel visueller Kommunikation ist vom Kontext abhängig. Farben beispielsweise sind mit Bedeutungen verknüpft, doch oft sind es viele Bedeutungen und manchmal sind sie widersprüchlich. Rot beispielsweise steht einmal für Liebe und Leidenschaft, ein andermal für Blut und Gewalt und dann auch wieder für Stopp oder Alarm. Erst im Kontext erschließt sich, in welcher Funktion die Farbe gerade auftritt.

Die Einzelelemente einer Gestaltung dürfen nie isoliert und für sich betrachtet und beurteilt werden, sondern sind immer im Kontext des Umfelds und vor dem Hintergrund der Aufgabenstellung zu sehen.

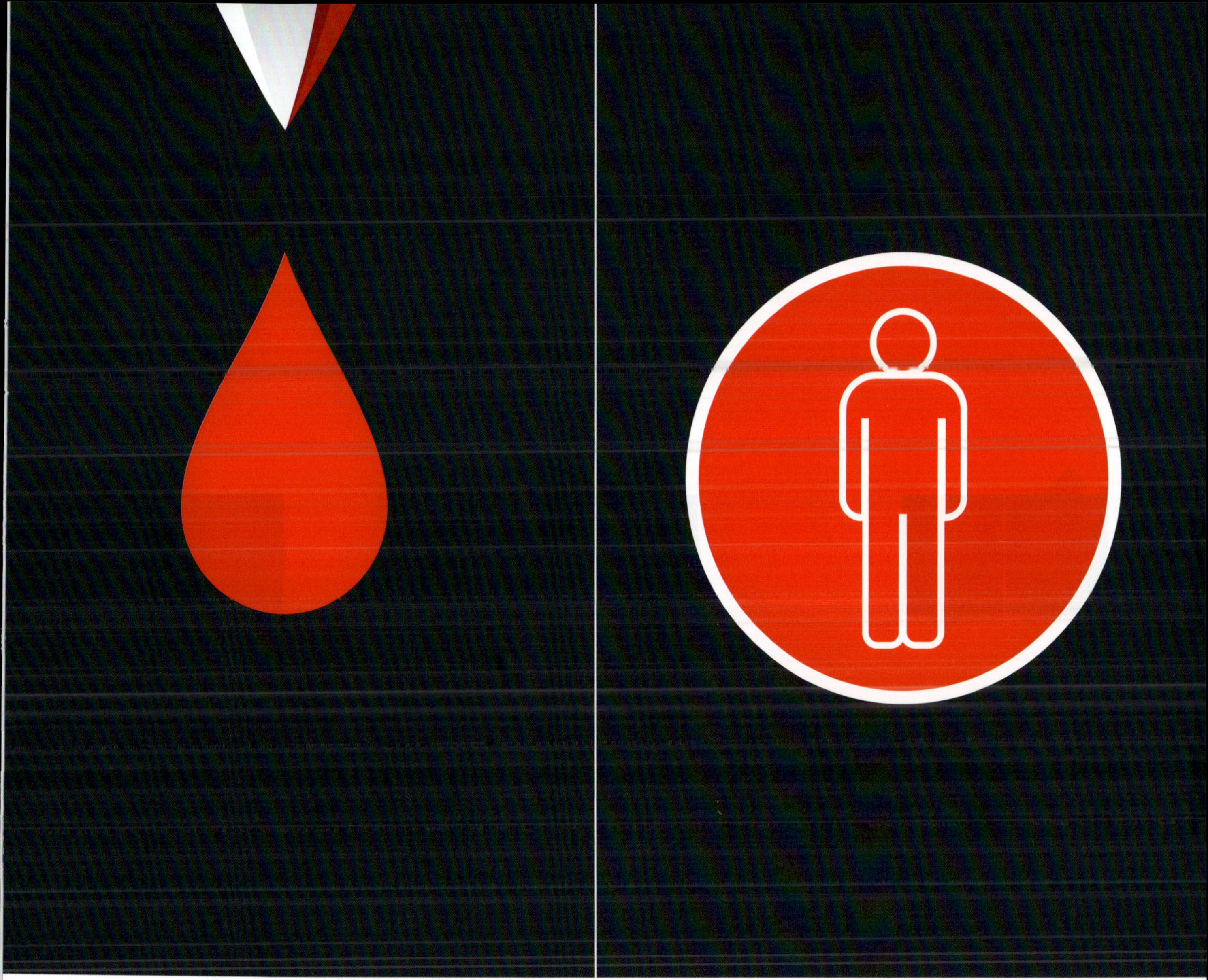

Als Gestalter erarbeiten wir Layouts Element für Element und legen viel Wert auf die Optimierung der Einzelteile. Verlieren wir dabei das große Ganze aus den Augen, besteht die Gefahr, dass sich aus dem Kontext der Einzelelemente Beziehungen und Bedeutungen ergeben, die unerwünscht sind. Wir dürfen nicht vergessen, dass ein Betrachter einen Entwurf nicht Einzelteil für Einzelteil erfasst, sondern die Summe der Teile als Ganzes. Die Optimierung der Teile ist für ein optimales Ganzes zwar notwendig, doch die Wirkung der Gesamtheit hat Priorität.

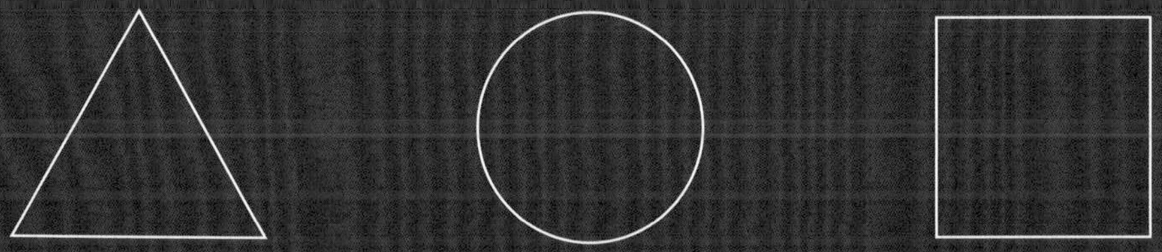

Kapitel 2: **Form**

Punkt

Gestaltung besteht aus Punkten, Linien und Flächen. Punkt, Linie und Fläche werden unterschiedlich erfasst und haben unterschiedlichen Einfluss darauf, wie wir Grafiken, Layouts und Bilder wahrnehmen. Die Besonderheiten und Unterschiede zu verstehen, heißt, sie gezielt einsetzen zu können, um die Wirkung von Layouts und wie sie erfasst werden, bewusst zu gestalten.

Ein Punkt hat eine Ausdehnung von null. Was wir Punkt nennen, ist streng genommen eine kleine Fläche. Wie groß eine Fläche sein darf, um als Punkt zu gelten, hängt vom Betrachtungsabstand ab. Was in einem Buch in unseren Händen als Punkt gilt, wird auf einige Meter Entfernung gar nicht mehr wahrgenommen. Was in vielen Metern Entfernung nur ein Punkt ist, kann der Größe dieser Buchseiten entsprechen.

Wie groß wir einen Punkt bzw. ein Gestaltungselement wahrnehmen, hängt auch vom Umfeld ab, vor allem vom Format der Grundfläche. Die beiden Punkte auf den Flächen links und rechts oben sind gleich groß. Dennoch wirkt der Punkt auf der deutlich größeren Fläche links kleiner. Größe ist relativ. Berücksichtigen Sie diesen Umstand bei der Gestaltung. Nicht nur, wenn es um Punkte geht.

Der Punkt auf der Seite links und der Punkt im Feld rechts oben ist gleich groß. Unsere Wahrnehmung sieht das anders.

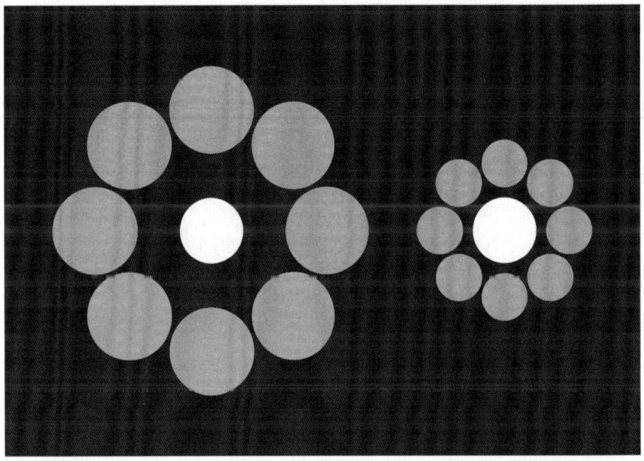

Die weißen Punkte in der Mitte sind jeweils groß. Ich messe bei solchen Abbildungen immer noch einmal nach, denn meine Wahrnehmung sagt mir stets, dass mir diesmal ein Fehler unterlaufen sein muss.

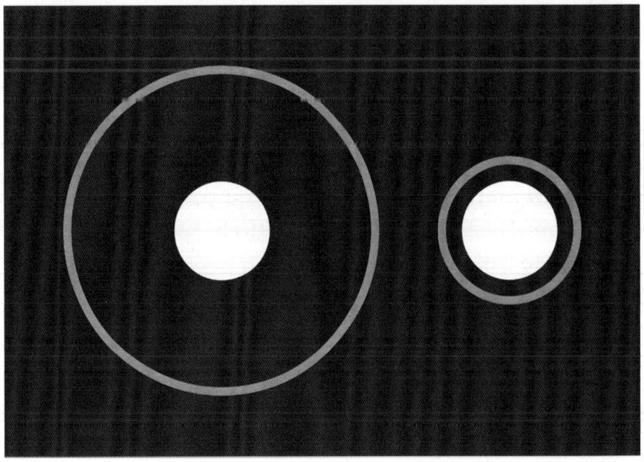

Für die weißen Punkte hier gilt dasselbe.

Punkt als Eyecatcher

Der Punkt ist die kleinste grafische Einheit. Markante Punkte ziehen die Aufmerksamkeit auf sich und bieten dem Auge Halt. Dazu muss das Element kleiner sein als der Spot schärfsten Sehens (Seite 31). Auf die für das Lesen übliche Distanz von 40 cm erfasst dieser einen Bereich mit etwa 15 mm Durchmesser. Das heißt, damit ein Element als Anker für das Auge funktioniert, muss es kleiner als 15 mm sein. Vergrößert sich der Betrachtungsabstand, werden größere Elemente als Punkt wahrgenommen. Auf 4 m Entfernung erfasst der Spot schärfsten Sehens 15 cm, auf 8 m Distanz 30 cm.

Markante Punkte des Designs werden als *Eyecatcher* wahrgenommen. *Eyecatcher-Punkte* sind meist größer als der Spot schärfsten Sehens. Doch selten ist ein Eyecatcher eine leere Fläche, sondern enthält in sich Bestandteile, die dem Auge Halt bieten. Gesichter etwa wecken meist unser Interesse und funktionieren deshalb als Eyecatcher. Den Halt finden unsere Augen meist in den Augen der abgebildeten Person.

Ein Punkt kann rund oder eckig sein, ein Buchstabe, ein Symbol, ein Auge in einem Bild, ein Stern am Himmel oder die ferne Sonne am Firmament. Auch der Punkt, an dem sich Linien treffen oder schneiden, kann visuell als Punkt funktionieren und das Auge anziehen und halten. Das Layout auf dieser Doppelseite besteht aus vier markanten Punkten: dem Pfeil, dem Auge, dem Initial des Textes und dem Logo rechts unten.

Die meisten Grafiken, Layouts und Bilder bestehen aus mehreren Punkten. Gestalterisch relevant sind vor allem herausragende, markante Punkte – hier eben Pfeil, Auge, Initial und Logo.

Dominiert ein einzelner markanter Punkt ein Layout, hat er alle Aufmerksamkeit für sich. Bei mehr als einem markanten Punkt wird die Wahrnehmung versuchen, Beziehungen herzustellen. So entsteht Spannung. Drei Punkte eignen sich besonders gut, um Spannung zu erzeugen. Mit jedem weiteren Punkt wächst die Herausforderung, sie sinnvoll, erfassbar und spannend in Beziehung zu setzen. Bei zu vielen markanten Punkten verliert sich der Überblick, das Auge findet kein Ziel und wird sich wahrscheinlich abwenden.

Zwei flinke Boxer jagen die quirlige Eva und ihren Mops durch Sylt. Dieser Satz ist ein Pangramm. Ein Pangramm enthält alle Buchstaben des Alphabets. Es wird manchmal als Blindtext genutzt. Blindtexte dienen als Platzhalter in einem Layout, um das Aussehen des fertigen Satzes anschaulich zu machen. Es gibt noch weitere Pangramme. Typische Katze quält wieder zum Jux süße Vögel auf dem Balkon.
SIGN
Nur zum Beispiel

Linie

Linien haben streng genommen ebenso eine Ausdehnung von null wie Punkte. Was wir als Linien wahrnehmen, ist in der Regel eine Fläche, bei der die Länge im Vergleich zur Höhe extrem ausgedehnt ist. Linien lassen sich als Punkte verstehen, die drastisch in die Länge gezogen sind. Ebenso wird die Begrenzung von Flächen als Linie wahrgenommen und mehrere aufeinander folgende Elemente können Linien bilden (Seite 40). Linien können gerade, gebogen, gewellt, gebrochen oder rau sein.

- Nicht nur Linien werden als Linien wahrgenommen, auch die Grenzen von Flächen.
- Die Horizontale spiegelt den Horizont, vermittelt Weite und wirkt verbindend.
- Die Horizontale wirkt statisch; sie vermittelt Ruhe und Ausgeglichenheit.
- Die Vertikale wirkt ebenfalls statisch, stellt sich jedoch quer zur Schreib-/Leserichtung und wirkt deshalb begrenzend bzw. trennend.
- Diagonale Linien wirken dynamisch. Der Schreib-/Leserichtung entsprechend wirkt diese Linie aufsteigend (Seite 36).
- Diese Linie wird als absteigend empfunden.
- Der Kontext beeinflusst die Interpretation: Die Grafik vermittelt abfallende Dynamik.
- Auch diese Grafik vermittelt eine Bewegung entgegengesetzt zur Schreib-/Leserichtung.
- Text bildet Linien.
- Versalsatz (*Versalien* ist der typografische Fachbegriff für Großbuchstaben) bildet zwei Linien: Grundlinie und Linie der Versalhöhe (Höhe der Großbuchstaben).
- Gemischte Groß-/Kleinschreibung bildet vier Linien: Grundlinie, x-Höhe (Höhe der Kleinbuchstaben), Oberlänge (bei den Kleinbuchstaben b, d, f, h, k und l) und Unterlänge (bei den Kleinbuchstaben g, j, p, q und y). Die Oberlängen überragen bei manchen Schriftarten die Versalhöhe. In diesem Fall kommt eine fünfte Linie hinzu.

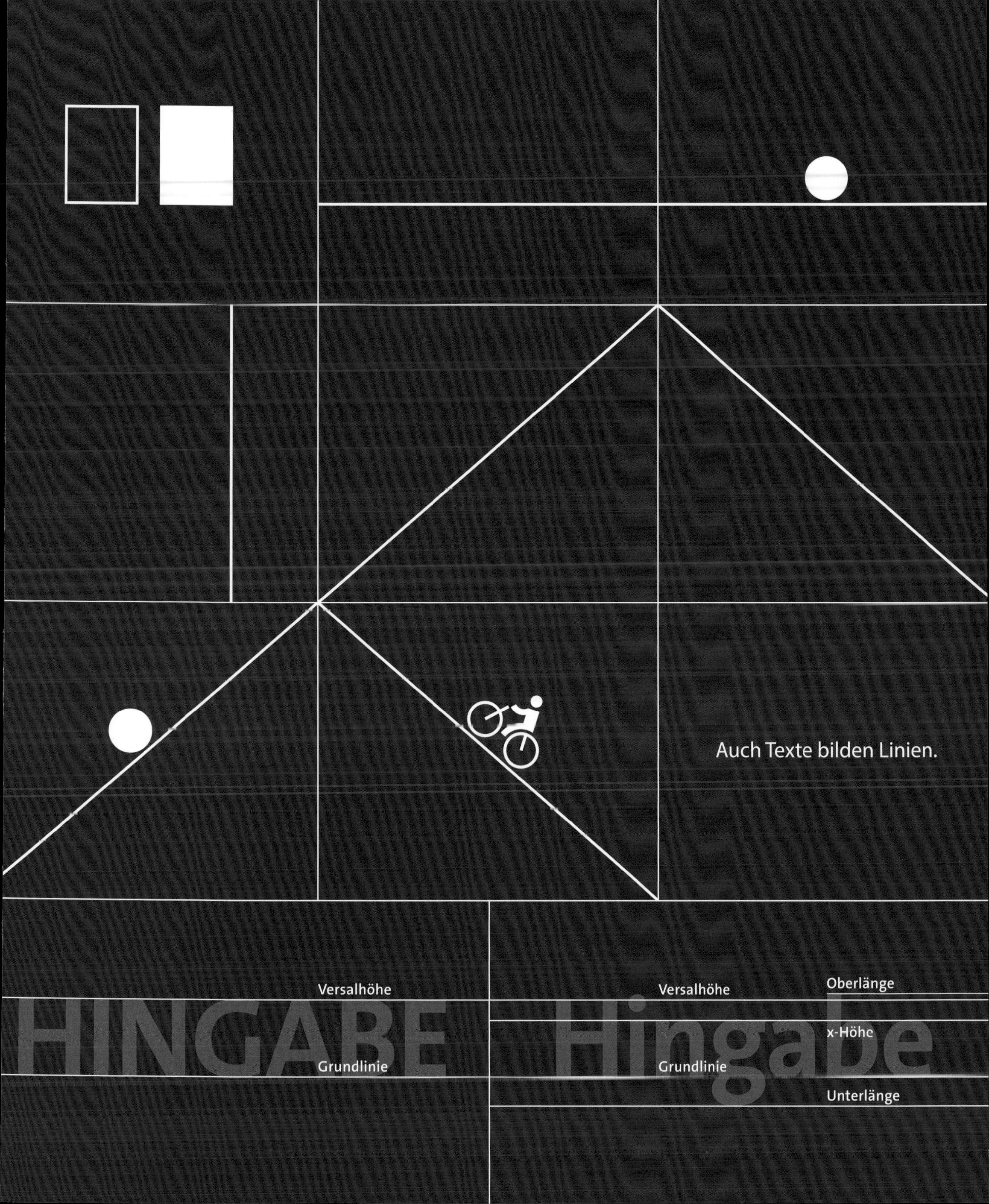
Auch Texte bilden Linien.
Versalhöhe
HINGABE
Grundlinie
Versalhöhe
Oberlänge
Hingabe
x-Höhe
Grundlinie
Unterlänge

Linien zur Blickführung

Sind Linien länger als der Durchmesser des Spots schärfsten Sehens, findet das Auge keinen Halt. Es kann allerdings den Linien folgen. Linien führen deshalb das Auge. Als Grafiker kann ich mir das zunutze machen und den Blick des Betrachters leiten, beispielsweise indem ich die markanten Punkte der Gestaltung mittels Linien verbinde. Dazu sind nicht unbedingt reale Linien notwendig. Vielmehr wird man sogar eher imaginäre Linien nutzen, die die Wahrnehmung aufgrund der Gestaltgesetze *der durchgehenden Linie* (Seite 38) und *der Kontinuität* (Seite 40) herstellt.

Die Horizontale wirkt zwar statisch und vermittelt keine Bewegung an sich, doch entsprechend der Schreib-/Leserichtung folgen wir ihr in der Regel von links nach rechts.

Der Blick springt in Layouts von markantem Punkt zu markantem Punkt. Die Schreib-/Leserichtung bildet die Grundtendenz dafür. Dementsprechend sollte der Weg des Blicks hier vom Pfeil über das Auge zum Z und dann zum Logo führen. Allerdings wirken hervorstechende Elemente besonders anziehend (Gesetz der Prägnanz, Seite 54), weshalb hier Auge und Logo den Blick wahrscheinlich vor Pfeil und Z auf sich ziehen.

Linien führen den Blick. Diese Linien leiten den Blick auf den Punkt.

Hier gehen die Linien vom Punkt aus.

Die Sprossen des Fensters leiten den Blick zur Person.

Die Sprossen leiten den Blick von der Person weg. Obwohl es sich um dasselbe Foto handelt, das lediglich gespiegelt wurde, ist die Bildwirkung doch völlig unterschiedlich.

Dass wir Zeilen beim Lesen in der Schreib-/Leserichtung folgen, versteht sich von selbst. Hier führt uns das Lesen zum Punkt.

Hier geht der Satz vom Punkt aus.

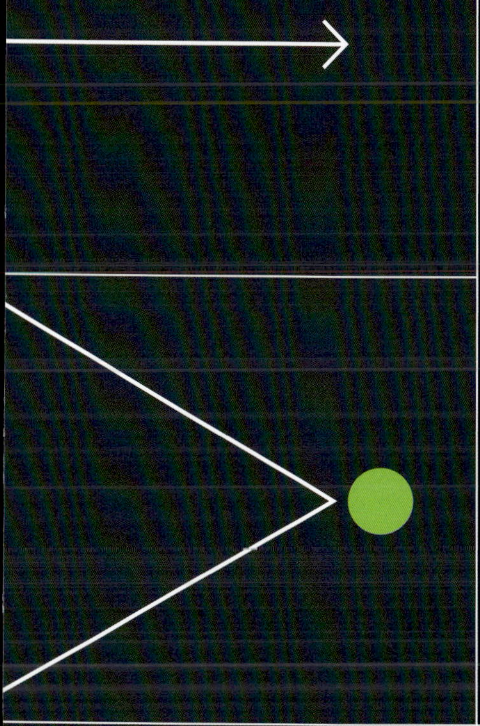

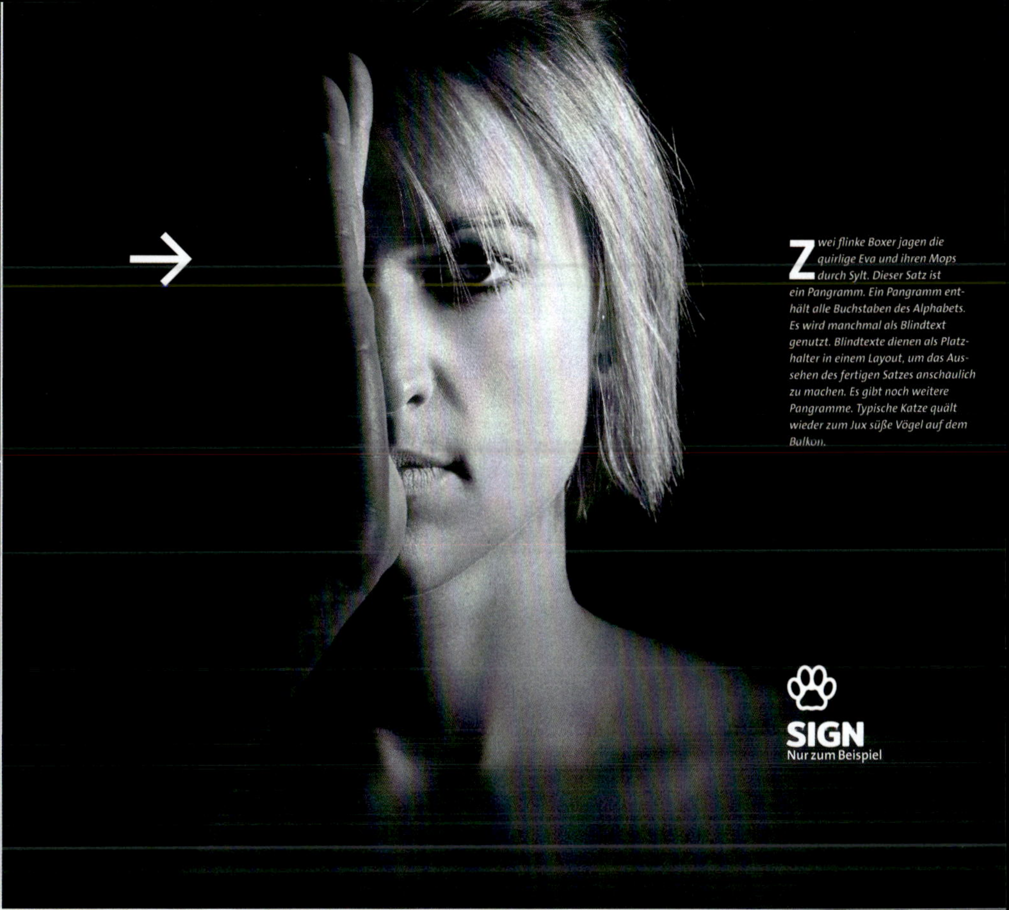

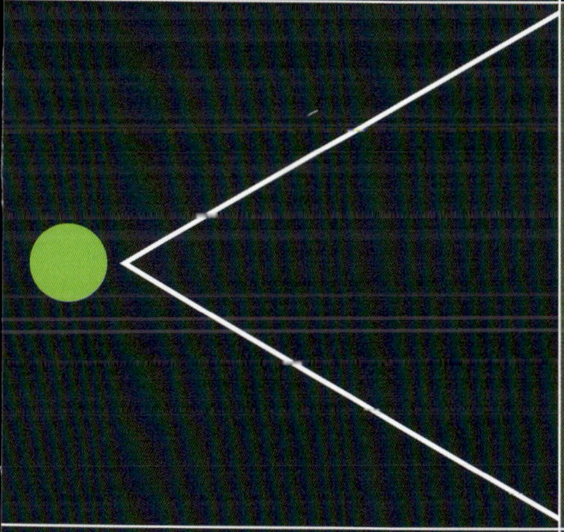

Zum Punkt führend

Vom Punkt ausgehend

Gestaltungsachse

Wie im vorangegangenen Kapitel beschrieben, entstehen durch Verbindungen Beziehungen zwischen den Elementen, und durch diese Gestaltungsachsen verbinden sich die Einzelteile der Gestaltung zur Einheit. Je mehr Achsen die Elemente in Beziehung setzen, desto kompakter und homogener wirkt der Entwurf.

Etwas weiter hinten werden wir uns ansehen, welche Gestaltungsachsen sich bei welchen Grundformen bevorzugt anbieten. Letzten Endes setzen sich alle Formen nur aus Geraden und Bogen zusammen. Die Grundeigenschaften von Rechteck, Kreis und Dreieck, wie wir sie später noch betrachten werden, lassen sich deshalb auf alle Formen übertragen. Vor allem die Geraden spielen eine wesentliche Rolle bei der Beziehungsbildung. Halten Sie bei der Anlage von Layouts also vor allem nach Geraden Ausschau, bevorzugt horizontalen und vertikalen, und analysieren Sie, ob andere Gestaltungselemente Geraden aufweisen, die sich damit durch eine gemeinsame Ausrichtung *synchronisieren* lassen. Es sind primär die gemeinsamen Ober- und Unterkanten, linken und rechten Kanten sowie die Mitten der Objekte, die sich zur Beziehungsbildung eignen.

Diese Elemente stehen nicht in Beziehung.

Hier entsteht durch linksbündige Ausrichtung eine Beziehungsachse.

Hier stellt die rechte Achse die Beziehung her.

Hier haben die beiden Elemente die Mittelachse gemein.

Rechte Kante des oberen und linke des unteren Objekts bilden eine Linie.

Beziehungsachsen funktionieren auch bei größeren Abständen (siehe auch Seite 38).

Das gilt entlang der Horizontalen ebenso.

Textzeilen werden üblicherweise links, rechts oder zentriert ausgerichtet. Beim Blocksatz bilden linke und rechte Satzkante eine Linie.

Versetzte Zeilen wirken dynamisch und spannend. Durch Ausrichtungsachsen stehen die Zeilen dennoch in Beziehung zueinander. Hier bilden die beiden N links eine Linie. Die Buchstabenabstände wurden so zugerichtet, dass rechts E und p eine Linie bilden.

Hier habe ich G und I rechts in eine Linie gebracht und die Buchstabenabstände so eingestellt, dass H und m links eine Linie bilden.

Wieder gilt dasselbe entlang der Horizontalen. Bei diesem Beispiel habe ich die Oberkante des Bs von »Beispiel« in einer Linie mit den Versalien von »GABE« ausgerichtet. Die Schriftgröße wurde so gewählt, dass die Unterkante des Mittelstrichs des Es eine Linie mit der Grundlinie von »Beispiel« bildet.

Bei gemischter Schreibweise bilden die x-Höhen eine prägnantere Linie als die Versalhöhen. Hier habe ich die x-Höhe von »Beispiel« mit der Versalhöhe von »GABE« in Linie gebracht. Dabei habe ich eine Schriftgröße gewählt, bei der die Unterkante von »Beispiel« in einer Linie mit der Oberkante des Mittelstrichs des Es steht.

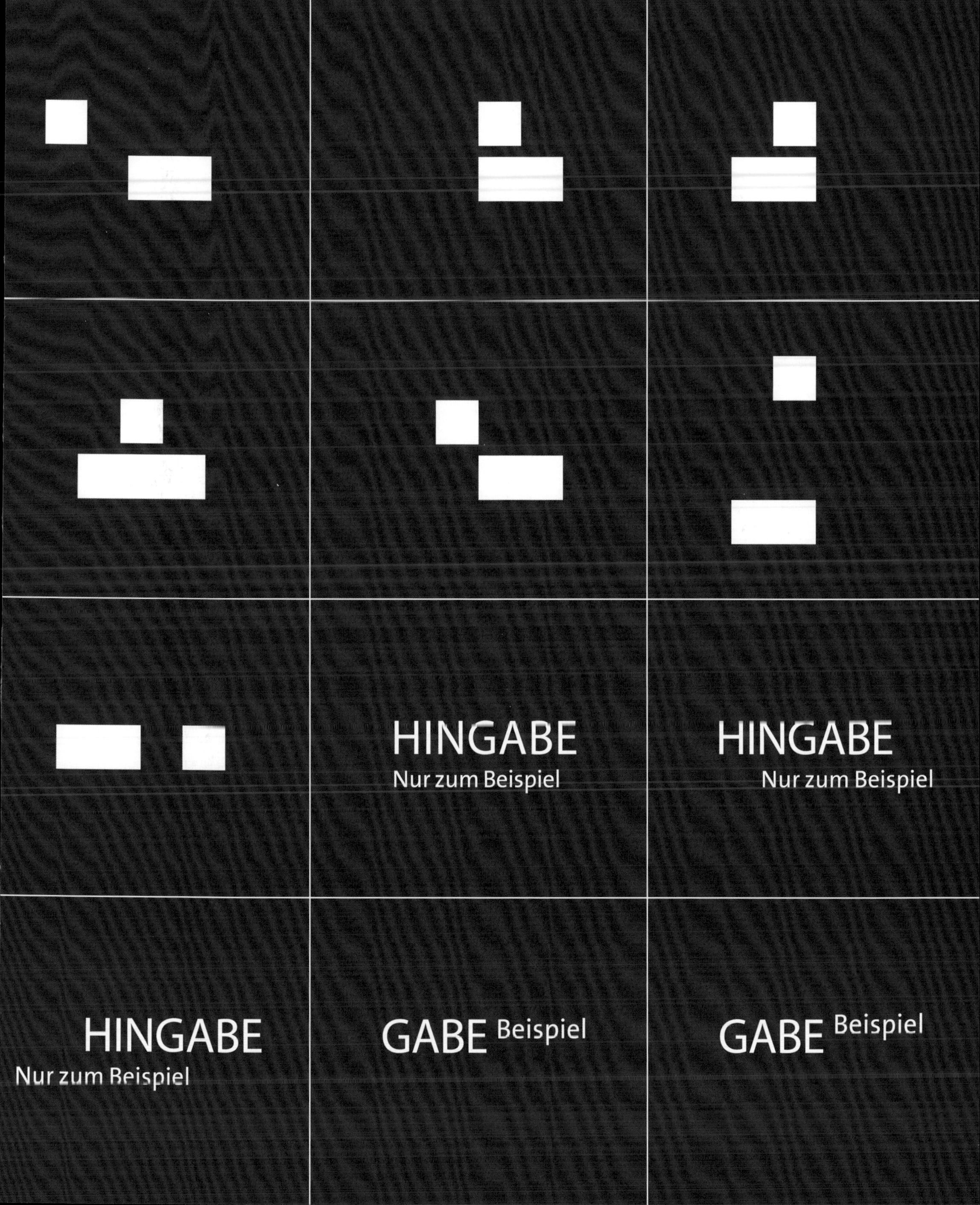

HINGABE
Nur zum Beispiel
HINGABE
Nur zum Beispiel
HINGABE
Nur zum Beispiel
GABE Beispiel
GABE Beispiel

Hingabe

SIGN
Nur zum Beispiel

■ Bei der Platzierung der Headline und des Logos wurde auf harmonische Abstände zu den Seitenkanten sowie Ober- bzw. Unterkante geachtet die Abstände sind jeweils identisch. In der Praxis ist die Horizontal-vertikal-Täuschung (Seite 87) zu berücksichtigen. Es ist wichtiger, dass sich die Abstände gleich *anfühlen*, als dass sie tatsächlich dieselbe Anzahl Millimeter betragen.

Fläche

Punkte halten den Blick, Linien führen ihn und Flächen bilden Grundlage und Umfeld. Wie geschrieben ist jeder Punkt und jede Linie eine Fläche, allerdings relativ klein bzw. dünn. Demgegenüber können wir als Fläche definieren, was den Durchmesser des Spots schärfsten Sehens (Seite 31) deutlich sprengt.

So wie sich die Begrenzungen von Flächen als Linien wahrnehmen lassen, lassen sich Flächen bilden, indem sie von Konturen umschlossen werden.

Basis des Grafikdesigns bildet die Grundfläche. Diese ist ebenso als Teil der Gestaltung zu verstehen wie jedes Gestaltungselement, das sich darauf befindet. Nicht geschulte Gestalter übersehen das oft und platzieren Elemente ohne harmonischen Bezug zu den durch die Grundfläche gebildeten Begrenzungen. Besonders übel sieht es aus, wenn Elemente wie Textblöcke oder Logos mit geringstem Abstand an den Rand geklebt werden.

Rechteck (Quadrat)

Kreis (Ellipse)

Dreieck

Form

Eine Fläche kann alle möglichen Formen haben, von geometrischen Grundformen bis zu abstrakten oder konkreten Gestalten. Eine besondere Rolle spielen dabei in vielen Designdisziplinen Rechteck und Kreis. Diese repräsentieren die elementaren Linien, aus denen sich jede Form zusammensetzt: Gerade und Bogen. Da Rechteck und Kreis, Gerade und Bogen von so grundlegender Bedeutung sind, kommt ihnen in der Formenlehre besondere Aufmerksamkeit zu. Ihre Gesetzmäßigkeiten betreffen dabei nicht nur Gestaltungselemente und -bereiche, die aufgrund ihrer Ausdehnung als Flächen gelten, wie vergleichsweise kleine Elemente, die gestalterisch die Rollen von Punkten und Linien spielen.

Für die geometrischen Grundformen von Rechteck bis Polygon existieren etablierte Begriffe. Für Formen hingegen, die nicht durch die Geometrie beschrieben sind, existieren keine verbindlichen Bezeichnungen. Um sie benennen zu können, verwende ich die Begriffe *amorphe* und *organische Formen*. Amorph bedeutet *ungeformt* oder *gestaltlos*, in der Biologie *ohne feste Gestalt*. Steine, Landschaftsformationen, die Ufer von Flüssen und Seen sowie die Küsten von Inseln und Kontinenten verlaufen amorph. Ihre Form ist zufälliges Resultat des Einwirkens der Elemente.

Die Gestalt von Pflanzen, Tieren und Menschen folgt zwar ebenso wenig der Geometrie, *formlos* kann man sie aber nicht nennen. Vielmehr entstehen ihre Gestalten durch organisches Wachstum mit dem Zweck, konkreten Anforderungen gerecht zu werden. *Organisch* scheint mir deshalb ein passender Begriff für konkrete Formen abseits der Geometrie.

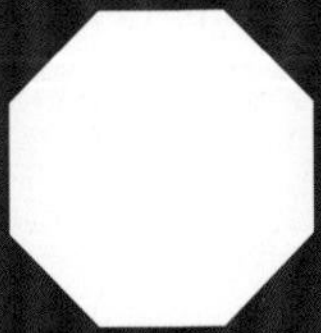

Oktagon

Parallelogramm

Figur

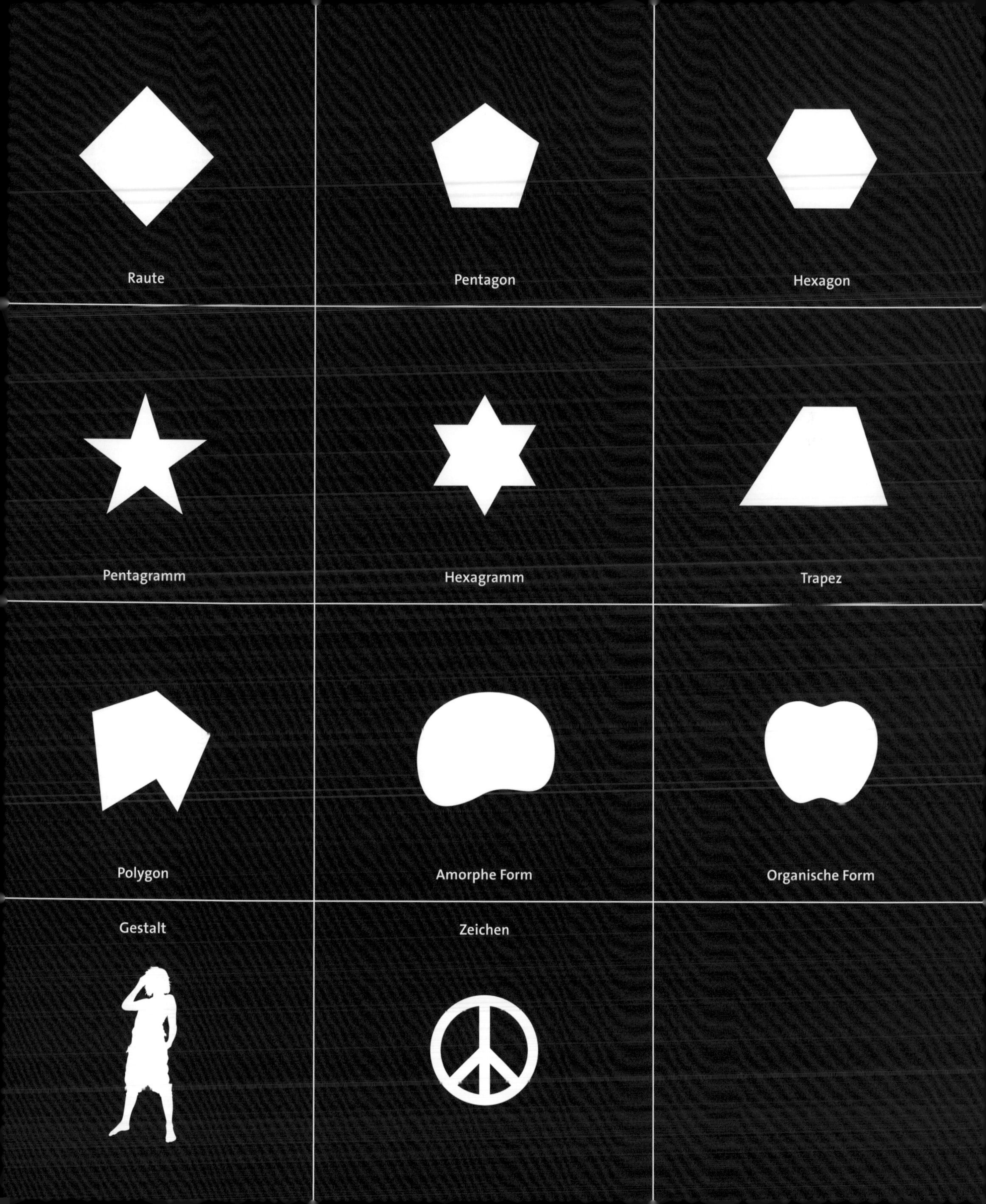
Raute
Pentagon
Hexagon
Pentagramm
Hexagramm
Trapez
Polygon
Amorphe Form
Organische Form
Gestalt
Zeichen

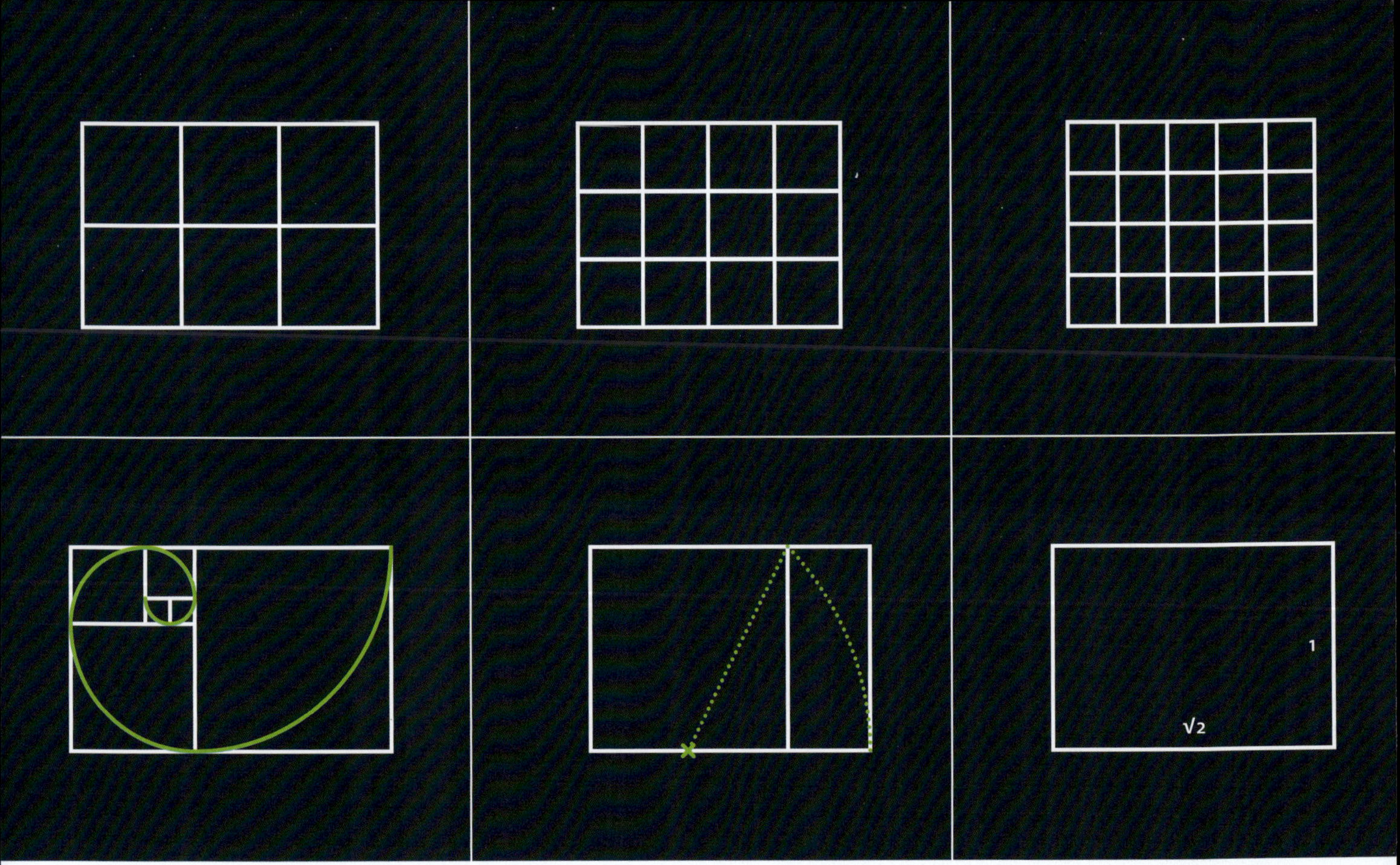

Rechteck und Quadrat

Das Rechteck ist *die* zentrale gestalterische Grundform. Das Quadrat ist die perfekte Sonderform des Rechtecks. Alle Seitenverhältnisse der Proportionslehren basieren auf dem Quadrat. Entweder teilen sie eine Fläche in quadratische Felder, wie z. B. 3:2, 4:3, 5:4 und die Fibonacci-Reihe, oder sie werden auf Basis des Quadrats konstruiert, was auf den Goldenen Schnitt zutrifft – das Seitenverhältnis der DIN-A-Reihe basiert zumindest auf einer Teilung durch die Quadratwurzel aus 2.

Das Rechteck wird von zwei Horizontalen und zwei Vertikalen begrenzt. Rechtecke eignen sich optimal, um Flächen in regelmäßige Bereiche aufzuteilen. Weder Schrägen noch Bogen lassen sich so gut mittels linearer Ausrichtung synchronisieren wie Horizontale bzw. Vertikale. Die Kanten rechteckiger Elemente sind somit ideal für die Beziehungsbildung.

Durch seine absolut symmetrische Form fügt sich das Rechteck ausgezeichnet in nahezu jedes Umfeld ein. Aufgrund der Symmetrie und des daraus resultierenden optischen Gleichgewichts der Seiten ermöglichen nicht nur die Seitenkanten von Rechtecken eine schlüssige Ausrichtung, sondern ebenso ihre Mitte.

Die Betonung der Horizontalen und der Vertikalen lässt das Rechteck statisch und stabil erscheinen, durch die strengen Geraden und die rechtwinkligen Ecken empfinden wir es als sachlich und nüchtern.

Bilder werden in aller Regel rechteckig zugeschnitten, Mengentexte im Blocksatz bilden ebenso Rechtecke. Dem Rechteck entsprechen außerdem die Figuren des großen H, des M und des N, in manchen Schriftarten ebenso das W. Die Formen der Buchstaben sind nicht unwesentlich, möchte man Texte mit Texten, Bildern und anderen Elementen in Beziehung setzen.

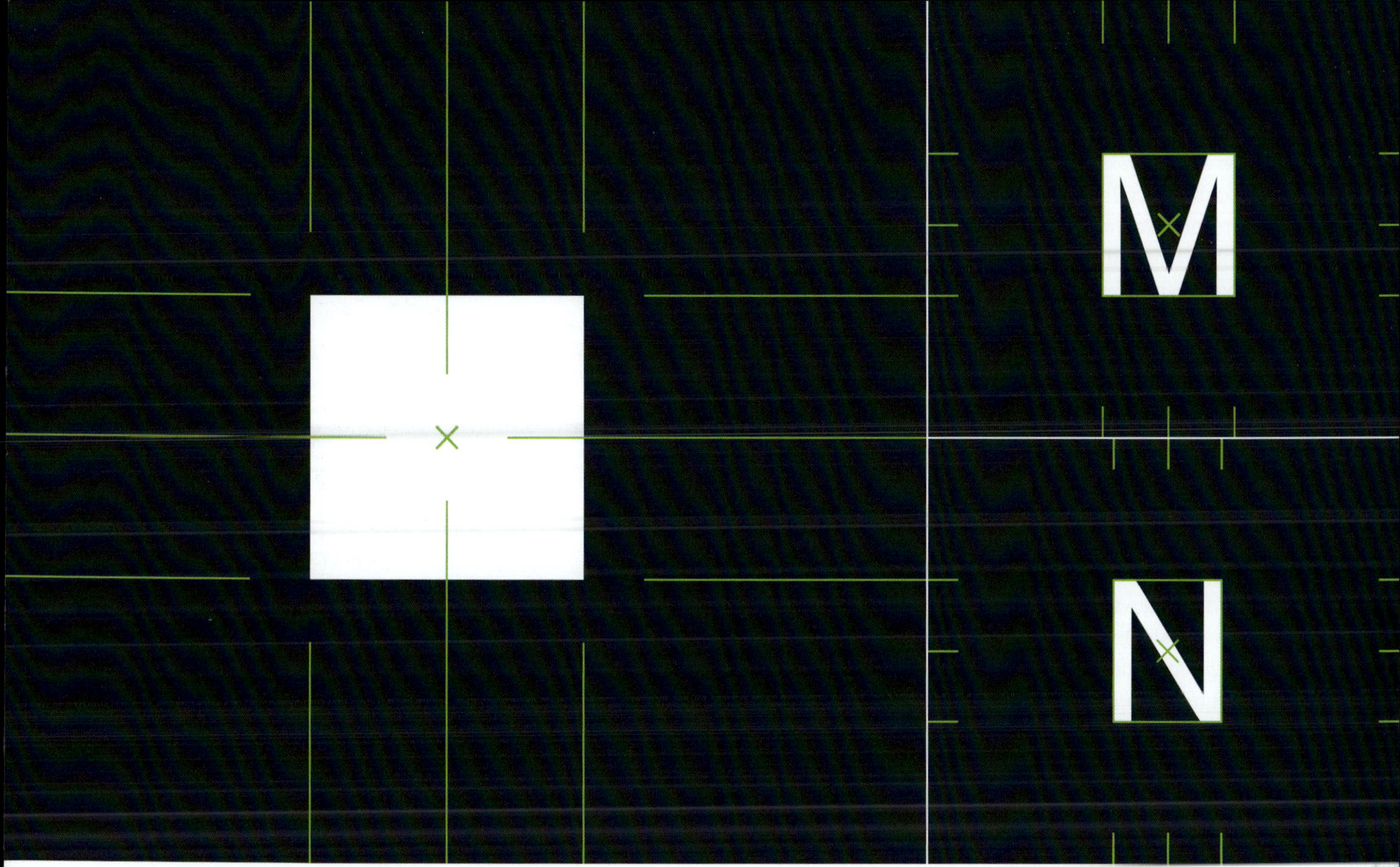

- 3:2-Seitenverhältnis
- 4:3-Seitenverhältnis
- 5:4-Seitenverhältnis
- Fibonacci-Spirale
- Konstruktion des Goldenen Schnitts
- Seitenverhältnis der DIN-A-Reihe

Durch die beiden vertikalen Seitenkanten und die horizontale Ober- und Unterkante lassen sich Rechteck und Quadrat ideal durch Achsenbildung mit anderen Elementen in Beziehung setzen. Aufgrund der perfekten Symmetrie funktioniert ebenso die Ausrichtung an den Mittelachsen.

Das M bildet in vielen Schriftarten ein Rechteck und bringt entsprechende Eigenschaften für die Ausrichtung mit.

Für N und einige andere Buchstaben gilt das ebenso.

Auch der Kreis gilt als perfekte Form. Er ist ebenso absolut symmetrisch, wie das Quadrat. Seine Bogen ergeben allerdings keine als Gestaltungsachsen nutzbaren Kanten. Deshalb eignet er sich nicht gut, um via Ausrichtung für Beziehungen zu sorgen.

Bringt man den äußersten Punkt eines Kreisbogens in eine Linie mit einer Geraden, scheint er optisch etwas versetzt. Damit ein Bogen als bündig mit einer Geraden empfunden wird, muss er ihre imaginäre Erweiterung leicht durchbrechen. Runde Buchstaben durchbrechen deshalb die Grundlinie sowie die x- oder Versalhöhe. Ohne diesen optischen Ausgleich würden die Buchstaben auf den Zeilen *hüpfen*.

Kreise bieten nur *eine* Ausrichtungsoption: die Mitte. Mittels Kreisformen lassen sich Flächen nicht effizient einteilen. Aneinandergereihte Kreise weisen Lücken zwischen sich auf. Bienen nutzen für den Aufbau ihrer Waben das Sechseck. Für das Grafikdesign ist das Rechteck die idealere Form.

Die Begrenzung des Kreises dreht sich um das eigene Zentrum, sein Bogen findet keinen Anfang und kein Ende und führt immer auf sich selbst zurück. Kreise symbolisieren Unendlichkeit.

Der Kreis ist sowohl statisch als auch dynamisch. Die absolute Symmetrie bevorzugt weder eine Bewegung nach links oder rechts noch nach oben oder unten. Ihre Bewegung dreht sich um sich selbst. Figuren, die auf dem Kreis aufbauen, können Rotation vermitteln, der wir bevorzugt im Uhrzeigersinn folgen.

Während Würfel und Quader nur mit Aufwand zu kippen sind – Quadrat und Rechteck vermitteln Stabilität –, braucht man einer Kugel nur einen Schubs zu geben – der Kreis wirkt instabil.

So wie das Quadrat eine Sonderform des Rechtecks ist, ist der Kreis eine Sonderform des Ovals. In der Gestaltung spielt das Oval allerdings eine untergeordnete Rolle. Auf Kreis bzw. Oval basieren die Buchstaben O, Q, G und C, das kleine o, c und e, in manchen Schriftarten das kleine a und darüber hinaus einzelne Segmente verschiedener Zeichen, z. B. bei d und p. Das D ist halb Rechteck und halb Kreis. Die Analyse der Geometrie der Buchstaben und Zeichen ist wichtig, um Achsen zu ermitteln, mittels derer sie – und die Wörter und Zeilen, die sie bilden – mit anderen Gestaltungselementen in Beziehung treten können.

Neben Schriftzeichen basieren auch viele Symbole auf Kreisen. Gerade beim Entwurf von Symbolen – ein Logo ist nichts anderes als ein Symbol – ist es von besonderer Bedeutung, die Einzelteile optimal miteinander in Beziehung zu setzen, schließlich gibt es im Grafikdesign kaum etwas Repräsentativeres.

Folgen wir dem Kreis, führt er uns immer auf sich selbst zurück. Bevorzugt folgen wir ihm im Uhrzeigersinn.

Runde Formen lassen sich am besten durch zentrierte Ausrichtung mit anderen Elementen in Beziehung setzen.

Bogen, die absolut in einer Linie mit Geraden schließen – hier unten und oben –, wirken optisch nicht ganz bündig.

Hier durchbricht der Bogen die exakten Kanten der beiden Rechtecke etwas. Das wirkt stimmiger.

Bei Schriften durchbrechen Rundungen deshalb die Vertikalen gerade abschließender Buchstaben immer geringfügig.

Das symmetrische O lässt sich am besten durch Zentrierung mit anderen Elementen synchronisieren.

Bei asymmetrischen Buchstaben, wie beispielsweise dem D, funktioniert eine Achsenbildung über die Mitte nicht. Stattdessen bietet sich die Gerade zur Beziehungsbildung an.

Auch Zeichen basieren oft auf Kreisen.

OHingabe
O
D

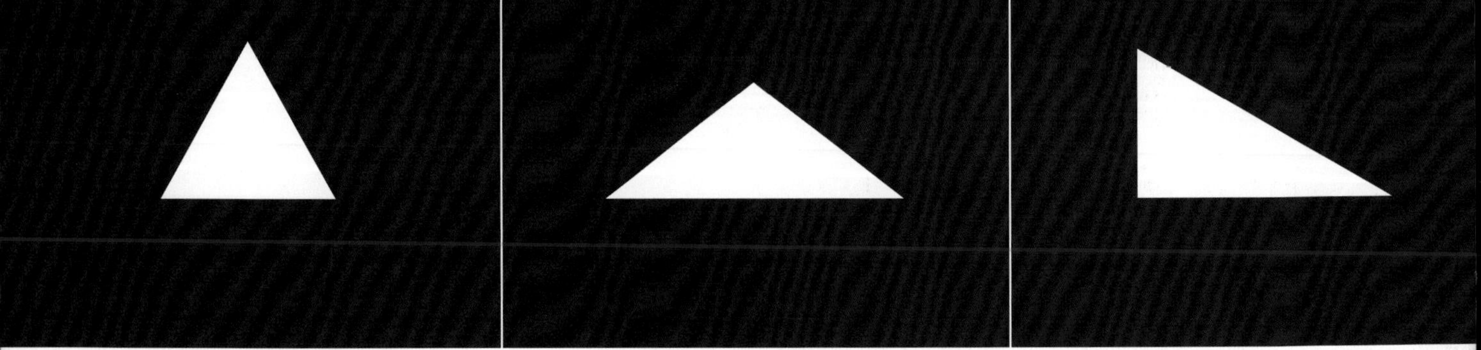

Dreieck

Das Dreieck ist keine absolut symmetrische Form wie Rechteck und Kreis. Es ist zumindest in einer Richtung asymmetrisch. Es kann gleichseitig, gleichschenklig, rechtwinklig oder ungleichseitig sein, spitz- oder stumpfwinklig, sowie verschiedene Kombinationen dieser Eigenschaften aufweisen. Entsprechend unterschiedlich verhält es sich bei der Synchronisation mit anderen Gestaltungselementen. Dreiecke mit horizontaler oder vertikaler Symmetrie lassen sich gut zentrieren. Verläuft eine Seite horizontal oder vertikal, bietet sich alternativ diese Gerade als Ausrichtungsachse an. Unregelmäßige Dreiecke sperren sich eher dagegen, mit anderen Elementen in Beziehung gesetzt zu werden.

Das Dreieck ist grundsätzlich eine dynamische und aktive Form. Steht die Basis horizontal auf dem *Boden*, wirkt es stabil – eine Pyramide werden Sie kaum kippen. Anders sieht es aus, wenn es auf der Spitze steht – so eine Form kippt ohne äußeren Einfluss.

- Gleichseitiges Dreieck
- Gleichschenkliges Dreieck
- Rechtwinkliges Dreieck
- Unregelmäßiges Dreieck
- Welche Achsen ein Dreieck anbietet, hängt von der Art ab. Symmetrische Dreiecke legen zentrierte Ausrichtung nahe. Verläuft eine Seite horizontal oder vertikal, lässt sich *das* nutzen.
- Spitzen, die in Linie mit Geraden schließen, wirken optisch nicht bündig.
- Hier durchbricht die Spitze die gedachte Erweiterung der Rechtecke. Das wirkt stimmiger.
- Deshalb durchbrechen bei Schriften auch die Spitzen die Vertikalen gerade abschließender Buchstaben.
- Verläuft die untere Seite eines Dreiecks horizontal, wirkt es stabil. Auf die Spitze gestellt wirkt es instabil und aktiv.
- A, V und v entsprechen Dreiecken, das W zweien. K, X und Y – groß und klein – enthalten teilweise dreieckige Segmente. Auch im Z finden sich Eigenschaften des Dreiecks und im weitesten Sinn ebenso im L.
- Diagonalen lassen sich nur relativ mit Geraden in Linie setzen. Vollständig stimmig wirkt das nie.

En Avant!
A
HINGABE
Vorsicht vor Dreiecken!

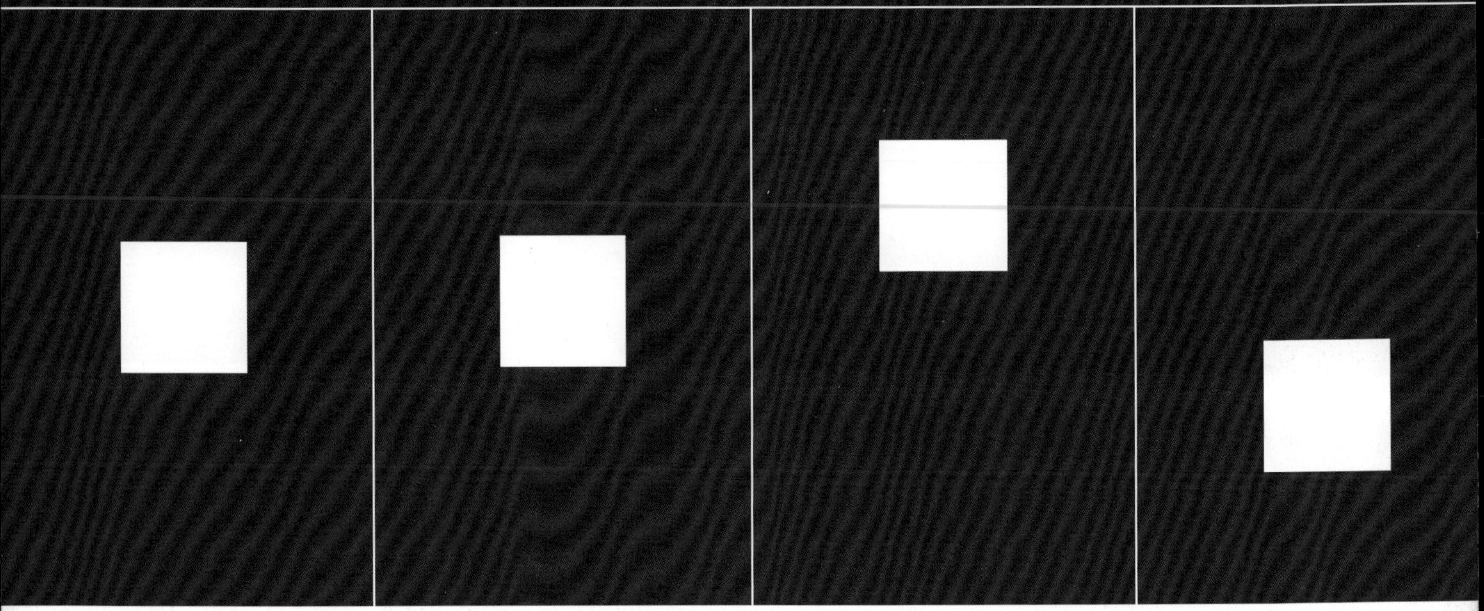

Optische Mitte

Elemente, die sich exakt in der vertikalen Mitte einer Strecke oder Fläche befinden, werden als eine Spur zu weit unten platziert empfunden. Die optische Mitte liegt etwas über der geometrischen Mitte. Um als in der Mitte stehend empfunden zu werden, sind die Elemente einen Hauch über die geometrische Mitte zu setzen.

Im Schriftdesign fließt besonders viel Aufwand in die Optimierung der Form jedes einzelnen Zeichens – anders sind keine sowohl ästhetisch als auch funktional überzeugenden Satzschriften zu erzielen. Die Phänomene, dass Rundungen und Spitzen die Grundlinien bzw. x- oder Versalhöhen durchbrechen müssen, um optisch bündig zu wirken, werden ebenso berücksichtigt wie die optische Mitte. Deshalb befindet sich die Vertikale zwischen den Stämmen des H in aller Regel etwas über der geometrischen Mitte.

Da Elemente, die sich weiter oben befinden, generell leichter erscheinen und das meist besser wirkt, wird gelegentlich auch ein eindeutiger Versatz gewählt. Demgegenüber gibt es auch Schriftdesigns, die einem Gestaltungskonzept folgen, das diese Linie bewusst in die untere Hälfte rückt. Man wird aber kaum brauchbare Schriften finden, bei denen sich Horizontale exakt in der Mitte befinden, denn das wirkt für unsere Wahrnehmung nicht stimmig. Es vermittelt zwar das Gefühl, das Element stehe etwas versetzt zur Mitte, doch es fehlt die Eindeutigkeit. Uneindeutigkeit irritiert (Gesetz der Eindeutigkeit, Seite 60).

Finden lässt sich die optische Mitte nur nach Gefühl – mir wäre keine Methode zur Berechnung oder Konstruktion bekannt.

Geht es um die Zentrierung von Texten, wird die Sache noch etwas komplexer, jedenfalls wenn sie in gemischter Schreibweise gesetzt sind. Im Versalsatz ist es vergleichsweise einfach, da bei ihm Worte durch Grundlinie und Versalhöhe begrenzte Blöcke bilden, die sich nicht anders verhalten als Rechtecke. Gemischter Satz hingegen besteht aus mindestens vier Begrenzungslinien: Grundlinie, Versalhöhe, x-Höhe und Unterlängen (Seite 68). Am dichtesten *befüllt* ist dabei der Bereich zwischen Grundlinie und x-Höhe. Deshalb spielt dieser bei der vertikalen Zentrierung eine wesentliche Rolle. Doch Versalhöhe und Oberlängen sowie die Unterlängen müssen mit berücksichtigt werden. Auch hier lässt sich eine stimmige Platzierung nur nach Gefühl ermitteln.

- Geometrische Mitte
- Optische Mitte
- Oben platzierte Elemente wirken leicht.
- Unten platzierte Elemente wirken schwer.
- H der Helvetica mit horizontalem Balken in der geometrischen Mitte
- Horizontaler Balken optisch zentriert
- Originales H der Helvetica
- H der Schrift Neutraface
- Versalsatz geometrisch zentriert
- Versalsatz optisch zentriert
- Satz in gemischter Schreibweise mit geometrischer Zentrierung der Versalien (das H weist nach oben und unten denselben Abstand auf)
- Satz in gemischter Schreibweise optisch in der Fläche zentriert

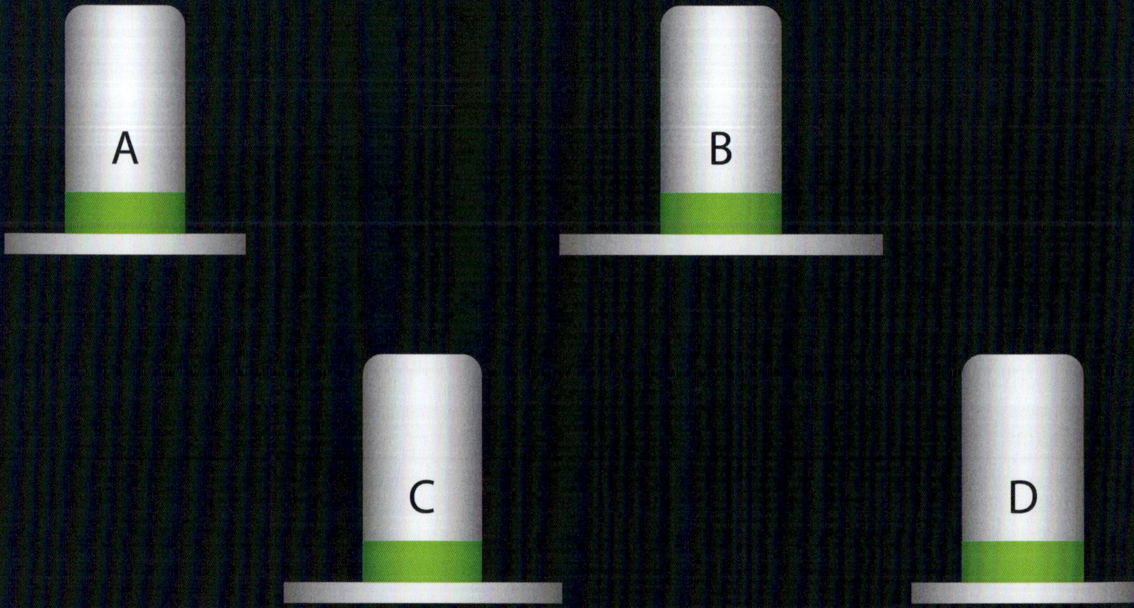
A
B
C
D

Horizontal-Vertikal-Täuschung

Aufgrund einer optischen Täuschung wirken horizontale Linien bei gleicher Stärke geringfügig stärker als vertikale Linien. Um das auszugleichen, werden die Horizontalen meist etwas schlanker gezeichnet als die Vertikalen. Bei Schriften werden die Unterschiede in der Regel mehr oder weniger betont, da die Vertikalen die Buchstabenarchitektur tragen. Doch auch bei Schriftarten mit vermeintlich kontinuierlicher Strichstärke sind die Vertikalen in aller Regel eine Spur stärker als die Horizontalen. Es gibt auch Schriften, die dieses Verhältnis umkehren – im aktuellen Typedesign, das klassische Vorstellungen, wie Schrift auszusehen hat, gerne gegen den Strich bürstet bzw. auf den Kopf stellt, ist das gelegentlich zu sehen. Doch solche Moden gab es schon in früheren Jahrzehnten und Jahrhunderten, und sie waren immer vorübergehend.

Der linke Tisch wirkt länglich, der rechte nahezu quadratisch. In Wirklichkeit sind die Flächen gleich und wurden lediglich um ca. 68° gedreht.

Welcher Hut ist genauso hoch wie seine Krempe breit? Messen Sie nach! Möglicherweise werden Sie überrascht sein.

Der Querbalken des H ist genauso stark wie die vertikalen Stämme.

Beim richtigen H der Helvetica ist die Stärke des Querbalkens etwas reduziert.

Bei klassischen Schriftarten waren die Vertikalen stets kräftiger als die Horizontalen.

Im 18. Jahrhundert wurden die Unterschiede extrem betont.

Die Strichstärken der Helvetica scheinen konstant, tatsächlich jedoch sind die Horizontalen 13 % dünner als die Vertikalen.

Selbst bei dieser geometrischen Schrift sind die Horizontalen 8,5 % dünner.

Schriften, die das Verhältnis umkehren, waren nicht von ungefähr vorübergehende Modeerscheinungen.

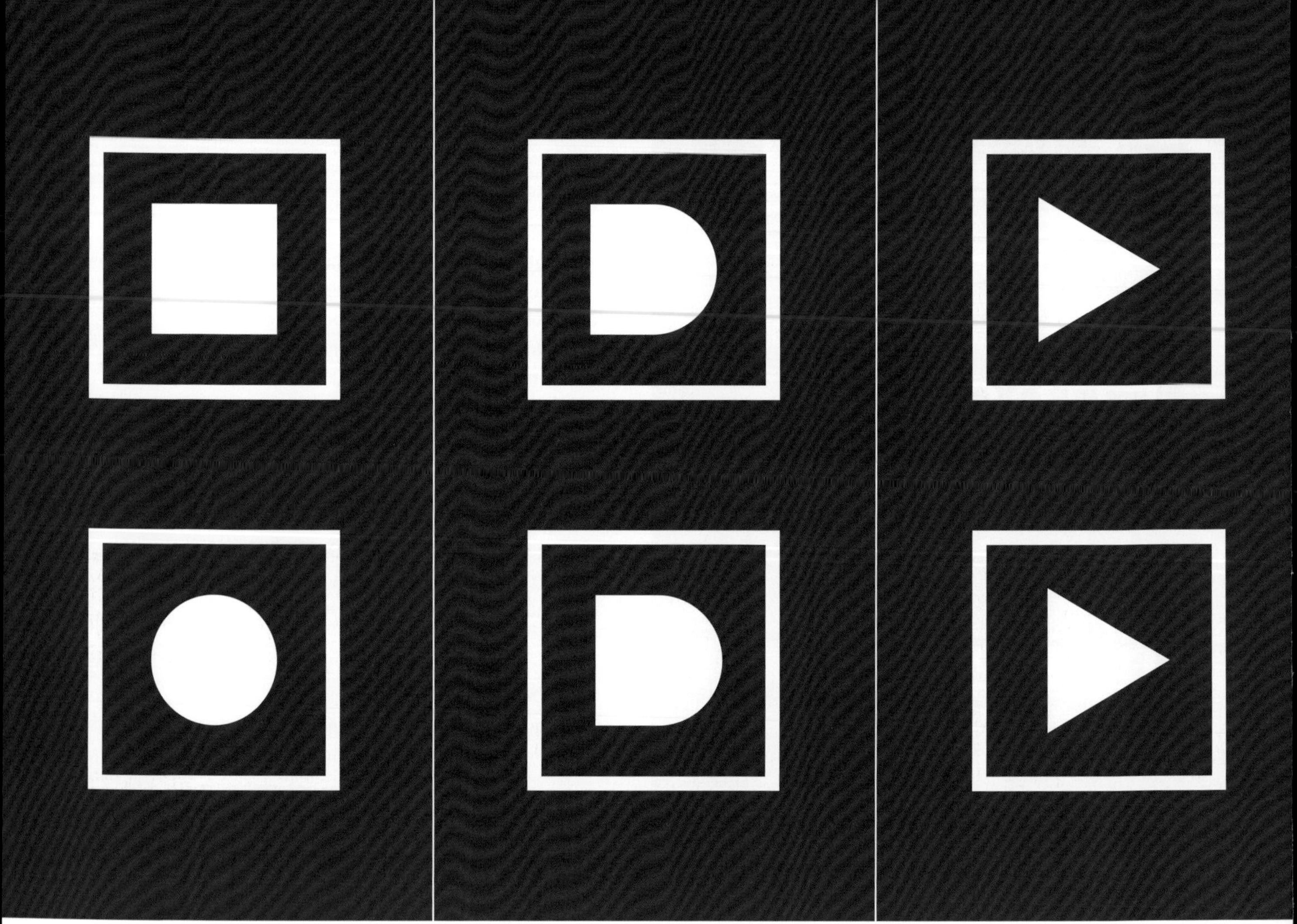

Symmetrie und Asymmetrie

Grafikprogramme erlauben es, Objekte und Zeilen per Knopfdruck links, rechts oder zentriert auszurichten. Dabei berechnen sie die Abstände auf tausendstel Millimeter genau. Bei der Zentrierung ist das allerdings tückisch, denn stimmig wirkt es nur bei symmetrischen Formen. Bei asymmetrischen Elementen hingegen funktioniert es nicht. Schließt eine Form auf einer Seite mit einer Vertikalen, während die andere rund oder spitz verläuft, wird der Raum neben der Geraden verdichtet, während er neben Rundung bzw. Spitze offen ist und deshalb größer erscheint. Man darf sich deshalb bei der Zentrierung der Gestaltungselemente nicht allein auf das Programm verlassen, sondern muss prüfen, ob eine optische Korrektur erforderlich ist.

Das sollte auch beim Textsatz berücksichtigt werden. Erster und letzter Buchstabe einer Zeile prägen ihre Symmetrie. Der Abschluss kann als Vertikale erfolgen, als Bogen oder als Diagonale. Darüber hinaus gibt es verwinkelte Buchstaben, wie das L oder das T. Schließen beide Seiten identisch ab, besteht Symmetrie und einer Zentrierung steht nichts im Weg. Stehen an den Enden jedoch Lettern mit unterschiedlichem Abschluss nach außen, kann das die Stimmigkeit einer Zentrierung beeinträchtigen.

Das ist nichts, was einem im Mengensatz Kopfzerbrechen bereiten muss. Doch bei besonders markanten Gestaltungselementen, Headlines beispielsweise, und noch viel mehr bei Logos, sollte darauf geachtet werden.

Quadrat und Kreis sind symmetrisch. Sie lassen sich problemlos geometrisch zentrieren.

Die Form im Quadrat ist asymmetrisch. Die geometrische Zentrierung (oben) wirkt nicht stimmig. Die optische Zentrierung (unten) ist besser.

Auch hier ist die obere Abbildung geometrisch zentriert, während ich die untere optisch ausgeglichen habe.

Die Zeilen schließen beiderseits mit Geraden ab – sie lassen sich problemlos zentrieren.

Die untere Zeile ist wegen des L asymmetrisch – Zentrierung der Zeilen funktioniert hier nicht.

Hier entsteht die Asymmetrie durch das T.

Hier habe ich versucht, für einen optischen Ausgleich zu sorgen – wirklich überzeugend wirkt es nicht.

Hier sorgt das ® der oberen Zeile für die Asymmetrie.

Zeilen mit asymmetrischen Enden lassen sich nicht gerne zentrieren. Oft ist die Ausrichtung an linker oder rechter Kante die bessere Alternative.

Figur

In der Geometrie steht *Figur* für zwei- oder dreidimensionale Gebilde, wie Kreis, Quadrat und Dreieck oder Kugel, Würfel und Pyramide. Von den Grundformen geht zwar eine Wirkung aus – so wirkt das Rechteck hart, der Kreis weich und das Dreieck kantig – und sie werden mit Assoziationen verbunden – ein Kreis lässt sich als Rad, Ball oder Sonne sehen und steht für Unendlichkeit –, doch diese Assoziationen bleiben am Ende vage, relativ und sind praktisch nur im Kontext zu deuten. Grundformen haben keine konkrete Bedeutung.

Außerhalb der Geometrie verstehen wir unter *Figur* plastische Nachbildungen von Menschen, Tieren und Fabelwesen – z. B. Spiel- oder Porzellanfiguren –, Personen – z. B. Figuren des öffentlichen Lebens, zwielichtige Figuren oder die Figuren eines Romans –, Körperhaltungen im Tanz und in verschiedenen Sportarten sowie die Gestalt eines Körpers. *Gestalt* wird üblicherweise sogar synonym für *Figur* verwendet.

Unsere Umwelt ist geprägt von komplexen, gegenständlichen Formen. Ein Rechteck mit einem Dreieck darüber ergibt die Form eines Hauses. Zwei Punkte mit einem Bogen darunter erinnern an ein Gesicht. Ein Kopf, ein Rumpf, zwei Arme und zwei Beine ergeben die Figur eines Menschen. Zwei durch eine Horizontale verbundene vertikale Linien ergeben ein H. Auch abstrakte Symbole sind gegenständliche Formen. So bildet das Peace-Symbol zwar kein Objekt ab, steht aber dennoch für eine klare Bedeutung: Frieden.

Häuser, Gesichter, Menschen, ein H oder das Peace-Symbol bestehen aus einer spezifischen Struktur. Für die Struktur des Hauses sind Wände, Dach, Fenster und Türen typisch; für Gesichter Augen, Mund, Nase und Ohren; für Menschen Kopf, Rumpf, Arme und Beine; für das H zwei Vertikale und eine Horizontale; für das Peace-Symbol ein Kreis mit drei in bestimmter Weise angeordneten Linien darin. Das ist die jeweils allgemeine Figur dieser Objekte, Geschöpfe und Zeichen.

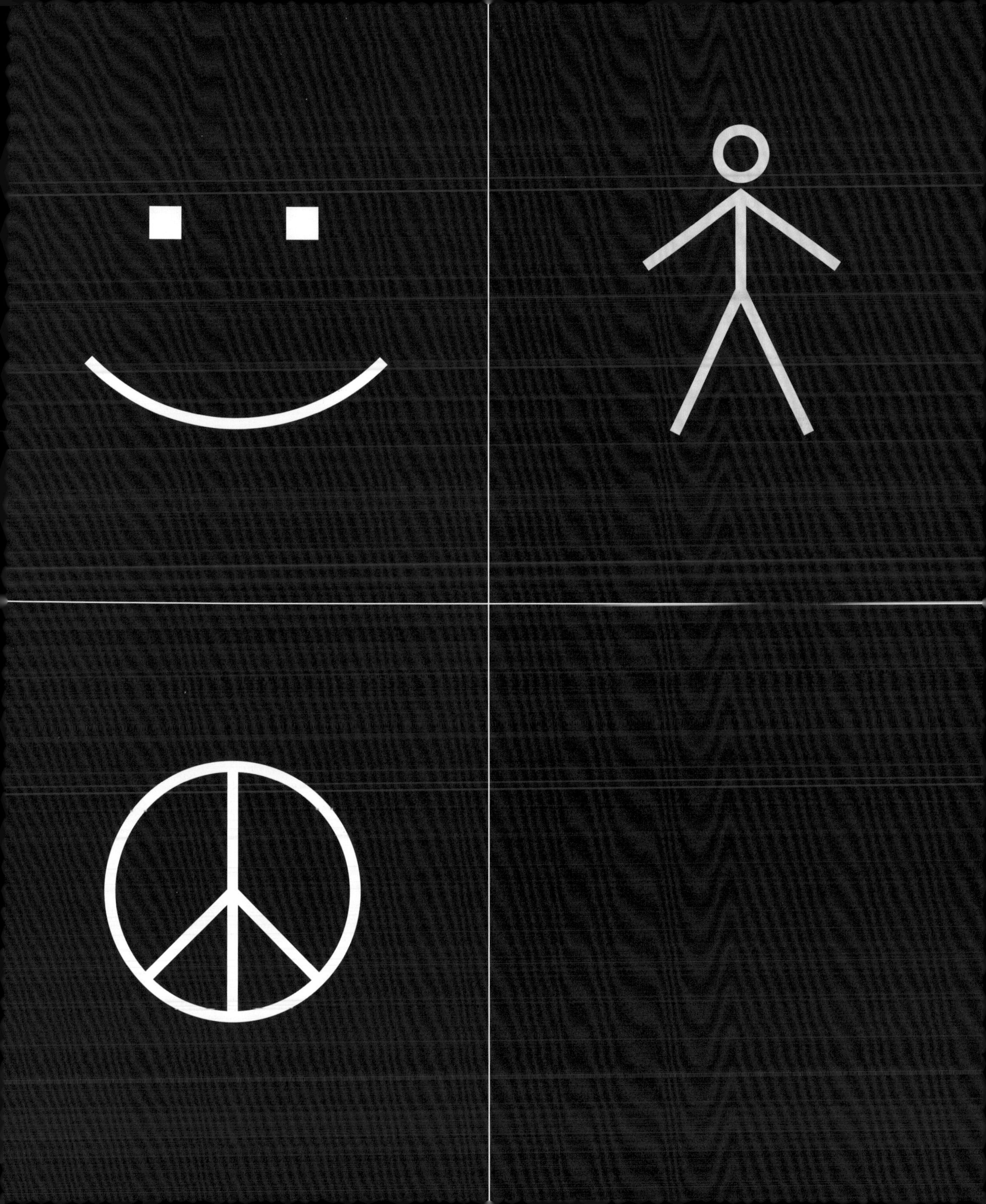

Gestalt

Prinzipiell entsprechen alle Menschen derselben, von Kopf, Rumpf, Armen und Beinen geprägten Figur. Individuell jedoch ist die Form jedes Menschen einzigartig. Wir sind unterschiedlich groß, unterschiedlich kräftig, weisen verschiedene Proportionen von Beinen zu Rumpf auf, Köpfe können groß oder klein, rund oder eckig sein etc. Diese Unterscheidung zwischen prinzipieller Struktur und konkreter Form lässt sich für alle visuellen Objekte treffen – Häuser, Gesichter, Peace-Symbole usw. Die Figur des Buchstabens H ist in allen Schriftarten gleich, seine konkrete Form jedoch ist in jeder Schrift anders. Um klar zwischen prinzipieller Struktur und konkreter Form unterscheiden zu können, nennen wir sie »Gestalt«, im Gegensatz zur zugrunde liegenden »Figur«.

Landläufig beziehen wir den Begriff *Gestalt* vorrangig auf die Physiognomie des Menschen, also seinen Wuchs und seine Statur. Er lässt sich aber auch auf Tiere und die Abbildung von Fabelwesen anwenden. Weniger häufig wird er auf Pflanzen und unbelebte Objekte bezogen, ganz abwegig scheint er bei geologischen Formen, wie Gestein oder Landmassen. Das mag daran liegen, dass die Figur dieser Elemente nicht konkret ist. Die Verästelung von Baumkronen ist weitaus weniger klar strukturiert als die Anatomie von Mensch und Tier. Die Formen von Steinen und Landschaften folgen gar keinem vorgegebenen Muster – sie sind amorph.

Gestaltung heißt Dingen Gestalt geben. Wenn Menschen Dinge herstellen, dann ergibt sich die Gestalt aus dem Zweck der Dinge und eventuell aus den ästhetischen Vorstellungen der Gestaltenden. Die Gestalt von Tieren und Pflanzen folgt den Anforderungen der Evolution und es ist nicht abwegig zu behaupten, dass sich ihre Formen aus der Funktion ergeben. Sowohl bei den vom Menschen gemachten Objekten als auch in der belebten Natur sind Absicht und/oder Funktion treibende Kraft der Ausformung der Gestalten. Bei Landschaften und Steinen trifft das eben eher nicht zu.

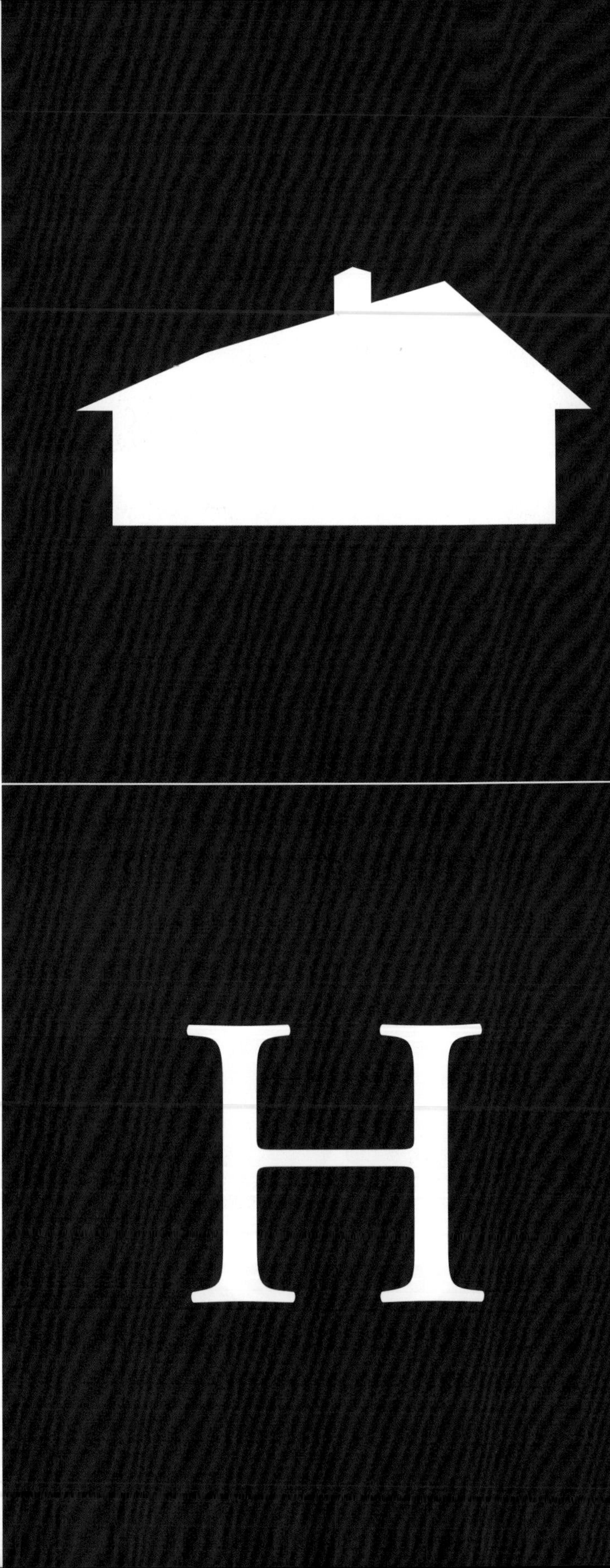

Anmutung

Der Duden erklärt den Begriff »Anmutung« mit »gefühlsmäßiges, unbestimmtes Eindruckserlebnis«. Das klingt vage, doch der Begriff beschreibt tatsächlich etwas, was mit Worten schwer zu beschreiben ist, nämlich, wie ein Motiv, ein Design oder ein Layout wirkt und sich *anfühlt*. Geometrisch Konstruiertes wirkt anders als Handgezeichnetes, runde Formen anders als eckige, kräftige Farben anders als matte, Dunkles anders als Helles.

Dass sich Anmutung schwer in Worte fassen und schon gar nicht messen lässt, ist ein Problem in einer Disziplin, in der sie eine so zentrale Rolle spielt wie im Design. Dabei geht es nicht nur um die Frage, was für eine globale Anmutung ein Entwurf am Ende haben soll, sondern ebenso darum, ob und wie die Einzelteile der Gestaltung miteinander harmonieren.

Wie klar der Charakter einer Form beeinflusst, wie wir ihn empfinden, zeigt sich sehr schön im »Maluma und Takete«-Experiment von Wolfgang Köhler aus dem Jahr 1929. Köhler zeigte Versuchspersonen eine rundliche Form und eine mit spitzen Ecken und bat sie, den beiden Formen die Begriffe »Maluma« und »Takete« zuzuordnen. 90 % der Probanden ordneten Maluma der rundlichen zu und Takete der spitzen. 2001 wiederholten die US-Amerikaner V. S. Ramachandran und Edward Hubbard das Experiment mit leicht veränderten Formen und den Begriffen »kiki« und »bouba«. 95 % bis 98 % der Versuchsteilnehmer aus den Vereinigten Staaten und Indien ordneten dabei der gerundeten Form »bouba« und der eckigen »kiki« zu. Würden wir gebeten, den Charakter der Formen mit bestehenden Begriffen zu umschreiben, wären wahrscheinlich »hart« und »weich« naheliegend.

Anmutung betrifft natürlich nicht nur die Form. Farben bestimmen die Wirkung von Gestaltung nicht minder. Nehmen wir zum Beispiel Signalrot und Himmelblau: Ich bin sicher, Sie müssen nicht lange überlegen, um die Begriffe »warm« und »kalt« je einer

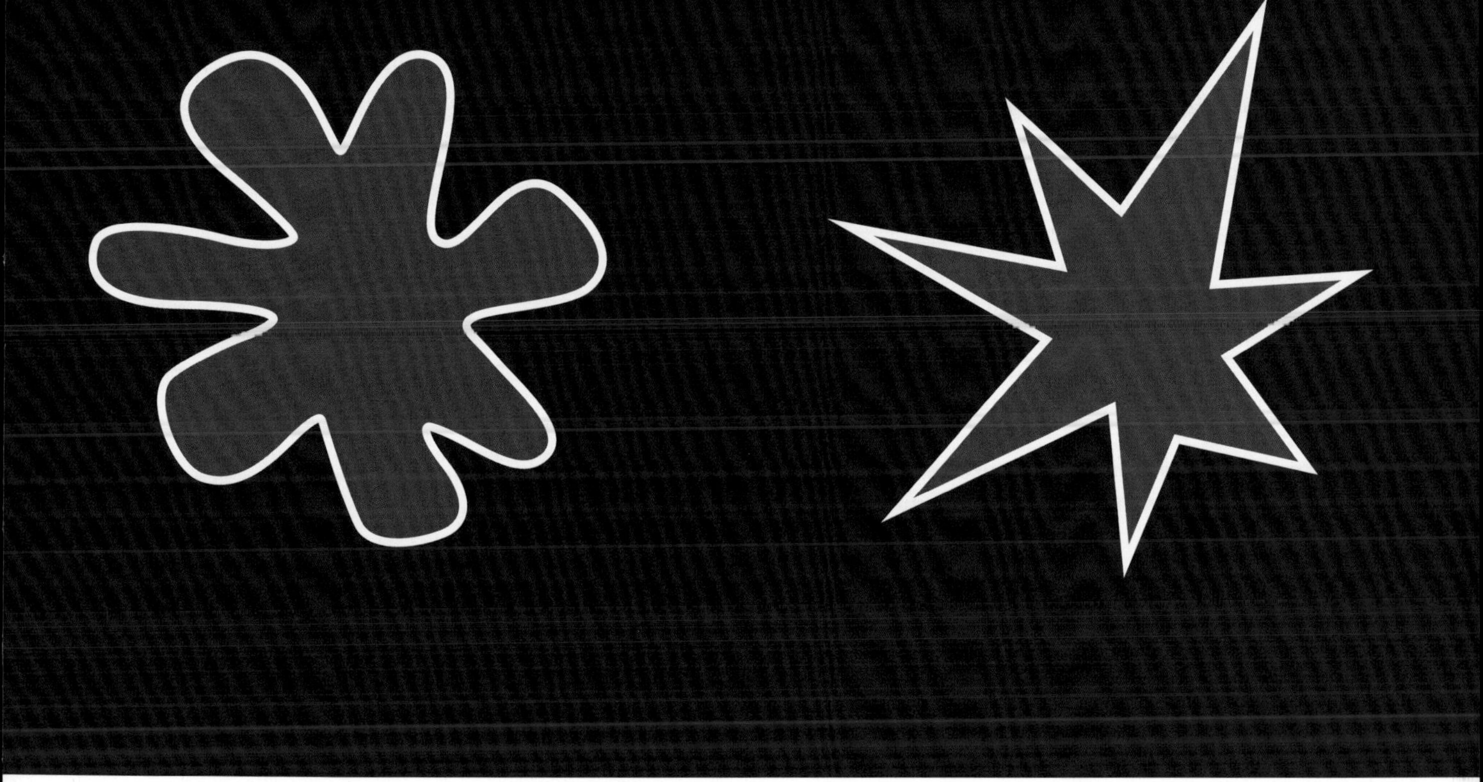

der beiden Farben zuzuordnen: Rot ist warm, Blau kalt. Und mit welchem der beiden Töne würden Sie jeweils »hart« und »weich« assoziieren? In der Regel wird Rot eher als hart, Blau eher als weich empfunden.

Untersuchungen haben gezeigt, dass, wenn zwei identische Körper einmal schwarz und einmal weiß angemalt werden, Versuchspersonen den schwarzen Körper als schwerer empfinden. Schwarz führt zu einer schweren Anmutung, Weiß wirkt leicht. Grelle Farben wie Pink nennt man auch »schrill«. Schrill bezeichnet an sich einen hohen, lauten Ton. Pink ist also laut. Als leise gelten demgegenüber Pastelltöne. Laute Farbtöne wirken härter als leise.

Hart und weich, laut und leise sind Gegensatzpaare der visuellen Gestaltung. Sie sind wie Süße und Würze in der Küche. So wie Zucker und Salz Speisen Geschmack geben, entsteht die Anmutung eines Designs im Spannungsfeld solcher Gegensatzpaare von Form und Farbe.

Die beiden Formen des »Maluma und Takete«-Experiments von Wolfgang Köhler

»kiki und bouba«-Experiment von V. S. Ramachandran und Edward Hubbard

Duktus

»Duktus« bezeichnet in Zeichnung und Malerei den Charakter von Linien. Der Duktus ist vom Malwerkzeug und der Art und Weise, wie es eingesetzt wird, abhängig. In der Regel basieren Zeichnungen und Bilder auf einer einzigen Technik, was zu einer homogenen Anmutung der Linien und Flächen führt.

Linien, die freihändig gezogen werden, haben eine andere Anmutung als solche, die mit Hilfsmitteln wie Lineal und Zirkel entstehen. Der formale Charakter der Elemente der Gestaltung sollte einheitlich sein, um zu harmonieren, oder sich deutlich unterscheiden, damit Spannung entsteht. Unklare Verschiedenheit ist ebenso zu vermeiden (»Gesetz der Eindeutigkeit«, Seite 60) wie die Mischung gleich mehrerer formal unterschiedlicher Anmutungen.

In der Kalligrafie bezieht sich *Duktus* auf die Strichstärken, ihre Varianz, die Neigung der Strichstärkenachse und die Linienführung allgemein. Der Duktus ist hier nicht minder vom Werkzeug abhängig wie in der Malerei. Eine Spitzfeder erzeugt einen anderen Duktus als eine Breitfeder und beide unterscheiden sich von Rund- und Flachpinsel. Aufgrund der natürlichen Handhaltung werden Federn und Pinsel diagonal zur Zeile geführt. Das führt zu variierenden Strichstärken. Bei runden Buchstaben ist die Strichstärkenachse geneigt.

Der Charakter der Satzschriften der Typografie lässt sich analog zur Kalligrafie klassifizieren: Strichstärke – gleichmäßig bis stark unterschiedlich; Schattenachse – vertikal oder geneigt; lineare oder lebendige Linienführung; organische oder konstruierte Formen; gerundete oder kantige Ecken etc. Satzschriften können darüber hinaus einen organisch lebendigen Duktus aufweisen, einen streng linear gezogenen oder auf geometrischen Grundformen basieren. Der Duktus prägt die Anmutung der Schrift. Werden in einem Layout verschiedene Schriften eingesetzt, ist ebenfalls darauf zu achten, dass Duktus und Anmutung harmonieren oder einen klaren Kontrast bilden.

Breitfedern erzeugen ebenso wie Breitpinsel einen Duktus mit deutlich variierenden Strichstärken. Spitz- und sogenannte Redisfedern führen zu ganz anderen Liniencharaktern.

Die Anmutung von mit Pinsel gezogenen Linien ist anders als die von Federn.

Bleistifte und Kreiden erzeugen einen wiederum anderen Charakter.

Auch das Werkzeug des modernen Designers, der Computer, erzeugt Linien und Formen mit eigenständigem Charakter. Vektorprogramme ergeben eine andere Ästhetik als Bildbearbeitungssoftware, mit der Maus konstruierte Grafiken wirken anders als mit einem Stift gezeichnete.

Diese Schriftart – die Adobe Jenson – ist eine Neuinterpretation eines Vorbilds des 15. Jahrhunderts. Das Original imitierte von Hand geschriebene Buchstaben, weshalb die Strichstärkenachse geneigt ist – am o deutlich zu erkennen. Die Formen vermitteln, von Hand gefertigt zu sein. Der Duktus ist sehr lebendig, die Anmutung wirkt organisch.

Die Bodoni – das Original stammt aus dem 18. Jahrhundert – weist eine strenge Anmutung auf. Man kann ausschließen, dass solche Formen ohne Hilfsmittel wie Lineal und Zirkel aus freier Hand möglich sind.

Die Frutiger von Adrian Frutiger – entstanden in den 1970er-Jahren – spiegelt eine Präzision in der Linienführung, die von den technischen Möglichkeiten des 20. Jahrhunderts geprägt ist. Ihre Anmutung ist gleichermaßen fließend wie streng.

Die Avant Garde Gothic basiert auf dem Design des Logos für das »Avant Garde Magazine« von Herb Lubalin von 1968. Ihre Form ist streng geometrisch.

© Tymonko Galyna | shutterstock.com

© BublikHaus | shutterstock.com

© Radu Berca | shutterstock.com

© Wpadington | shutterstock.com

Magnolie

Magnolie

Magnolie

Magnolie

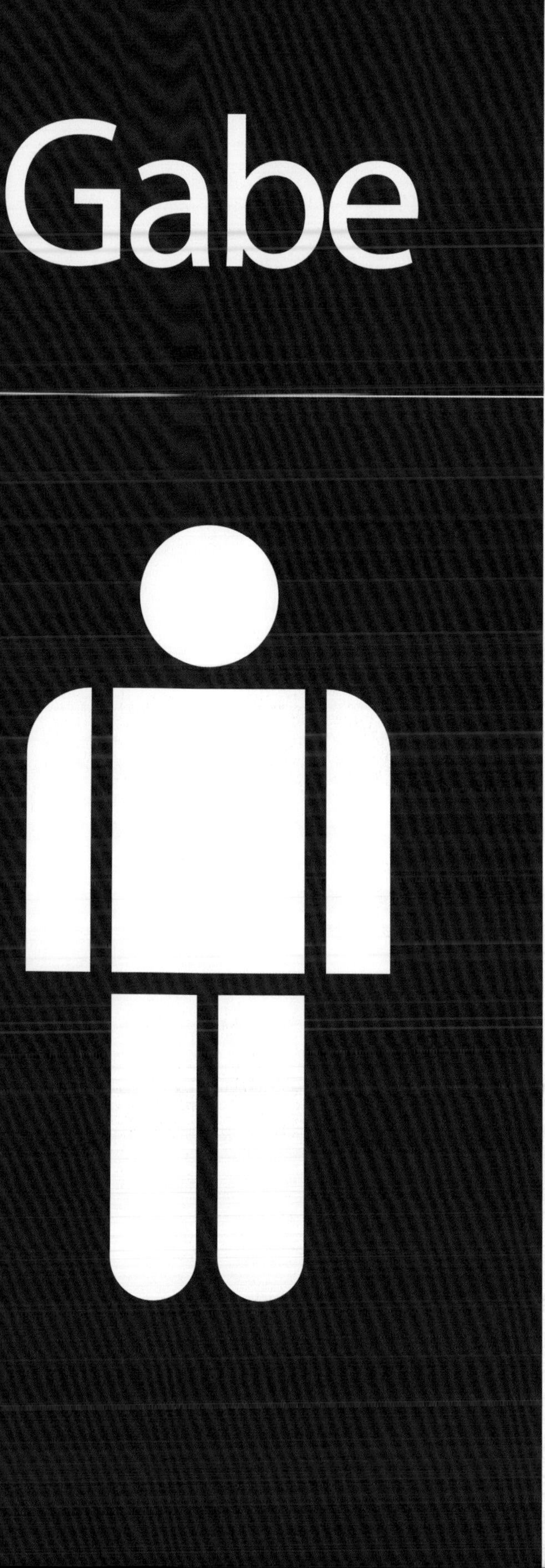

Geometrische Anmutung

Strenge Konstruktion auf Basis geometrischer Grundformen führt zu simplen Formen, die von Geraden und Kreisbogen geprägt sind. Aufgrund der reduzierten Formen lassen sich geometrische Elemente prinzipiell sehr harmonisch miteinander kombinieren. Ebenso gut lassen sie sich in Kontrast zu organisch lebendig geformten Elementen stellen. Selbst mit recht strengen Formen abseits der Geometrie verstehen sie sich gut. Geometrie verhält sich in der Gestaltung ausgesprochen tolerant.

Geometrische Anmutung ist allerdings nicht absolut identisch mit strenger Geometrie. So gut wie alle als geometrisch konstruiert geltenden Schriftarten, wie die Futura, die Avenir, die Neutraface oder die Safira, sind nicht streng geometrisch, sondern enthalten optische Korrekturen. Wie gesagt: Anmutung lässt sich eher fühlen als messen.

- Der Smiley ist augenscheinlich geometrisch konstruiert.
- Die Century Gothic ist eine Schriftart mit ausgesprochen geometrischer Anmutung.
- Die Figur wurde von mir streng geometrisch konstruiert.

Gabe

Organische Anmutung

Den Charakter von mit freier Hand erstellten Zeichnungen kann man durchaus als Gegenteil der Anmutung geometrisch konstruierter Grafiken bezeichnen. Handgefertigtes wirkt organisch und lebendig, nicht nur bei Zeichnungen und Malereien, sondern ebenso bei Modelliertem, Geschnitztem oder bildhauerisch Hergestelltem. Egal ob als Werkzeug ein Pinsel, ein Bleistift, eine Feder, Kreiden, ein Messer, ein Meißel oder die bloße Hand zum Einsatz kommt – immer sieht man den Resultaten die Handfertigung an. Die Formen erinnern an natürlich organisch Gewachsenes. Die geometrische Präzision von Lineal und Zirkel ist aus freier Hand kaum erreichbar, was allerdings kein Nachteil ist, denn Lebendigkeit in der Anmutung hat auch Wirkung.

Die nahezu unendliche Vielfalt der Formen, die durch Formung aus freier Hand entstehen, steht im krassen Gegensatz zur Reduktion durch Geometrie, die auf wenigen Grundformen basiert. Die Komplexität der möglichen Formen macht allerdings ein Mischen organisch anmutender Elemente schwierig, denn dezente Unterschiede wirken oft zwiespältig oder beißen sich gegenseitig. Deshalb eignen sich organisch geformte Schriftarten deutlich weniger zur Mischung als geometrisch konstruierte.

- Es ist nicht zu übersehen, dass ich den Smiley von Hand gezeichnet habe. Er entstand zwar auf einem Tablet (also einem Computer), doch als Werkzeug nutzte ich einen Stift.
- Die ITC Legacy Serif ist eine Schriftart mit einer sehr organischen Anmutung.
- Die Figur entspricht der organischen Form des Vorbilds.

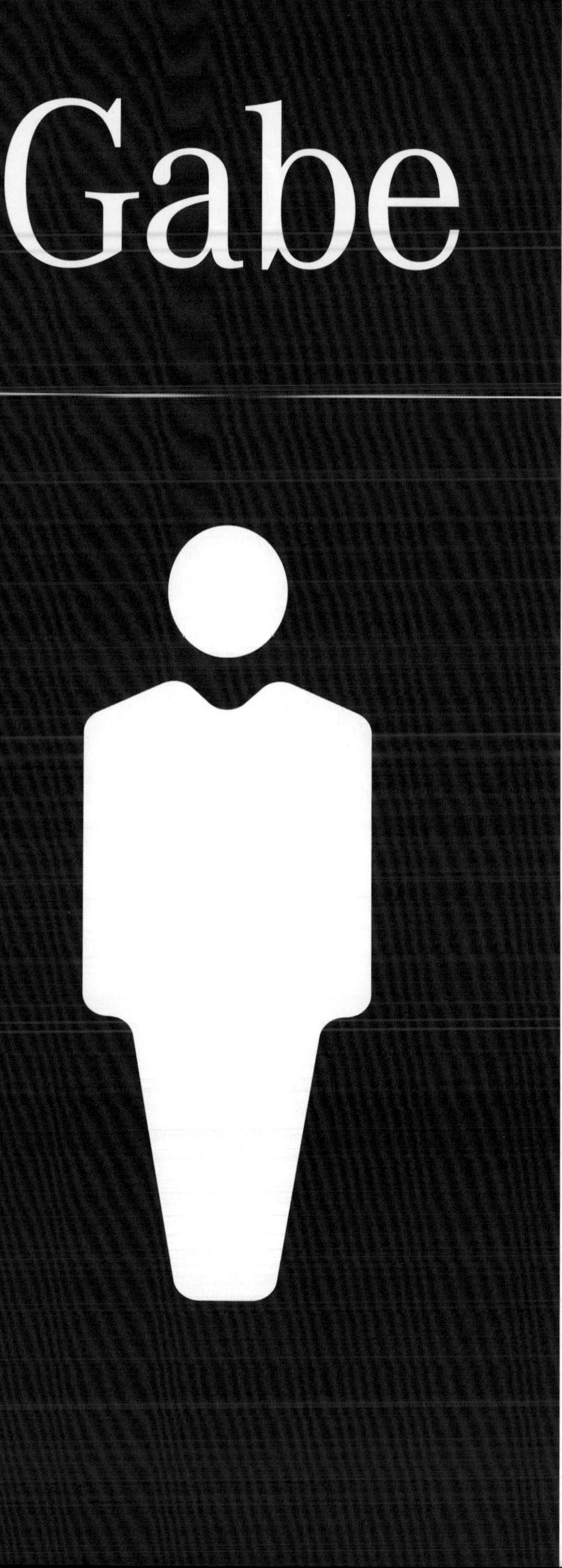

Strenge Anmutung

Exakte Geometrie auf der einen Seite, organische Lebendigkeit auf der anderen – das sind die Pole der grafischen Formensprachen.

In der Frühzeit der Typografie war absolute Präzision unerreichbar. Die Stempelschneider der Renaissance stachen die teils kaum zwei Millimeter großen Buchstabenminiaturen mit simplen Werkzeugen in Blei. Ein organischer Duktus war unvermeidlich. Erst im Laufe der Zeit wurden Werkzeuge entwickelt, die die präzise Schriftgestaltung des 18. Jahrhunderts ermöglichten. Daraus resultierte eine Strenge, die im klaren Gegensatz zum organischen Charakter der frühen Typografie stand, und das nicht nur in der Schriftgestaltung, sondern bei allen grafischen Elementen. Mit einer Geometrie auf Basis von Quadrat, Kreis und Dreieck hatte ihre strenge Ästhetik trotzdem nichts gemein.

Heute folgt Design meist einer weitaus präziseren Gestaltung, basiert das wichtigste Gestaltungswerkzeug des 21. Jahrhunderts – der Computer – doch auf exakter Mathematik.

In der Mischung sind streng anmutende Formen, egal ob Buchstaben oder andere Gestaltungselemente, gutmütiger als organisch lebendige Elemente, jedoch nicht so tolerant wie reduzierte Geometrie.

Man muss als Gestalter ein Gefühl für Form entwickeln – für Geometrie, organische Lebendigkeit und präzise Strenge –, um zu entscheiden, was harmoniert, was in interessantem Kontrast steht und was sich schlicht beißt und nicht verträgt. Rein rationale Kriterien lassen sich dafür leider nicht aufstellen, geschweige denn, dass sich messen ließe, was zusammenpasst und was nicht.

Der Smiley weist eine Präzision auf, die aus freier Hand nicht zu erreichen ist, ist aber dennoch nicht geometrisch.

Die Corporate A vermittelt eine recht strenge Anmutung, ist aber nicht geometrisch konstruiert.

Die Figur ist streng und reduziert gezeichnet, folgt aber nicht der Geometrie der Grundformen.

Harmonie und Kontrast der Form

Geometrische, strenge sowie organische Anmutung kann man als die drei Archetypen formalen Charakters verstehen, wobei Geometrie und Lebendigkeit die Pole bilden. In der Praxis werden die wenigsten Formen einer dieser Kategorien in Reinkultur entsprechen. Vielmehr wird der Charakter irgendwo auf der Strecke zwischen geometrisch und organisch angesiedelt sein. Dennoch ist es hilfreich, Form anhand dieser grundlegenden formalen Charakteristiken zu verstehen.

Eine erfahrene Gestalterin ist zwar in der Lage, aus dem Bauch heraus zu entscheiden, welche Formen harmonieren und welche nicht, doch sie sollte nicht nur Gestaltungsentscheidungen treffen können, sondern auch in der Lage sein, sie zu begründen. Vor allem im Unterricht ist es für mich unabdingbar, Studierenden nicht nur zu vermitteln, wenn ein Design nicht stimmig wirkt, sondern auch, weshalb das der Fall ist.

In der Gestaltungspraxis sind die wenigsten Formen Geometrie, Strenge oder Lebendigkeit pur, sondern irgendwo zwischen den Extremen angesiedelt.

Aufgrund des formalen Purismus der Geometrie lassen sich geometrische Formen nahezu universell mit allem mischen. Sie stehen in drastischem Kontrast zu organischen Gestalten, harmonieren perfekt mit anderen geometrischen Elementen und vertragen sich gut mit Strenge.

Strenge Formen bilden einen relativ geringen Kontrast zur Vielfalt organischer Lebendigkeit, weshalb Mischungen mit Vorsicht zu genießen sind. Mit den reduzierten Formen der Geometrie kommt Strenge deutlich besser zurecht.

Organische Gestalten sind eigenwillig und vertragen sich nicht gut mit andersartigen, aber ebenso eigenwilligen Formen. Am wenigsten geraten sie in Konflikt mit dem formalen Minimalismus der Geometrie.

Gabe

Geometrische Anmutung

Gabe

Organisch | ITC Legacy Serif

Gabe

Geometrisch | Century Gothic

Gabe

Geometrisch | Berthold City

Gabe

Streng | Frutiger

Gabe
Organisch | ITC Legacy Serif

Gabe
Streng | Corporate A

Gabe
Streng | Frutiger

Gabe
Geometrisch | Century Gothic

Gabe
Streng | Corporate A

Gabe
Organisch | ITC Legacy Serif

Gabe
Organisch | Chaparral Pro

Gabe
Geometrisch | Century Gothic

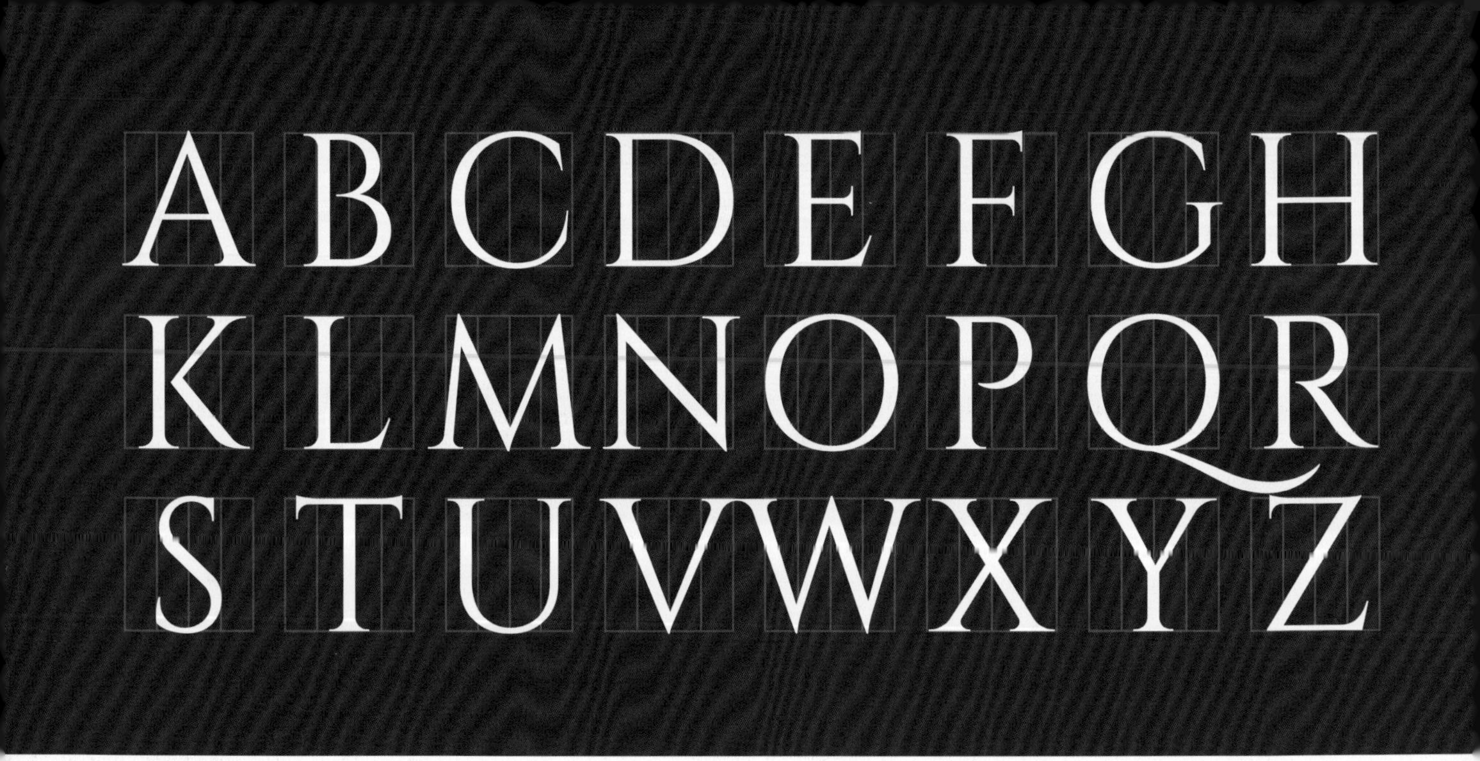

Proportion

Elemente können nicht nur durch Achsen zueinander in Beziehung gesetzt werden, sondern auch durch logische Seitenverhältnisse. Strecken lassen sich proportional teilen, das Verhältnis von Breite zu Höhe einer Fläche lässt sich proportional aufeinander abstimmen.

Das Quadrat (Seite 78) ist *die Mutter der Proportionen*. Das Seitenverhältnis ist 1:1. Die Römer machten es zur Basis der Schrift, die zum Vorbild unserer Großbuchstaben wurde. Das Gros der Zeichen entspricht dem Quadrat oder der Hälfte des Quadrats. Man nennt so eine Schrift deshalb *Quadrata*.

Frühe Kinofilme sowie Fernseher und Computer-Monitore hatten bis in die 2000er-Jahre überwiegend ein Seitenverhältnis von 4:3. Kompakte Kameras, Smartphone-Kameras und das Micro-FourThirds-Bildformat weisen ebenfalls dieses Seitenverhältnis auf. Das analoge Kleinbildformat, das digitale Vollformat sowie APS-C-Formate haben ein 3:2-Verhältnis. Die meisten Fernseher und viele Monitore basieren heute auf 16:9. Dieses Verhältnis soll optimal dem menschlichen Gesichtsfeld entsprechen – wegen der beiden nebeneinanderliegenden Augen ist unser Gesichtsfeld ein Breitformat.

Die Druckindustrie wird in den meisten Teilen der Welt von DIN-Formaten beherrscht, sehen wir einmal von den Vereinigten Staaten ab. Diese basieren auf einem Seitenverhältnis von $1:\sqrt{2}$ ($\sqrt{2} \approx 1:1{,}414$). Kein besonders elegantes Format für die Gestaltung, aber dafür umso effizienter für die Industrie.

Design auf Basis aufeinander bezogener Proportionen – 3:2, 4:3, 5:4, Goldener Schnitt etc. – wirkt oft harmonischer, als wenn Seitenverhältnisse einfach zufällig und beliebig entstanden sind. Es mag zunächst umständlich erscheinen, Grafik proportional zu entwickeln, doch hat man den Dreh erst einmal heraus, kommt man rascher zu stimmigen Resultaten als durch freie Gestaltung aus dem Bauch heraus.

Die römische Quadrata ist Vorbild der Versalien der lateinischen Schrift. A, C, D, G, H, M, N, O, Q, T U, V, X und Y orientieren sich am Quadrat, B, E, F, K, L, P, R und S entsprechen etwa der Hälfte des Quadrats. I ist eine Ausnahme, G, J, U, W und Y existierten im klassischen römischen Alphabet nicht (da der Formenkanon für I und J irrelevant ist, habe ich auf eine Abbildung verzichtet).

Die Abbildung zeigt einen Logo-Entwurf, den ich einst für ein Hotel entwickelte. Das Kreuz im Quadrat basiert auf dem Goldenen Schnitt, ebenso sämtliche Größen und Abstände der anderen Elemente. Selbst die Schriftart Neutraface habe ich wegen ihres Bezugs auf den Goldenen Schnitt gewählt. Die roten Markierungen zeigen, dass die Abstände zwischen den Elementen immer identisch sind. Die Endausführung fiel aufgrund von Corporate-Design-Vorgaben allerdings etwas anders aus.

Fünf gebräuchliche Seitenverhältnisse

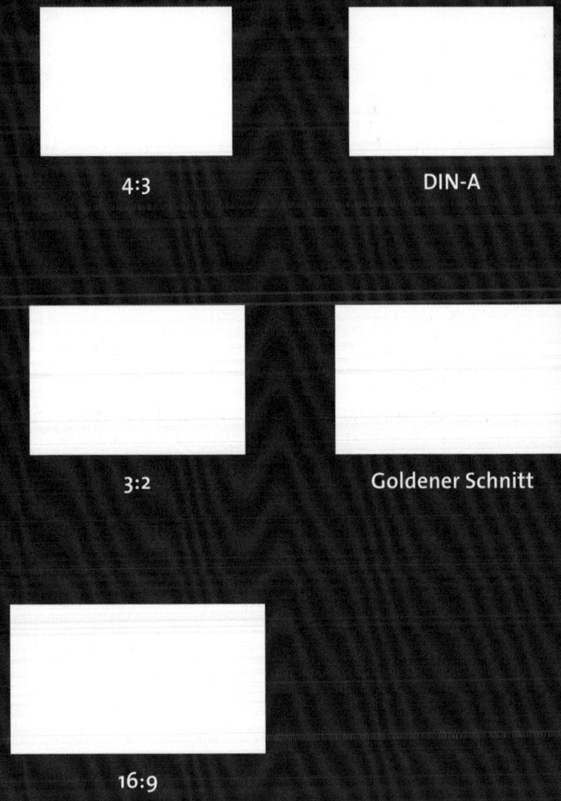

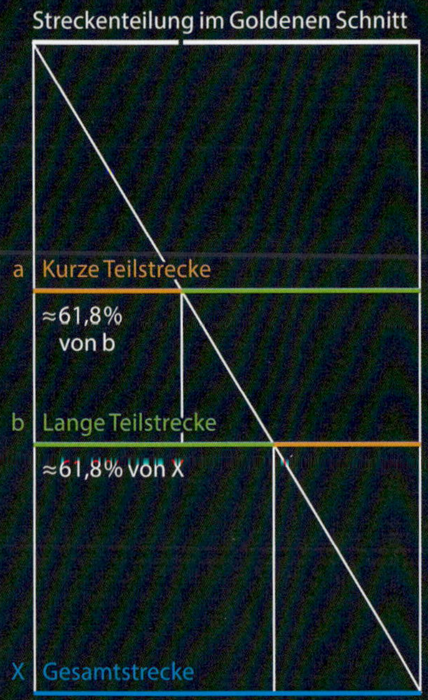
Streckenteilung im Goldenen Schnitt
a Kurze Teilstrecke
≈61,8% von b
b Lange Teilstrecke
≈61,8% von X
X Gesamtstrecke

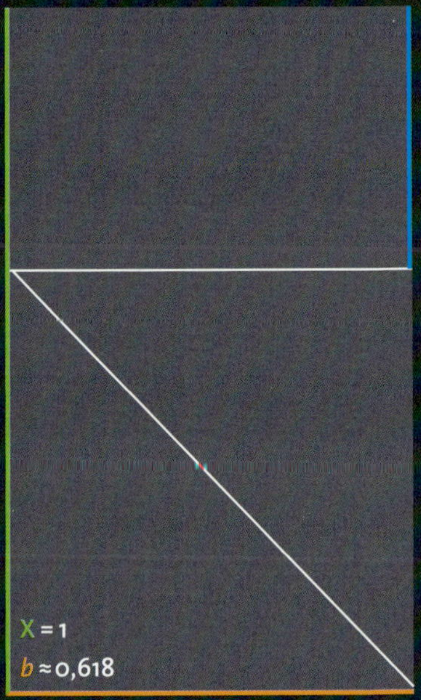
X = 1
b ≈ 0,618

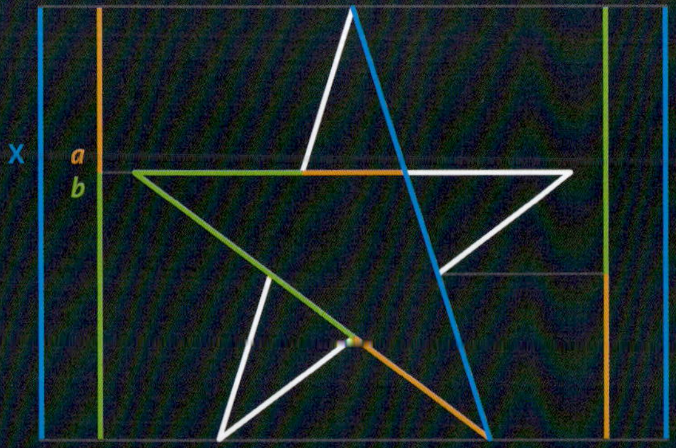
X
a
b

Hingabe

Hingabe

© StepStock | shutterstock.com

© Nosyrevy | shutterstock.com

Goldener Schnitt

Der »Goldene Schnitt« teilt eine Strecke so, dass der kürzere Teil *a* im selben Verhältnis zum längeren Teil *b* steht wie Teil *b* zur Gesamtstrecke X. In Zahlen: Der kürzere Teil misst ≈ 61,8 % des längeren, der längere ≈ 61,8 % der Gesamtstrecke. Das sogenannte *Goldene Rechteck* entspricht derselben Proportion: 1:0,618.

Streckenteilungen und Seitenverhältnisse lassen sich mit diesen Zahlen recht einfach berechnen: Durch multiplizieren mit 0,618 wird eine Strecke auf die längere Teilstrecke des Goldenen Schnitts reduziert, durch Multiplikation mit 0,382 auf die kürzere. Bei Multiplikation mit 1,618 wird eine Strecke im Verhältnis des Goldenen Schnitts erweitert. Das heißt, wenn Sie eine Seite eines Quadrats mit 0,618 multiplizieren, wird es auf ein Goldenes Rechteck *reduziert*, wenn Sie die Multiplikation hingegen mit 1,618 ausführen, wird es auf ein Goldenes Rechteck *erweitert*.

Im Pentagramm findet sich der Goldene Schnitt gleich mehrfach. Künstler und Philosophen gingen vielfach davon aus, der Goldene Schnitt sei ein Urprinzip natürlichen Wachstums. Die Proportionen des menschlichen Körpers sollen ihn spiegeln, ebenso die Anatomie vieler Tiere und Pflanzen. Ich stehe dem skeptisch gegenüber: Man mag Wesen finden, auf die sich der Goldene Schnitt perfekt anwenden lässt, jedoch viel mehr, deren Proportionen nicht in das Schema passen.

- Streckenteilung im Goldenen Schnitt
- Goldenes Rechteck
- Pentagramm und Goldener Schnitt
- Klassizistische Schriften wie die Didot folgen oft den Proportionen des Goldenen Schnitts.
- Auch in der Neutraface ist der Goldene Schnitt erkennbar.
- Der Nabel des Menschen soll auf Höhe des Goldenen Schnitts liegen – ich musste suchen, um ein Bild eines Modells zu finden, bei dem das zutraf.
- Dieser Fisch entspricht dem Goldenen Schnitt. Die meisten anderen Fische wohl eher nicht.

5
8
1
1
3
2
21
13

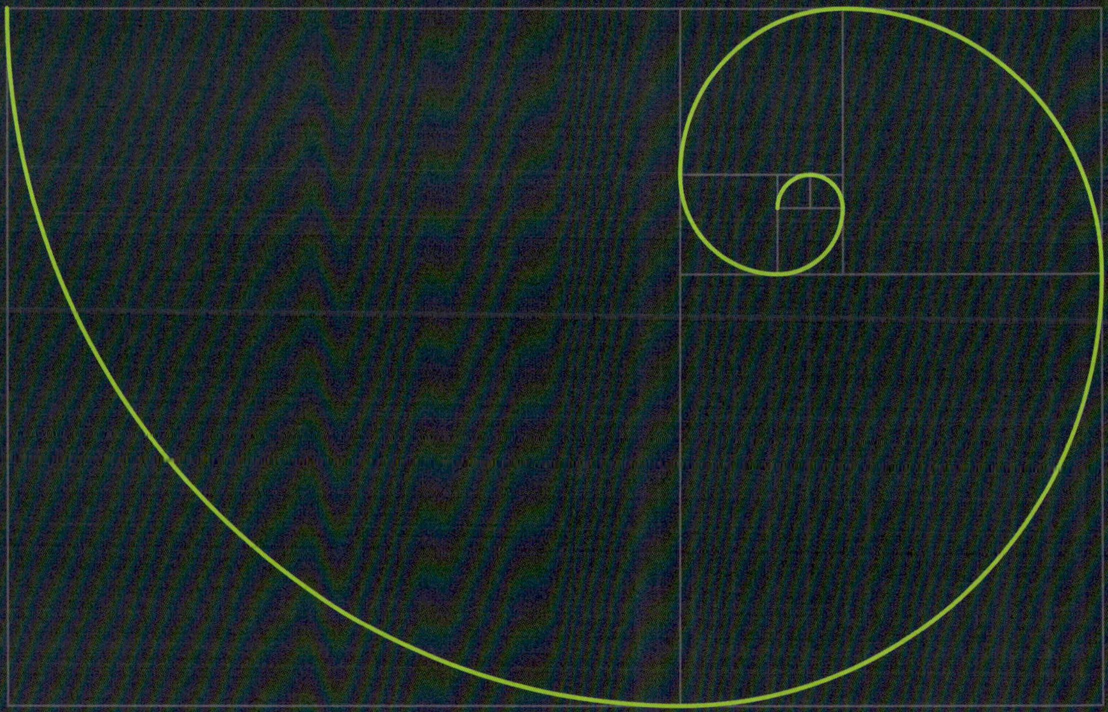

Fibonacci-Folge

Die »Fibonacci-Folge« geht auf den Mathematiker Leonardo Fibonacci zurück, der damit im Jahr 1202 das natürliche Wachstum von Kaninchenpopulationen beschrieb – kein Witz! Die Reihe startet mit 1+1, addiert danach das Ergebnis mit der Ausgangszahl und wiederholt die Rechnung dann immer weiter: 1+1=2; 2+1=3; 3+2=5; 5+3=8; 8+5=13; 13+8=21; 21+13=34 usw. Daraus ergibt sich die Zahlenfolge 1, 1, 2, 3, 5, 8, 13, 21, 34 usw.

Stellt man zwei Quadrate aneinander (1+1), fügt an der gemeinsamen Breite ein drittes hinzu (2) und wiederholt das anschließend, entsteht das links abgebildete Gestaltungsgerüst. Die Seitenverhältnisse, die dabei entstehen, variieren. Erst 2:1, dann 3:2, 5:3, 8:5, 13:8, 21:13, 34:21 usw. Die Proportion nähert sich immer mehr dem Goldenen Schnitt (34÷21≈1,619, Goldener Schnitt: 1:1,618).

Zieht man in jedes Quadrat einen Bogen von einer Ecke zur anderen, entsteht die »Fibonacci-Spirale«.

In der Kunst dienen Fibonacci-Matrix und -Spirale seit dem Mittelalter als Ordnungssystem. Die Fotografie hat es von der Malerei übernommen. Bildbearbeitungsprogramme lassen als Hilfsmittel zum Zuschneiden von Bildern die Fibonacci-Spirale einblenden.

Matrix auf Basis der Fibonacci-Folge

Fibonacci-Spirale

Das Verhältnis Breite zu Höhe entspricht hier der Fibonacci-Reihe, wodurch sich die Fibonacci-Spirale logisch anwenden lässt.

Hier ist das Seitenverhältnis 4:3. Manche Bildbearbeitungsprogramme zentrieren die Fibonacci-Spirale in solchen Fällen. Mit der eigentlichen Fibonacci-Matrix hat das nur bedingt zu tun.

Andere Programme verzerren die Spirale stattdessen – Photoshop zum Beispiel. Das hat mit Fibonacci gar nichts zu tun und führt das Konzept ad absurdum.

Proportionales Arbeiten

Moderne Gestaltungsprogramme machen die Arbeit mit klaren Proportionen leicht, da sich die Seitenverhältnisse einfach berechnen lassen. Man muss lediglich ein Quadrat erstellen und Breite oder Höhe mit dem gewünschten Verhältnis multiplizieren oder dividieren.

Zwar wird ein souveräner Gestalter auch ohne Anwendung von Formeln zu überzeugenden Layouts gelangen, in denen die Proportionen schlüssig wirken. Allerdings muss man dafür ausgiebig mit Größen und Abständen spielen, und je mehr Elemente an einem Layout beteiligt sind, desto mehr Zeit nimmt dieses Spiel in Anspruch. Lässt man Seitenverhältnisse und Abstände stattdessen auf einem logischen Verhältnis basieren, entstehen aufeinander abgestimmte Proportionen und Verhältnisse bedeutend rascher.

Das heißt nicht, dass die Berechnung das Gefühl des Gestalters ersetzen kann. Es muss stets der Designer entscheiden, ob das Resultat einer Berechnung ästhetisch überzeugend ist. Ist das nicht der Fall, muss nach Alternativen gesucht werden. Das kann durchaus auch heißen, dass mit logischen Verhältnissen überhaupt kein ideales Ergebnis zu erzielen ist. Dann muss ich ein Seitenverhältnis oder einen Abstand nach Gefühl optimieren. Doch nach meiner Erfahrung führt die Arbeit mit klaren, *berechenbaren* Proportionen meist direkt zu einem überzeugenden Resultat.

Bei komplexeren Gestaltungsaufgaben helfen Gestaltungsraster dabei, klare Proportionen und Verhältnisse entstehen zu lassen, etwa so, wie Ihnen ein karierter Block bei der Anfertigung von Skizzen, Entwürfen und Plänen hilft.

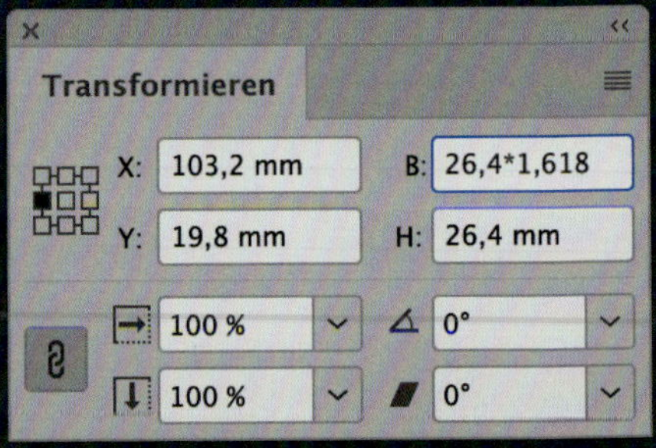

Goldener Schnitt: Seitenlänge × 1,618

Goldener Schnitt: Seitenlänge ÷ 1,618
Alternativ: Seitenlänge × 0,618

3:2-Seitenverhältnis: Seitenlänge × 1,5

3:2-Seitenverhältnis: Seitenlänge ÷ 1,5

4:3-Seitenverhältnis: ≈ Seitenlänge × 1,333
Genauer: (Seitenlänge ÷ 3) × 4

4:3-Seitenverhältnis: ≈ Seitenlänge ÷ 1,333
Genauer: (Seitenlänge ÷ 4) × 3

DIN-A-Seitenverhältnis: ≈ Seitenlänge × 1,414

DIN-A-Seitenverhältnis: ≈ Seitenlänge × 0,707

Platzierung

Zentral in der Fläche platzierte Elemente erzeugen Symmetrie. Es entsteht eine ausgeglichene, ruhige und statische Wirkung. Die Position an sich vermittelt keine Dynamik nach links, rechts, oben oder unten. In der Praxis ist die tatsächliche Dynamik natürlich immer auch von der Umgebung und der Form des Elements abhängig (Gesetz des Kontexts, Seite 58).

Ist ein Element zur Mitte versetzt platziert, entsteht Asymmetrie, Ungleichgewicht, Spannung und Bewegung. Ein links platziertes Element bewegt sich in das Layout hinein, ein rechts platziertes ist auf dem Weg, es zu verlassen. Ist ein Element nahe am Rand platziert, entsteht aufgrund des Gesetzes der Nähe (Seite 47) eine Beziehung und Anziehung. Zu berücksichtigen ist in Sachen Dynamik außerdem die Schreib-/Leserichtung.

- Im Zentrum platziert wirken Elemente ausgewogen, statisch und ruhig.
- Links platzierte Elemente bewegen sich in die Fläche (den Raum) hinein.
- Ein rechts platziertes Element ist auf dem Weg, die Fläche (den Raum) zu verlassen.
- Oben platzierte Elemente wirken leicht und vermitteln aufsteigende Dynamik.
- Unten platzierte Elemente wirken schwer und scheinen zu sinken bzw. zu fallen.
- Links oben platzierte Elemente stehen am Anfang der Fläche (des Layouts).
- Rechts oben platziert wirken Elemente sehr präsent. Diese Position *wacht* über den Raum.
- Links unten befindet sich der tote Winkel des Layouts. Hier platzierte Elemente wirken oft etwas verloren.
- Rechts unten platziert steht ein Element am Abschluss der Fläche. Hier findet sich in Anzeigen oft das Logo.

Gewichtung und Verteilung

Auch wenn reale Layouts komplexer sind als die Beispiele der vorangegangenen Doppelseite, haben die Grundprinzipien stets Gültigkeit. Dabei geht es nicht allein darum, sich zwischen statischem Gleichgewicht oder dynamischem Schwerpunkt auf einer Seite zu entscheiden. Vielmehr ist das grafische Gewicht der Einzelteile des Layouts ausschlaggebend dafür, ob die Elemente besser symmetrisch (zentriert) oder asymmetrisch (links bzw. rechts) ausgerichtet werden und wenn asymmetrisch, welche Seite besser als Achse geeignet ist. Und natürlich gilt das auch entlang der Vertikalen.

- Die Gestaltungseinheiten – Punkte und Zeilen – sind symmetrisch ausgewogen; die zentrierte Ausrichtung (symmetrische Verteilung) funktioniert.
- Die Farben sind relativ gleichgewichtig – symmetrische Verteilung funktioniert.
- Die asymmetrische Gewichtsverteilung der beiden Farben spricht gegen eine symmetrische Ausrichtung der Elemente.
- Hier ist das Ungleichgewicht der Punkte noch größer und der Widerspruch zur zentrierten Ausrichtung noch stärker.
- Auch Quadrat und Kreis sind ungleichgewichtig und lassen die symmetrische Anordnung nicht schlüssig wirken.
- Bei asymmetrischer Gewichtsverteilung empfiehlt sich auch asymmetrische Ausrichtung. Der blaue Punkt wirkt am schwersten – eine Ausrichtung an ihm am schlüssigsten.
- Der leichter wirkende gelbe Punkt eignet sich nicht so gut wie der schwerere blaue als Anker für die Ausrichtung.
- Hier bezieht sich die Ausrichtung wieder auf den schweren Punkt und wirkt schlüssig.
- Was horizontal Gültigkeit hat, ist natürlich auch vertikal zu berücksichtigen.

MAGNOLIEN
Nur zum Beispiel

MAGNOLIEN
Nur zum Beispiel

MAGNOLIEN
Nur zum Beispiel

MAGNOLIEN
Nur zum Beispiel

MAGNOLIEN
Nur zum Beispiel

MAGNOLIEN
Nur zum Beispiel

Gewichtung, Symmetrie und Achsen

Auf Seiten 78 bis 83 haben wir uns angesehen, was für Ausrichtungsachsen die wichtigsten Grundformen anbieten. Bei Rechteck und Kreis ist das Gewicht symmetrisch verteilt, bei der Raute ebenso. Diese Formen sind prädestiniert für eine zentrierte Ausrichtung. Formen mit asymmetrischer Anatomie hingegen widerstrebt die Zentrierung.

Rechtecke und Quadrate lassen sich ebenso gut an der Mittelachse ausrichten ...

... wie auch an der linken oder rechten Kante.

Rauten (wie auch Kreise) sind zwar symmetrisch und damit gut auf Mitte auszurichten, ...

... bieten aber keine brauchbare Seitenkante als Ausrichtungsachse.

Ein auf der Spitze stehendes oder nach oben zeigendes Dreieck verhält sich genauso: Zentrierung funktioniert, ...

... die seitliche Ausrichtung wirkt jedoch nicht stimmig.

Zeigt das Dreieck zur Seite, wirkt eine zentrierte Platzierung unausgewogen.

Besser ist es, an der vertikal verlaufenden Seite auszurichten, wobei auch das in diesem konkreten Fall nicht ganz schlüssig wirkt.

Hier habe ich Dreieck und N von »Nur« am L von »Magnolien« ausgerichtet, wodurch die Asymmetrie betont wird und eine ausgesprochen dynamische Wirkung entsteht.

Die Asymmetrie ist weniger extrem als beim seitlich ausgerichteten Dreieck, dennoch wirkt die Zentrierung nur bedingt stimmig.

Auch in diesem Fall ist die Ausrichtung an der Vertikalen des Elements nicht viel schlüssiger.

Eine Alternative zum *kreativen* Versatz ist natürlich auch, die Elemente nebeneinander statt übereinander zu platzieren.

MAGNOLIEN
Nur zum Beispiel

MAGNOLIEN
Nur zum Beispiel

MAGNOLIEN
Nur zum Beispiel

MAGNOLIEN
Nur zum Beispiel

MAGNOLIEN
Nur zum Beispiel

MAGNOLIEN
Nur zum Beispiel

MAGNOLIEN
Nur zum Beispiel

MAGNOLIEN
Nur zum Beispiel

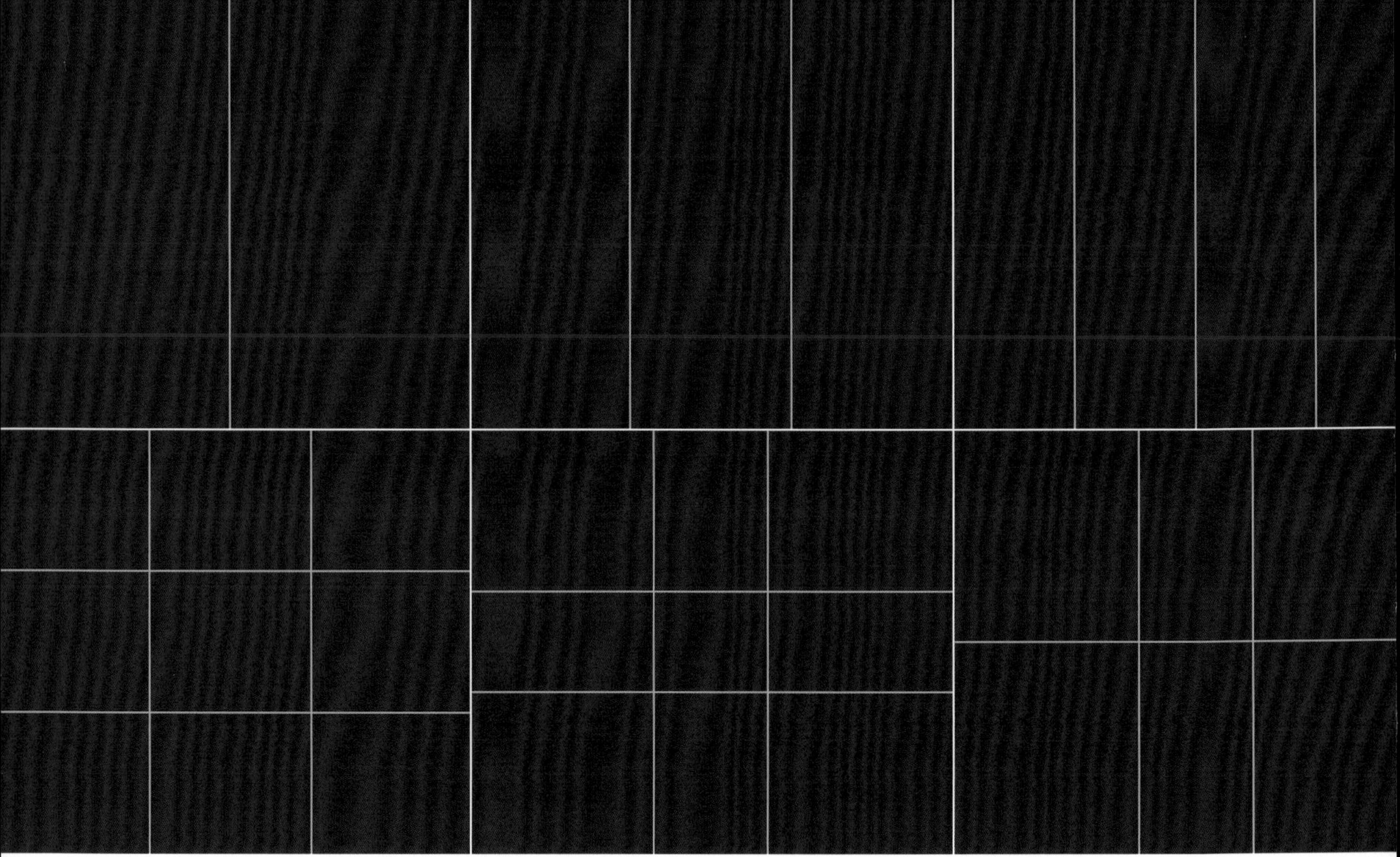

Aufteilung und Platzierung

Auf Seite 75 habe ich beschrieben, dass bei der Platzierung der Gestaltungselemente auf der Grundfläche auf harmonierende Abstände zu den Rändern zu achten ist. Ebenso bzw. alternativ lassen sich die Elemente verhältnismäßig auf der Fläche platzieren. Möchte man beispielsweise zwei Elemente versetzt positionieren, kann man die Fläche in drei gleiche Bereiche aufteilen und sie jeweils auf Drittellinie anbringen. Das heißt, Proportionen können und sollen bei der Platzierung ebenso eine Rolle spielen wie bei der Teilung von Strecken und den Verhältnissen der Seiten der Elemente.

Eine Drittelung der Fläche wird häufig angewendet, wodurch sich die Verhältnisse 1:3 (Drittel zu ganzer Fläche) und 1:2 (ein Drittel zu den anderen beiden Dritteln) ergeben. Bei komplexeren Grafiken hingegen kann eine Teilung durch vier oder fünf praktischer sein. Für Gestaltungsraster werden oft Teilungen in sechs und mehr gewählt. Ich selbst arbeite beispielsweise bevorzugt mit sechsspaltigen Rastern. Ein solches liegt auch diesem und ein paar meiner anderen Bücher zugrunde.

Eine Teilung durch eine gerade Zahl fördert die Symmetrie und damit die Ausgewogenheit des Layouts, während bei ungerader Teilung eher asymmetrische, das heißt dynamischere Layouts entstehen.

Auch hier gilt, dass ein erfahrener Gestalter auch bei Verteilung nach Gefühl zu optimaler Platzierung finden wird. Am Ende zählt wie üblich vor allem, dass sich die Verhältnisse richtig anfühlen, und nicht, dass irgendwelche messbaren Verhältnisse durchgezogen werden. Doch meine Erfahrung ist, dass dieses *Sich-richtig-Anfühlen* bei Platzierung beispielsweise auf einer Drittellinie oder dem Goldenen Schnitt sehr viel rascher erreicht wird als durch Verschieben und Ausprobieren. Je komplexer die Layouts, desto mehr helfen proportionale Aufteilungen der Grundfläche, rasch und effizient zu einem stimmigen Resultat zu kommen.

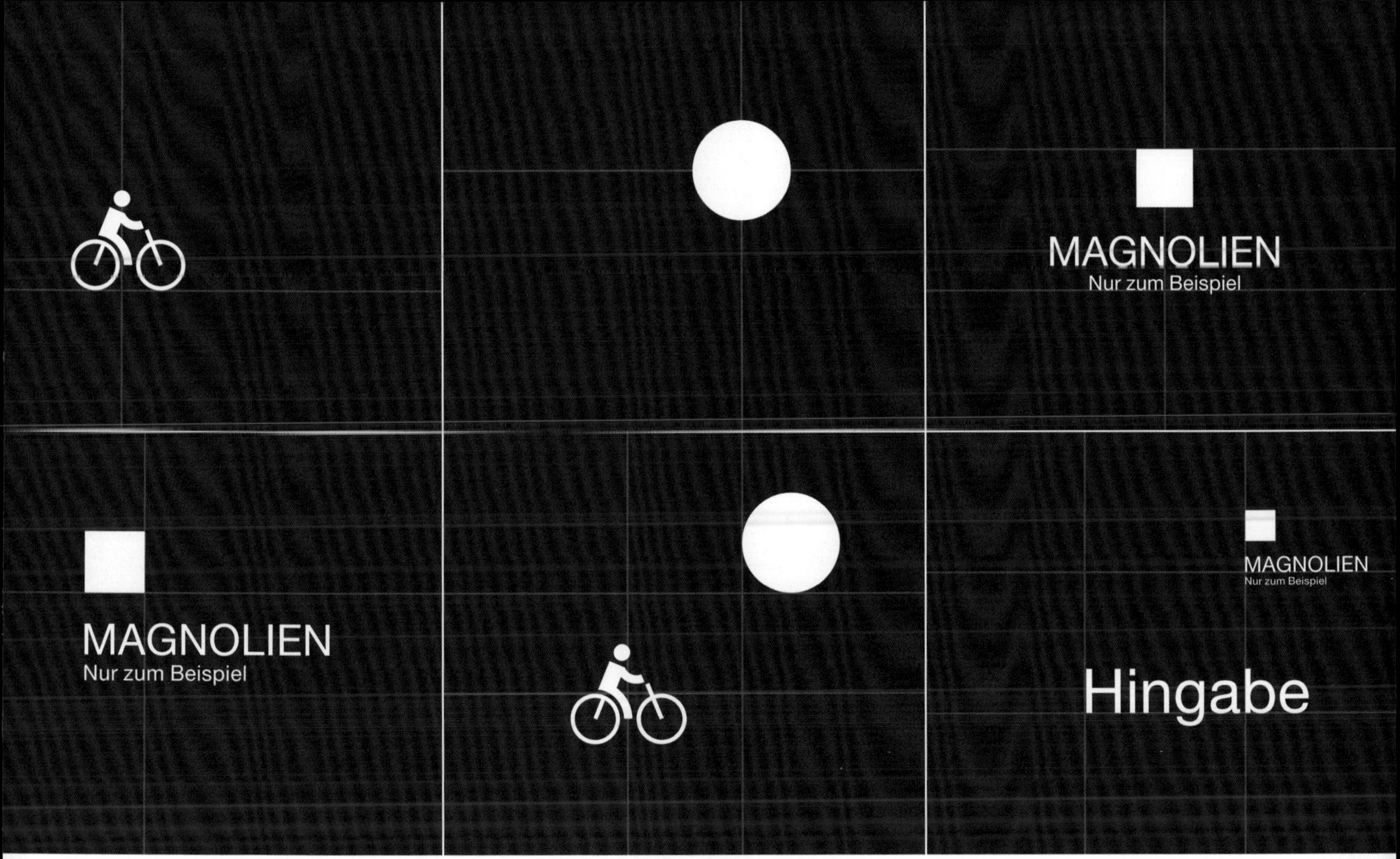

- Die Mittelachse teilt eine Fläche 1:1. Es entsteht Symmetrie und Ausgewogenheit.
- Drittelung der Fläche
- Teilung durch vier
- Drittelung der Horizontalen *und* Vertikalen. In der Fotografie spricht man von Drittelregel.
- Aufteilung im Goldenen Schnitt
- Proportionale Aufteilung lässt sich natürlich auch kombinieren, wie hier Goldener Schnitt entlang der Horizontalen und Mittelachse entlang der Vertikalen.
- Der Radfahrer ist an Drittellinien ausgerichtet.
- Die Scheibe steht im Goldenen Schnitt.
- Das Logo steht zentriert im mittleren Drittel.
- Das Logo ist am Goldenen Schnitt ausgerichtet.
- Radfahrer und Scheibe sind am Goldenen Schnitt ausgerichtet.
- Der Versatz der Elemente entspricht jeweils einem Drittel der Grundfläche.

MAGNOLIEN
Nur zum Beispiel

Vatis Schoßhund
jagt zwölf Boxkämpfer
quer über Sylt.

MAGNOLIEN
Nur zum Beispiel

Vatis Schoßhund
jagt zwölf Boxkämpfer
quer über Sylt.

MAGNOLIEN
Nur zum Beispiel

Vatis Schoßhund
jagt zwölf Boxkämpfer
quer über Sylt.

MAGNOLIEN
Nur zum Beispiel

Vatis Schoßhund
jagt zwölf Boxkämpfer
quer über Sylt.

MAGNOLIEN
Nur zum Beispiel

Vatis Schoßhund
jagt zwölf Boxkämpfer
quer über Sylt.

MAGNOLIEN
Nur zum Beispiel

Vatis Schoßhund
jagt zwölf Boxkämpfer
quer über Sylt.

Typische Katze quält
wieder zum Jux süße Vögel
auf dem Balkon.

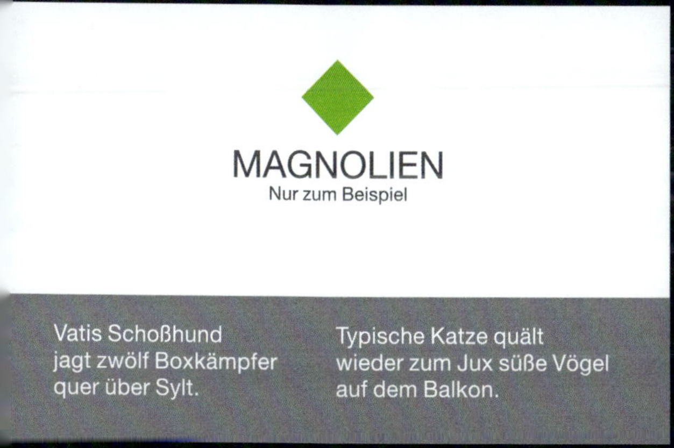

Ausrichtung mehrerer Elemente

Zentrierte Elemente wirken nur in der Mitte der Grundfläche schlüssig platziert. Die Mittelachse ist intolerant – sie lässt keine andere Achse neben sich zu.

Elemente mit seitlicher Ausrichtungsachse hingegen lassen sich relativ frei platzieren und auch gut miteinander kombinieren, ausgenommen mit Elementen mit zentrierter Ausrichtung. Geschlossene Blöcke, wozu auch der Blocksatz gehört, sind besonders gutmütig, da sich sowohl auf beiden Seiten als auch in der Mitte eine Gestaltungsachse anbietet (Seite 78).

Zentriert aufgebautes Logo und Mittelsatz – das harmoniert.

Zentriert aufgebautes Logo und linksbündiger Satz – das wirkt eigenartig, auch wenn die linke Satzkante die Mitte des Logos aufnimmt.

Hier läuft der linksbündig ausgerichtete Text dem in beide Richtungen flatternden Logo zuwider.

Logo und Text sind an einer Achse ausgerichtet (die Achse steht im Goldenen Schnitt) – das ergibt eine schlüssige Beziehung.

Der Versatz der Elemente wirkt dynamisch und lebendig, durch die linksbündige Ausrichtung korrespondiert ihr Charakter.

Linksbündig harmoniert mit linksbündig, rechts mit rechts. Selbst links/rechts lässt sich oft als spannende Dynamik gegenüberstellen. Zentriert hingegen harmoniert nicht einmal mit zentriert, wenn die Elemente nicht in einer Achse stehen, sondern, wie hier, versetzt angeordnet sind.

Lässt es sich nicht vermeiden, dass linksbündiger (oder rechts ausgerichteter) Satz auf zentriert aufgebaute Elemente trifft, kann eine Trennung durch eine Linie helfen, den Konflikt zu schlichten.

Oder man sorgt für eine Trennung durch unterschiedlich getönte Grundflächen.

Hier haben alle Elemente die Ausrichtungsachse auf derselben Seite – das harmoniert.

© Pressmaster | Shutterstock.com

Bildkomposition

Bilder werden meist nicht vom Grafikdesigner aufgenommen, doch Grafikerinnen suchen die Bilder zur visuellen Kommunikation aus bzw. konzipieren sie, um sie bei Fotografen in Auftrag zu geben. Über Inhalte, Bedeutungen und Aussagen werden wir uns weiter hinten noch unterhalten.

Bilder sind Teil des Layouts wie jedes andere Gestaltungselement. Auch wenn ich als Grafiker den Inhalt von Fotos oft nicht ändern kann, sehen wir einmal von der Bildbearbeitung ab, muss ich die Elemente, die Teil der Motive sind, genauso beachten wie die Elemente, die ich selbst forme und formatiere. Ich komponiere Bilder, indem ich den Ausschnitt bestimme.

So wie im Vorangegangenen beschrieben, lassen sich Bilder symmetrisch oder asymmetrisch komponieren. Ist das Motiv dem Betrachter zugewandt, empfiehlt sich tendenziell eher eine symmetrische Komposition.

Blickt das Subjekt einer Aufnahme zur Seite, ist seitlich ausgerichtet oder zeigt eine seitliche Bewegung, empfiehlt sich eher eine asymmetrische Komposition. Dabei sollte der Versatz in der Regel in Richtung des Rückens des Subjekts erfolgen, sodass es nach vorne hinaus Raum in Richtung des Blicks, der Ausrichtung bzw. der Bewegung hat.

Außerdem bestimme ich als Grafiker mit dem Zuschnitt, was Teil des für den Betrachter sichtbaren Ausschnitts ist und was nicht zu sehen ist. Elemente, die am Rand angeschnitten in den Bildausschnitt ragen, sind wie halb erzählte Witze, bei denen die Pointe fehlt. Lassen Sie Bilder keine halben Witze erzählen, und achten Sie nach Möglichkeit darauf, dass am Rand keine angeschnittenen Elemente in das Motiv hineinragen.

© nata-lunata | Shutterstock.com
© Ingka D. Jiw | Shutterstock.com
© Aaron Amat | Shutterstock.com
© Ingka D. Jiw | Shutterstock.com

Die Person blickt zur Kamera und ist ihr zugewandt – alles ist symmetrisch. Hier wirkt eine zentrierte Bildkomposition am schlüssigsten.

Der seitliche Versatz erscheint unlogisch.

Setze ich Text in den Freiraum, entsteht Asymmetrie – so wirkt der seitliche Versatz schlüssig.

Die Person blickt zur Seite, der Körper ist seitlich ausgerichtet. Mittige Platzierung fühlt sich nicht richtig an – der Freiraum im Rücken erfüllt keinen Zweck.

Wird das Bild so versetzt, dass der Rücken näher zum Rand steht, entsteht Freiraum in Blickrichtung – das erscheint schlüssig.

In Blickrichtung platzierter Text zieht Aufmerksamkeit auf sich (wobei es hier etwas eng geworden ist).

Der Wecker ist dem Betrachter zugewandt – die zentrierte Platzierung wirkt schlüssig.

Der Wecker *blickt* zur Seite – der seitliche Versatz in Richtung des Rückens ist auch hier richtig.

Die Sonnenblume blickt zum Betrachter – wieder fühlt sich die zentrierte Platzierung richtig an.

Die Sonnenblume blickt zur Seite – der seitliche Versatz in Richtung des Rückens wirkt schlüssig.

Elemente, die angeschnitten in den Bildausschnitt ragen, stören oft.

Besser ist es, *keine halben Sachen* in den Ausschnitt ragen zu lassen. Lässt es sich nicht vermeiden, ist gut zu überlegen, wo das Element durchschnitten wird.

Hin

Kapitel 3: **Schrift**

HINGABE	hingabe
0123456789	!?;§$&@©
Hingabe	Hingabe
Hingabe	*Hingabe*
Hingabe	Hingabe
Hingabe	HINGABE

Typografie

Unter Typografie versteht man die Gestaltung von Text und dessen Umfeld. Man unterscheidet die Makrotypografie (auch Lesetypografie) und die Mikrotypografie (auch Detailtypografie). Ebenfalls zur Typografie wird die Gestaltung der Schriftarten gezählt: das Schriftdesign. In diesem Kapitel befassen wir uns zunächst mit Schrift.

Schriftdesign ist eine eigenständige Disziplin des Designs und ohne entsprechendes Studium bzw. einschlägige Erfahrung kaum kompetent auszuführen. Jedenfalls nicht, wenn es um die Gestaltung lesbarer Satzschriften geht. Zur Einordnung, Klassifizierung und Bewertung der Schriftarten hingegen sollte jeder Grafiker in der Lage sein.

In Europa, Nord- und Südamerika, Australien und Teilen Afrikas dominiert das lateinische Schriftsystem. Dieses System hat nicht eine einzige Wurzel, sondern basiert auf verschiedenen Entwicklungen. Seit seinem Entstehen haben sich außerdem verschiedene Formen herausgebildet, wie Antiqua, serifenbetonte und serifenlose Antiqua, Schreibschriften und handschriftliche Antiqua sowie unzählige dekorative Varianten.

Druckwerke werden in erster Linie in Antiqua und von ihr abgeleiteten serifenlosen und serifenbetonten Formen gesetzt. Diese werden häufig von Kursiven begleitet. Die Kursive ist eigentlich eine eigenständige Schriftform, ist heute aber meist Teil von Antiqua-Schriftfamilien.

Die bis ins 20. Jahrhundert im deutschsprachigen Raum dominanten gebrochenen Schriften spielen heute kaum mehr eine Rolle. In der Kunst des schönen Schreibens von Hand – der Kalligrafie – werden hingegen auch mittelalterliche Schriften nach wie vor gepflegt.

Schrift, Lese- und Detailtypografie prägen grafisches Design nicht minder als Bilder, Grafiken und grafische Zierelemente. Zwar sticht die Wirkung von Schriftarten weniger ins Auge als die von Fotos und großflächigen Grafikelementen, doch gerade wegen der subtilen und unterschwelligen Wirkung sollte man der Typografie besondere Aufmerksamkeit zukommen lassen. Die passende Schrift macht für ein Design das, was ein guter Soundtrack für einen Film macht.

Die Versalien (Majuskeln) der lateinischen Schrift sind von der Capitalis monumentalis des antiken Roms abgeleitet.

Die Gemeinen (Minuskeln) basieren auf der humanistischen Minuskel des Mittelalters.

Die Zahlzeichen der lateinischen Schrift wurden im Hochmittelalter von Leonardo Fibonacci aus dem Arabischen adaptiert und finden ihre Wurzeln im indischen Raum, weshalb man sie arabische oder indisch-arabische Ziffern nennt.

Ergänzt werden Versalien, Gemeine und Ziffern durch Satz- und Sonderzeichen.

In der Renaissance vereinen italienische Drucker die Versalien der Capitalis monumentalis mit den Gemeinen der humanistischen Minuskel zur Antiqua. Typisch für die Antiqua sind die Anstriche und Füßchen der Buchstaben, die Serifen heißen.

Im 19. Jahrhundert entstehen Schriftarten mit fetten Serifen, die man als serifenbetonte Antiqua bezeichnet (auch serifenbetonte Linear-Antiqua).

Im 20. Jahrhundert wurden Schriftarten ohne Serifen populär, serifenlose Antiqua (oder serifenlose Linear-Antiqua) genannt.

Kursive Schriften existierten über Jahrhunderte als eigenständige Schriftform. Heute sind Kursiven in der Regel Teil von Antiqua-Schriftfamilien.

Für handschriftliche Aufzeichnungen kommen häufig Schreibschriften zum Einsatz, deren charakteristische Eigenschaft ist, dass die Buchstaben verbunden sind.

Neben der Schreibschrift wird für Notizen auch eine nicht gebundene Handschrift genutzt.

Gebrochene Schriften dominierten den deutschen Sprachraum bis in die 1940er-Jahre.

Die Unziale ist eine mittelalterliche Schrift, die noch heute in der Kalligrafie gepflegt wird.

Typen und Zeichensatz

Bis ins 15. Jahrhundert wird Schrift primär mit Pinsel oder Feder von Hand geschrieben. Johannes Gutenberg entwickelt ab 1440 ein Verfahren zum Gießen von Druckbuchstaben aus Metalllegierungen, das die Reproduktion von Texten revolutionieren sollte. *Revolution* bedeutet nach damaligen Maßstäben, dass Gutenberg mit etwa 20 Mitarbeitern zwischen 1452 und 1454 ca. 180 Exemplare einer lateinischen Bibel druckte, heute *Gutenberg-Bibel* genannt.

Druckverfahren gibt es zwar bereits vorher, doch bei diesen wird der Text als Ganzes spiegelverkehrt in eine Holztafel geschnitten. In China lassen sich bereits um 1040 Drucke mit beweglichen Lettern aus Keramik nachweisen, in Korea 1377 mit Einzelbuchstaben aus Bronze. Weltweite Verbreitung erzielt allerdings Gutenbergs Erfindung.

Mit Bleistempeln wird bis in die 1980er hinein gedruckt. Heute wird das *Buchdruck* genannte Verfahren noch vereinzelt von spezialisierten Druckereien gepflegt. Das Besondere daran ist, dass er nicht, wie das heute dominierende Flachdruckverfahren des Offsetdrucks, nur Farbe zu Papier bringt. Vielmehr *prägen* die Stempel die Zeichen in das Papier.

Die Stempel, auf denen die Zeichen stehen, nennt man Kegel. Kegel sind in der Regel aus Blei, in besonders großen Schriftgraden (= Schriftgröße) aus Holz. Auf ihnen befindet sich das Druckbild erhaben, so wie man es eben auch von im Geschäftsbereich gebräuchlichen Stempeln kennt. In der Typografie heißen die Druckstempel Lettern oder Typen. Hergestellt werden die Vorlagen für die Bleilettern von Stempelschneidern. Bis ins 20. Jahrhundert hinein schlagen und gravieren diese die Vorlagen für die Lettern aus hartem Metall. Die Vorlagen dienen dann zum Gießen und zur Vervielfältigung der Bleikegel.

In den Druckereien werden die Typen in Setzkästen verwahrt. Ein Setzkasten ist in der Regel eine Schublade, die für jedes Zeichen ein Fach aufweist. Die Summe der Zeichen des Setzkastens wird Zeichensatz genannt. Ein physikalischer Zeichensatz enthält alle Zeichen einer Schriftart in einem bestimmten Schriftgrad. Das heißt, anders als bei digitalen Zeichensätzen, die sich am Computer frei skalieren lassen, muss im Buchdruck für jede Schriftgröße ein eigener Zeichensatz vorhanden sein.

Texte werden gebildet, indem Buchstabe für Buchstabe in einem rechtwinkligen Blech, dem Winkelhaken, zu Zeilen aneinandergesetzt werden. Man spricht vom Textsatz, wer das macht ist Setzer, und das Ergebnis ist der Satz.

Digitale Satzschriften liegen in Form von Font-Dateien vor. Computer-Fonts lassen sich wie gesagt beliebig groß einstellen, weshalb eben nicht für jede Größe ein separater Zeichensatz erforderlich ist. Das hat Vorteile, aber auch Nachteile. Bei Satzschriften aus Blei wird jedes Zeichen für den jeweilige Schriftgrad optimiert gestaltet. Kleine Grade sind etwas kräftiger gezeichnet, größere magerer. Auch die Buchstabenabstände werden in kleinen Graden weiter angelegt. Beides gleicht Unterschiede der optischen Wirkung aus. Zwar gibt es auch digitale Schriftarten, die für verschiedene Größen optimierte Schriftschnitte enthalten, doch wegen des enormen Aufwands bilden sie eher die Ausnahme.

In Font-Dateien sind die Zeichen im Prinzip so abgelegt wie physikalische Zeichensätze in Setzkästen. Die Schriftbilder befinden sich auf rechteckigen Flächen, zu denen sie seitlich etwas Abstand aufweisen – Vor- und Nachbreite. Die Zeichen stehen auf einer Grundlinie, unter der zusätzlicher Freiraum Platz für die Unterlängen bietet. Das Prinzip ist dasselbe wie beim Bleikegel, weshalb man vom *virtuellen Kegel* spricht. Wird am Computer Text eingegeben, setzt das Programm einen virtuellen Kegel an den anderen, so wie der Setzer Bleikegel für Bleikegel in einen Winkelhaken setzt.

- Der Setzkasten eines Zeichensatzes
- Lettern in einem Setzkasten
- Bleikegel
- Gesetzter Text im Winkelhaken
- Ein aus vier Typen gesetztes Wort
- Font-Datei unter Mac OSX
- Der digitale Zeichensatz »ABeeZee« im Font-Fenster des Programms Glyphs Mini

© Neirofly / shutterstock.com

© Paolo De Gasperis / shutterstock.com

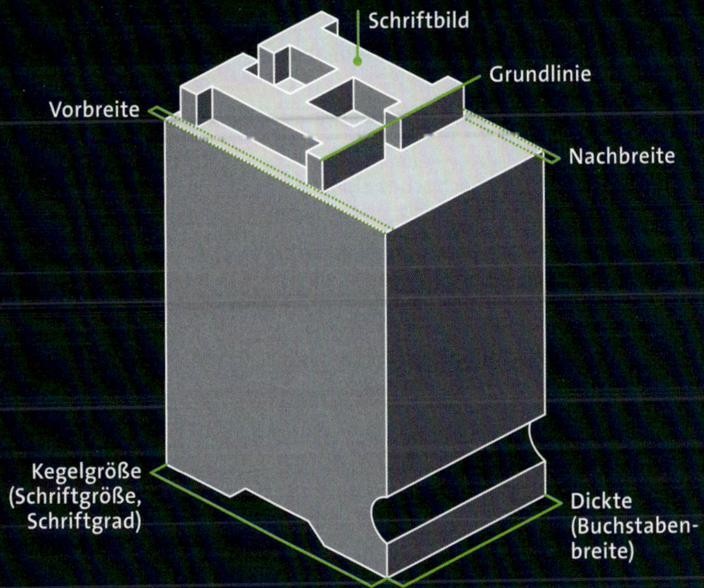

© MarkFGD / iStockphoto.com

© Marina Lohrbach / shutterstock.com

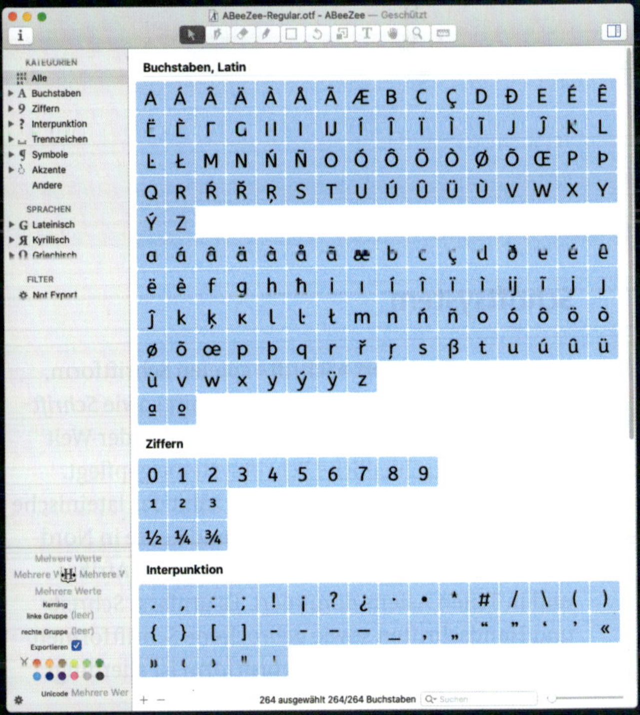

»Schrift« ist ein allgemeiner Überbegriff, der von Hand- und Schreibschriften über gemalte und gezeichnete Schriften bis hin zu frei verfügbaren und kommerziell vertriebenen Satzschriften alles umfasst. Satzschriften werden von Schriftdesignern gestaltet und erhalten eigenständige Namen, die bei kommerziellen Schriften in der Regel als Handelsmarke registriert werden. Man bezeichnet so eine Schrift als *Schriftart*.

Allerdings haben nicht alle Schriftarten geschützte Markennamen. Vor allem Schriften, die den Namen des Gestalters klassischer Vorbilder tragen, gibt es häufig in vielerlei Interpretationen unter derselben Bezeichnung, beispielsweise Garamond, Bodoni und Baskerville, aber auch die im 20. Jahrhundert entstandene Futura.

Die Entwicklung von Schriftarten umfasst nicht nur die Gestaltung der 26 Groß- und Kleinbuchstaben und deren Varianten deutscher Umlaute sowie Akzentzeichen anderer Sprachen, sondern ebenso Ziffern, Satz- und Sonderzeichen. Genauso wichtig und mit Aufwand verbunden wie die Gestaltung der Zeichen ist ihre *Zurichtung*. Dabei geht es um die Optimierung der generellen Abstände sowie individueller Buchstabenkombinationen. Schlecht zugerichtete Schriften ergeben ein unruhiges, unschönes, schlecht lesbares Satzbild.

Viele Schriftarten werden heute als Schriftfamilie angelegt. Eine Schriftfamilie besteht aus mehreren Familienmitgliedern, den sogenannten Schriftschnitten. Am häufigsten findet man Schriftarten mit vier Schnitten, nämlich Normal, Kursiv, Fett und Fettkursiv. Es gibt allerdings auch Familien, die aus ein, zwei oder mehr Dutzend Mitgliedern bestehen.

Vertrieben werden die Schriftschnitte meist mit den englischen Bezeichnungen Italic und Bold – Normal wird im Englischen wie Deutschen ohnehin gleich geschrieben. Manche Softwareprogramme übersetzen vom Englischen ins Deutsche, was ich etwas seltsam finde. Es ist, als würde man Namen von Protagonisten englischer Literatur oder englischer Filme übersetzen, also aus einem John einen Johannes machen.

Die Schriftschnitte unterscheiden sich in Strichstärke oder der Breite der Zeichen und können aufrecht oder geneigt stehen. Geneigte Schriften sind entweder *Italic* (Kursiv) oder *Oblique*. Für aufrecht stehende Schnitte gibt es keinen eigenen Begriff. Historisch war die aufrechte Antiqua ein Gegenstück zur Kursiven. Heute allerdings, wo die meisten Antiqua-Schriftfamilien kursive Schnitte enthalten, funktioniert diese Unterscheidung nicht mehr. Ich werde deshalb im Weiteren den Begriff »Aufrechte« nutzen, um von Kursiven zu unterscheiden.

Schriftfamilie wird oft synonym für *Schriftart* verwendet, die Begriffe sind allerdings nicht ganz gleichbedeutend. Es gibt Schriften, die nur aus einem Schriftschnitt bestehen. Das sind Schriftarten, jedoch keine Schriftfamilien. Von Familie kann man nur sprechen, wenn eine Schriftart aus mehreren Schnitten besteht.

Eine relativ junge Entwicklung ist es, Schriften als Sippe anzulegen. Eine Schriftsippe besteht aus mindestens zwei Schriftfamilien, meist einer Antiqua oder serifenbetonten Antiqua und einer Serifenlosen. Zwei Familien einer Sippe sollten perfekt miteinander harmonieren und sich problemlos in einem Layout mischen lassen.

Ein Name, viele Schriften: Garamond gehört zu den populärsten Schriftnamen des 20. Jahrhunderts. Claude Garamond (ca. 1499–1561) war Typograf und Verleger in Paris. Zahlreiche Schriftdesigner gestalteten Interpretationen ihm zugeschriebener Vorbilder – die abgebildeten sind ein Teil davon.

Eigentlich auch eine Garamond, allerdings unter anderem Namen: die Sabon von Jan Tschichold

Vier *Familienmitglieder* der Schriftfamilie Aller

Sechs frei verfügbare Schriftarten

Drei freie Schriftsippen: Alegreya, Source und Merriweather gibt es jeweils als Antiqua und serifenlose Antiqua. Die Antiqua mit regulären Serifen heißt im Englischen Serif. Bei manchen Sippen wird dem Namen der Antiqua »Serif« nachgestellt, so wie bei der Source. Häufig jedoch wird lediglich der serifenlosen Familie »Sans« angehängt, was zur Unterscheidung von der Antiqua mit Serifen an sich genügt.

Adobe Garamond Hingabeform

Stempel Garamond Hingabeform

ITC Garamond Hingabeform

American Garamond Hingabeform

Garamond FB Text Hingabeform

EB Garamond Hingabeform

Hingabe

Aller Regular Hingabeform

Aller Italic *Hingabeform*

Aller Bold **Hingabeform**

Aller Bold Italic ***Hingabeform***

Bitter Hingabeform

Changa Hingabeform

Modak Hingabeform

Open Sans Hingabeform

Vollkorn Hingabeform

Yanone Kaffeesatz Hingabeform

Alegreya Hingabeform

Alegreya Sans Hingabeform

Source Serif Hingabeform

Source Sans Hingabeform

Merriweather Hingabeform

Merriweather Sans Hingabeform

Font-Format

Die grafische Gestaltung mit Hilfe von PCs – das sogenannte Desktop-Publishing (DTP) – wird Mitte der 1980er-Jahre möglich durch die Grafikfähigkeiten des Apple Macintosh, durch Grafikprogramme wie Aldus PageMaker, die digitale Seitenbeschreibungssprache PostScript (PS) von Adobe und Schriften von Linotype sowie durch neuartige Laserdrucker, die in der Lage sind, Grafiken präzise zu Papier zu bringen. Linotypes Schriften kommen durch Adobes PostScript-Technologie auf den PC. Davor sind professionelle Satzschriften an die Rechensysteme der Herstellerfirmen gebunden.

Ende der 1980er-Jahre stellt Apple das TrueType-Font-Format (TTF) vor, das Anfang der 90er von Microsoft für Windows lizenziert wird. Während PostScript auf 256 Zeichen in einem Font limitiert ist, erlauben moderne TrueType-Formate die Einbindung von über 65 000 Zeichen, womit theoretisch die Zeichen nahezu aller bedeutenden Schriftsysteme möglich wären.

1996 stellen Microsoft und Adobe eine Weiterentwicklung der PS- und TTF-Formate mit Namen OpenType vor. Es ist ebenso wie TrueType in der Lage, über 65 000 Zeichen aufzunehmen und ist plattformunabhängig, d.h., ein OpenType-Font lässt sich sowohl unter Windows als auch am Mac nutzen. Darüber hinaus bietet es dem professionellen Gestalter typografische Zusatzfunktionen, von denen die wichtigsten auf dieser Doppelseite dargestellt sind.

Für die Anwendung im Web wird 2009 das WOFF-Fontformat vorgestellt. Es kommt den Anforderungen des Internets nach kompakten Dateigrößen entgegen. Seit 2018 empfiehlt das World Wide Web Consortium (W3C) die Version 2 des Formats (WOFF2).

2016 erfährt das OpenType-Format die Implementierung einer weiteren bahnbrechenden Technologie. Die »Variable Font« genannte Spezifikation markiert einen markanten Fortschritt in der digitalen Typografie. Variable Fonts ermöglichen es, in eine OTF-Schriftdatei frei einstellbare Variablen zu integrieren. Die wichtigsten Variablen betreffen die Stärke, die Breite, die optische Größe sowie die Lage, also aufrecht oder kursiv und wenn kursiv, in welcher Neigung. Die optische Größe erlaubt es, so wie im analogen Bleisatz Stärke und Laufweite der Zeichen der jeweiligen Schriftgröße anzupassen.

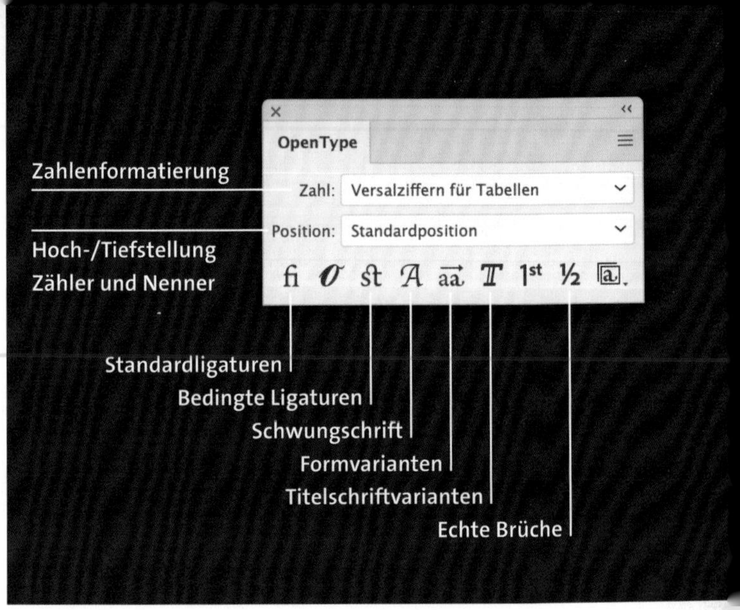

Das OpenType-Bedienfeld von Adobe Illustrator mit den für die deutsche Sprache relevantesten OpenType-Funktionen; in InDesign finden sich diese unter anderem im Optionsmenü des Zeichen-Bedienfelds.

Die Symbole von TrueType-, PostScript- und OpenType-Fonts

OpenType-Ziffern-Varianten

Variable-Font-Einstellungen für optische Größe, Breite und Stärke bei der Schriftart Nure in Adobe InDesign

Hoch- und Tiefstellung (Schriftart: Calluna)

Echter Bruch (Schriftart: Calluna)

Echte Kapitälchen (Schriftart: Calluna)

Satz im normalen Schriftschnitt und bei aktivierter Funktion Titelschriftvarianten (Schriftart: Adobe Garamond)

Die Verschmelzung von T und h sowie s und t sind bedingte Ligaturen (Schriftart: Vollkorn).

Die Schwünge an H, g und b der OpenType-Funktion Schwungschrift der Schriftart Arno Italic – der Schwung des e ist eine Formvariante.

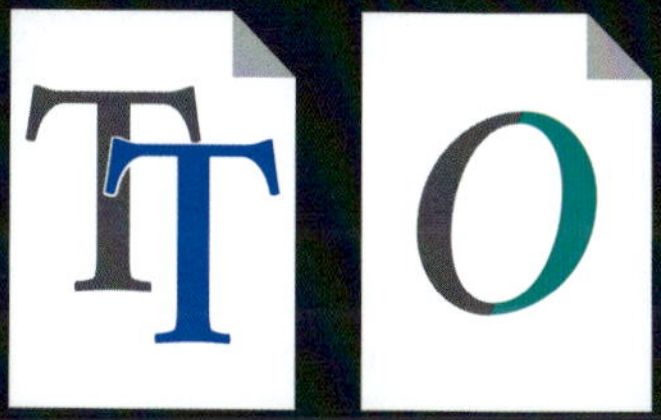

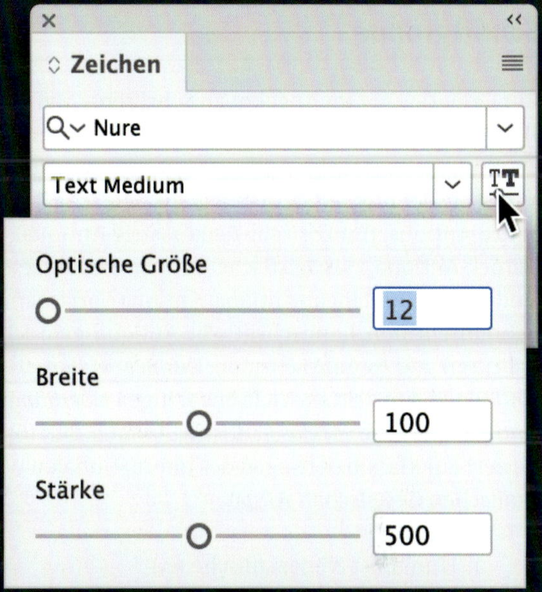

0864213579

Versalziffern für Tabellen

0864213579

Proportionale Versalziffern

0864213579

Proportionale Mediävalziffern

0864213579

Mediävalziffern für Tabellen

$12\,\mathrm{m}^3\ \mathrm{H_2O}$

1⁄125 Sek.

HINGABE

Normaler Schriftschnitt HINGABE

Titelschrift-variante HINGABE

Thesist

Hingabe

Schriftgruppe

Zur Orientierung im Angebot an Schriften – MyFonts listet 2025 über 250 000 Schriften – gibt es Ordnungssysteme. In Deutschland gilt seit 1964 die DIN-Norm 16518. Sie definiert elf Gruppen: Venezianische Renaissance-Antiqua, französische Renaissance-Antiqua, Barock-Antiqua, klassizistische Antiqua, serifenbetonte und serifenlose Linear-Antiqua, Antiqua-Varianten, Schreibschriften, handschriftliche Antiqua, gebrochene Schriften und fremde Schriften. Der Begriff *Barock-Antiqua* ist umstritten. Viele bevorzugen *Übergangs-Antiqua*, manche *vorklassizistische Antiqua*. DIN 16518 basiert auf Klassifizierungen der internationalen typografischen Gesellschaft *ATypI*:

I. Classicals
1. Humanist (venezianische RA)
2. Garalde (französische RA)
3. Transitional (Übergangs-Antiqua)

II. Moderns
1. Didone (klassizistische Antiqua)
2. Mechanistic (Slab Serif)
3. Lineal (Sans Serif)
   a) Grotesque
   b) Neo-grotesque (Sans Serif nach Vorbild der klassizistischen Antiqua)
   c) Geometric (geometrische Sans Serif)
   d) Humanist (Sans Serif nach Vorbild der humanistischen Antiqua)

III. Calligraphics
1. Glyphic (dekorative Schriften)
2. Script (Schreibschriften)
3. Graphic (handschriftliche Antiqua)
4. Blackletter (gebrochene Schriften)
5. Gaelic (gälische Schriften)

IV. Non-Latin (DIN: fremde Schriften)

Heute sind diese Klassifizierungen fragwürdig. DIN definiert vier Gruppen für Antiqua-Schriftarten, aber nur jeweils eine für serifenbetonte und serifenlose.
In der Praxis jedoch beträgt das Angebot an Sans-Serif-Schriftarten heute ein Mehrfaches der Antiqua. Die Anbieter ordnen ihre Kataloge längst nicht mehr nach den Normen von DIN oder ATypI. Stattdessen werden Satzschriften in nur drei Gruppen geordnet:

› **Antiqua;** Satzschriften mit moderaten Serifen; MyFonts[1], Google Fonts[2], Fontsquirrel[3]: »Serif«; Adobe Fonts[4] (D): »Serifen«
› **Slab Serif;** Kräftige Serifen; MyFonts, Fontsquirrel: »Slab Serif«; Adobe Fonts (D): »Egyptienne«; Google Fonts: unter »Serif«
› **Sans Serif;** Serifenlos; MyFonts, Adobe Fonts (D), Google Fonts, Fontsquirrel: »Sans Serif«

Für längere Lesetexte eher ungeeignet sind Schreibschriften (MyFonts, Fontsquirrel: »Script«; Adobe Fonts (D): »Skript«; Google Fonts: »Handwriting«), digitale Handschriften (MyFonts: »Handwritten«; Fontsquirrel: »Handdrawn«; Adobe Fonts (D): »Hand«; Google Fonts: »Handwriting«) und dekorative bzw. Display-Schriften (MyFonts, Fontsquirrel, Google Fonts: »Display«; Adobe Fonts (D): »Dekorativ«). Gebrochene Schriften sind eine Schriftform, die bis in die Zeit des Dritten Reiches im deutschen Sprachraum anstelle der Antiqua dominierte.

1 Schriftenkatalog von Monotype, myfonts.com
2 Freie Schriften von Google, fonts.google.com
3 Sammlung frei verfügbarer Schriften, fontsquirrel.com
4 Schriftenkatalog von Adobe (deutsch), fonts.adobe.com

Drei Satzschriften in Form einer Antiqua, einer Egyptienne und einer Grotesk.

Bei Schreibschriften sind die Buchstaben miteinander verbunden.

Handschriften sind im Prinzip gezeichnete Antiqua.

Dekorative bzw. Display-Schriften können alle erdenklichen Formen aufweisen – die Grenzen setzt die Phantasie des Gestalters.

DIN-Norm 16518 teilt Schriftformen in elf Gruppen. Die elfte (hier nicht abgebildete) Gruppe bezieht sich auf *fremde Schriften*. Die Beispiele zeigen jeweils typische Vertreter.

Antiqua Palatino	Hingabeform
Serifenbetonte Antiqua Museo Slab	Hingabeform
Serifenlose Antiqua Glober	Hingabeform

Caflisch Script	Hingabeform
Brush Script	Hingabeform
Kitten Swash Fat	Hingabeform

ITC Kristen	Hingabeform
Blambot Casual	Hingabeform
Permanent Marker	HINGABEFORM

Bank Gothic	HINGABE
Stencil Bold	HINGABE
SciFly Sans	Hingabeform

Gruppe I: Venezianische RA Adobe Jenson	Hingabeform
Gruppe II: Französische RA Adobe Garamond	Hingabeform
Gruppe III: Barock-Antiqua Baskerville	Hingabeform
Gruppe IV: Klassizistische Antiqua Bodoni	Hingabeform
Gruppe V: Serifenbetonte Linear-Antiqua Clarendon	Hingabeform
Gruppe VI: Serifenlose Linear-Antiqua Helvetica	Hingabeform
Gruppe VII: Antiqua-Varianten Copperplate	HINGABE
Gruppe VIII: Schreibschriften Bickham Script	Hingabeform
Gruppe IX: Handschriftliche Antiqua GoodDog New	Hingabeform
Gruppe X: Gebrochene Münchner Fraktur	Hingabeform

Antiqua

Als Satzschriften kommen praktisch ausschließlich Antiqua-Schriften zum Einsatz. Sie kombinieren die Großbuchstaben der römischen Capitalis monumentalis mit den Kleinbuchstaben der humanistischen Minuskel. Daraus ergibt sich ein Schriftsystem, bei dem jeder Buchstabe durch zwei Figuren repräsentiert wird: Groß- und Kleinbuchstaben. Man spricht von *bikameral*.

Bis zum Beginn des 19. Jahrhunderts sind Serifen fixer Bestandteil der Buchstabenfiguren der Antiqua. Diese werden vom Vorbild, der römischen Capitalis, übernommen. Serifen unterstützen die Wortbild-Bildung sowie die Zeilenbildung. Die Wortbilder – die Figuren der Buchstaben bilden zusammen ein Wortbild – fallen bei Serifenschriften geschlossener aus als bei Schriften ohne Serifen. Ebenso bilden die Zeilen ein geschlosseneres Band.

Im 19. Jahrhundert entstehen Schriftarten mit kräftigen Serifen. Diese werden *Egyptienne*, *serifenbetonte Antiqua* oder englisch *Slab Serif* genannt. Das englische »Slab« bedeutet u. a. *Block* und bezieht sich auf die blockförmigen Serifen. Mitte desselben Jahrhunderts erscheinen erstmals Schriften ohne Serifen, *Grotesk* bzw. abgeleitet vom französischen »sans« – *ohne* – *Sans Serif* genannt. Über die Brauchbarkeit für Werbezwecke hinaus gehen Groteskschriften allerdings erst Ende des 19. Jahrhunderts mit der Akzidenz Grotesk. Ende des 20. Jahrhunderts können sich serifenlose Schriften dann gleichberechtigt neben der Antiqua etablieren.

»Antiqua« ist einerseits die Bezeichnung für die vom 15. bis zum 20. Jahrhundert dominierenden Schriftformen mit *normalen* Serifen, die sich von der »serifenbetonten« und der »serifenlosen Antiqua« unterscheiden. Gleichzeitig ist »Antiqua« Überbegriff für *alle* Antiqua-Schriften, also sowohl die *normale* als auch die serifenbetonte und die serifenlose. Zu allem Überfluss dient dieselbe Bezeichnung auch noch der Abgrenzung zur Kursive, während Kursiven gleichzeitig Teil von Antiqua-Schriftfamilien (Seite 136) sind. Eine ziemliche Begriffsverwirrung.

Die römische Capitalis monumentalis ist Vorbild unserer Großbuchstaben (Schriftart: Trajan).

Die humanistische Minuskel stand Pate für die Kleinbuchstaben (Schriftart: Pfeffer Mediaeval).

Aus den Vorbildern entsteht im 15. Jahrhundert in Italien die Antiqua (Schriftart: ITC Legacy).

Typisch für die Antiqua sind bis zum Ende des 19. Jahrhunderts die Serifen (Schriftart: Charter).

Im 19. Jahrhundert entsteht eine Antiqua mit fetten Serifen. Der Popularität alles Ägyptischen folgend werden die neuartigen Typen *Egyptienne* genannt, auch wenn es keinen stilistischen Bezug dahin gibt (Schriftart: Corporate E).

Ende des 19. Jahrhunderts folgen Schriften, bei denen die Serifen weggelassen werden. Schriften ohne Serifen? Zur damaligen Zeit wohl eine groteske Vorstellung, weshalb der Stil u. a. auch Grotesk genannt wird (Schriftart: Corporate S).

Serifen betonen sowohl die Wortbild- als auch Zeilenbildung, weshalb professionell gezeichnete Serif-Schriften im Ruf stehen, besonders gut lesbar zu sein (Schriftart: Charter).

Serifenlose Schriften bilden weniger geschlossene Linien. Eine gut gestaltete Grotesk steht der Antiqua in Sachen Lesbarkeit dennoch kaum nach (Schriftart: Avenir).

Es gibt Untersuchungen, die darauf hindeuten, dass Groteskschriften unter ungünstigen Sichtbedingungen eine bessere Fernlesbarkeit aufweisen (Schriftart: Signika).

Schriften mit Serifen sieht man auf Verkehrstafeln und Leitsystemen eher selten (Schriftart: Belizio).

HINGABE

hingabe

Hingabe

Hingabe

Hingabe

Hingabe

Zwei flinke Boxer jagen die quirlige Eva und ihren Mops durch Sylt. Dieser Satz ist ein Pangramm. Ein Pangramm enthält alle Buchstaben des Alphabets. Es wird manchmal als Blindtext genutzt. Blindtexte dienen als Platzhalter in einem Layout, um das Aussehen des fertigen Satzes anschaulich zu machen. Es gibt noch weitere Pangramme. Typische Katze quält wieder zum Jux süße Vögel auf dem Balkon. Die heiße Zypernsonne quälte Max und Victoria ja böse auf dem Weg bis zur Küste. Karl Mays Pferdevieh sagt »jawohl« zur Quellnixe am Bach. Am bekanntesten ist das englische Pangramm "The quick brown fox jumps over the lazy dog".

Zwei flinke Boxer jagen die quirlige Eva und ihren Mops durch Sylt. Dieser Satz ist ein Pangramm. Ein Pangramm enthält alle Buchstaben des Alphabets. Es wird manchmal als Blindtext genutzt. Blindtexte dienen als Platzhalter in einem Layout, um das Aussehen des fertigen Satzes anschaulich zu machen. Es gibt noch weitere Pangramme. Typische Katze quält wieder zum Jux süße Vogel auf dem Balkon. Die heiße Zypernsonne quälte Max und Victoria ja böse auf dem Weg bis zur Küste. Karl Mays Pferdevieh sagt »jawohl« zur Quellnixe am Bach. Am bekanntesten ist das englische Pangramm "The quick brown fox jumps over the lazy dog".

Hamburg

Hamburg

Humanistische Antiqua *Sabon* Hingabe

Klassizistische Antiqua *Bodoni* Hingabe

Schriftarten und Beurteilungskriterien

Als Grafiker muss ich in der Lage sein, Schriften zu beurteilen. Dabei geht es zum einen darum, die zu einer Aufgabe passende Schriftart zu finden. Wenn ich ein Plakat für eine Ausstellung von Renaissance-Kunstwerken gestalte und eine klassizistische Schrift einsetze, mache ich etwas falsch – der Klassizismus folgte zwei Jahrhunderte nach der Renaissance. Zum anderen müssen Schriften formal zum Rest der Gestaltung passen sowie miteinander harmonieren, wenn verschiedene Arten gemischt werden.

Traditionell werden Schriftarten in Gruppen kategorisiert (Seite 140). Grundlegender kann man zwischen *Satz-* und *dekorativen Schriften* unterscheiden. Satzschriften – Serif, Slab Serif und Sans Serif – sind für Mengentexte geeignet, dekorative Schriften – dazu zählen auch Hand- und Schreibschriften – nicht.

Serif, Sans Serif und Slab Serif können von Vorbildern der Renaissance oder des Klassizismus abgeleitet sein. Zwar mischen die Schriftdesigner deren Prinzipien heute auch kreativ miteinander, und selten werden die Originale ausgesprochen streng interpretiert, doch als Richtschnur zur Bewertung der Formen kann eine entsprechende Einordnung nach wie vor hilfreich sein.

Ein weiteres Kriterium zur Beurteilung stellt der Kontrast der Strichstärkenunterschiede dar. Die humanistische Antiqua der Renaissance weist zunächst einen klaren und doch moderaten Unterschied der Stärken von horizontalen und vertikalen Linien auf. Mit der Zeit werden die Unterschiede deutlicher ausgeführt, bis in der Zeit des Klassizismus die Horizontalen nur mehr dünne Haarlinien im Kontrast zu kräftigen vertikalen Stämmen sind.

Auch die Anmutung der Formen der Schriften lässt sich unterscheiden, beispielsweise nach den Kategorien organisch (Seite 101), streng (Seite 103) und geometrisch (Seite 99). Während geometrische Schriften sowohl mit organischen als auch strengen und ebenso mit geometrischen Formen harmonieren, sind Mischungen von organisch mit organisch mit Vorsicht zu genießen.

Nicht außer Acht zu lassen ist auch der historische Hintergrund der Schriftstile. Nicht nur, wenn man für ein historisches Thema gestaltet. Auch wenn *Retro* das Ziel ist, gilt es zu wissen, was in der anvisierten Dekade gerade gängige Schriften waren.

- Noch heute basieren Serif, Slab Serif und Sans Serif oft auf Vorbildern der humanistischen oder klassizistischen Antiqua.
- Kataloge von Schriftanbietern gliedern in der Regel nach Serif, Slab Serif, Sans Serif, Schreibschriften, Handschriften und Display-Schriften.
- Ein wichtiges Kriterium, ob Schriftarten sowohl miteinander harmonieren als auch in ausreichend Kontrast zueinander stehen, ist der Kontrast der Strichstärkenunterschiede.
- Von besonderer Bedeutung ist der formale Charakter der Schriftarten, also ob sie eine lebendige, eine strenge oder eine geometrische Anmutung aufweisen.
- Abbildung der historischen Schriftentwicklung

Serif *Perpetua*	Hingabeform
Slab Serif *Joanna Nova*	Hingabeform
Sans Serif *Joanna Sans Nova*	Hingabeform
Schreibschrift *P22 Marcel Script*	Hingabeform
Handschrift *P22 Hopper Josephine*	Hingabeform
Display *Luxury Diamond*	HINGABE

Ausgeprägter Kontrast *Walbaum*	Hingabeform
Moderater Kontrast *Schneidler*	Hingabeform
Geringer Kontrast *Geometric Slabserif 712*	Hingabeform

Lebendige Anmutung Gitan Latin	Hingabeform
Strenge Anmutung Frutiger	Hingabeform
Geometrische Anmutung Fieldwork Geo	Hingabeform

Mittelalter American Unciale	Híngabe
Renaissance (15.–16. Jh.) Bembo (1495)	Hingabeform
Barock (1650–1770) Caslon (1722)	Hingabeform
Klassizismus (1770–1840) Didot (1788)	Hingabeform
Industrielle Rev. (19. Jh.) Bookman (1869)	Hingabeform
Jugendstil (1890–1910) Eckmann (1869)	Hingabeform
Bauhaus (1919–1933) Kabel (1927)	Hingabeform
Nachkriegszeit (1945–1955) Reporter (1938)	Hingabeform
Schweizer Grafik (50er/60er Jahre) Folio (1938)	Hingabeform
1960er Jahre Amelia (1965)	Hingabeform
1970er Jahre ITC Serif Gothic (1972)	Hingabeform
1980er Jahre Industria (1984)	Hingabeform
1990er Jahre Template Gothic (1991)	Hingabeform
2000er Jahre FF Dax (1995)	Hingabeform
2010er Jahre Ubuntu (2010)	Hingabeform

Geringer Kontrast *ITC Weidemann*	Hingabeform
Moderater Kontrast *Mrs Eaves*	Hingabeform
Ausgeprägter Kontrast *Filosofia Grand*	Hingabeform
Geringer Kontrast *Geometric Slabserif 703*	Hingabeform
Moderater Kontrast *Corporate E*	Hingabeform
Ausgeprägter Kontrast *Merriweather*	Hingabeform
Geringer Kontrast *Avant Garde*	Hingabeform
Moderater Kontrast *Stone Sans*	Hingabeform
Ausgeprägter Kontrast *Quiche Sans*	Hingabeform
Geringer Kontrast *Nickainley*	Hingabeform
Moderater Kontrast *Black Jack*	Hingabeform
Ausgeprägter Kontrast *Künstler Skript*	Hingabeform
Geringer Kontrast *Lilli*	Hingabeform
Moderater Kontrast *Mr Sansford*	Hingabeform
Ausgeprägter Kontrast *Scratch*	Hingabeform
Geringer Kontrast *Platelet*	Hingabe
Moderater Kontrast *Johannes*	Hingabe
Ausgeprägter Kontrast *Geotica Three*	Hingabeform

Strichstärkenkontrast

Die humanistische Antiqua des 15. Jahrhunderts ist von einem zwar unübersehbaren, aber doch moderaten Unterschied der Strichstärken der Horizontalen – Haar- oder Querstrich genannt – und Vertikalen – man spricht vom Stamm – geprägt. Der moderate Kontrast kommt der Zeilenbildung zugute. Zusammen mit dem dynamischen Charakter der Zeichen und den horizontal ausgerichteten Serifen wird das Auge gut entlang der Zeilen geführt, was den Schrifttypus für große Textmengen prädestiniert.

Im 18. Jahrhundert werden mit der klassizistischen Antiqua die Strichstärkenunterschiede extrem. Die Stämme sind kräftig, Haarlinien und Serifen sind so fein, dass sie sich gerade noch erkennen lassen, was den Druck nicht unproblematisch macht. Die Betonung der Vertikalen steht quer zur Zeile und der Schreib-/Leserichtung. Das verleiht den Schriftarten einen statischen Charakter. Nicht zuletzt deshalb spricht Hans Peter Willberg von *statischer Antiqua*.

Zwischen humanistischer und klassizistischer Antiqua findet sich die *Übergangs-Antiqua* – nach DIN 16518 *Barock-Antiqua* –, die auch im formalen Charakter irgendwo dazwischenliegt. Ihre Strichstärkenunterschiede sind dementsprechend ausgeprägt, aber nicht extrem.

Im 19. Jahrhundert entstehen mit der Slab Serif Schriftarten mit besonders kräftigen Serifen. Ihre Strichstärkenunterschiede sind moderat bis gering, vergleichbar mit der frühen humanistischen Antiqua, allerdings basiert ihre Gestalt auf den Proportionen und Formen der klassizistischen Antiqua.

Die Ende des 19. Jahrhunderts entstehenden serifenlosen Schriften weisen geringe Strichstärkenunterschiede auf, die in den 1920er-Jahren geschaffenen geometrischen haben beinahe konstante Strichstärken. Sans-Serif-Schriften weisen bis Ende des 20. Jahrhunderts meist mäßige Strichstärkenunterschiede auf. Eine Ausnahme ist die Optima von 1957. Erst mit der Stone Sans aus den 1980ern beginnen lebendige Strichstärkenunterschiede auch bei der Grotesk populär zu werden, die Rotis Sans der 90er führt sie noch ein Stück weiter. Strichstärkenunterschiede sind natürlich nicht nur ein Kriterium bei Serif-, Slab-Serif- und Sans-Serif-Satzschriften, sondern ebenso bei Hand- und Schreib- sowie Display-Schriften.

Ein unübersehbarer Kontrast in den Strichstärken ist typisch für die Antiqua. Bei der humanistischen Antiqua ist er gering bis moderat, in der klassizistischen extrem.

Egyptienne weist nur moderate Strichstärkenunterschiede auf oder hat konstante Strichstärke. *Konstant* ist allerdings relativ – Schriften ohne Anpassung der Strichstärken in kritischen Bereichen erreichen keine Satzschriftqualität.

Bei Groteskschriften reicht das Angebot heute von konstanter bis extrem kontrastreicher Strichstärke – Letzteres war noch praktisch inexistent, als ich begann, Typografie zu lernen.

Auch bei Schreibschriften reichen die Strichstärken von konstant bis extrem kontrastreich.

Extreme Strichstärkenunterschiede finden sich bei Handschriften kaum.

Bei Display-Schriften ist alles möglich, selbstverständlich auch Stichstärken von tatsächlich konstant bis extrem ausgeprägt.

Organisch
Allegreya
Hingabeform

Streng
Abril Display
Hingabeform

Annähernd geometrisch
Geotica Three
Hingabeform

Lebendig
Chaparral
Hingabeform

Streng
Jubilat
Hingabeform

Geometrisch
Rockwell Nova
Hingabe

Organisch
Auto
Hingabeform

Streng
Vaud
Hingabeform

Geometrisch
Acre
Hingabeform

Organisch
Boucherie Cursive
Hingabeform

Streng
Sloop
Hingabeform

Annähernd geometrisch
Raceway
Hingabe

Organisch
HVD Edding 780
Hingabeform

Streng
Tekton
Hingabeform

Annähernd geometrisch
Guapa
Hingabe

Organisch
Blackout Squash
HINGABE

Streng
Mason Serif
HINGABE

Geometrisch
Raceway
Hingabe

Anmutung der Schriftart

Die frühe humanistische Antiqua orientiert sich an der handgeschriebenen humanistischen Minuskel. Sie imitiert die Schräglage der Strichstärkenachse, die sich aus der Haltung von Breitfeder oder Breitpinsel während des Schreibens ergibt.

Die Methoden, mit denen im 15. Jahrhundert die Buchstabenminiaturen – kaum mehr als 2 mm groß – aus Metall gearbeitet werden, führen zu organischen Formen. Linien sind selten ganz gerade, Ecken durchweg gerundet. Moderne Interpretationen der Vorbilder sind zwar präziser, übernehmen aber die typischen Merkmale. Die Antiqua der Renaissance dominiert überall, wo große Textmengen gesetzt werden, vor allem für Literatur und Zeitungen. Aufgrund ihrer organischen Formenvielfalt gilt es bei einer Mischung gut zu prüfen, ob die Charaktere harmonieren.

Im 17. Jahrhundert werden die Strichstärkenunterschiede deutlicher, die Strichstärkenachse fällt weniger geneigt aus, die Zeichnung wird genauer. Im Zeitalter des Klassizismus des 18. Jahrhunderts verfügen die Stempelschneider dann über deutlich bessere Werkzeuge und feinere Techniken als ihre Vorgänger in der Renaissance. Buchstaben werden gleichmäßig und vereinheitlicht gestaltet, die Geraden werden mit dem Lineal gezogen, Bogen präzise konstruiert, Ecken fallen meist rechtwinklig aus. Die klareren Formen erleichtern die Schriftmischung, Disharmonien entstehen seltener als bei lebendigeren Charakteren.

Die serifenbetonten Schriften, die im 19. Jahrhundert entstehen, führen die lineare Anmutung der klassizistischen Vorläufer fort. Dasselbe gilt für die serifenlosen Typen, die bald folgen. Die Schriftarten wirken streng und sachlich und verhalten sich ebenfalls tolerant in der Schriftmischung.

Schriften auf Basis geometrischer Prinzipien sind noch reduzierter. Die strenge Geometrie funktioniert sowohl in Kontrast zu organischen als auch mit ebenso geometrisch konstruierten Formen. Beim Satz großer Titel wirken sie ruhig, klar und elegant, vor allem die mageren Schriftschnitte. Im Mengensatz hingegen ergeben sie ein unruhiges, fleckiges Satzbild. Buchstaben wie O, o und a stechen als runde Löcher aus den Zeilen hervor. Das passiert umso auffälliger, je größer die x-Höhe ist. Darüber hinaus führen die reduzierten Figuren und Formen zu geringer Individualität der Zeichen, was die Lesbarkeit beeinträchtigt.

Der Computer als Werkzeug, mit dem Schriften heute gestaltet werden, ermöglicht es, die Formen noch präziser auszuarbeiten.

Eine Einordnung in lebendig oder streng ist selbstverständlich auch bei Schreib- und Handschriften möglich, bei Display-Schriften kommt geometrisch hinzu. Diese Schriftarten bilden zwar schon wegen der andersartigen Grundstruktur einen unübersehbaren Kontrast zur Antiqua, weshalb sie sich auch prinzipiell gut mit ihr kombinieren lassen. Dennoch gilt im Auge zu behalten, ob Duktus und Anmutung jeweils mit dem Charakter der ihr gegenübergestellten Antiqua, Egyptienne oder Grotesk harmonieren.

Die ursprüngliche humanistische Antiqua hat aufgrund der noch mittelalterlichen Herstellungsmethoden einen sehr lebendigen Duktus. Im Laufe der Jahrhunderte entstehen dann strengere und präzisere Formen.

Die Slab Serif übernimmt zunächst die strenge Anmutung der klassizistischen Antiqua und wird im frühen 20. Jahrhundert geometrisch. Lebendige Slab-Serif-Schriften entstehen in der zweiten Hälfte des 20. Jahrhunderts.

Die Sans Serif erfährt eine ähnliche Entwicklung wie die Slab Serif. Serifenlose mit lebendiger Anmutung werden ab den 1980er-Jahren populär.

Geometrische Schreibschrift ist eigentlich ein Widerspruch in sich. Dennoch reicht das Spektrum von ausgesprochen organisch bis sehr streng.

Bei Handschriften ist die organische Anmutung eigentlich ein Muss. Ein strenger oder gar annähernd geometrischer Duktus, wie bei Tekton und Guapa, sind Ausnahmen.

Bei Display-Schriften kennen die Möglichkeiten wie immer keine Grenzen.

Gabeform	Hinabeform
Hingabeform	Gabeform
Alle Hingabe	Hingabeform
Hingabeform	Gabeform
Hingabeform	Hingabeform
Gabeform	Hingabeform

Gebrochene und alte Schriften

Nachdem wir uns mit Anmutung und Strichstärke befasst haben, betrachten wir nun die Schriftgruppen vor dem Hintergrund ihrer historischen Entwicklung. Man ist schwer in der Lage, passende Schriftarten zu wählen, ohne über die historische Entwicklung von Schrift Bescheid zu wissen. Eine klassizistische Antiqua für ein Mittelalter-Fest ist schlechtes Design – man geht da ja auch nicht im Cowboy-Kostüm hin. Im Mittelalter waren Unzial- und Minuskelschriften üblich.

Die populären Schriften der 1960er- und 70er-Jahre wirken heute retro. Auf den Schriften der 80er und 90er liegt der Staub von Jahrzehnten. Das heißt natürlich nicht, dass diese Typen nicht irgendwann wieder *trendy* werden können – die 2020er reiten gerade auf einer 70er-Jahre-Retrowelle. Schriften sind ebenso Moden unterworfen wie Kleider. Grafikdesign mit einer nicht zeitgemäßen Schrift wirkt wie aus der Zeit gefallen.

Wer für ein Thema mit historischem Hintergrund gestaltet, sollte recherchieren, was für Schriften in der entsprechenden Epoche gebräuchlich waren.

Während ab dem 15. Jahrhundert die Antiqua in den meisten Teilen Europas ihren Siegeszug antritt, werden im deutschen Sprachraum bis in die 1940er-Jahre hinein gebrochene Schriften gepflegt. Diese sind keine Vorläufer der Antiqua, sondern entwickeln sich parallel zu ihr bis zur Moderne. Erst mit dem Dritten Reich endet ihr Einsatz als Satz- und Gebrauchsschrift. Allerdings nicht mit der Kapitulation der Nazi-Diktatur. Vielmehr gibt es 1941 einen Erlass, von gebrochenen Schriften auf die *Normal-Schrift* Antiqua umzuschwenken.

Im 15. Jahrhundert nennt sich die *Normal-Schrift* Textura – Gutenberg setzt seine 42-zeilige Bibel mit so einer Type. Ab dem 16. Jahrhundert dominiert Schwabacher und Fraktur. Heute wird gebrochene Schrift in unseren Breiten stark mit Nationalsozialismus assoziiert, auch wenn sich die Nazis 41 von ihr distanzieren. Einsatz findet sie noch, wenn es um traditionelle Gutbürgerlichkeit geht. Gepflegt werden gebrochene Schriften außerdem in der Kalligrafie.

Im angelsächsischen Raum besteht die Assoziation Gebrochen = Nazi kaum. Hier wird sie gerne für repräsentative Zwecke eingesetzt. Englische und amerikanische gebrochene Schriften – Blackletter genannt – weisen einen anderen Charakter auf als die deutsche Textur, Fraktur und Schwabacher.

Wieder gilt es zu recherchieren. Möchte ich beispielsweise visuelle Kommunikation für eine Aufführung von »Richard III.« mit einer gebrochenen Schrift gestalten, sollte ich zu einer im englischen Stil greifen und nicht zu einer deutschen Schwabacher. Umgekehrt wäre natürliche eine britische Gebrochene unpassend, um eine Dokumentation über das Preußenreich zu begleiten.

- Unziale, 4.–15. Jh. (Schriftart: Rieven Uncial)
- Rotunda (auch Rundgotisch), 11.–16. Jh. (Schriftart: Typographer Rotunda)
- Textura, 11.–15. Jh. (Schriftart: Liturgisch)
- Bastarda, 14.–15. Jh. (Schriftart: Bastarda-K)
- Fraktur, 15. bis Mitte 20. Jh.; typisch sind die *Elefantenrüssel* genannten Schnörkel (gelb dargestellt; Schriftart: Kleist Fraktur)
- Schwabacher, 15. bis Mitte 20. Jh.; die Schwabacher ist etwas breiter und runder gezeichnet als die Fraktur (Schriftart: Yonkers)
- Gebrochene Grotesk, 1930er-Jahre; typisch für Nazi-Propaganda (Schriftart: Potsdam von 1934)
- Gebrochene Schrift aus der Zeit der »Arts and Crafts«-Bewegung im England des 19. Jh. (Schriftart: Morris Roman von 1892)
- Eine Mischung aus Antiqua und gebrochener Schrift: die Fakir aus dem Jahr 2006
- Schreibschrift mit gebrochenem Charakter (Schriftart: Nordland)
- Wedding Text ist eine gebrochene Schrift von 1901, die im angelsächsischen Raum für Anlässe wie beispielsweise Hochzeiten Einsatz findet.
- Blackletter ExtraBold; Schriftarten wie diese werden gerne von Bands des Hardrock- und Gothic-Genres verwendet

Humanistische Antiqua

Die ersten Antiqua-Schriften entstehen um 1470 in Rom und Venedig nach Vorbildern der humanistischen Minuskel. Zur Auszeichnung von Vers-Anfängen werden der römischen Capitalis monumentalis entliehene Versalien (Seite 131) eingesetzt, deren Anatomie auf Quadrat und halbem Quadrat (Seite 106) basiert. Der Duktus (Seite 96) dieser *humanistischen Antiqua* weist moderate und doch unübersehbare Strichstärkenunterschiede auf. Die Strichstärkenachse steht schief, da der Charakter handgeschriebener Texte imitiert wird. Die Anmutung ist organisch und lebendig.

Im Englischen spricht man bei dieser frühen Form der Serifenschrift von *Humanist*, in Unterscheidung zur später entstehenden *Didone*, im Deutschen ist *Renaissance-Antiqua* üblich. Traditionell wird diese wiederum in *venezianische* (englisch: *Venetian*) und *französische Renaissance-Antiqua* (englisch: *Garalde*) unterteilt. Als klassisches Unterscheidungsmerkmal zwischen venezianischer und französischer RA gilt der Querstrich im kleinen e, der bei der venezianischen schräg liegt, während er bei der französischen horizontal verläuft. Im Detail sind die venezianischen Formen etwas lebendiger, haben eine stärker geneigte Strichstärkenachse und weniger Kontrast im Duktus.

Typisch für die Renaissance-Antiqua ist generell:

- Die Versalien basieren auf dem Quadrat – A, C, D, G, H, M, N, O, Q, T, V und X – bzw. der Hälfte des Quadrats – B, E, F, K, L, P, R, S, W, Y, Z.
- Die Formen der Gemeinen folgen keinem strengen Proportionskanon.
- Die Enden der Buchstaben C, G, S, c und s laufen als offene Bogen aus und betonen die horizontal ausgerichtete Dynamik.
- Die Oberlängen von b, d, h und l überragen die Höhe der Versalien.
- Die Buchstaben weisen kaum strenge Geraden auf.
- Ecken sind gerundet.
- Die Gestalten der Zeichen sind stets eindeutig. Ein d beispielsweise ist nicht einfach ein gespiegeltes b.

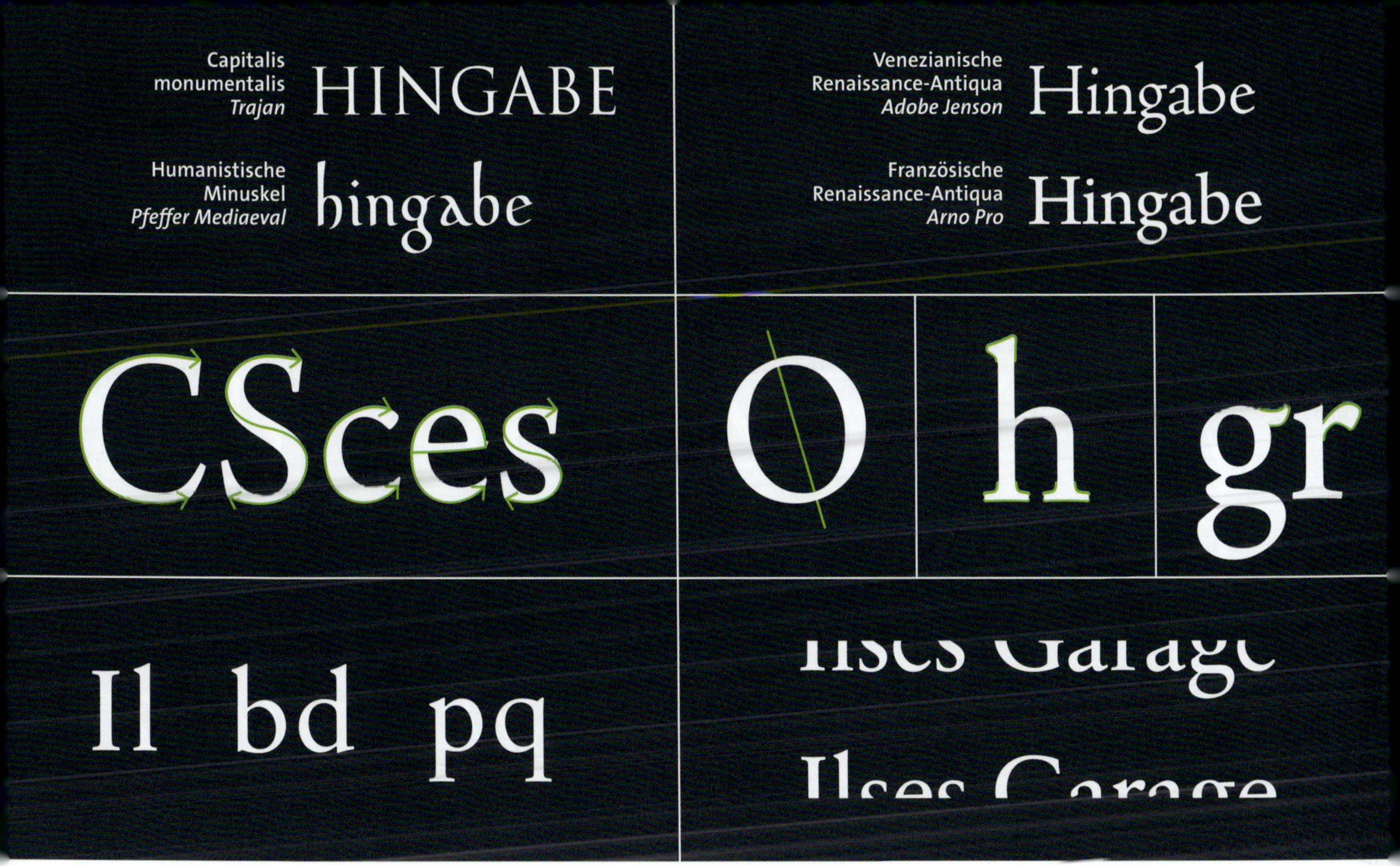

Die humanistische Antiqua – sowohl venezianische als auch französische RA – gilt wegen der lebendigen und eindeutigen Buchstabenformen sowie der ausgeprägten Zeilenbildung – Betonung der Horizontalen, d. h. der Schreib-/Leserichtung – als besonders gut lesbar. Sie dominiert deshalb die Buchtypografie der Literatur.

Der Typograf und Dozent Hans Peter Willberg bezeichnet das Formprinzip der Renaissance-Antiqua als dynamisch – er nennt sie entsprechend *dynamische Antiqua*, in Unterscheidung zur klassizistischen Antiqua, die er *statische Antiqua* nennt.

Ich bevorzuge als Verweis auf die historischen Vorbilder *humanistische* und *klassizistische Antiqua*. Ersteres ziehe ich gegenüber *Renaissance-Antiqua* vor, weil es einfach sprachlich besser funktioniert: Man kann von *klassizistischem* und *humanistischem* Prinzip sprechen, nicht aber von klassizistischem gegenüber Renaissance-Prinzip – Renaissance-Prinzip ergibt keinen rechten Sinn.

- Anatomie der humanistischen Antiqua
- Vorbilder der humanistischen Antiqua
- Bei venezianischer RA liegt der Querstrich des e in der Regel schräg, bei französischer horizontal.
- Die Enden offener Bogen laufen bei der humanistischen Antiqua zum Nachbarn hin aus.
- Die Strichstärkenachsen stehen schräg
- Keilförmige, meist wulstige Anstriche oben. Serifen setzen gekehlt an den Stämmen an.
- Der Bogen des r, das Ohr des g und Ähnliches enden relativ flach abgeschnitten.
- Die Zeichen sind sehr individuell geformt.
- Die individuellen Formen sind auch noch zu identifizieren, wenn Teile verdeckt sind.

Klassizistische Antiqua

Die Entwicklung der Antiqua kennt im Grunde zwei Pole: Am Beginn steht im 15. Jahrhundert die humanistische Antiqua, abgeschlossen wird die Evolution mit der klassizistischen Antiqua des 18. Jahrhunderts. Die Antiquaschriften späterer Jahrhunderte sind meist Neuinterpretationen humanistischer oder klassizistischer Vorbilder.

Typisch für die klassizistische Antiqua:

› Die Breite der Versalien orientiert sich nicht an Quadrat und halbem Quadrat; vielmehr werden die Breiten möglichst einheitlich angelegt.
› Die Strichstärkenunterschiede sind extrem. Haarlinien sind hauchdünn, was den Druck mit Bleilettern zur Herausforderung macht.
› Die Strichstärkenachse verläuft vertikal.
› Kräftige Stämme und vertikale Schattenachse betonen die Vertikale und stehen quer zur Schreib-/Leserichtung. Das Auge wird von einer klassizistischen Antiqua weniger gut geführt als von einer humanistischen.
› Die Enden offener Buchstaben – C, G, S, c und s – laufen nicht zum Nachbarn hin aus, sondern setzen ihren Bogen fort und schließen die Form beinahe.
› Die Gestaltung ist einem strengen Formenkanon unterworfen. Nicht mehr Anmutung und Duktus von Hand geschriebener Texte wird angestrebt, sondern eine möglichst *ideale* Form.

Die Betonung der Vertikalen, die streng vertikalen Schattenachsen, die nahezu schließenden Bogen mancher Buchstaben – in sich gekehrt, könnte man sagen –, lassen klassizistische Schriften statisch wirken; Hans Peter Willbergs Bezeichnung *statische Antiqua* kommt nicht von ungefähr. Er bezeichnet ihre Buchstaben als *Soldaten,* die auf den Zeilen stramm Spalier stehen, während er die Zeichen der dynamischen Antiqua als *Wanderer* beschreibt, die die Grundlinie entlangspazieren.

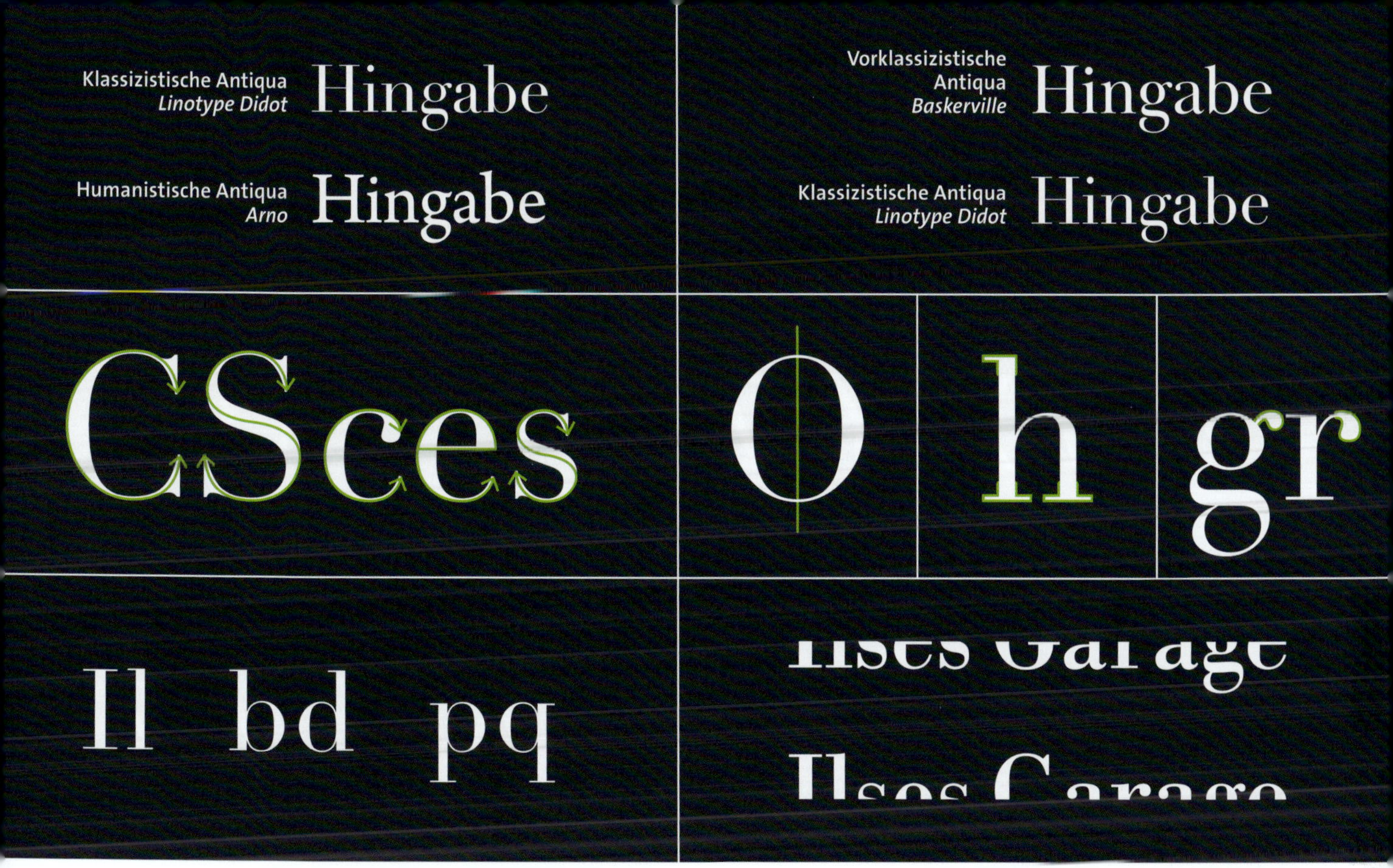

Natürlich erfolgt die Veränderung von humanistischer zu klassizistischer Antiqua nicht über Nacht. Vielmehr handelt es sich um eine kontinuierliche Entwicklung über drei Jahrhunderte hinweg. Schon die französische Renaissance-Antiqua ist etwas strenger als die venezianische.

DIN 16518 verortet zwischen humanistischer und klassizistischer Antiqua die bereits erwähnte *Barock-Antiqua*. Der Begriff ist jedoch umstritten, da diese Schriften wenig mit dem dekorativen Übermaß der Epoche gemein haben. Im Englischen wird häufig von *Transitional* gesprochen, was dem im Deutschen von vielen bevorzugten Begriff *Übergangs-Antiqua* entspricht. Sehr zutreffend finde ich auch die Bezeichnung *vorklassizistische* Antiqua, da bereits viele Merkmale, die für die klassizistische typisch sind, in ihr angedeutet oder vorweggenommen sind.

- Anatomie der klassizistischen Antiqua
- Klassizistische und humanistische Antiqua
- Vorklassizistische und klassizistische Antiqua
- Die Enden offener Zeichen folgen der Kreisform und deuten eine geschlossene Form an.
- Die Strichstärkenachse verläuft vertikal.
- Horizontale Anstriche oben; Serifen sind dünne, horizontale Linien und setzen rechtwinklig an.
- Bogen des r, Ohr des g und Ähnliches sind tropfenförmig ausgebildet.
- Die reduzierten Formen sind weniger eindeutig als bei der humanistischen Antiqua.
- Dennoch lassen sich die Zeichen meist noch identifizieren, wenn sie teilweise verdeckt sind.

Geometrische Linear-Antiqua

Die geometrische bzw. konstruierte Linear-Antiqua entsteht ab den 1920er-Jahren im Zuge der Bestrebungen von Kunst- und Designströmungen wie dem Bauhaus (Seite 24), Gestaltung von Schnörkeln zu befreien und so weit wie möglich auf einfache Formen zu reduzieren. Als *der* Meilenstein dieser Entwicklung darf die Futura von Paul Renner aus dem Jahr 1928 betrachtet werden.

Geometrische Schriften lassen sich aufgrund der drastischen Reduktion der Form problemlos mit anderen Schriftarten mischen, egal ob humanistische oder klassizistische Antiqua, Hand-, Schreib- oder Display-Schriften. Sie bewähren sich in der Regel vorzüglich für den Satz großer Titel und Headlines. Ihre klare Formensprache wirkt in fetten Schnitten schwer, prägnant und plakativ, in leichten edel und elegant.

Für Mengentexte hingegen sind streng geometrisch gezeichnete Schriftarten weniger geeignet. Die simplen Gestalten der Zeichen sind oft nicht eindeutig. Ein großes I lässt sich kaum von einem kleinen l unterscheiden. Ein d ist ein gespiegeltes b, ein q ein gespiegeltes p. Was für die meisten Lesenden kein Problem darstellt, kann manchen Schwierigkeiten bereiten. Legastheniker sind oft kaum in der Lage, spiegelbildliche Zeichen ohne Eselsbrücke zu unterscheiden – ich weiß, wovon ich schreibe.

Doch nicht nur die Lesbarkeit ist bei streng geometrischen Schriften für Mengentexte mangelhaft. Die Geometrie führt bei konstruierten Schriftarten mit großen x-Höhen auch zu unschönem Satz – die Punzen von Zeichen, wie O, b, c, d etc., stechen als Löcher aus dem Satzbild heraus (*Punzen* werden die nichtdruckenden Innenräume dieser und ähnlicher Zeichen genannt). Die Futura hat sich vor allem deshalb bewährt, weil sie nicht *streng* geometrisch ist, eine geringe x-Höhe hat und die Oberlängen die Versalhöhen deutlich überragen. Schriften, die ihrem Beispiel folgen, wozu die Avenir und die Museo gehören, sind anders als streng geometrische, z. B. Avant Garde und Century Gothic, durchaus auch für Mengentexte geeignet.

Geometrische Slab Serif

- Beton
- Berthold City
- Cholla Slab
- Davis
- Factoria
- Josefin Slab
- Justus
- Kulturista
- Lubalin Graph
- Metronic Slab
- Mokoko
- Museo Slab
- Roster
- Stymie

Geometrische Sans Serif

- Agency FB
- Apertura
- Avant Garde
- Avenir
- Caviar Dreams
- Century Gothic
- Cholla
- DIN
- Fieldwork
- Futura
- Gilroy
- Gotham
- Josefin Sans
- Kabel
- Montserrat
- Museo Sans
- Neutraface
- Nobel
- Omnium
- Proxima Nova
- Rajdhani
- Solomon
- Stratos
- Urbane

Die Anatomie geometrischer Schriftarten basiert auf Quadrat, Kreis und Dreieck. Anders als bei humanistischer und klassizistischer Antiqua sind die Formen so weit wie möglich mit Lineal und Zirkel konstruiert.

Links vier konstruierte serifenbetonte Schriftarten, rechts vier serifenlose.

Die strenge Reduzierung geometrisch konstruierter Schrift führt zu geringer Differenzierung vieler Buchstabenformen.

Decken wir Teile der Zeichen ab, lassen sich viele kaum mehr identifizieren – man kann nur noch raten, worum es sich handelt.

Bodoni (1790) Hingabe

Clarendon (1845) Hingabe

Bookman (1858) Hingabe

Memphis (1929) Hingabe

Joanna (1930) Hingabe

Brix Slab Hingabeform

FF Unit Slab Hingabeform

Permian Slab Hingabeform

Kefa II Hingabeform

Rooney Hingabeform

Phoreus Cherokee Hingabeform

Slab Serif

Humanistisch, klassizistisch und geometrisch sind die drei Formprinzipien der Antiqua. Darin spiegeln sich die Anmutungsqualitäten organisch (Seite 101), streng (Seite 103) und geometrisch (Seite 99). Man könnte also von organischer, strenger und geometrischer Antiqua sprechen. Slab-Serif- und Sans-Serif-Schriften folgen in der Regel einem dieser drei Prinzipien, wenn auch nicht immer exakt und heute oft kreativ miteinander vermischt.

Die Slab-Serif geht ursprünglich aus der klassizistischen Antiqua hervor – die Clarendon ist im Prinzip eine klassizistische Schriftart mit fetten Serifen und moderaterem Strichstärkenkontrast. Schriften dieses Charakters dominieren lange die Zeitungs- und Zeitschriften-Typografie, wobei diese Zeitungsschriften oft eher vorklassizistischen Vorbildern folgen als klassizistischen.

Ab den 1920er-Jahren wird neben Sans Serif auch Slab Serif geometrisch konstruiert.

In England gestaltet zur selben Zeit Eric Gill eine serifenbetonte Schriftart nach humanistischem Vorbild. Diese weist eine lebendigere Anmutung auf als die Slab Serif nach klassizistischem Vorbild. Sie bildet allerdings für längere Zeit eher eine Ausnahme. Bis in die 1980er hinein dominieren strenge und geometrische Formen die Gestaltung von Egyptienne und Grotesk. Erst in den 90ern entdecken Schriftdesigner vermehrt das humanistische Prinzip zur Gestaltung serifenbetonter wie auch serifenloser Antiqua. Mittlerweile besteht ein großes Angebot solcher Typen.

Die von humanistischer Antiqua abgeleitete Egyptienne übernimmt von den Vorbildern die gute Lesbarkeit. Sie tendiert zu einem lebendigen, organischen Satzbild. Für den Satz von Titeln kann das allerdings auch zu unruhig wirken. In der Mischung ist sie wie alle lebendigen Schriftarten mit Vorsicht zu genießen, da die Vielfalt lebendiger Zeichnung schnell einmal zu Disharmonie führt.

Excelsior	Hingabeform	Beton	Hingabeform
Firelli	Hingabeform	Josefin Slab	Hingabeform
Sutro	Hingabeform	Museo Slab	Hingabeform
Henriette	Hingabeform	Kulturista	Hingabeform
Zilla Slab	Hingabeform	Metronic Slab	Hingabeform
Serifa	Hingabeform	Cholla Slab	Hingabeform

Die strenge und statische Form der Slab Serif nach klassizistischem Vorbild ergibt ein ruhigeres Satzbild als die humanistisch abgeleitete. Für den Satz von Titeln ist das durchaus ein Vorteil. Das bedeutet aber nicht, dass die Vertreter dieser Schriftform deswegen für längere Lesetexte ungeeignet wären.

Bei konstruierter Egyptienne verankert die Geometrie die Buchstaben gut im Layout, weshalb sie im Titelsatz besonders wirkungsvoll sein kann. Die Geometrie macht konstruierte Egyptienne auch *mischfreundlich*, allerdings eben auch mit den ihr eigenen Schwächen für den Mengensatz. Konstruierte Schriftarten, die ich vorbehaltlos für lange Texte einsetzen würde, sind rar. Als Ausnahme kann ich beispielsweise die Museo Slab nennen, doch bei Schriftarten dieses Charakters kann man diskutieren, ob sie der Egyptienne nach klassizistischem Vorbild zuzuordnen sind oder der geometrischen.

Die Entwicklung der Slab Serif: Hervorgegangen aus der klassizistischen Antiqua, in der Grafik vertreten durch die Bodoni, nimmt eine der ersten Vertreterinnen ihrer Art, die Clarendon, deren strengen Charakter auf. Bookman ist ein typischer Vertreter von Schriftarten, wie sie lange Zeit den Satz von Zeitungen dominieren. Die Memphis ist eine konstruierte Egyptienne, die Joanna eine frühe Vertreterin einer Serifenbetonten nach Vorbild der humanistischen Antiqua.

Slab-Serif-Schriften mit lebendigem Charakter, die dem humanistischen Prinzip folgen

Slab-Serif mit strengem Charakter nach klassizistischem Vorbild

Konstruierte Slab-Serif

Bodoni (1790)	Hingabe
Akzidenz Grotesk (1858)	Hingabe
Johnston (1913)	Hingabe
Futura (1927)	Hingabe
Syntax (1968)	Hingabe

Gill Sans	Hingabeform
Lucida Sans	Hingabeform
Meta	Hingabeform
Officina Sans	Hingabeform
Droid Sans	Hingabeform
Stainless	Hingabeform

Sans Serif

Ende des 19. Jahrhunderts erscheint mit der Akzidenz Grotesk die erste bedeutende serifenlose Antiqua. Sie leitet sich, wie auch die Slab Serif dieser Zeit, von der klassizistischen Antiqua ab. Statt die Serifen zu betonen, werden sie nun weggelassen. Ihre Strichstärken sind relativ konstant, nur dort, wo Bogen in Stämme münden, sind deutliche Verjüngungen zu erkennen.

In den 1950ern dominiert die Akzidenz Grotesk die international wegweisende Schweizer Grafik. Sie wird zum Vorbild für Helvetica, Univers und Arial. Als ebenso wegweisend ist die Franklin Gothic von Morris Fuller Benton zu betrachten, die ab 1902 erscheint.

Die Bezeichnung *Grotesk* kommt nicht von ungefähr, denn genau so erscheinen Schriften ohne Serifen den Menschen im 19. Jahrhundert: Grotesk! Bis ins späte 20. Jahrhundert stehen diese Schriftarten im Ruf schlechterer Lesbarkeit. Ich zweifle nicht daran, dass dem damals tatsächlich so war. Lesbarkeit hat mit Gewohnheit zu tun. Gewohnte Schriftformen sind besser lesbar als ungewöhnliche.

Zwar ist durchaus davon auszugehen, dass Serifen die Zeilenbildung betonen und dem Auge helfen, den Zeilen zu folgen. Doch in der Praxis darf man den Unterschied der Lesbarkeit von Schriftarten mit und ohne Serifen als vernachlässigbar betrachten. Vielmehr wird man sowohl bei Serif als auch bei Sans Serif und ebenso bei Slab Serif Vertreter finden, die besser, und andere, die weniger gut lesbar sind. Vorsicht ist in erster Linie bei konstruierten Schriftarten geboten.

Auf der vorangegangenen Doppelseite habe ich bereits die Futura erwähnt. Diese 1928 veröffentlichte Groteskschrift ist *der* Klassiker unter den geometrischen Typen. Aufgrund ihrer optischen Optimierungen *wirkt* sie zwar geometrisch, teilt aber nicht die Probleme purer Geometrie. Nur wenige andere Schriftarten sind vergleichbar zum *Evergreen* geworden.

1913 wird die Hausschrift der Londoner U-Bahnen eingeführt, die von Edward Johnston gestaltet wurde. Die Schriftart ist heute unter dem Namen ihres Schöpfers bekannt. Anders als die deutsche Akzidenz Grotesk

Univers	Hingabeform	*DIN*	Hingabeform
Cern	Hingabeform	*Proxima Nova*	Hingabeform
Forma DJR	Hingabeform	*Museo Sans*	Hingabeform
Supria Sans	Hingabeform	*Cholla Sans*	Hingabeform
Granville	Hingabeform	*All Round Gothic*	Hingabe

und die amerikanische Franklin Gothic orientiert sie sich an der Renaissance-Antiqua. Eric Gill nimmt bei seiner Gill Sans von 1928 starke Anleihen an der Johnston und setzt mit ihr einen Meilenstein in der Entwicklung der Grotesk nach humanistischem Vorbild.

Wie für die Egyptienne gilt auch für die Grotesk, dass bis in die späten 2000er-Jahre vor allem Formen, die sich an der klassizistischen Antiqua oder der Geometrie orientieren, veröffentlicht werden. Die Frutiger von 1976 wird zwar ebenso wie die Gill Sans als Sans Serif nach humanistischem Prinzip gelistet, doch ihre strengen Linien sind dem Charakter von Akzidenz Grotesk, Helvetica & Co näher als einer lebendigen Renaissance-Antiqua.

Ich persönlich gebe zur Gestaltung langer Lesetexte Grotesk-Formen mit humanistischem Vorbild den Vorzug gegenüber klassizistisch beeinflussten. Als Leser kann ich allerdings keinen nennenswerten Unterschied zwischen den Formen feststellen.

- Die erste bedeutende Sans-Serif-Schrift, die Akzidenz Grotesk, bezieht sich ebenso wie die Clarendon auf die klassizistische Antiqua. Mit der Johnston erscheint eine Schriftart, die sich am humanistischen Prinzip orientiert. An der Futura muss sich jede geometrische Grotesk messen lassen, die auch für Lesetexte geeignet sein will. Die Syntax von Hans Eduard Meier orientiert sich an der vorklassizistischen Antiqua und sucht den Mittelweg zwischen Strenge und Lebendigkeit.
- Serifenlose Schriftarten nach Vorbild der humanistischen Antiqua
- Serifenlose Schriftarten nach Vorbild der klassizistischen Antiqua
- Konstruierte Grotesk

Weidemann	Hingabeform	American Garamond	Hingabeform
Bembo	Hingabeform	Caslon 540	Hingabeform
Serifa	Hingabeform	Frutiger	Hingabeform
Stymie	Hingabeform	Univers	Hingabeform
Adelle	Hingabeform		
Adelle Sans	Hingabeform		

Klassifizierung und Probleme

Wir Menschen ordnen die Dinge gerne ein. Tatsächlich wäre es sehr viel beschwerlicher, Schriftarten zu finden, wenn wir keine Kriterien hätten, anhand derer wir sie geordnet finden. Es ist wie mit Musik. Wenn wir uns in einen Musikladen begeben – egal ob on- oder offline –, wäre es ausgesprochen schwierig, etwas zu finden, gäbe es nicht verschiedene Rubriken für Klassik, Jazz, Rock, Pop, Schlager usw. Musikfreunde wissen aber auch, dass nicht alles, was sich da eingeordnet findet, dem jeweiligen Genre in Reinkultur entspricht. Vieles ist *sowohl als auch*, mischt *dieses mit jenem* und manches lässt sich eigentlich nirgends so richtig einordnen.

Mit Schriften ist es nicht anders. Einerseits brauchen wir die Rubriken, um uns zu orientieren, andererseits sind Schriftarten, die *exakt* den Kriterien der Gruppe entsprechen, eher die Ausnahme als die Regel. Kritisch ist auch zu sehen, dass als Ordnungssystem noch immer eine Norm von 1964 unterrichtet wird. Stellen Sie sich vor, in Musikläden würde man noch nach denselben Rubriken sortieren wie damals – Fusion, Funk, Hard Rock, Punk, Reggae, Disco, Hip-Hop, New Wave, Techno, Grunge, House und vieles mehr würde nirgends Platz finden.

Das System DIN 16518 taugt nicht mehr zur Ordnung des Schriftenangebots des 21. Jahrhunderts. Es gibt zwar ein paar neuere Ansätze, die akademisch interessant, für die Gestaltungspraxis jedoch zu kompliziert sind. Hans Peter Willberg liefert in seinem Buch »Wegweiser Schrift« mit dem heute als *Willberg-Matrix* bekannten Ansatz ein praxistaugliches System. Schriften werden bei ihm in Antiqua, Grotesk, Egyptienne, Antiqua-Varianten, Schreibschriften und fremde Schriften eingeteilt. Diese wiederum gliedert er in dynamisches Formprinzip (humanistisches Vorbild), statisches Formprinzip (klassizistisches Vorbild), geometrisch konstruierte Form, dekorativ und provozierend.

ITC American Typewriter	Hingabe	*Fritz Quadrata*	Hingabeform
Bree	Hingabeform	*Yanone Kaffeesatz*	Hingabe
Sauna	Hingabeform	*Dax*	Hingabeform
Maven	Hingabeform	*Titillium*	Hingabeform
Changa	Hingabe	*Share*	Hingabeform

Die Weidemann wird wegen des schräg liegenden Strichs im kleinen e oft der venezianischen RA zugeordnet. Dabei entspricht weder die Anatomie der Zeichen noch die strenge Form den Originalen der Epoche. Das Vorbild der Bembo entstand 1496 in Venedig. Der Strich im kleinen e verläuft allerdings horizontal. Es ist umstritten, ob sie der venezianischen oder französischen RA zuzurechnen ist.

Die American Garamond gilt als französische RA, die Caslon als Übergangs-Antiqua. Als Experte weiß man diese ihren Epochen zuzuordnen. Für Laien wirken die Schriften beinahe identisch.

Die Serifa gilt als von der klassizistischen Antiqua abgeleitete Egyptienne, die Stymie als konstruierte. Versuche einen Skeptiker vom Sinn dieser Unterscheidung zu überzeugen!

Offenes e spricht für humanistisches Vorbild, eher geschlossenes für klassizistisches, habe ich gelernt. Humanistische und klassizistische Schriftarten sollten nicht gemischt werden. Adelle und Adelle Sans bilden allerdings eine Schriftsippe und harmonieren.

Die Frutiger gilt als humanistische Grotesk, die Univers als klassizistische. Abgesehen jedoch von der offenen Dynamik von Zeichen wie c, e und s sind beide Schriftarten gleich streng gezeichnet. Viele Zeichen sind nahezu deckungsgleich (beide Schriften stammen von Adrian Frutiger).

Lauter Schriftarten, die sich nur schwer einordnen lassen und/oder deren Zuordnung umstritten ist.

		Organisch	Streng	Geometrisch
Satzschriften	Serif	Hingabe	Hingabe	Hingabe
	Slab Serif	Hingabe	Hingabe	Hingabe
	Sans Serif	Hingabe	Hingabe	Hingabe
Dekorative Schriften	Schreibschrift	Hingabe	Hingabe	
	Handschrift	Hingabe		
	Display	Hingabe	HINGABE	HINGABE

Form ↓ Stil →	Dynamisch *Humanistisches Formprinzip*	Statisch *Klassizistisches Formprinzip*	Geometrisch *Konstruierte Formen*	Dekorativ Display	Provokativ Display
Antiqua	Hagen	Hagen		HAGEN	Hagen
Antiqua-Varianten	Hagen	Hagen		Hagen	HAGEN
Grotesk	Hagen	Hagen	Hagen	Hagen	Hagen
Egyptienne	Hagen	Hagen	Hagen	HAGEN	Hagen
Schreibschriften	Hagen	Hagen		Hagen	Hagen
Fremde Schriften	ИМЕЮТ	ИМЕЮТ	ИМЕЮТ	ИМЕЮТ	ИМЕЮТ

Schriftarten einordnen

Hans Peter Willberg hat in »Wegweiser Schrift« eine Matrix vorgestellt, die einen interessanten Ansatz zur Ordnung von Satzschriftarten liefert. Was ich an seinem System weniger praxistauglich finde, ist seine Unterscheidung zwischen *dekorativen Displayschriften* und *provokativen*. Zu viele Schriftarten lassen sich nur rein subjektiv einer dieser Klassen zuordnen, was keine Basis für ein objektives Ordnungssystem ist.

Hilfreich an Willbergs Matrix ist, dass sie einen Wegweiser bietet, mit dem auch Einsteiger schnell in der Lage sind, harmonische Schriftmischungen zu bestimmen. Das Prinzip ist einfach: Schriftmischungen entlang der Vertikalen harmonieren, Mischungen entlang der Horizontalen sind mit Vorsicht zu genießen. Nicht entlang der horizontalen Achse mischen heißt, dass dynamische und statische Antiqua nicht harmonieren, sich dynamische, statische und geometrische Egyptienne nicht vertragen und humanistische, statische und geometrische Grotesk keine zusammenpassenden Mischungen ergeben.

Die Harmonie-Achse verläuft vertikal: Humanistische Antiqua verträgt sich mit humanistischer Grotesk und humanistischer Egyptienne, statische Antiqua funktioniert mit statischer Grotesk und statischer Egyptienne. Konstruierte Egyptienne und konstruierte Grotesk passen zusammen.

Wenig anfangen kann ich mit der Ausdehnung dieser Prinzipien auf Antiqua-Varianten, Schreibschriften und fremde Schriften. Schreibschriften sind eine andere Schriftform als Antiqua und lassen sich keinen Prinzipien der humanistischen oder klassizistischen Antiqua unterordnen. Sie sind in aller Regel kursiv und Kursive sind dynamisch, nicht statisch. Auch lassen sich fremde Schriften wie Chinesisch, Arabisch oder Hebräisch nicht der Antiqua unterordnen. Das Prinzip der Willberg-Matrix ist dennoch ideal, um Schriftarten zu ordnen, da sie sowohl einfach und übersichtlich ist als auch eine für die Gestaltungspraxis ausreichende Differenzierung bietet. Ich ziehe es aber vor, die Verweise auf die humanistische und klassizistische Antiqua wegzulassen, und verwende die Bezeichnungen *organisch* und *streng* statt *dynamisch* und *statisch*.

Satzschriften mit organischen Formen haben zwar meist humanistische Wurzeln, während eine strenge Gestaltung auf klassizistische Vorbilder hindeutet, doch ganz verallgemeinern lässt sich das nicht. Die Frutiger beispielsweise wird zwar dem humanistischen (dynamischen) Prinzip zugeordnet, doch ihr strenger Charakter ist der Formensprache einer Bodoni näher als einer Bembo. Für die Schriftmischung ist die Harmonie der Anmutung – also ob es sich um organisch oder streng geformte Buchstaben handelt – entscheidender als die Maßgabe, ob ihre Buchstaben den Figuren der Renaissance oder des Klassizismus folgen.

Ich bin auch nicht der Ansicht, dass sich eine dynamische Serif nicht mit einer geometrischen Sans Serif mischen lässt. Im Gegenteil: Ihr formaler Charakter ist dermaßen offensichtlich unterschiedlich, dass sie einen interessanten Kontrast ergeben können.

Außerdem lässt sich die Eigenschaft *streng* auch auf Schreibschriften anwenden, was mit *statisch* nicht sinnvoll möglich ist, da von Diagonalen geprägte Formen immer dynamisch wirken.

Bei den Anbietern der Schriften haben sich die Begriffe *Serif* für Antiqua, *Slab Serif* für Egyptienne, *Sans Serif* für Grotesk, *Script*, *Hand* und *Display* etabliert (Seite 140). Ein Ordnungssystem, das sich daran orientiert, wird der Gestaltungspraxis am ehesten gerecht. Zur übersichtlichen Ordnung ist das ausreichend. Und zur Beurteilung von Schriftarten bezüglich ihrer Tauglichkeit für ein Layout und ihrer Verträglichkeit miteinander halte ich eine Differenzierung nach den formalen Anmutungsqualitäten *organisch* (Seite 101), *streng* (Seite 103) und *geometrisch* (Seite 99) für besser geeignet als die Orientierung an prinzipiellen historischen Vorbildern.

Satzschriften entsprechen den Klassen Serif, Slab Serif und Sans Serif. Schreib-, Hand- und Display-Schriften erfüllen eher dekorative Aufgaben. Überwiegend lassen sich die Schriftarten der Klassen dann lebendiger, strenger oder geometrischer Anmutung zuordnen.

Die Matrix von H. P. Willberg

	Organisch	Streng	Geometrisch
Serif			
Slab Serif			
Sans Serif			
Skript			
Handschrift			

Hingabe
Organische Serif (Artigo)

Hingabe
Organische Sans (Auto)

Hingabe
Organische Serif (Novel)

Hingabe
Organische Slab (Aleo)

Hingabe
Organische Slab (Enra)

Hingabe
Organische Sans (Mae)

Hingabe
Strenge Serif (Bodoni)

Hingabe
Strenge Sans (Univers)

Hingabe
Strenge Serif (Walbaum)

Hingabe
Strenge Slab (Clarendon)

Hingabe
Strenge Slab (Belarius)

Hingabe
Strenge Sans (Helvetica)

Hingabe
Geom. Sans (Century Gothic)

Hingabe
Geom. Sans (Lubalin Graph)

Hingabe
Organische Serif (Guyot)

Hingabe
Organische Skript (Eric Machat)

Hingabe
Strenge Serif (Didot)

Hingabe
Strenge Skript (Novantique)

Hingabe
Organische Serif (Sabon)

Hingabe
Geom. Sans (Sofia)

Hingabe
Organische Sans (Kranto)

Hingabe
Geom. Slab (Rockwell)

Hingabe
Organische Serif (Dair)

Hingabe
Statische Sans (Early Sans)

Hingabe
Organische Serif (A. Jenson)

Hingabe
Statische Serif (Scotch)

Hingabe
Organische Slap (Chaparral)

Hingabe
Statische Slab (Belarius)

Hingabe
Statische Slab (Albiona)

Hingabe
Geom. Slab (Rockwell)

Hingabe
Organische Sans (Karol Sans)

Hingabe
Statische Sans (Archivo)

Hingabe
Statische Sans (Alfabet)

Hingabe
Geom. Sans (Fractul)

Schriftarten mischen

Sehen wir uns das Mischen von Schriften konkret an. Bevor man überhaupt darüber nachdenkt, mehr als eine Schriftart in einem Layout einzusetzen, muss man sich fragen, weshalb. Gründe können sein, dass eine formale Differenzierung erforderlich ist – beispielsweise, um die Überschriften klar vom Haupttext abzusetzen – oder dass die größere Formenvielfalt der Ästhetik dienen soll. In beiden Fällen ist die Mischung nur sinnvoll, wenn sich die Schriftarten auch wirklich unübersehbar unterscheiden. Ähnliche Schriftarten zu kombinieren, wird der Gestaltung mehr schaden als nützen.

Kombinationen von Schriftarten mit und ohne Serifen werden so gut wie immer funktionieren, wenn man auf der Form-Achse bleibt, also organisch mit organisch, streng mit streng oder geometrisch mit geometrisch zusammenbringt. Will man eine Antiqua mit einer Egyptienne kombinieren, ist darauf zu achten, dass der Unterschied der Stärken der Serifen eindeutig ist. Eine Antiqua mit recht kräftigen Serifen und eine Egyptienne mit relativ moderaten werden sich wahrscheinlich nicht unübersehbar unterscheiden.

Abzuraten ist von Mischungen entlang der Gruppen-Achse, also Serif mit Serif, Slab mit Slab oder Sans mit Sans. Dagegen sprechen zwei Gründe mit derselben Ursache: 1. werden sich die Schriften zu sehr ähneln, um sich unübersehbar zu unterscheiden, was die Kombination sinnlos macht; 2. beißen sich Formen, deren Charakter weder identisch noch deutlich unterschiedlich ist (Gesetz der Eindeutigkeit, Seite 60).

Die Regeln für die horizontale und die vertikale Achse der Matrix sind einfach: Kombinationen von Schriftarten *unterschiedlicher Gruppen*, aber *gleichen Formcharakters* funktionieren, Kombinationen von Schriften *gleicher Gruppen*, aber *unterschiedlicher Form* gehen nicht. Selbstredend, dass gleiche Gruppe *und* gleicher Formcharakter gar nicht geht!

Wie aber sieht es mit Quermischungen aus, also beispielsweise eine lebendige Sans mit einer geometrischen Serif? Sagen wir es so: Je weiter Form und Klasse auseinanderliegen, desto eher wird es funktionieren. Das heißt, die geometrische Sans wird zur organischen Serif sehr wahrscheinlich einen klaren und interessanten Kontrast ergeben.

Generell ist eine Kombination umso sorgfältiger zu beurteilen, je organischer die Form ist. Geometrie ist simpel, weshalb geometrisch mit geometrisch immer harmonieren wird. Lebendigkeit hingegen ist vielfältig, und nicht jede organische Form verträgt sich mit jeder anderen organischen Form. Strenge Formen liegen irgendwo zwischen komplexer Lebendigkeit und simpler Geometrie, und dementsprechend verhalten sie sich auch beim Mischen.

Alles, was ich hier bislang zur Kombination von Schriftarten geschrieben habe, bezieht sich auf Satzschriften. Damit Satzschriften gut zu lesen sind, darf ihre Gestaltung nicht zu weit von der Form der Antiqua, die wir gewohnt sind, abweichen. Das erleichtert natürlich die Klassifizierung. Wie jedoch sieht es mit Schreib-, Hand- und Display-Schriftarten aus? Eine Klassifizierung fällt bei diesen schwerer, da die Vorgaben zu ihrer Gestaltung weniger strikt sind. Bei Display-Schriften ist sogar so gut wie alles möglich, was eine systematische Einordnung nahezu unmöglich macht.

Schreibschriften gibt es sowohl in ausgesprochen organischer als auch in sehr strenger Form und natürlich in allem, was man sich dazwischen vorstellen kann. Dementsprechend wird sich zu einer organischen Satz- eine organische Schreibschrift empfehlen, zu einer strengen Satz- eine strenge Schreibschrift passen.

Es liegt in der Natur der Sache, dass Handschriften einen organischen Charakter aufweisen. Das heißt allerdings nicht, dass sie nur in Kombinationen mit lebendigen Satzschriften funktionieren. Schriftarten, die das Schreiben von Hand imitieren, unterscheiden sich ausreichend deutlich von jeder Art der Satzschrift, sodass sie sich theoretisch auch mit jeder kombinieren lassen. Dennoch muss man prüfen, ob die Stile auch praktisch zusammenpassen. Eine Comic-Schrift wird neben einer klassizistischen Antiqua schlicht deplatziert wirken.

Ansätze zur Überlegung, was wozu passt und was nicht, liefern neben der formalen Anmutung auch der Duktus der Schrift und die Ausprägung der Strichstärkenunterschiede sowie der historische Background des Schriftcharakters (Seite 144). Manche Schriftarten vermitteln sehr stark den Stil ihrer Epoche. Eine futuristisch anmutende Type neben einer Westernschrift würden wohl die meisten Betrachtenden als unpassend empfinden.

ITC Berkeley Old Style	Hingabeform	Alegreya	Hingabeform
Apolline	Hingabeform	Palatino	Hingabeform
ITC Giovanni	Hingabeform	Gandhi Serif	Hingabeform
Bembo	Hingabeform	Trump Mediaeval	Hingabeform

Chaparral	Hingabeform	Clavo	Hingabeform
Officina Serif	Hingabeform	Caecilia	Hingabeform
Vista Slab	Hingabeform	Bitter	Hingabeform
Nexus Mix	Hingabeform	Adelle	Hingabeform

Gill Sans Nova	Hingabeform	Alegreya Sans	Hingabeform
Scala Sans	Hingabeform	Gitan Latin	Hingabeform
Auto	Hingabeform	Gandhi Sans	Hingabeform
Expo Sans	Hingabeform	Droid Sans	Hingabeform

Lebendige Satzschriften

Diese Doppelseite soll Ihnen als Orientierungshilfe bei der Suche nach organischen Satzschriften dienen, die folgende bietet einen Überblick über strenge Satzschriften. Die Schriftarten einer dieser Übersichten sollten jeweils miteinander harmonieren. Verlassen Sie sich aber nicht ausschließlich darauf. Wie bereits wiederholt angemerkt, passt bei organischen Formen nicht generell jede zu jeder, und Mischungen von Serif mit Slab Serif weisen nicht immer ausreichend Kontrast auf, um eine Kombination zu rechtfertigen.

Übersichten mit jeweils geometrischer Slab und Sans Serif finden Sie auf Seite 156.

Lebendige Antiqua-Schriftarten; die vier Vertreter links werden üblicherweise der venezianischen RA zugeordnet, die vier rechts der französischen RA.

Lebendige Slab-Serif-Schriftarten

Lebendige Sans-Serif-Schriftarten

Venezianische Renaissance-Antiqua

- Artigo
- Bembo
- ITC Berkeley
- Californian
- Calluna
- Centaur
- ITC Giovanni
- High Tower
- LTC Italian Old Style
- Kennerly
- Landa
- ITC Legacy
- Leksa
- Lindon Hill
- P22 Stickley
- Rialto
- Schneidler
- Vendetta
- Weidemann

Französische Renaissance-Antiqua

- Alegreya
- Arno
- Cardo
- Charis SIL
- ITC Charter
- Crimson
- Dolly
- Droid Serif
- Eskorte
- FF Angie
- ITC Galliard
- Gandhi Serif
- JAF Lapture
- Liberation Serif
- Manuale
- Marco
- Martel
- Meno
- Meridien
- Merriweather
- Meta Serif
- Miller Text
- Minion
- Nexus Serif
- Noam
- Noort
- Noto Serif
- Novel
- Palatino
- Permian Serif
- Perpetua
- PS Fournier
- PT Serif
- Sabon
- Salden
- Skala
- Skolar
- Source Serif
- TheAntiqua
- Trump Mediaeval
- Tsimmes
- Vollkorn
- Warnock
- Whitman

Slab Serif nach humanistischem Vorbild

- Adelle
- Aleo
- Andada
- Bitter
- Bree Serif
- Brix Slab
- PMN Caecilia
- Cavo
- Chaparral
- Droid Serif
- FF Nexus Mix
- FF Tisa
- FrightMacro
- FrightMicro
- Joanna
- Kefa II
- Nexus Mix
- Officina Serif
- Permian Slab
- Phoreus Chorokee
- Roboto Slab
- Rooney
- FF Unit Slab
- Vista Slab

Sans Serif nach humanistischem Vorbild

- Adelle
- Aganè
- Alegreya Sans
- Aller
- Amble
- Auto
- Cabin
- PMN Caecilia Sans
- Calibri
- Calluna Sans
- Carlito
- Droid Sans
- Encode Sans
- Expo Sans
- FF Meta
- FF Unit
- Fira Sans
- Fontin Sans
- Frutiger
- Gandhi Sans
- Gentona
- Gill Sans
- Githan Latin
- Glober
- Graublau
- Inria Sas
- Joanna Sans Nova
- ITC Johnston
- Laski Sans
- Lato
- ITC Legacy Sans
- Lucida Sans
- Martel Sans
- Myriad
- New Atten
- Noto Sans
- Officina Sans
- Open Sans
- Optima
- Palanquin
- Permian Sans
- PT Sans
- Rambla
- Signka
- Scala Sans
- Stone Sans
- Source Sans
- Stainless
- TheSans
- Ubuntu

Baskerville Display PT	Hingabeform
Adobe Caslon	Hingabeform
Benton Modern	Hingabeform
Freight Pro Book	Hingabeform
Essonnes	Hingabeform
Questa	Hingabeform
Scotch	Hingabeform
Corporate A	Hingabeform

ITC Century	Hingabeform
SchoolBook	Hingabe
Pulpo	Hingabe
Boton	Hingabeform
Glypha	Hingabeform
Questa Slab	Hingabeform
Pragmatica Slabserif	Hingabeform
Corporate E	Hingabeform

Roboto	Hingabeform
Neue Haas Grotesk Text	Hingabeform
Vaud	Hingabeform
Vectora	Hingabeform
Syntax	Hingabeform
Questa Sans	Hingabeform
Pragmatica	Hingabeform
Corporate S	Hingabeform

Strenge Satzschriften

Die Schriftarten dieser Doppelseite folgen Vorbildern klassizistischer und vorklassizistischer Zeit und weisen eine entsprechend strenge Anmutung auf. Auch hier sollten aufgrund derselben Formensprachen Kombinationen harmonieren. Für die Gestaltungspraxis ist die Unterscheidung klassizistischer von vorklassizistischer Antiqua von überschaubarer Bedeutung, es sei denn, man möchte gezielt Bezug auf die jeweilige Epoche nehmen, was im Übrigen ebenso für venezianische und französische Renaissance-Antiqua gilt. Wichtig ist vielmehr, dass der Stil der Schriftarten harmoniert und dass er zum Rest des Layouts sowie natürlich zum Thema der Gestaltung passt.

Von Bedeutung ist die Harmonie der Schriftarten vor allem, wenn sie sich *auf Augenhöhe* begegnen. Je geringer der Unterschied der Schriftgröße zweier Schriftarten ist, desto eher fallen Disharmonien ins Auge. Begegnen sich zwei Schriften auf einer Zeile im selben Schriftgrad, dann muss die Chemie zwischen den beiden stimmen. Wird hingegen eine Schriftart für den Grundtext in Lesetextgröße gesetzt und die andere recht groß für Titel, relativiert der Größenkontrast die formalen Unterschiede. Harmonieren müssen die Typen natürlich trotzdem. Doch wenn es sich um Unterschiede des Schriftgrads von 10 Punkt zu 36 Punkt oder mehr handelt, stehe ich heute einer Mischung von Bodoni mit Garamond auf Basis meiner Erfahrung nicht mehr so kritisch gegenüber, wie ich das früher einmal nach meiner Ausbildung tat – Puristen mögen mich für diese Aussage steinigen.

Strenge Antiqua-Schriftarten; die vier Vertreter links lassen sich der Übergangs- bzw. vorklassizistischen Antiqua zuordnen, die rechten der klassizistischen.

Strenge Egyptienne-Schriftarten

Strenge Groteskschriftarten

Vorklassizistische Antiqua

- Baskerville
- Benton Modern
- Big Moore
- Butler
- Caslon
- Century Old Style
- Cochin
- Freight
- Gentium
- Ivy Journal
- Kepler
- Libre Baskerville
- Libre Caslon
- Literata
- Mrs Eaves
- Nimbus Roman No9 L
- Plantin
- ITC Slimbach
- Rufina
- Utopia

Klassizistische Antiqua

- Abril
- Bodoni
- Centennial
- Chapman
- Corporate A
- Didot
- Essonnes
- FilosOfia
- Inria Serif
- Louvette
- Moderno
- Old Standard
- Playfair Display
- Questa
- Stillson
- Unna
- Walbaum

Egyptienne nach klassizistischem Vorbild

- Boton
- ITC Century
- Cheltenham
- Clarendon
- Corporate E
- Excelsior
- Glypha
- Henriette
- Munson
- Pragmatica
- Pulpo
- Questa Slab
- SchoolBook
- Serifa
- Zilla Slab

Grotesk nach klassizistischem Vorbild

- Aganè
- Akzidenz Grotesk
- Arial
- Cern
- Corporate S
- Folio
- Forma DJR
- Franklin Gothic
- Granville
- Helvetica
- Neue Haas Grotesk
- News Gothic
- Pragmatica
- Questa Sans
- Quiche Sans
- Roboto
- Supria Sans
- Swiss
- Syntax
- Univers
- Vaud
- Vectora
- Zurich

Kursive

Heute kennen wir die Kursive praktisch ausschließlich als Schriftschnitt von Schriftfamilien. Ursprünglich jedoch war die Kursivschrift eine eigenständige Schriftform. Während die Antiqua von der *humanistischen Minuskel* abstammt, ist die *humanistische Kursive* Vorbild für die kursiven Druckschriften. In Druckwerken der Renaissance werden Kursive und Antiqua so nebeneinander eingesetzt, wie man heute serifenlose und Schriftarten mit Serifen miteinander mischt.

Eine echte Kursive zeichnet sich nicht nur dadurch aus, dass die Buchstaben schräg stehen. Genau genommen muss eine Kursive noch nicht einmal nennenswert geneigt sein. Vielmehr sind die Formen der Zeichen an sich anders. Ihre dynamische Gestalt erinnert an schwungvolle Schreibschriften, auch wenn die Zeichen nicht gebunden sind. Zumindest trifft das auf die Gemeinen zu. Die Versalien hingegen sind beinahe identisch mit jenen der aufrechten Antiqua, nur dass sie schräg stehen. Tatsächlich werden ursprünglich häufig Versalien einer Antiqua als Initial oder Auszeichnung (Seite 198) im Kursivsatz gesetzt. Lui Karner und Giovanni de Faccio haben das in der *Rialto* auf eine digitale Interpretation humanistischer Vorbilder übertragen. Neben der überwiegenden Schräglage der Zeichen und der Besonderheit an sich ist auch typisch, dass Kursiven schmaler gezeichnet sind als Aufrechte.

Anders als die Antiqua erhalten serifenlose Schriftfamilien bis zum Ende des 20. Jahrhunderts nur selten echte Kursiven. Stattdessen wird die Aufrechte elektronisch *verschieft*. In Unterscheidung zur Bezeichnung *Italic* für echte Kursiven werden schief gerechnete Schriften *Oblique* genannt. Gelegentlich erfahren verschiefte Schnitte Korrekturen und Optimierungen an problematischen Stellen, was etwa bei der Frutiger der Fall ist. Verschiefung führt zu Verdickungen der Strichstärken, die um Ästhetik bemühte Designerinnen und Designer niemals ausführen würden. *Echte Kursive* würde ich eine in einigen Details optimierte schrage Variante der Aufrechten aber dennoch nicht nennen.

Noch in den 1990er-Jahren waren Groteskschriftfamilien mit echter Kursive ziemlich rar. Glücklicherweise hat sich das mittlerweile geändert. Ich schätze, dass heute der überwiegende Teil der Satzschriften mit echten Kursiven ausgestattet ist. Nicht alles war früher besser.

Humanistische Minuskel (Pfeffer Mediaeval) und humanistische Kursive (Humanistic Cursive)

Aufrechte und Kursive einer Antiqua-Familie; g, a und f unterscheiden sich besonders deutlich.

Bei der Rialto stehen die Gemeinen nahezu senkrecht; Kursive und Aufrechte nutzen dieselben Versalien.

Die meisten Kursiven von Antiqua-Familien – hier die Adobe Garamond – unterscheiden sich nicht ganz so deutlich von der Aufrechten wie bei der ITC Galliard.

Eric Gill versah bereits in den 1920er-Jahren seine Gill Sans mit einer echten Kursive.

Die Myriad gehört zu den frühen modernen Groteskschriftarten, die mit einer schönen Kursive ausgestattet sind.

Bis in die 1990er-Jahre war es üblich, Groteskschriften Oblique-Kursiven zur Seite zu stellen.

Die Kursive der Frutiger sieht zwar aus wie eine Oblique, sie ist aber an den entscheidenden Stellen optimiert, weshalb der schräge Schnitt auch *Italic* heißen darf.

Hier habe ich der Helvetica Oblique eine weiße Kontur verpasst und darüber eine von mir in Illustrator geneigte Regular mit rot gestrichelter Kontur gelegt – die Formen sind deckungsgleich.

Anders bei der Frutiger: Über der weißen Kontur der *Italic* liegt rot gestrichelt die Kontur der von mir *verschieften* Roman – es ist deutlich zu erkennen, wo Adrian Frutiger die kritischen Bereiche der Bogen korrigiert hat.

Pfeffer Mediaeval	Hingabeform
Humanistic Cursive	Hingabeform
ITC Galliard Roman	Hingabeform
ITC Galliard Italic	*Hingabeform*
Rialto Grande Regular	Hingabeform
Rialto Grande Italic	*Hingabeform*
Adobe Garamond Regular	Hingabeform
Adobe Garamond Italic	*Hingabeform*
Gill Sans Regular	Hingabeform
Gill Sans Italic	*Hingabeform*
Myriad Regular	Hingabeform
Myriad Italic	*Hingabeform*
Helvetica Regular	Hingabeform
Helvetica Oblique	*Hingabeform*
Frutiger Roman	Hingabeform
Frutiger Italic	*Hingabeform*

Hingabeform

Hingabeform

Die lateinische Schreibschrift entsteht ebenso wie die Kursivschriften aus der humanistischen Kursive. Typisch für Schreibschriften ist, dass die Buchstaben miteinander verbunden sind. Allerdings muss das nicht unbedingt so sein. Auch nicht gebundene Kursiven werden meist der Schreibschrift zugeordnet. Liegen mag das daran, dass die Kursive, die heute ja meist Teil einer Antiqua-Schriftfamilie ist, nicht als eigene Gruppe definiert worden ist.

Es gibt sehr unterschiedliche Formen an Schreibschriften. Neben *familienlosen* Kursiven sind das kalligrafische Kursiven und Schreibschriften, die sehr strenge englische Schreibschrift und lateinische, deutsche und andere Schulschriften. Schriften, die wie mit dem Pinsel gemalt aussehen, sind in der Werbung der Nachkriegszeit populär und eignen sich entsprechend, um *einen auf 50er-Jahre zu machen*.

Zu Zeiten der Blumenkinder der 1970er-Jahre steht naturgemäß alles Florale hoch im Kurs und damit auch die Schriftformen des Jugendstils des ausgehenden 18. Jahrhunderts. Aufgrund der natürlichen Weichheit, die der Schreibschrift zugrunde liegt, erfreut auch sie sich großer Beliebtheit.

Doch nicht immer sind Schreibschriften rundlich, organisch und weich. Mitte des 20. Jahrhunderts werden auch konstruierte Schreibschriften gezeichnet.

Schreibschriften eignen sich ebenso wie Handschriften, um *Anmerkungen* in Layouts unterzubringen, die den Charakter einer Notiz vermitteln sollen. Schulschreibschriften werden gerne dort eingesetzt, wo das Flair von Hausgemachtem erwünscht ist. Für lange Lesetexte eignen sie sich nicht. Dass Schreibschriften oft schwer lesbar sind, merken wir bei tatsächlich von Hand Geschriebenem – meine eigene Handschrift kann ich noch nicht einmal selbst lesen.

Dass eine englische Schreibschrift gut mit einer klassizistischen Antiqua harmoniert, ist für keinen Laien zu übersehen. Eindeutige Regeln für Mischungen aufzustellen, ist jedoch schwierig. Beispielsweise basiert die Zapf Chancery auf Schriftformen der Renaissance. Sie deshalb zur ersten Wahl neben einer Garamond zu machen, wäre jedoch verkehrt, denn während die französische Renaissance-Antiqua längst zeitlos geworden ist, wirkt die Chancery nahezu mittelalterlich.

Schreibschriften sind ebenso wie Kursiven aus der humanistischen Kursive (Seite 172) heraus entstanden (Schriftart: Feilpa).

Schriftarten mit kalligrafischem Charakter sieht man die Wurzeln klar an (Schriftart: Italianno).

Erfolgt eine Klassifizierung auf Basis der Abstammung, werden gelegentlich Formen als Schreibschrift eingeordnet, die gar nicht wie eine aussehen (Schriftart: Zapf Chancery).

Eine moderne Form einer kursiven Schreibschrift (Schriftart: Austin Pen)

Die englische Schreibschrift entsteht im 18. Jahrhundert, also zur Zeit des Klassizismus; sie harmoniert perfekt mit klassizistischer Antiqua (Schriftart: Monsieur La Doulaise).

Moderne Form einer kalligrafischen Schreibschrift (Schriftart: Scriptina)

Eine Schreibschrift im Charakter einer Schulschrift (Schriftart: Fairwater)

Mit Pinsel gemalte Schreibschriften werden in den 1950er-Jahren häufig auf Werbeplakaten eingesetzt; heute vermitteln diese Formen einen Retro-Charakter (Schriftart: Tradeshow).

Cool à la 1960er-Jahre (Schriftart: Cadogan)

Die 1970er mögen es üppig und prall (Schriftart: Casey).

Eine moderne Interpretation alter Plakatschriften (Schriftart: Cuisine)

Auch so etwas gilt als Schreibschrift – ich brauche mir das Chrom gar nicht hinzuzudenken, um 1950er Straßenkreuzer vor Augen zu haben (Schriftart: Magneto).

Hingabeform

Hingabeform

Hingabeform

Hingabeform

Hingabeform

Hingabeform

Hingabeform

Hingabeform

Hingabeform

Hingabeform

Hingabeform

Hingabeform

Handschrift

In DIN 16518 heißt *Handschrift* »handschriftliche Antiqua«. Das finde ich einerseits passender, denn die Zeichen der Schriftarten dieser Gruppe basieren in der Regel auf der Antiqua, während Schreibschriften eben von der Kursive abstammen. Auf der anderen Seite trifft das zwar eben meist, aber nicht immer zu. Bei den Anbietern heißt es *Handwritten, Handwriting, Handdrawn* oder einfach *Hand*, und darüber hinaus klingt *handschriftliche Antiqua* auch etwas schwerfällig. Aus diesen Gründen ziehe ich die Verkürzung auf *Handschrift* vor, auch wenn daraus wiederum keine Unterscheidung zur meist ebenso handschriftlichen Schreibschrift hervorgeht.

Handschriften sind für Mengentexte ebenso wenig geeignet wie Schreib- und Display-Schriften. Auch sie lassen sich dafür einsetzen, Textpassagen den Charakter einer handschriftlichen Notiz zu verleihen. Handschriftliche Schriftarten verleihen Texten eine persönliche Note und lassen sie informell wirken.

Viele Schriften dieser Gruppe lassen einen gewissen Rückschluss zu, womit sie geschrieben worden sein könnten. Manche sehen nach Kugelschreiber aus, andere nach Marker und wieder andere wirken wie mit Kreide geschrieben. Kugelschreiber und Marker sind Erfindungen des 20. Jahrhunderts. Neben einer klassizistischen Schriftart oder einer historisch anmutenden Antiqua wird das immer etwas unpassend wirken, wohingegen die Mischung mit einer französischen Renaissance-Antiqua wiederum kaum einmal problematisch sein sollte, da uns diese Schriftform täglich begleitet und sie nicht weniger zum 21. Jahrhundert gehört als zur Renaissance.

Eigentlich eine Antiqua, doch in diesem Fall wie mit der Hand geschrieben gestaltet (Schriftart: Sanvito).

Hassobjekt vieler Designer: die Comic Sans. Das Problem ist in meinen Augen aber weniger die Schrift an sich, sondern ihr dauernder und meist unpassender Einsatz.

Sehr handschriftlich: Chauncy

Man kann diskutieren, ob das eine Hand- oder Schreibschrift ist. Aufgrund der fehlenden Verbindung der Zeichen plädiere ich für Handschrift (Caliban).

Schriftart: Banshee

Schriftart: Humana Script

Gezeichnete Grotesk: Chelsea Market

Woodland – sehr lebendige Grotesk oder handschriftliche Antiqua? Man kann sich streiten.

Wie mit dem Pinsel gemalt: Ganache

Die Hobo würden wohl viele als Display-Schrift bzw. Antiqua-Variante einordnen; für mich hat die Anmutung etwas von mit dem Pinsel gemalt.

Noch eine Form, die ebenso gut als Display-Schrift eingeordnet werden könnte: Monster Mash

Und noch ein Beispiel dafür, dass sich viele Schriftarten einer eindeutigen Klassifizierung entziehen: die Tekton. Meist wird sie unter handschriftliche Antiqua eingeordnet.

Hingabeform

Hingabeform

Hingabeform

Hingabeform

Hingabeform

Hingabeform

Hingabeform

Hingabeform

Hingabeform

Hingabeform

HINGABEFORM

Hingabeform

Display-Schrift

Die Formenvielfalt von Display-Schriftarten kennt keine Grenzen. Was denkbar ist, ist machbar. Es gibt experimentelle Fonts, die niemand lesen kann. Klingt absurd, ist aber erlaubt, denn es steht dabei das Experiment im Mittelpunkt, nicht die Lesbarkeit. Sie lassen den Bereich der Gebrauchsgrafik hinter sich und sind mehr Kunst als Design.

Geht es um Typografie, spielt Lesbarkeit natürlich immer eine Rolle. In Display-Schriftarten werden jedoch keine Mengentexte gesetzt, sondern lediglich repräsentative oder dekorative Worte und Zeilen. Was bei langen Textpassagen ermüdend, wenn nicht unzumutbar ist, stellt für die Erfassbarkeit einiger Worte meist kein Problem dar.

Display ist nicht deckungsgleich mit *groß*! Verkehrsschilder sind groß, müssen aber auch unter ungünstigen Bedingungen optimal erfassbar sein. Dafür werden gut lesbare Satzschriften eingesetzt. Auch Werbeplakate, die vom passierenden PKW heraus erfassbar sein sollen, würde ich nicht in einer Schriftart mit mäßiger Lesbarkeit setzen. Doch kreativ gestaltete Typen können ein Layout interessant machen und bereichern. Gehe ich davon aus, dass dem Betrachter mehr als eine Hand voll Sekunden bleibt, sich mit einem Design zu befassen, darf die Type auch einmal etwas extravaganter sein.

Da Display-Schriften noch viel weniger klassifizierbar sind als Hand- und Schreibschriften, gilt auch hier, dass Kombinationen nur nach Gefühl zu bestimmen sind. Ich kann zwar erklären, warum zwei konkrete Schriftarten gerade besonders gut oder gar nicht zueinander passen, doch ich sehe nicht die geringste Ansatzmöglichkeit für allgemeine Faustregeln. Berücksichtigen Sie die Anmutung und den Duktus und vor allem, ob die Schriftarten den Stil einer bestimmten Dekade oder Epoche vermitteln. Western mit Gotik geht selten, Klassizismus verträgt sich nicht mit 50er-Jahre-Retro, floraler Jugendstil und 90er-Techno-Style sind verschiedene Welten.

- Die Gothic 821 basiert auf einer Grotesk des 19. Jh. Groteskschriften werden zu der Zeit ausschließlich für Akzidenzien eingesetzt – das, was man heute Werbung nennt.
- Engraver ist englisch für Steinhauer. Typen wie die Engravers' Gothic sind im 19. Jh. für Inschriften beliebt.
- Ornamentale Zierschrift: Hobeaux Rococeaux
- Schriftarten, bei denen die Serifen deutlich fetter sind als die Stämme, werden *Italienne* genannt und im 19. Jh. im gesamten Ausbreitungsbereich der lateinischen Schrift eingesetzt. Heute gelten sie als Western-Schriften (Schriftart: Manicotti).
- Eine moderne Display-Schrift im Grunge-Look: Intro Rust G Base 2 Line
- Display-Schrift mit Tiefe: Hoosier Daddy
- Schriftart von House Industries: Space Round
- Typisch 1990er wie alles aus dem Hause Emigre: die Dogma von Zuzana Licko
- Lustiger Western: Bigfish
- Dekorative Versalschrift: Epitaph
- Noch einmal Emigre, noch einmal Zuzana Licko: Oblong von 1988
- Und noch einmal Emigre, doch diesmal Miles Newlyn: Democratica von 1991

Hingabeform

HINGABEFORM

HINGABEFORM

Hingabeform

HINGABEFORM

HINGABE

Hingabeform

Hingabeform

Hingabeform

HINGABEFORM

Hingabeform

Hingabeform

Texte sind da, um gelesen zu werden. Je länger der Text, desto größer der Anspruch an die Lesbarkeit. Das Gros der Schriften, die Sie bei den Anbietern unter *Serif*, *Sans Serif* und *Slab Serif* finden, wird diesen Ansprüchen gerecht werden, sehen wir einmal von den streng geometrisch konstruierten ab. Sicher nicht alle gleichermaßen optimal, doch arg danebengreifen wird man hier kaum. Schreib-, Hand- und Display-Schriften hingegen sollten kurzen Textpassagen vorbehalten bleiben. ¶ Ich erwähnte bereits, dass die Antiqua bei Traditionalisten im Ruf besserer Lesbarkeit als Grotesk oder Egyptienne steht. Auch ich gehe davon aus, dass die klarere Wortbild- und Zeilenbildung von Serif-Schriften ermüdungsfreies Lesen begünstigt. Der Unterschied ist aber so überschaubar, dass ich keinen Grund sehe, von Grotesk für Mengentext Abstand zu nehmen. ¶ Es gibt andere Faktoren, die mehr Einfluss auf die Lesbarkeit haben als die Frage, ob in Antiqua, Egyptienne oder Grotesk gesetzt wird. Dazu gehört selbstverständlich der Schriftgrad. Dabei ist größer nicht unbedingt besser. Tatsächlich nimmt die Lesbarkeit ab einer bestimmten Größe wieder ab. Der Grund ist simpel: Der Spot schärfsten Sehens (Seite 31) erfasst auf den üblichen Leseabstand von 40 cm einen Umkreis von 15 mm. Bei 9 Punkt Schriftgrad lassen sich damit etwa zehn Buchstaben erfassen, bei 12 Punkt sieben und bei 24 Punkt nur mehr drei bis vier. Es sind deshalb bei großen Schriftgraden deutlich mehr Fixationen – so nennt man den Moment, in dem das Auge auf einem Punkt verharrt, um ihn aufzunehmen – erforderlich als bei der optimalen Größe zwischen 9 und 11 Punkt. ¶ Vom Schriftgrad ist der Zeilenabstand abhängig. Kleben die Zeilen aufeinander, fällt es dem Auge schwer, ihnen zu folgen, was auf Dauer ermüdend ist. Es ist außerdem darauf zu achten

Wortabstand (Seite 47). ¶ Ebenfalls wichtig: die Satzbreite. Bei sehr breitem Satz fällt es dem Auge schwer, nach dem Ende einer Zeile den Einstieg in die folgende zu finden. Die Zeilen dürfen schon gar nicht so breit ausfallen, dass eine Bewegung des Kopfes erforderlich ist, um ihnen über die gesamte Breite zu folgen. ¶ Zu den Abständen von Bedeutung gehört neben Zeilen und Wortabstand auch noch der Buchstabenabstand. Aufgrund der optischen Wirkung scheinen Buchstaben umso enger nebeneinanderzustehen, je kleiner der Schriftgrad ist, obwohl der Buchstabenabstand natürlich proportional zum Schriftgrad zu- und abnimmt. Verbessern kann man die Lesbarkeit klein gesetzter Texte, indem man die Laufweite etwas erhöht. Das heißt, bei Platzmangel lieber den Schriftgrad noch einen Punkt kleiner wählen und dafür ausreichend Zeilen- und Buchstabenabstand einstellen. ¶ Nicht außer Acht gelassen werden darf am Ende natürlich der Hintergrund. Unruhige Hintergründe sind ein besonders aggressives Gift für die Lesbarkeit, selbst wenn es sich nur um eine dezente Struktur handelt. ¶ 2008 geistert eine Pressemeldung durch das Internet, die New York University habe herausgefunden, dass vor allem der Zeichenabstand für eine optimale Lesbarkeit ausschlaggebend sei. Der Leser könne durch zu eng gesetzten Text die Buchstabenformen weniger klar voneinander unterscheiden. Aber lesen wir wirklich Buchstabe für Buchstabe? ¶ Dem steht die in typografischen Fachbüchern oft wiedergegebene Ansicht entgegen, dass wir Wortbilder lesen. Das bedeutet, wir nehmen Text nicht auf, indem wir ihn Buchstabe für Buchstabe abarbeiten, sondern indem wir die Silhouette der Wörter als Ganzes – als Wortbilder – erfassen. Routiniertes Lesen kann kaum die Turbo-Version des Entzifferns von

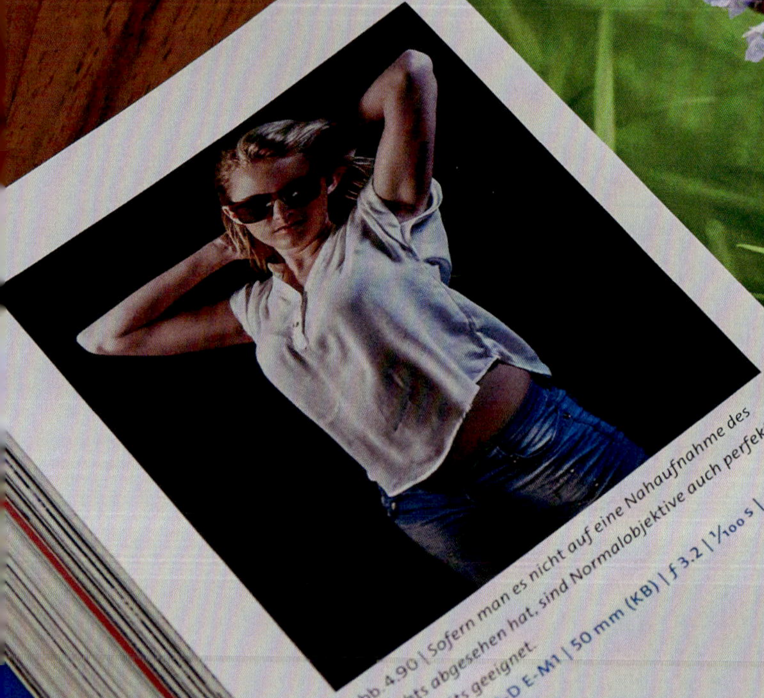

Abb. 4.90 | Sofern man es nicht auf eine Nahaufnahme des Gesichts abgesehen hat, sind Normalobjektive auch perfekt für Porträts geeignet.
Olympus OM-D E-M1 | 50 mm (KB) | f 3.2 | 1/100 s | ISO 200 | Blitz

Abb. 4.91 | Am Ende ist die Normalbrennweite weitgehend für alles einsetzbar, von der Landschaft über Porträts bis hin zu kleinen Details.
Olympus OM-D E-M1 | 50 mm (KB) | f 1.2 | 1/1600 s | ISO 200

Vermögen. Bei keiner anderen Brennweite gibt es mehr Lichtstärke für weniger Geld. Darum empfehle ich in meinen Kursen auch stets die Anschaffung eines 50ers. Nicht nur die Möglichkeit, auch nach Sonnenuntergang noch scharfe Aufnahmen zu erzielen, ohne dabei mit der ISO-Empfindlichkeit in rauschende Höhen abzuheben, ist großartig. Auch die schönen Bokehs, die man bei Porträts und porträtähnlichen Aufnahmen mit Offenblende erhält, begeistern. Schon viele Teilnehmer sind meiner Empfehlung bereits im Verlauf der Kurse gefolgt, und keiner hat mir je gesagt, er habe den Kauf bereut.

Beliebt ist das 50er unter anderem bei Street-Fotografen. Es füh
Betrachter nahe an Straßenszenen heran, ohne dass der Fotog
Opfern unangenehm nahe auf die Pelle rücken muss. Na
man sich als etwas scheuer Fotograf – ich bin als besond
nicht für die Street Photography geeignet – auch für
entscheiden und aus dem Verborgenen heraus sc
mittelt einen eher voyeuristischen Charakter und
die in diesem Genre an sich erwartet wird.

4.3.2 Weitwin

Die Stärken
Man erk
umsc
te

Makrotypografie

Wenden wir uns nach der Betrachtung der Schriftarten der Typografie zu. Typografische Gestaltung abseits des Schriftdesigns wird in Makro- und Mikrotypografie unterteilt. Makrotypografie bezieht sich auf die grundlegenden und globalen Entscheidungen der typografischen Gestalten. Sie beginnt beim Seitenformat und bezieht die Auswahl einer passenden Papiersorte mit ein, umfasst die Entwicklung eines Satzspiegels und/oder Gestaltungsrasters unter Berücksichtigung der Satzbreite der Textblöcke, inkludiert die Bestimmung der Schriftarten, Schriftgrößen und Zeilen- sowie Wortabstände inklusive der Laufweite (Buchstabenabstand) der Texte. Sie umfasst des Weiteren die Gestaltung der Textelemente, beispielsweise in Titel (Headlines), Untertitel, Unter- und Zwischenüberschriften, Einleitungen, Haupttexte, Bildbeschreibungen, Zitatformatierung etc. Zuletzt wird auch die Platzierung und Formatierung von Bildern, Grafiken, Tabellen und anderen visuellen Elementen im Umfeld und Kontext der Lesetypografie der Makrotypografie zugerechnet.

… Tierparks kaum zu sehen: Luch…

… 563 mm (KB) | f 5,3 | 1/160 s | ISO 1250

Supertele: 200 …

Bei Brennweiten …
mit lassen sich auc…
Allerdings braucht m…
lange Superteles. Als mi…
nur fotografisch – weiß ic…
lediglich Tauben und Sp…
große Scheu haben …
heute ein 30…
840 m…

Mikrotypografie

Mikrotypografie bezieht sich auf Detail- und spezifische Entscheidungen im Rahmen der Lesetypografie – man bezeichnet sie auch als Detailtypografie. Mikrotypografische Entscheidungen betreffen die Auszeichnung von Worten und Textpassagen – also ob beispielsweise Teile eines Textes durch fette oder kursive Formatierung herausgehoben erscheinen – die Art und Formatierung von Ziffern, die Wahl von Sonderzeichen, Ligaturen und anderen typografischen Details, den Zeilenumbruch und die Silbentrennung, die Spationierung und Unterschneidung – das betrifft die Abstände einzelner Buchstaben- und Zeichenpaare – sowie die orthografisch und typografisch korrekte Zeichensetzung von Anführungszeichen, Binde-, Gedanken- und Von/Bis-Strichen, Apostrophsetzung, Gliederung von Nummern etc.

Gemeine (Minuskeln)

Kleinbuchstaben heißen in der Typografie *Gemeine* oder *Minuskeln*. Wenn man sie ansieht, würde man kaum auf den Gedanken kommen, dass es sich bei ihnen quasi um eine *Weiterentwicklung* der Großbuchstaben – der Majuskeln – handelt, doch genau so ist es.

Die *Capitalis monumentalis*, von der die Versalien der lateinischen Schrift abgeleitet sind, ist eine Monumentalschrift, die in Stein geschlagen wird. Doch anders als bei Asterix und Obelix schlagen die alten Römer Alltagskorrespondenz nicht in Stein, sondern schreiben sie beispielsweise mit Rohrfeder auf Pergament. Im 1. Jahrhundert nach Christus entsteht mit der *Capitalis rustica* eine Versalschrift mit schmaleren Buchstabenformen und mehr Rundungen, die sich effizienter von Hand schreiben lässt. Effizienz beim Schreiben ist der Grund für die weitere Evolution der Buchstabenfiguren. Bei den Unzialen des Frühmittelalters finden sich viele vormals Geraden durch Bogen ersetzt.

Nach dem Ende des Römischen Reiches entwickelt sich die lateinische Schrift in allen Teilen Europas eigenständig weiter. So kommt es, dass ein in Irland verfasster Text in Italien nicht unbedingt ohne weiteres zu lesen ist, obwohl da wie dort Latein geschrieben und verstanden wird. Karl der Große behebt diesen babylonischen Missstand und führt eine Einheitsschrift für sein Reich ein, die *karolingische Minuskel*. Aus dieser entstehen Rotunda, Textur und Bastarda und später Fraktur und Schwabacher (Seite 151) sowie im 14. Jahrhundert die *humanistische Minuskel*. Als *Happy End* finden dann im 15. Jahrhundert römische Majuskeln und humanistische Minuskeln in der Antiqua zusammen und leben seither glücklich bis zur Niederschrift dieses Buches, und es ist davon auszugehen, dass diese Beziehung noch ein Weilchen halten wird.

Anders als Versalien werden Gemeine von vier Linien begleitet (Seite 68): Grundlinie, x-Höhe, Oberlänge und Unterlänge. Kleinbuchstaben bilden wesentlich lebendigere Wortbilder als Versalsatz. Vielleicht geht es Ihnen wie mir, und Sie blicken mit Respekt auf Leute, die chinesische Schrift lesen können. Das Chinesische soll etwa 100 000 Zeichen umfassen, wovon für das *Alltagschinesisch* etwa 5000 Zeichen erforderlich sind. Als routinierter Leser der lateinischen Schrift nehmen Sie Text aber ebenfalls nicht auf Basis der einzelnen Zeichen auf, sondern eben auch anhand von Wortbildern, wodurch sich das Lesen der beiden Schriftsysteme gar nicht so dramatisch unterscheidet, wie man vielleicht annehmen würde. Die deutsche Standardsprache soll etwa 75 000 Wörter umfassen, was 75 000 Wortbildern entspricht. Je mehr Sie lesen, desto mehr dieser Bilder sind in Ihrem Kopf gespeichert und desto flüssiger werden Sie Texte lesen.

In kursiven Schriftarten weisen gemeines a und gemeines f in der Regel, das gemeine g manchmal eine andere Figur auf als in der Antiqua. Die im 19. und 20. Jahrhundert entstehenden Slab- und Sans-Schriften orientieren sich häufig für a und g an den kursiven Figuren, weshalb bei a und g die *eingeschossige* Variante dominiert. Die Ableitung der Gemeinen von der von Hand geschriebenen humanistischen Minuskel verleiht ihnen einen weicheren Charakter, als er für die strengen Versalien typisch ist. Gemeine wirken deshalb zurückhaltender und persönlicher.

Die Grafik veranschaulicht, wie sich aus den Versalien der *Capitalis monumentalis* im Laufe der Jahrhunderte die Gemeinen der humanistischen Antiqua entwickelt haben.

Gemeine einer Antiqua im Vergleich zu den Gemeinen einer echten Kursive

Gemeine mit Ober- oder Unterlängen

Drei Minuskeln, die in Kursiven andere Figuren aufweisen (können) als in der Antiqua.

Text in gemischter Schreibweise führt zu sehr lebendigen Wortbildern.

Auflösung des Buchstabensalats der vorangegangenen Seite:

1. *Verpackung*
2. *Entwicklungshilfe*
3. *Zwiebelfisch (ein »Zwiebelfisch« ist in der Typografie ein im Setzkasten des falschen Zeichensatzes gelandetes Zeichen; in der digitalen Typografie wird der Begriff auch genutzt, wenn im Textsatz versehentlich ein Zeichen aus einer anderen Schriftart erscheint)*

Capitalis monumentalis ca. 6. Jhd. v. Chr.	A B D E F G H K L M P R T
Capitalis rustica 1. Jahrhundert	A B D E F G H K L M P R T
Unziale 5. Jahrhundert	A B D E F G H K L M P R T
Karolingische Minuskel 8. Jahrhundert	a b d e f g h k l m p r t
Humanistische Minuskel 14. Jahrhundert	a b d e f g h k l m p r t
Humanistische Antiqua 15. Jahrhundert	a b d e f g h k l m p r t

Antiqua *Alegreya Regular*	a b c d e f g h i k l o p q r s t u v x z
Kursive *Alegreya Italic*	*a b c d e f g h i k l o p q r s t u v x z*

b d f g h j k l p q t y

a f g *a f g*

Zwei flinke Boxer jagen die quirlige Eva und ihren Mops durch Sylt. Dieser Satz ist ein Pangramm. Ein Pangramm enthält alle Buchstaben des Alphabets. Es wird manchmal als Blindtext genutzt. Blindtexte dienen als Platzhalter in einem Layout.

[redacted]

Versalien (Majuskeln)

Das Vorbild der Versalien, die römische Capitalis monumentalis, wurde zu repräsentativen Zwecken in Stein geschlagen. Diesen repräsentativen Charakter vermitteln auch die modernen Nachfahren. Während Gemeine selbst bei streng gezeichneten Schriftarten vergleichsweise lebendig und zurückhaltend wirken, erscheinen Versalien auch im visuellen Ausdruck streng, formell, vornehm und eher distanziert. Es gilt, diese Wirkung bei der Gestaltung zu berücksichtigen, also gezielt Versalien einzusetzen, wo eine formelle Wirkung erwünscht ist, und mit Gemeinen zu arbeiten, wo ein informeller und persönlicher Charakter vermittelt werden soll.

Während die Gemeinen der Kursiven eine ganz andere Anatomie aufweisen als die der Antiqua, unterscheiden sich Versalien nahezu ausschließlich in der Neigung und bei manchen Schriftarten, wie auf Seite 172 erwähnt, gar nicht.

Mehr als bei Gemeinen erweist sich die Figur mancher Versalien als kritisch für einen gleichmäßigen Satz. Ein besonders schwieriger Kandidat ist das L – folgt darauf auch noch ein A, ergibt sich eine deutliche Lücke im Satz. Relativieren lässt sich das, indem man den Text sperrt, das heißt die Laufweite kräftig erhöht. Je größer die Buchstabenabstände, desto mehr relativieren sich Probleme, die aus der Anatomie der Zeichen resultieren. Außerdem wirkt kräftig gesperrter Versalsatz meist recht elegant, was den repräsentativen Charakter unterstreicht.

Während Satz in Gemeinen von vier bis fünf horizontalen Linien begleitet wird (Seite 68), sind es im Versalsatz nur zwei: Grundlinie und Versalhöhe. Versal gesetzter Text ergibt mehr oder minder rechteckige Wortbilder, das ist nicht gut für die Lesbarkeit. Was bei kurzen Textpassagen aus einigen Wörtern kein Problem darstellt, ist für längere Texte nicht zumutbar. Interessant, dass ausgerechnet schon inhaltlich schwer lesbare Vertragstexte in den wesentlichen Passagen oft versal gesetzt sind. Es dürften wohl keine typografischen Experten dahinterstecken, wenn *Kleingedrucktes* so formatiert ist.

Versalsatz vermittelt Strenge, Erhabenheit und Eleganz, während Satz in Gemeinen eher weich, informell und persönlich wirkt.

Kursive Versalien sind weitgehend geneigte Versionen der aufrechten Großbuchstaben.

Bei *normaler* Laufweite gesetzt, reißen manche Buchstabenkombinationen Löcher in den Satz.

Durch kräftiges Sperren lassen sich die Probleme solcher Kombinationen relativieren.

Versalsatz mit normaler Laufweite

Versalsatz mit erweiterter Laufweite

Versalsatz führt zu konstant rechteckigen Wortbildern und ist schlecht zu lesen.

GEBORGENHEIT

Geborgenheit

Antiqua *Alegreya Regular*	A B C D E F G H I K L O P Q R S T U V X Z
Kursive *Alegreya Italic*	*A B C D E F G H I K L O P Q R S T U V X Z*

LAVALAMPE

L A V A L A M P E

ZWEI FLINKE BOXER JAGEN DIE QUIRLIGE EVA UND IHREN MOPS DURCH SYLT. DIESER SATZ IST EIN PANGRAMM. EIN PANGRAMM ENTHÄLT ALLE BUCHSTABEN DES ALPHABETS.

ZWEI FLINKE BOXER JAGEN DIE QUIRLIGE EVA UND IHREN MOPS DURCH SYLT. DIESER SATZ IST EIN PANGRAMM. EIN PANGRAMM ENTHÄLT ALLE BUCHSTABEN DES ALPHABETS.

ZWEI FLINKE BOXER JAGEN DIE QUIRLIGE EVA UND IHREN MOPS DURCH SYLT. DIESER SATZ IST EIN PANGRAMM. EIN PANGRAMM ENTHÄLT ALLE BUCHSTABEN DES ALPHA-BETS. ES WIRD MANCHMAL ALS BLINDTEXT GENUTZT. BLINDTEXTE DIENEN ALS PLATZ-HALTER IN EINEM LAYOUT.

[redacted]

fi fl ffi ffl

ct fb ff ffb ffh ffj ffk fft
fh fj fk fl ft ft sp st tt

Alles ist aus Liebe geschehen

Flotte Qualle Squiddly

Flotte Qualle Squiddly

THE PRINTING
AVANT GARDE

ſs ß ſz

ß ß ß

Ligaturen

Ligaturen sind miteinander *verwachsene* Buchstaben. Am f der Antiqua bildet der obere Bogen üblicherweise einen Überhang, der mit Oberlängen nachfolgender Buchstaben oder dem Punkt eines i kollidieren kann. Traditionell wurden für solche Buchstabenkombinationen Ligaturen gestaltet, um die entsprechenden Probleme zu lösen. Bei digitalen Schriften haben sich die Kombinationen fi, ffi, fl und ffl als Standardligaturen etabliert. Dass Kombinationen mit fh oder fk nicht berücksichtigt wurden, mag daran liegen, dass in den die Typografie am PC zunächst dominierenden PostScript-Schriften nicht ausreichend Platz vorhanden war – PostScript-Schriften waren auf 256 Zeichen beschränkt (Seite 138).

Truetype und OpenType sind deutlich weniger eingeschränkt, sodass man heute viele Schriftarten mit weit mehr Ligaturen findet. In den deutschen Übersetzungen der Adobe-Programme werden erweiterte Ligaturen *bedingte Ligaturen* genannt. Manche erfüllen dieselbe Funktion wie die Standardligaturen – wie fb, fh, fj oder fk –, andere haben rein dekorativen Charakter.

Standardligaturen dürfen im Mengensatz eingesetzt werden und werden es auch meist. Dekorative Ligaturen hingegen sollte man auch tatsächlich nur für dekorative Typografie einsetzen.

Schreibschriften profitieren sehr von Ligaturen, da sie es ermöglichen, dass unterschiedliche Buchstabenkombinationen unterschiedlich miteinander verbunden werden, was bei einer von Hand geschriebenen Schreibschrift ja die Regel ist.

Im Deutschen hat es eine ursprüngliche Ligatur zum eigenständigen Buchstaben gebracht. Einst gab es das kleine s in zwei Varianten. Neben der heute bekannten Form existierte zusätzlich ein langes s: ſ. Am Anfang von Silben wurde das lange ſ gesetzt, während am Ende das kurze s zu stehen hatte. Dadurch ließ sich beispielsweise die Wachſtube (Wach-Stube) von der Wachstube (Wachs-Tube) unterscheiden. Aus den Kombinationen mit z (ſz) und s (ſs) wurde im Laufe der Zeit das, was wir heute als scharfes s (ß) kennen. Bis 2017 gab es das scharfe s nur als Kleinbuchstaben – im Versalsatz musste durch Doppel-S ersetzt werden. Seit dem 29. 6. 17 ist auch ein großes Scharf-S offiziell anerkannt. Für Schriften, die es nicht enthalten, gilt nach wie vor, dass es im Versalsatz durch Doppel-S zu ersetzen ist.

Die Standardligaturen der Arno Pro Display

Einige der bedingten Ligaturen der Arno Pro Display

Die gebundenen Buchstaben – es, is, ch – der Kursive der EB Garamond sind Ligaturen.

Die obere Zeile ist mit deaktivierten, die untere mit aktivierten bedingten Ligaturen gesetzt (Schriftart: Bello; Hinweis: Squiddly Diddly ist eigentlich keine Qualle, sondern ein Oktopus).

OpenType macht möglich, dass die ITC Avant Garde heute Ligaturen führt wie in den Arbeiten Herb Lubalins der 1960er, auf denen sie basiert.

Dieses Buch befand sich einige Jahre in meiner Bibliothek. Der Titel – »Fotografieren« – ist in etwa 90 Punkt Schriftgröße gesetzt. Die Kollision des f-Überhangs mit dem i-Punkt ist schlicht hässlich.

So sähe der Titel mit einer Ligatur aus.

Links: langes ſ und kurzes s einer gebrochenen Schrift; Mitte: ſ-z-Ligatur; rechts: langes ſ und alte z-Form

Links: im scharfen s der Berthold City erkennt man die alte ſ-z-Ligatur; Mitte: das scharfe s der Palatino zeigt deutlich eine ſ-s-Ligatur; rechts: großes scharfes S.

HINGABEFORM

HINGABEFORM

HINGABEFORM

HINGABEFORM

ZWEI FLINKE BOXER JAGEN DIE QUIRLIGE EVA UND IHREN MOPS DURCH SYLT. DIESER SATZ IST EIN PANGRAMM. EIN PANGRAMM ENTHÄLT ALLE BUCHSTABEN DES ALPHABETS. ES WIRD MANCHMAL ALS BLINDTEXT GENUTZT. BLINDTEXTE DIENEN ALS PLATZHALTER IN EINEM LAYOUT, UM DAS AUSSEHEN DES FERTIGEN SATZES ANSCHAULICH ZU MACHEN.

ZWEI FLINKE BOXER JAGEN DIE QUIRLIGE EVA UND IHREN MOPS DURCH SYLT. DIESER SATZ IST EIN PANGRAMM. EIN PANGRAMM ENTHÄLT ALLE BUCHSTABEN DES ALPHABETS. ES WIRD MANCHMAL ALS BLINDTEXT GENUTZT. BLINDTEXTE DIENEN ALS PLATZHALTER IN EINEM LAYOUT, UM DAS AUSSEHEN DES FERTIGEN SATZES ANSCHAULICH ZU MACHEN.

Kapitälchen

Die traditionelle Typografie kennt eine Versalform, deren Höhe der x-Höhe entspricht. Man nennt diese kleinen Großbuchstaben *Kapitälchen*.

Computer können Kapitälchen einfach generieren, indem sie reguläre Versalien auf die Höhe der Gemeinen verkleinern. Dadurch entsteht allerdings das optische Problem, dass diese simulierten Kapitälchen nicht nur kleiner, sondern auch auffallend magerer sind, als Versalien. Ihre Strichstärken wirken neben denen der Gemeinen zu schmächtig. Es entsteht eine fragwürdige Ästhetik, bei der jede *große Versalie* im Vergleich zu den geschrumpften fett wirkt. Man bezeichnet diese Kapitälchenform nicht von ungefähr als *falsche Kapitälchen*.

Echte Kapitälchen werden von Schriftdesignerinnen als eigene Zeichen angelegt, bei denen nicht nur die Strichstärken zur Schriftgröße passen, sondern auch die Proportionen optimiert werden. Echte Kapitälchen sind nicht nur kräftiger als falsche, sie sind auch breiter.

Beim Satz eines Wortes mag man sich vielleicht noch fragen: Wo ist das Problem? Doch schon eine etwas größere Textmenge in falschen Kapitälchen offenbart, wie die nicht zusammenpassenden Proportionen zu einem fleckigen, unruhigen Satzbild führen.

Kapitälchen werden häufig als Auszeichnungsform (Seite 198) eingesetzt. Sie profitieren, wie Versalien, von erhöhter Laufweite.

Echte und falsche Kapitälchen der Antiqua-Schriftart Arno Pro

Echte und falsche Kapitälchen der Groteskschriftart Aller

Dieser Text ist in der Aller in echten Kapitälchen gesetzt.

Dieser Text ist in der Aller in falschen Kapitälchen gesetzt.

Schriftfamilie

Nachdem wir uns bislang Grundlagen und Eigenschaften von Schriften angesehen haben, befassen wir uns ab jetzt konkreter mit der Gestaltung von Lesetypografie. Hier noch einmal die maßgeblichen Faktoren der Lesbarkeit (Seite 186) zusammengefasst:

- Schriftart und Schriftschnitt
- Schriftgrad
- Zeilen- und Wortabstand
- Satzart und Satzbreite
- Zurichtung und Laufweite
- Hintergrund

Gut lesbar ist, wie schon gesagt, was gewohnt ist. Antiqua, Sans Serif und Slab Serif sind gängige Satzschriften und die Vertreter dieser Gattungen weisen üblicherweise eine brauchbare bis gute Lesbarkeit auf. Zu den bestenfalls *brauchbaren* zählen geometrisch konstruierte Schriften – je strenger die Geometrie, desto geringer die Eignung für lange Texte.

Die Typografie literarischer Bücher wird nahezu ausschließlich von Serif-Schriften dominiert. Erfahrungen prägen unsere Erwartungen, wie die Dinge auszusehen haben. Deshalb würden die meisten Leute einen in Grotesk gesetzten Roman als eigenartig empfinden.

Nicht anders verhält es sich bei Zeitungen. Es hat Tradition, dass seriöse Berichterstattung in einer Schriftart mit Serifen gesetzt ist. Es gibt sogar eine typische Zeitungs-Antiqua – eine Serif im vorklassizistischen Stil mit relativ kräftigen Serifen. Heute hat die spezielle Form der Antiqua an Bedeutung verloren, doch Groteskschriften findet man nach wie vor zwar in Titeln, nicht aber für den Haupttext.

Natürlich nimmt der durchschnittliche Leser die Schriftwahl des Designers nicht bewusst wahr. Er denkt sich nicht: *Oh, was ist das doch für eine schöne Antiqua in diesem Roman,* oder: *Diese Zeitung ist ja in einer Grotesk gesetzt – die kann unmöglich seriös sein!* Doch gerade Editorialdesigner – Gestalter von Zeitungen und Magazinen – wissen, wie sensibel die Leserschaft auf das Design reagiert. Ich weiß von einer Wochenzeitung, die vor Jahren das Layout auf Grotesk umstellte. Nach mehreren Monaten wurde diese Änderung zurückgenommen, und man kehrte zur Antiqua zurück – die negativen Rückmeldungen und die Kündigungen von Abonnements wollten nicht enden.

Anders bei Zeitschriften und Fachbüchern. Hier wird die Schriftart in der Regel abhängig vom Thema gewählt. Serif vermittelt den Eindruck klassischer Seriosität, während Sans Serif Modernität und rationale Sachlichkeit vermittelt.

In Werbung und Corporate Communication ist typografisch, wenn schon nicht alles, so zumindest vieles gestattet. Laien und Gestaltungsanfängerinnen stellen sich gerne vor, es gebe Regeln nach dem Motto: *Nimm für diese Produktsparte so eine Schriftart und für das andere Thema jenen Charakter.* Doch solche Faustregeln funktionieren nicht! Nur das Gefühl des Gestalters kann den zu einer Branche und/oder Aufgabe passenden Stil bestimmen.

Neben Lesbarkeit und Stil spielt auch die Ausstattung einer Schriftart eine Rolle bei der Auswahl. Es geht etwa um die Frage, welche Gestaltungsmöglichkeiten die Schriftart als Familie bietet. Die Durchschnitts-Schriftfamilie besteht aus Normal, Italic, Bold und Bold Italic. Das Gros der Aufgaben ist funktional betrachtet mit drei davon – Normal, Italic und Bold – zu bewältigen. Gestalterisch jedoch eröffnen mehr Schnitte mehr Möglichkeiten.

Ich muss mir vor der Wahl der Schriftart also bewusst machen, welche Anforderungen an die Schrift*familie* gestellt sind. Wer mit Schriftmischung liebäugelt, sollte eventuell eine Schriftsippe ins Auge fassen. Alternativ harmonieren oft auch Schriftarten ein und desselben Designers ebenso gut wie als Sippe entwickelte Familien. So wirken Hermann Zapfs Palatino als Serif und seine Optima als Sans Serif wie aus einem Guss, ebenso Eric Gills Gill Sans, Joanna und Perpetua, die Schriftarten von Adrian Frutiger oder die Avant Garde und Lubalin Graph von Herb Lubalin.

Auch die Ausstattung mit Zeichen spielt eine Rolle. Ich lege beispielsweise Wert auf proportionale Ziffern (Seite 195), möglichst in Mediävalform. Deshalb bevorzuge ich bei der Wahl einer Schrift Fonts (Seite 138) mit entsprechendem Feature. In Büchern über Fotografie tummeln sich wegen der oft anzugebenden Belichtungszeiten Brüche. Als ich mein Buch »Kreativ fotografieren« gestaltete, habe ich deshalb eine Schriftart ausgesucht, die darüber verfügt. Für manche Gestaltungsaufgaben mögen außerdem echte Kapitälchen im Pflichtenheft stehen.

Ausstattung mit Ziffern	Echte Brüche	OpenType-Hochstellung
24×36 mm	1/250 Sekunde	$225 m^2$
Echte Kapitälchen	**Bedingte Ligaturen**	**Schwungschrift und Formvarianten**
Ansel Adams	Festbrennweite	*Telezoomobjektiv*

Hingabeform
Hingabeform

Hingabeform
Hingabeform

Hingabeform
Hingabeform

Hingabeform
Hingabeform

Die Calluna verfügt über proportionale Mediävalziffern, echte Brüche, echte Hochstellung und echte Kapitälchen, weshalb ich sie für mein Buch »Kreativ fotografieren« wählte. Schwungschrift und Formvarianten unterstützt sie nicht, deshalb ist hier statt ihrer die Arno Pro abgebildet.

Ein weiterer Grund, weshalb ich für »Kreativ fotografieren« die Calluna wählte: Sie ist als Schriftsippe angelegt mit der Calluna als Antiqua und der Calluna Sans als Grotesk.

Palatino und Optima von Hermann Zapf

Joanna und Gill Sans von Eric Gill

Centennial und Univers von Adrian Frutiger

Schriftsippen

- Adelle
- Alegreya
- Calluna
- Corporate ASE
- DejaVu
- Droid
- Expo
- FF Kievit
- FF Meta
- FF Milo
- FF Nexus
- FF Tisa
- FF Unit
- Fedra
- Freight
- Gandhi
- Inria
- ITC Legacy
- Josefin
- Laski
- Liberation
- Lucida
- Martel
- Merriweather
- Museo
- Nexus
- Noto
- Novel
- Officina
- Open Sans
- Permian
- PMN Caecilia
- Pragmatica
- PT Sans/PT Serif
- Questa
- Roboto
- Rotis
- Scala
- Source
- Stone
- Syntax
- Vista Slab

Schriftschnitt

Satzschriften werden heute meist als Schriftfamilie entwickelt, die eben meist die Schnitte *Normal, Italic, Bold* und *Bold Italic* enthält. Viele Programme bieten Schaltflächen, um *kursiv* und *fett* per Klick auf jede Schriftart anzuwenden, auch wenn diese gar nicht über einen entsprechenden Schnitt verfügt. Durch Aktivieren von *kursiv* wird der vorliegende Schnitt elektronisch verschieft (Seite 172), mit ästhetisch wenig überzeugenden Ergebnissen. Fragwürdiger ist allerdings elektronische Verfettung nicht als fetter Schnitt verfügbarer Schriftarten.

Professionelle Satzschriften umfassen im 21. Jahrhundert oft mehr als vier Varianten. Die Unterschiede der Schnitte betreffen die Lage – aufrecht oder kursiv –, die Stärke – mager, normal oder fett – und die Breite.

Wie unter Kursive (Seite 172) beschrieben, wird die echte Kursive – Italic – von der *verschieften* Aufrechten – Oblique – unterschieden.

Manche Schriftfamilien verfügen über eine sehr feine Abstufung der Strichstärken von Thin bis Extra-Black. Anders als bei der Lage existieren für die Benennung der Strichstärken keine verbindlichen Vorgaben, weshalb die Nomenklatur verwirrend sein kann. *Regular* ist für den Grundschnitt ebenso üblich wie *Normal* oder *Roman*. Bei der Schriftart, in der dieser Text gesetzt ist – TheAntiqua –, heißt der Normalschnitt *Plain*. Manchmal heißt er auch *Book*, allerdings gibt es Schriftfamilien, die sowohl Regular als auch Book umfassen – Book ist dann in der Regel magerer.

Sehr magere Schriftschnitte heißen *Light*, extrem magere *Thin*. Dazwischen kann es weitere Stufen geben – *SemiLight* (halbleicht; etwas schwerer als leicht) oder *ExtraLight* (extraleicht; leichter als leicht) heißen können. Zwischen Normal und Bold kann es *SemiBold* (halbfett) geben, *ExtraBold* ist noch fetter. Noch fetter als extrafett heißen die Schnitte *Black* und *ExtraBlack* oder auch *Heavy* und *Ultra*. Alternativ zu SemiBold sind auch die Bezeichnungen *Demi* oder *Medium* gängig.

Das dritte Merkmal neben Lage und Stärke ist die Breite. Manche Familien verfügen neben Schnitten in *normaler* Breite auch über schmalere, in der Regel *Condensed* genannt, seltener *Narrow*. Während ein Schmalverzerren von Schriften ihre Ästhetik zerstört – beispielsweise werden aus runden Punkten über i oder Umlauten *Eier* –, wird eine Condensed-Schrift von der Schriftdesignerin speziell für die entsprechende Breite entworfen. Sehr schmale Schriften nennen sich *Extra-Condensed* oder *Compressed*. Manche Schriften verfügen über breitere Varianten, die *Wide, Extended* oder *Expanded* genannt werden.

Adrian Frutiger hat in den 1950er-Jahren ein zweistelliges Code-System eingeführt, bei dem die Zehnerstelle die Stärke bezeichnet, die Einerstelle die Lage oder Breite. Eine 5 an der Zehnerstelle repräsentiert den Basisschnitt, geringere Zehnerwerte repräsentieren magerere Schnitte, höhere Werte fettere. 5 an der Einerstelle steht für normale Breite, 3 für einen breiten Schnitt, 7 für schmal und 9 für extraschmal. Gerade Einerstellen stehen für Kursiven. Man begegnet dem System in erster Linie bei Frutiger-Schriften.

Eine moderne Font-Technologie – Variable Fonts – ermöglicht, die Stärke nahezu stufenlos in Werten von 100 bis 900 zu definieren. 100 ist extraleicht, 900 extrafett. Adobes Variable-Font-Schrift *Acumin* erlaubt vergleichbare Einstellungen für Breite und Neigung.

Tipp: Wenn Sie mehrere Stärken fein abgestufter Familien nutzen, lassen Sie immer (mindestens) einen Zwischenschritt aus – den Unterschied zwischen Extra-Light und Light werden im Layout die wenigsten bemerken.

Adrian Frutigers Univers aus den 1950ern ist die erste Schriften-Großfamilie.

Eine Durchschnitts-Schriftfamilie: Meridien Roman, Italic, Bold und Bold Italic

Schrift*lage*: Myriad Regular und Italic

Schrift*stärke*: 13 Schnitte der Schriftart Fira Sans

Stärkedefinition der Variable-Font-Schriftart Source Sans

Schrift*breite*: Compressed, Normal und Expanded bei der Schriftart Schnedel Sans

Verzerrt: dreimal der normale Schnitt der Schnedel Sans, in der Mitte unverändert, oben auf die Breite der Compressed schmalverzerrt, unten auf die Breite der Expanded breitverzerrt

Hingabe **Hingabe**
Hingabe ***Hingabe***

Hingabeform
Hingabeform

Fira Hair
Fira Thin
Fira UltraLight
Fira ExtraLight
Fira Light
Fira Book
Fira Regular
Fira Medium
Fira SemiBold
Fira Bold
Fira ExtraBold
Fira Heavy
Fira Ultra

Source Sans 200
Source Sans 300
Source Sans 400
Source Sans 500
Source Sans 600
Source Sans 700
Source Sans 800
Source Sans 900

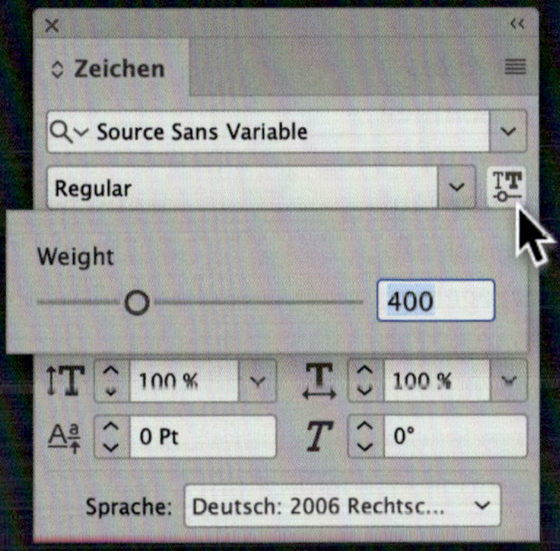

Hingabe
Hingabe
Hingabe

Hingabe
Hingabe
Hingabe

Darstellung
Verlauf
Lesezeichen
Entwickler
Fenster
Hilfe
markuswaeger.com
MARKUS WÄGER
Fotografie & Gestaltung
HOME
TUTORIALS
FOTOGRAFIE
BÜCHER
KURSE
ETC.
ABOUT
KONTAKT
FOTOGALERIE
7. März 2020
7 Comments
Unterwegs mit der Olympus OM-D E-M1 MkIII
Posted in Bilder & Gedanken
Am Mittwoch habe ich die neue Olympus OM-D E-M1 MkIII bekommen – meine dritte E-M1. Die E-M1 ist für mich seit dem ersten Modell die ideale Kamera. Die erste Version habe ich durch die MkII ersetzt, weil sie mir flinke Motive, wie fliegende Vögel, zugänglich gemacht habe. Mit der ersten E-M1 war das noch nicht so recht möglich. Letztes Jahr habe ich auch die E-M1X gekauft. Vor allem wegen des Joysticks zur Auswahl des AF-Messfeldes, des Live-ND-Modus und weil der Autofokus noch einmal besser sein soll.
Zwar ist die E-M1X eine wirklich beeindruckende Kamera in einem phantastischen Gehäuse – ich habe gerade leihweise eine professionelle Vollformatkamera da, die sich bei weitem nicht so gut und wertig anfühlt –, doch sie ist auch schwer. Das Kriterium der Leichtigkeit, weswegen ich zu Olympus gekommen bin, erfüllt sie leider nicht. Gehen die Ausflüge Richtung zwei Stunden und darüber hinaus, mag ich ihr Gewicht schon merken. Deshalb konnte ich auch schwer nein zur E-M1 III sagen, bringt sie doch das, was ich an der E-M1X schätze, in das Gehäuse der E-M1 II. Meine ideale Kamera ist noch besser geworden.
Gestern Freitag war ich das erste Mal mit ihr im Ried unterwegs. Dies sind ein paar Aufnahmen des Ausflugs. Um die RAW-Bilder in Capture One Pro 20 bereits bearbeiten zu können, habe ich in den Metadaten das Kameramodell von E-M1 MkIII auf E-M1X geändert.
AUTOR DES BLOGS
Markus Wäger
Mein Name ist Markus Wäger. Ich bin Autor und Referent für Fotografie und Gestaltung und betreibe diesen Blog seit 2007. Parallel pflege ich seit mehreren Jahren einen YouTube-Kanal mit Tutorials, Workshops und Videos rund um Fotografie und Gestaltung. Wer meine Aktivitäten als Blogger und Vlogger unterstützen möchte, kann seinen nächsten Einkauf bei Amazon über einen meiner Affiliate-Links starten. Leser meiner Bücher unterstützen mich besonders durch eine Amazon-Bewertung und Rezension.
MacBook Pro
toshop CC
ir Schritt zum perfekten Bild
ve Fotoschule
n mit Markus Wäger
Der Baum der Milane
Ansicht verg
Tastaturbefehle und T
Ausgehend von Weiß (Papier) werden im CMY-Farbmodell alle Farben als Mischverhältnis von Cyan, Magenta und Gelb angegeben.
In den Modellen HSB, HSV und HSL bilden die reinen Bunttöne die Basis. Farbtöne werden über die Lage einer reinen Buntfarbe im Farbkreis sowie Helligkeits- und Sättigungswerte notiert.

Satzbreite

Für gute Lesbarkeit darf der Satz nicht zu breit ausfallen. Die Satzbreite muss sich allein durch Augenbewegung erfassen lassen. Ist eine Bewegung des Kopfes erforderlich, um den Zeilen über die ganze Breite zu folgen, ist das Gift für ermüdungsfreies Lesen.

Dieser Text hat eine Satzbreite von 167,4 mm. So breiter Satz beeinträchtigt nicht nur die Lesbarkeit, sondern ist auch ästhetisch fragwürdig, da Absätze so meist nur wenige Zeilen umfassen und es zu einem häufigen Absatzwechsel und einem zerrissenen Satzbild kommt.

Als Faustregel für die maximale Satzbreite werden meist zwischen 70 und 90 Zeichen genannt. Bei der hier eingesetzten Schriftart *TheAntiqua* in 9 pt ergeben sich auf 167,4 mm durchschnittlich etwa 115 Zeichen.

Anders sähe es bei 12 pt aus: Die Anzahl der Zeichen würde sich auf knapp 90 reduzieren. Nach den 70- oder 90-Zeichen-Faustregeln läge das im Rahmen des Akzeptablen. Doch obwohl bei größerer Schrift und entsprechend mehr Zeilenabstand auch der Satz breiter ausfallen darf, bleiben die knapp 170 mm dennoch definitiv zu viel.

Ich ziehe es vor, die maximale Satzbreite metrisch einzugrenzen, statt in der Anzahl der Zeichen oder Wörter. Bis 130 mm lassen sich auch lange Texte auf die für das Lesen übliche Distanz von 40 cm weitgehend mühelos aufnehmen. Darüber hinaus wird es kritisch, weshalb es auch üblich ist, Publikationen in etwa A4 und darüber hinaus mehrspaltig zu gestalten.

Wie bereits bei Schriftgrad und Zeilenabstand sind die genannten Faustregeln als Richtwerte zur Orientierung zu betrachten. In der Praxis ergeben sich die tatsächlich optimalen Werte aus dem Zusammenspiel des Layout-Formats, der Schriftart und der Anzahl der Spalten. Größere Formate erfordern größere Schriftgrade und erlauben mehr Satzbreite. Bei mehr- statt einspaltigem Satz ist der Schriftgrad zu reduzieren.

Abhängig von der Satzbreite ist auch der ZAB zu definieren: Je breiter der Satz, desto größer ist dieser einzustellen. Bei einer Satzbreite von 80 mm (wie hier) mögen 125 % (Seite 206) angemessen sein, bei 130 mm wäre hingegen in der Regel mehr erforderlich. Bei deutlich geringerer Satzbreite wiederum kann unter Umständen auch weniger als 120 % ausreichen. Hier beträgt der ZAB mit 4,4 mm knapp 140 % des Schriftgrads – eine bewusst etwas *luftig* gewählte Weite.

Im Webdesign trieb – und treibt gelegentlich noch heute – eine *Regel* ihr Unwesen, wonach sich die Satzbreite an die Breite des Browser-Fensters anzupassen hat. Auf meinem Monitor kann ein Fenster 60 cm breit sein. Gut lesbar ist das nicht! Vor allem, wenn der ZAB auch nicht optimal oder gar nicht definiert wurde. Meine Browser stellen Text ohne im Stylesheet definierte »line-height« mit weniger als 120 % ZAB dar. Zu eng für müheloses Lesen.

Natürlich lassen sich Faustregeln des Print-Designs nicht 1:1 auf das Webdesign übertragen. Immerhin ist der angenommene Betrachtungsabstand vor einem Bildschirm mit knapp 60 cm um das 1,5-Fache größer als beim Lesen gedruckter Werke. Demnach darf auch der Satz um das 1,5-Fache breiter ausfallen, also etwa 200 mm. Allerdings sind solche Richtwerte im Screendesign generell *sehr* relativ. Beispielsweise entsprechen 200 mm bei meinem großen Monitor mit einer Auflösung von 110 ppi 866 px. Am Display meines Laptops hingegen messen 866 px nur 100 mm. Das liegt daran, dass dieser mit 220 ppi die doppelte Auflösung hat. Bei so hoch auflösenden Monitoren werden die Angaben des Webdesigners oft gar nicht 1:1 umgesetzt, denn sonst wäre eine mit 16 px definierte Schrift am Bildschirm lediglich knapp 5 pt groß. Tatsächlich aber misst diese auf dem Display meines Laptops ca. 9 pt. Analog dazu ist auch die Satzbreite vom Monitor abhängig. Deshalb messen 866 px auf dem Laptop 170 mm und nicht wie am danebenstehenden Monitor 200 mm und auch nicht der Auflösung entsprechend 100 mm.

Für Tablets gilt dasselbe, allerdings mit dem Unterschied, dass man sie wie Bücher, Magazine oder Broschüren hält, also in einem Betrachtungsabstand von 40 cm statt 60 cm. Noch geringer wird die Lesedistanz bei Smartphones sein, selbst wenn es sich um ein großes Gerät – ein sogenanntes Phablet – handelt.

Zur Berücksichtigung verschiedener Ausgabegeräte werden in den Stylesheets üblicherweise mehrere Definitionen hinterlegt. Generelle Faustregeln lassen sich für das Webdesign kaum festlegen.

Thomas Thomas	Tom Tom	Tom Tom
Tom, Paul, Walter und Lydia	Tom, Paul, Walter und Lydia	Tom, Paul, Walter und Lydia
Tom, Paul, Walter und Lydia	Tom, Paul, Walter und Lydia	Tom, Paul, Walter und Lydia
Tom, Paul, Walter und Lydia	Tom, Paul, Walter und Lydia	Tom, Paul, Walter und Lydia
Tom, Paul, Walter und Lydia	*Mars*	*Mars*

Unterschneidung und Zurichtung

Nicht unwichtig für gute Lesbarkeit und ein ausgewogenes Satzbild ist die *Zurichtung*. Eine gute Satzschrift zeichnet sich durch gleichmäßige Zeichenabstände aus. Gleichmäßige Zeichenabstände entstehen im Schriftdesign nicht von selbst. Ein gleichmäßiges Satzbild beginnt bei der Gestaltung der Zeichen und erfordert Geschick des Designers bei der Definition von Vor- und Nachbreite (Seite 132). Doch selbst bei perfekt gestalteten Zeichen und ideal angelegten Vor- und Nachbreiten lässt es sich nicht vermeiden, dass bestimmte Buchstabenfolgen zu Lücken führen.

Folgt auf ein T ein h, sollte ein angemessener Zeichenabstand durch das Aneinanderreihen der virtuellen Kegel von selbst entstehen, sofern der Schriftgestalter Vor- und Nachbreite geschickt angelegt hat. Folgt hingegen auf das T ein o, erscheint der Abstand beim schlichten Aneinanderreihen der Lettern zu groß. Es muss eine Korrektur vorgenommen werden, indem das o unter das Dach des T *unterschnitten* wird. Unterschneidung ist der typografische Fachbegriff für die Reduzierung des Buchstabenabstands. Der Begriff rührt daher, dass im Bleisatz tatsächlich ein Schneiden des Materials notwendig ist, um Abstände zu reduzieren. Alternativ ist auch der Begriff *Kerning* üblich.

Gestaltungsprogramme wie InDesign, Illustrator, Photoshop oder die Pendants von Anbietern wie Serif erlauben die Korrektur von Buchstabenabständen. Im Gestaltungsprogramm für alle – Canva – sind selektive Eingriffe nicht möglich. Canva ist ein großartiges Tool, mit dem auch Laien schnell zurechtkommen. Wer hingegen präzise gestalten will und auch Kontrolle über Details wünscht, muss zu anspruchsvolleren Anwendungen für professionelle Gestaltung greifen.

Bei Schriftzügen, Titeln und überschaubaren Textmengen ist es für mich als Designer selbstverständlich, Abstände konsequent zu optimieren. Für Mengentexte wäre das allerdings zu aufwändig. Deshalb sollte man bevorzugt zu Schriftarten greifen, die über eine saubere Zurichtung verfügen.

Es ist eine Frage der Zeit, bis KI professionellere Layouts generieren wird als Anwender mit geringer Gestaltungskompetenz und wenig Erfahrung in anspruchsvollen Grafikprogrammen. Kompetente Grafikdesignerinnen hingegen halte ich für nicht so bald ersetzbar.

Folgt auf ein T ein h, wirkt der Abstand aufgrund der Oberlänge angemessen.

Folgt auf das T eine Gemeine wie das o, wirkt der reguläre Abstand zu groß und erscheint als Lücke.

Mittels Unterschneidung wird das Buchstabenpaar korrigiert.

Josefin Slab: Die Abstände To und Pa sind zu groß, bei Wa dramatisch zu groß und auch bei Ly nicht optimal.

Auch bei der beliebten Georgia sind To, Pa und Wa suboptimal. In beiden Fonts – Josefin Slab sowie Georgia – scheinen gar keine Unterschneidungspaare definiert zu sein.

Die Paratype Futura enthält zwar Unterschneidungspaare, dennoch klafft zwischen W und a eine deutliche Lücke.

Adobes optisches Kerning auf die Josefin Slab angewendet verbessert die Buchstabenabstände.

Bei der Georgia führt das optische Kerning sogar zu einem tadellosen Ergebnis.

Nur geringfügig, aber dennoch besser wird die Zurichtung der PT Futura durch optisches Kerning.

Hier habe ich das Kerning der Josefin Slab manuell korrigiert.

Manuelles Kerning bei der Georgia

Manuelles Kerning der PT Futura

Manuelles Kerning ist Gefühlssache. Oft hilft es, zur Optimierung der Abstände den Text auf den Kopf zu stellen oder zu spiegeln.

In manchen Situationen führt das optische Kerning zu unbrauchbaren Ergebnissen. Es darf nicht auf gebundene Schreibschriften angewendet werden.

Nur mit dem regulären Kerning der Schriftart sieht die Black Jack korrekt aus.

Hintergrund

Basis jeder Typografie ist der Hintergrund, auf dem sie gestaltet wird. Im Print-Design ist der Hintergrund meist Papier oder Karton. Papier lässt sich grundsätzlich in zwei Kategorien einteilen: gestrichenes und ungestrichenes (englisch: coated und uncoated).

Die Oberfläche gestrichenen Papiers wird mit einer Art Leim versiegelt. Dadurch werden Fasern und Poren geschlossen, sodass Druckfarbe auf der Oberfläche stehen bleibt, was kräftige und satte Farben ermöglicht. Ungestrichenes Papier saugt Druckfarbe auf und erlaubt weniger Farbauftrag, weshalb nur eine beschränkte Lebendigkeit und Tiefe zu erzielen ist. Fotos wirken in aller Regel auf gestrichenem Papier besser. Dennoch ist ungestrichenes Papier weder prinzipiell schlechter noch generell billiger. Es ist anders.

Während die Oberfläche gestrichener Papiere zu Lichtreflexen neigt, streuen die Fasern ungestrichener das Licht, wodurch störende Reflexe vermieden werden. Deshalb muss man bei auf gestrichenes Papier gedruckten Magazinen häufig den Winkel, in dem man es hält, ändern, um Lichtreflexe vom Text zu bekommen.
Auf dem ungestrichenen Papier von Zeitungen oder Romanen ist das so gut wie nie der Fall. Gestrichenes Papier ist tendenziell besser für Bilder, ungestrichenes für die Lesbarkeit.

Gestrichenes Papier kann hochglänzend, glänzend, halbmatt oder matt sein sowie verschiedene andere Eigenschaften oder Effekte aufweisen. Dieses Buch ist auf mattgestrichenem Papier gedruckt.

Ungestrichenes Papier reicht vom billigen Zeitungspapier über hochwertiges Papier für den Buchdruck bis hin zu exklusiven und teuren Papieren mit Strukturen und Einschlüssen.

Der Hintergrund muss allerdings nicht immer nur blankes Papier sein. Als Gestalter steht es Ihnen frei, Text beliebig mit Farbflächen, Strukturen oder Bildern zu hinterlegen. Allerdings sollte damit sehr bewusst umgegangen werden, soll Text lesbar bleiben. Unruhige Hintergründe oder geringer Kontrast zwischen Text und Grundfläche machen das Lesen mühsam, im schlimmsten Fall kann nicht mehr gelesen, sondern nur mehr geraten werden. Wichtig ist zum einen, dass ein ausreichender Kontrast zwischen Schrift und Hintergrund besteht, zum anderen, dass der Hintergrund keine unruhige Struktur aufweist.

Für das Web- und Screendesign gilt selbstverständlich dasselbe. Hierbei kommt noch hinzu, dass meine Designs auf unterschiedlichen Geräten dargestellt werden und sowohl deren Farbdarstellung, deren Helligkeit als auch deren Kontrast unterschiedlich sein wird. Ich darf mich zwar auch als Print-Designer nicht allein auf meinen Monitor verlassen, doch ein farbverbindlicher Ausdruck (Proof) kann Sicherheit geben. Eine vergleichbare Möglichkeit existiert für das Webdesign leider nicht.

Violettblau bietet auf Gelb ausreichend Kontrast für eine akzeptable Lesbarkeit.

Mittleres Blau auf Orange ist grenzwertig.

Himmelblau auf Rot ist inakzeptabel.

Diese Grautöne geben den Helligkeitsunterschied der violettblauen Schrift auf gelbem Hintergrund wieder.

Diese Grautöne entsprechen dem Kontrast des Blaus auf dem Orange.

Diesen Helligkeitsunterschied weisen Himmelblau und Rot auf.

Vor hellen Farben kommt Text in Schwarz optimal zur Geltung.

Auf mittleren Tönen wirkt Schwarz hingegen schon sehr schwer.

Auf vielen Farben wirkt weiße Schrift freundlicher als schwarze.

Text auf Bild ist kritisch – selbst relativ ruhige Strukturen machen die Lesbarkeit von Lesetextgrößen zur Zumutung.

Hier liegt eine weiße Fläche mit 75 % Deckkraft über dem Bild – die Lesbarkeit bleibt dennoch inakzeptabel.

Schatten oder Konturen können bei Überschriften helfen, nur selten jedoch in Lesetextgrößen.

Zwei flinke Boxer jagen die quirlige Eva und ihren Mops durch Sylt. Das ist ein Pangramm. Es enthält alle Buchstaben des Alphabets und wird oft als Blindtext genutzt.

Zwei flinke Boxer jagen die quirlige Eva und ihren Mops durch Sylt. Das ist ein Pangramm. Es enthält alle Buchstaben des Alphabets und wird oft als Blindtext genutzt.

Zwei flinke Boxer jagen die quirlige Eva und ihren Mops durch Sylt. Das ist ein Pangramm. Es enthält alle Buchstaben des Alphabets und wird oft als Blindtext genutzt.

Zwei flinke Boxer jagen die quirlige Eva und ihren Mops durch Sylt. Das ist ein Pangramm. Es enthält alle Buchstaben des Alphabets und wird oft als Blindtext genutzt.

Zwei flinke Boxer jagen die quirlige Eva und ihren Mops durch Sylt. Das ist ein Pangramm. Es enthält alle Buchstaben des Alphabets und wird oft als Blindtext genutzt.

Zwei flinke Boxer jagen die quirlige Eva und ihren Mops durch Sylt. Das ist ein Pangramm. Es enthält alle Buchstaben des Alphabets und wird oft als Blindtext genutzt.

Zwei flinke Boxer jagen die quirlige Eva und ihren Mops durch Sylt. Das ist ein Pangramm. Es enthält alle Buchstaben des Alphabets und wird oft als Blindtext genutzt.

Zwei flinke Boxer jagen die quirlige Eva und ihren Mops durch Sylt. Das ist ein Pangramm. Es enthält alle Buchstaben des Alphabets und wird oft als Blindtext genutzt.

Zwei flinke Boxer jagen die quirlige Eva und ihren Mops durch Sylt. Das ist ein Pangramm. Es enthält alle Buchstaben des Alphabets und wird oft als Blindtext genutzt.

Kapitel 5: **Farbe**

Farbe ist ein ambivalentes Wesen. Physikalisch scheint der Träger der Farbe – das Licht – sowohl Teilchen als auch Welle zu sein. Das widerspricht sich zwar, wird allerdings in der Physik als *Welle-Teilchen-Dualismus* akzeptiert.

In weißem Licht sind alle Farben enthalten. Fällt Sonnenlicht in ein Regenfeld, wird es manchmal so gebrochen, dass die Spektralfarben im Regenbogen sichtbar werden. Wir identifizieren darin üblicherweise die Farben Violett, Blau, Grün, Gelb, Orange und Rot. Die Unterteilung der Spektralfarben in genau diese sechs Töne ist allerdings rein willkürlich. Tatsächlich sind die Übergänge der Farben stufenlos, sodass man als Grafiker ebenso Cyan im Spektrum identifizieren kann. Demgegenüber hätte ein Mensch des Mittelalters kein Orange genannt, da der entsprechende Farbton erst in der Neuzeit den Stellenwert einer eigenständigen Farbe erhielt. Davor galt er entweder als Gelb- oder Rotnuance.

Farbe lässt sich anhand ihrer Wellenlänge messen. Natürliche Farben sind in aller Regel Mischungen mehrerer Wellenlängen. Es ist umstritten, ob Rot, Grün, Blau & Co tatsächlich so existieren, wie wir sie wahrnehmen. Vielmehr geht man davon aus, dass Farben *lediglich* Empfindungen sind, die durch Impulse bestimmter Wellenlängen ausgelöst werden. Farbe ist kein Ding, sondern eine Emotion.

Sprachlich sind Farben sowohl Objekt als auch Eigenschaft, weshalb sie auch je nach Kontext einmal groß- und einmal kleingeschrieben werden – manchmal kann man sich streiten, ob das eine oder andere richtig ist.

Die Farbtemperatur von Licht wird in Kelvin (K) angegeben. Kaltes Licht mit einer Temperatur von 1000 K ist rötlich, während warmes Licht bei 15 000 K bläulich ist. Auch das ist ein Widerspruch, nämlich zu unserer Empfindung. Blau wird als kalt empfunden, während rot heiß wahrgenommen wird. Ich habe von Versuchen gelesen, in denen die Temperatur in einem in Blau ausgestatteten Raum als geringer empfunden wurde als in einem, in dem Rot dominierte, obwohl die Raumtemperaturen tatsächlich identisch waren.

Ohne Farbe keine grafische Gestaltung! »Das ist nicht richtig«, höre ich oft, wenn ich das behaupte. Man könne ja auch in Schwarzweiß gestalten. Die Aussage bezieht sich auf die Behauptung, dass Schwarz, Weiß und Grau keine Farben seien. Doch wenn Schwarz, Weiß und Grau keine Farben sind, was sind sie dann? Bei Schwarz könnte man den Einwand noch gelten lassen, schließlich entspricht absolutes Schwarz der Abwesenheit von Licht. Schwarz ist *kein* Licht und ohne Licht keine Farbe. Weiß hingegen enthält alle Farben. Weshalb sollte es also keine Farbe sein? Und Grau ist gedämpftes Weiß, weshalb für es dasselbe gelten muss wie für Weiß.

Betrachten wir Farbe als Emotion, müssen wir Schwarz, Weiß und Grau ebenso als Farbe anerkennen wie Rot, Grün, Blau und alle anderen. Das *Problem* liegt an der Sprache. Im Deutschen steht »Farbe« zunächst einmal für Buntheit. Schwarz, Weiß und Grau jedoch sind nicht bunt, weshalb sie eben oft auch nicht als Farbe gelten. Gleichzeitig umfasst der Begriff »Farbe« aber auch alle Farben, sowohl die mit als auch die ohne Buntheit. »Welche Farbe hat deine Hose?« »Schwarz.« Niemand würde darauf antworten: »Schwarz ist doch gar keine Farbe!«

In den Farbenlehren gehören heute Schwarz, Weiß und Grau ebenso zu den Farben wie Rot, Orange, Gelb, Grün, Blau, Violett und alle anderen Farbtöne. Man unterscheidet lediglich zwischen *bunten* und *unbunten Tönen*. Ich werde im Weiteren »Farbe« als Begriff für alle Farbtöne *inklusive* der unbunten Farben einsetzen, während ich die Begriffe »Buntton« und »Buntfarbe« nutzen werde, wenn tatsächlich bunte Farben gemeint sind.

Farbe ist für den Grafiker das, was für den Töpfer Ton ist. Sie ist für die grafische Gestaltung unverzichtbar. Die Wirkung von Grafikdesign ist maßgeblich von der Wahl und dem Zusammenspiel der Farben abhängig. Auf Seite 45 haben Sie gesehen, dass Farbe prägnanter wirkt als Form und gleiche Farben deutlicher als zusammengehörig wahrgenommen werden als gleiche Formen. Bewusst eingesetzt kann ich mit Farbe Beziehungen zwischen Elementen herstellen oder hervorheben, was besonders prägnant zu sein hat. Farbe wird mit Assoziationen verbunden und löst Emotionen aus. Mit Farbe lässt sich Kommunikation formen wie mit Ton Gefäße.

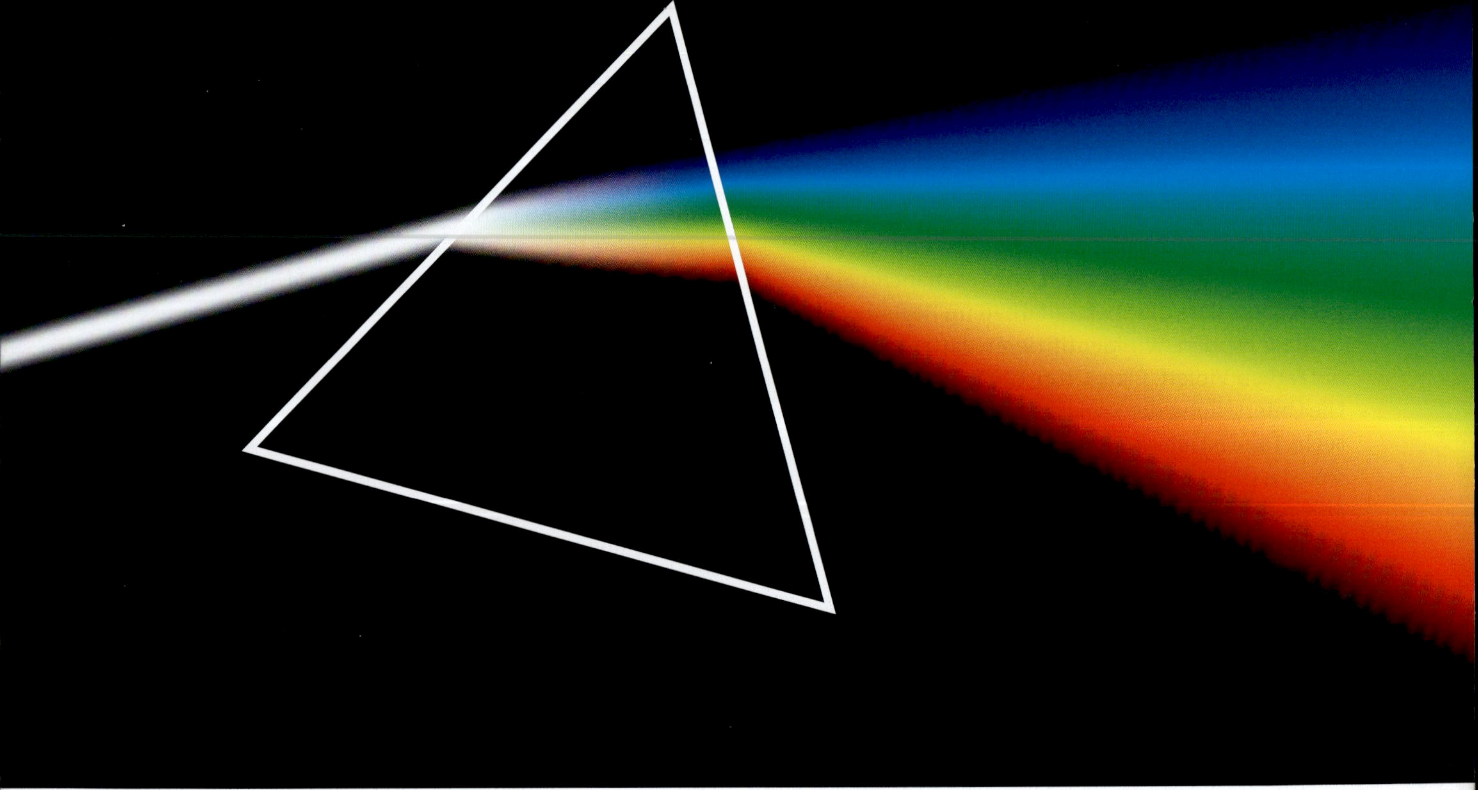

Lichtfarben

Der Begriff »Lichtfarbe« ist an sich unsinnig, da es ohne Licht gar keine Farbe geben kann. Von *Lichtfarbe* spricht man, wenn die Quelle farbiger oder auch weißer Licht strahlen ein selbstleuchtender Körper ist. Die Sonne ist ein selbstleuchtender Körper, der weißes Licht abstrahlt. Wird Metall erhitzt, leuchtet es je nach Temperatur rot, orange oder gelb bis weiß. Der heißeste Teil einer Flamme ist bläulich. Wenn Sie vor einer Lampe einen Farbfilter anbringen, gibt sie Licht in der entsprechenden Farbe ab.

Den Menschen ist schon lange bekannt, dass sich weißes Licht in Glas so brechen lässt, dass sich das Farbenspiel eines Regenbogens zeigt. Doch erst Newton erkannte, dass wieder weißes Licht entsteht, wenn die mittels eines Prismas gebrochenen Farben mit Hilfe einer Linse gebündelt werden.

Trifft sich Licht verschiedener Farben, mischt es sich zu einer neuen Farbe. Blau und Grün beispielsweise mischen sich zu Cyan; Blau und Rot ergeben Violett oder Pink; Grün und Rot werden zu Gelb. Je mehr Lichtfarben sich mischen, desto heller der Ton, der entsteht. So ist auch Weiß zu erzielen. Da die neue Farbe durch Zusammenführen von Lichtfarben entsteht, spricht man von »additiver Farbmischung«.

Mit Hilfe eines Glasprismas lässt sich weißes Licht in seine Spektralfarben brechen.

Mit Hilfe einer Linse lassen sich farbige Lichtstrahlen bündeln. Umfassen die gebündelten Strahlen das gesamte Spektrum, entsteht Weiß.

Hier treffen sich die Lichtkegel eines grünen, eines blauen und eines roten Spots auf einer weißen Fläche. Für Leute mit Erfahrung im Mischen von Malfarben irritierend: Rot und Grün ergeben Gelb, alle drei Farben mischen sich zu Weiß.

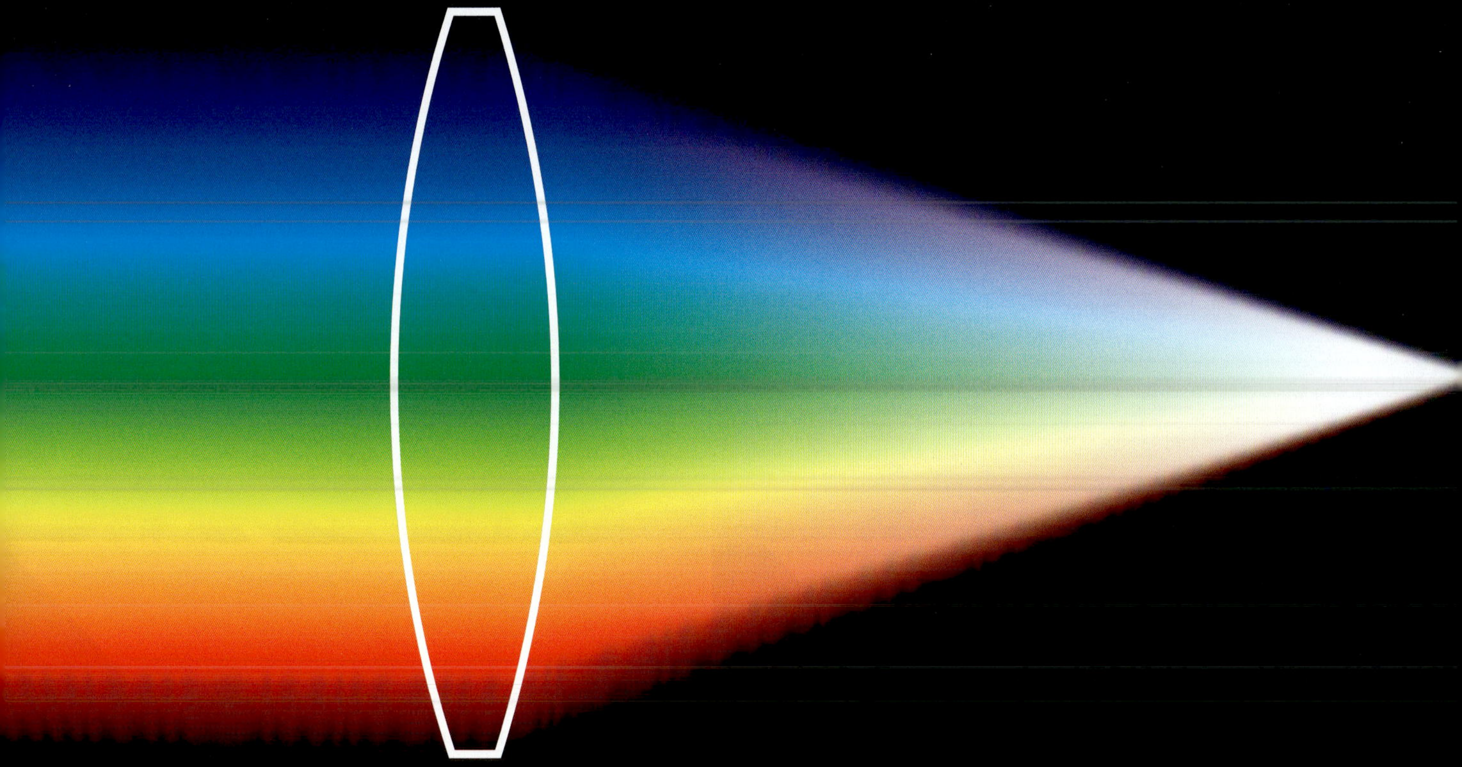

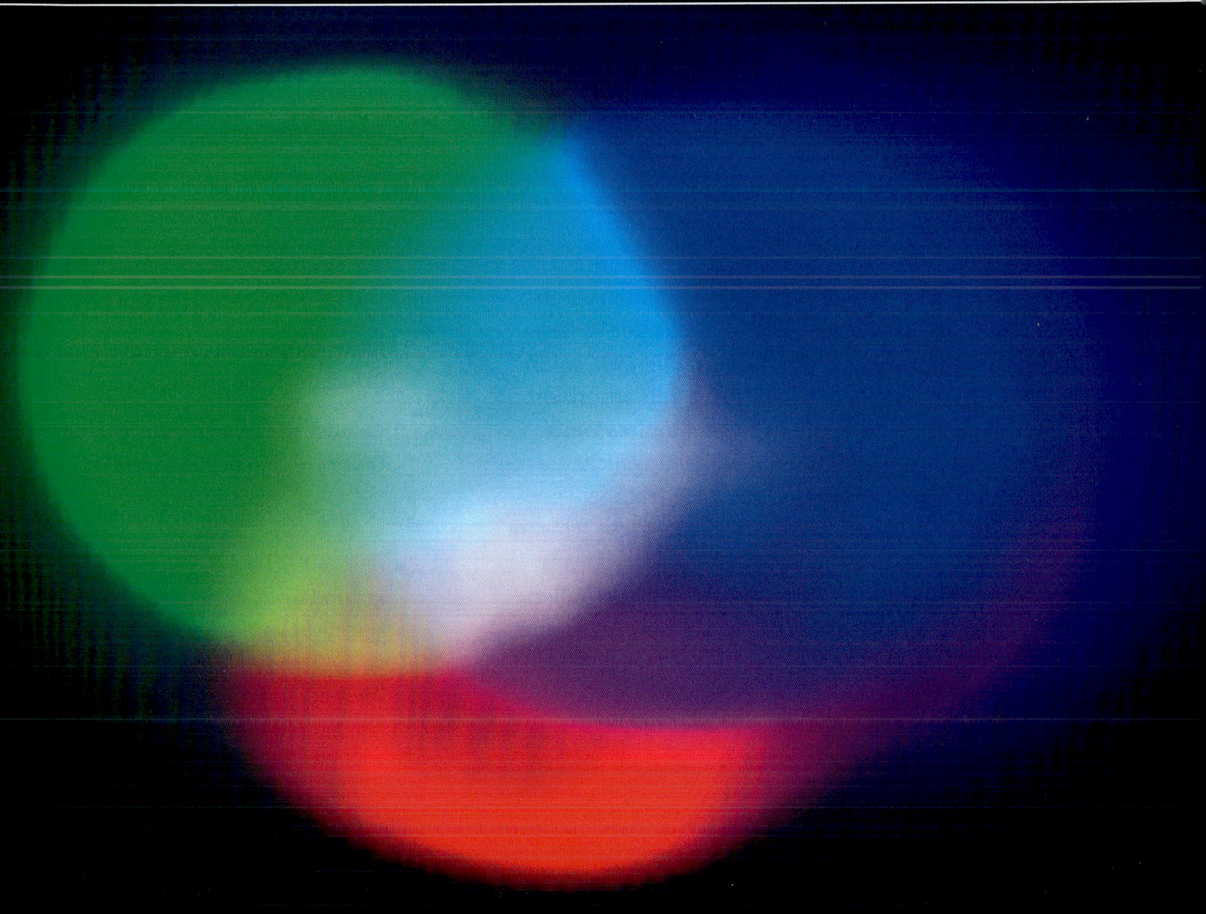

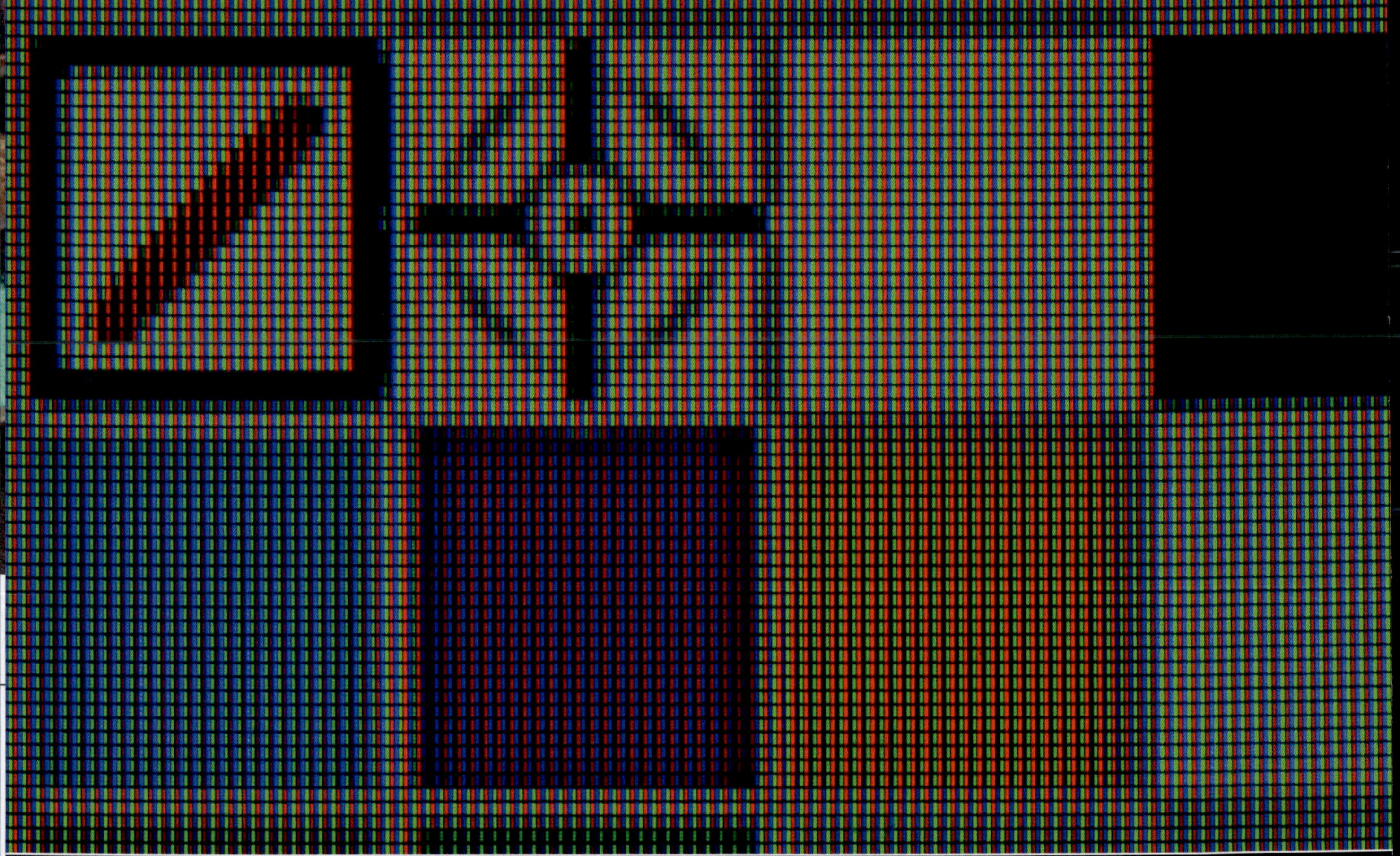

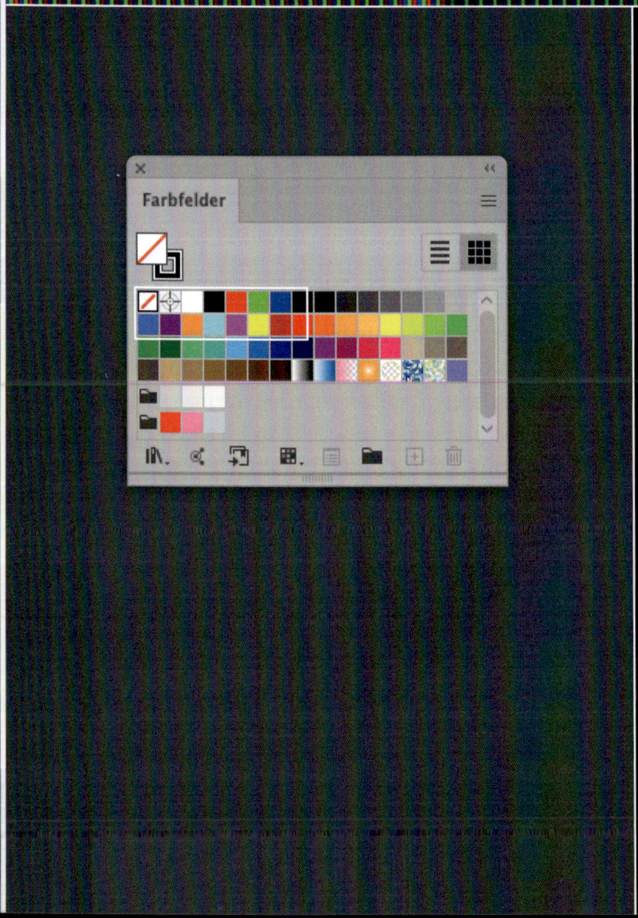
Farbfelder

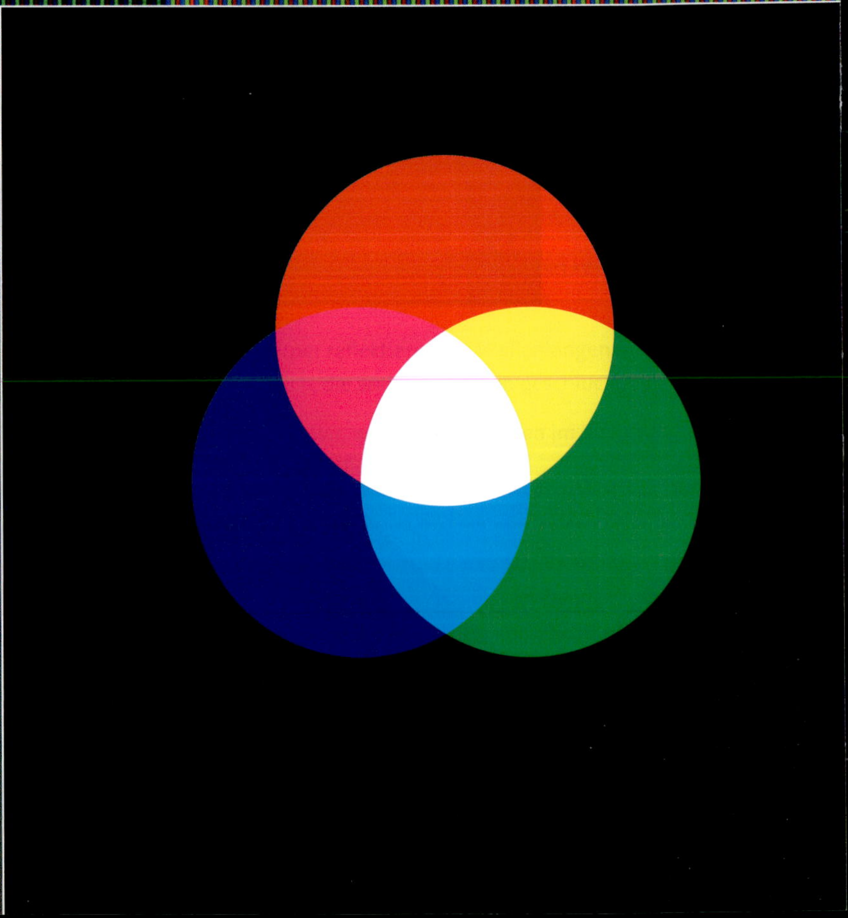

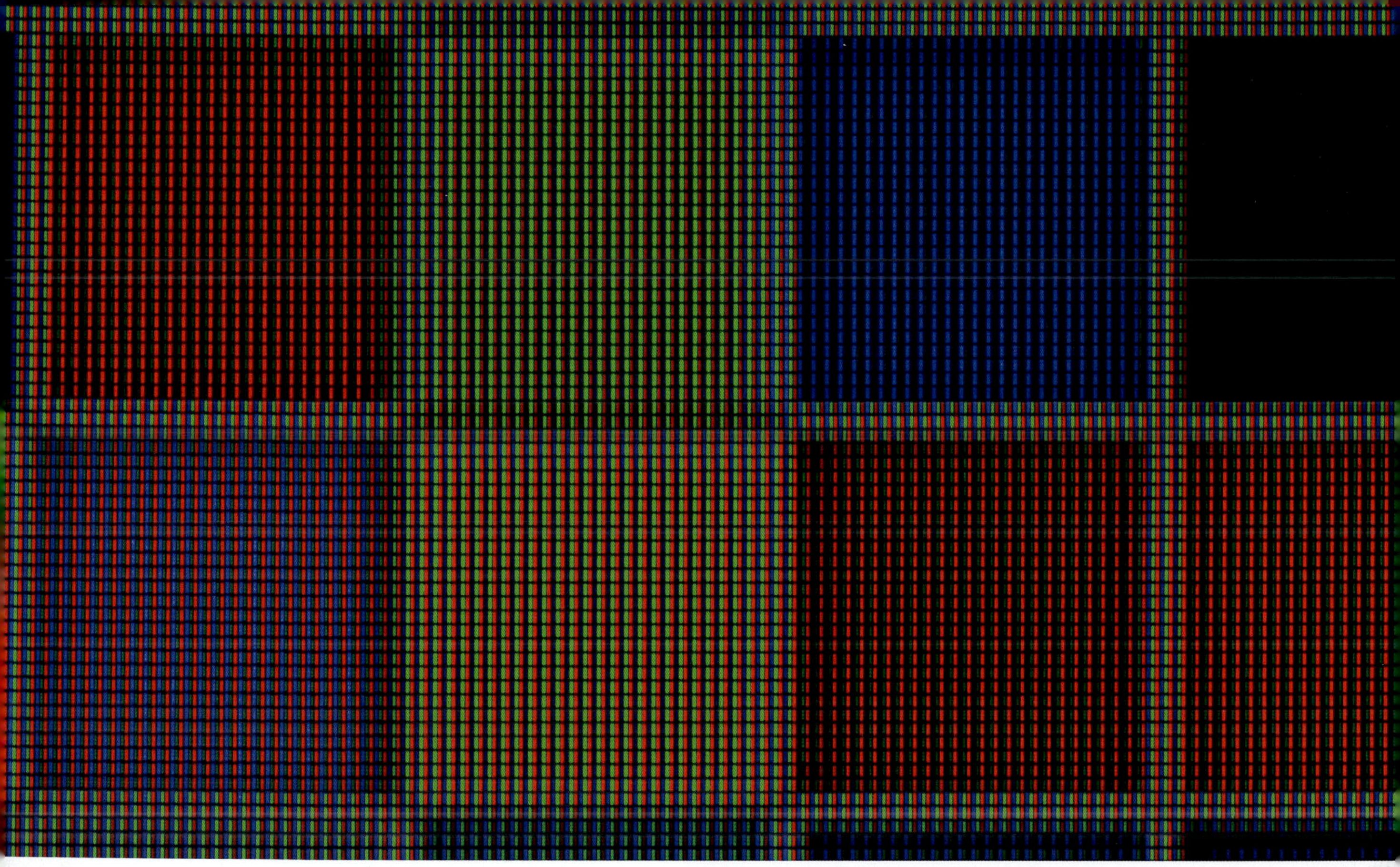

Bildschirmfarben

Reine Spektralfarben einer einzigen Wellenlänge lassen sich mit Lasern erzeugen, begegnen uns im Alltag je doch kaum. Natürlich vorkommende Farben sind meist Bündel mehrerer Wellenlängen. Fast alle Farben lassen sich durch Mischung erzielen. Die Farbempfindung Orange beispielsweise wird sowohl durch Licht in einer Wellenlänge von etwa 590 Nanometer (nm) ausgelöst, als auch durch eine Mischung von Wellenlängen des Rot- und Gelbbereichs und ebenso durch die Mischung von Wellenlängen des Rot- und Grünspektrums.

Für Bildschirme macht man sich zunutze, dass sich mit den Lichtgrundfarben Rot, Grün und Blau ein großer Teil des vom Menschen wahrnehmbaren Farbspektrums erzielen lässt. Dafür wurde für Rot eine Wellenlänge von 700 nm genormt, für Grün 546,1 nm und für Blau 435,8 nm. Entsprechend der Grundfarben Rot, Grün und Blau wird das Farbmodell kurz »RGB« genannt.

Die Makroaufnahme meines Monitors macht die roten, grünen und blauen Subpixel der Bildschirmpixel sichtbar. Die stumpfe Bildwirkung ist der Druckwiedergabe geschuldet. Während Lichtrot, -grün und -blau in unseren Augen zu Weiß verschmelzen, wirken die matteren Varianten des Vierfarbendrucks gräulich. Das liegt daran, dass sich Lichtfarben zu helleren Farben *summieren*, während Körperfarben dem weißen Umgebungslicht Lichtanteile *entziehen*.

Das weiße Rähmchen über der Farbe-Palette von Adobe Illustrator markiert den Ausschnitt, der in der Makroaufnahme darüber zu sehen ist.

Die Lichtfarben Rot, Grün und Blau ergeben als Zweiermischung jeweils Gelb, Cyan und Magenta; alle zusammen mischen sich zu Weiß.

Druckfarben

Die Lichtfarben Rot, Grün und Blau mischen sich zu Gelb, Cyan und Magenta. Cyan, Magenta und Gelb (Yellow) sind die bunten Grundfarben der meisten Druckverfahren. Diese werden in der Praxis meist mit Schwarz als vierter Farbe ergänzt, weshalb man von Vierfarbendruck (4C, 4 Colors, CMYK) spricht. Cyan, Magenta und Gelb entsprechen zwar den Mischungen je zweier RGB-Farben, weisen jedoch als Körperfarben nicht die Intensität der Lichtfarben auf.

Mischt man Cyan mit Magenta, entsteht Blau; Magenta und Gelb ergeben Rot; Gelb und Cyan resultieren in Grün. Die Mischung zweier bunter CMYK-Farben ergibt also die Grundfarben von RGB, so wie zwei RGB-Grundfarben gemischt die Grundfarben von CMYK ergeben. Die beiden Systeme sind quasi spiegelgleich. Zumindest theoretisch.

In der Praxis sind nicht nur die CMYK-Grundfarben Cyan, Magenta und Gelb matter als die äquivalenten RGB-Mischfarben, sondern deren Mischung unterscheidet sich noch deutlicher von den Lichtgrundfarben. Bei Rot ist der Unterschied zwischen der RGB- und CMYK-Variante zwar überschaubar, bei Grün jedoch deutlich und CMYK-Blau unterscheidet sich drastisch vom RGB-Äquivalent – es entspricht eher Violett als Blau und ist dunkel statt intensiv.

In der Theorie ergeben Cyan, Magenta und Gelb außerdem Schwarz. In der Praxis jedoch wirkt der mit den Druckfarben des Auflagendrucks zu erzielende Schwarzton zu matt und schmutzig. Deswegen werden die drei bunten Grundfarben auch um Schwarz ergänzt. Da B im RGB-Farbmodell Blau repräsentiert, steht im Vierfarbendruck nicht B für Schwarz (Black), sondern K. K ist von *Keycolor* abgeleitet. *Schlüsselfarbe*, weil Schwarz eher die Funktion einer Zusatz- denn einer Grundfarbe zukommt – es ist sozusagen der Schlüssel zu tiefem Schwarz.

Während Schwarz (kein Licht) die Basis von RGB bildet und durch Mischung der Grundfarben Weiß entsteht, ist die Basis des Vierfarbendrucks das Weiß des Papiers und durch Mischung entsteht Schwarz (in der Praxis eben verstärkt durch schwarze Pigmentfarbe als Zusatz). Auch diesbezüglich sind RGB und CMYK praktisch gegengleich. Die beiden Farbmodelle ergänzen und spiegeln sich, auch wenn die Ergebnisse der Mischungen nicht ganz identisch sind.

Makroaufnahme eines Bildes in meinem Buch »Die kreative Fotoschule«, knapp 20-fach vergrößert. Die Rasterpunkte in Cyan, Magenta und Gelb sind deutlich zu erkennen, dazwischen auch schwarze Rasterpunkte. Wo die Grundfarben übereinander gedruckt sind, entstehen Rot und Blau – Grüntöne sind im Bildausschnitt nicht vorhanden.

Die Originalaufnahme zur vergrößerten Abbildung darüber – das weiße Rähmchen markiert den Bildausschnitt.

Cyan, Magenta und Gelb und die Mischresultate, die im Übereinanderdruck entstehen

Auf meinem Blog stehen einige Seiten mit Beispielen zur Farbenlehre online, die einige der in diesem Buch abgebildeten Beispiele in RGB zeigen. Sie erreichen diese über *www.quq.direct/farbe-1* oder den QR-Code oben.

Primärfarben

Grundfarben werden auch »Primärfarben« genannt. Primärfarben sind per Definition Farben, die nicht durch Mischung anderer Farben zu erzielen sind. Wer Erfahrung im Malen mit Öl, Acryl, Aquarell oder Ähnlichem hat, weiß, dass sich Grün aus Blau und Gelb mischen lässt, Orange aus Gelb und Rot und Violett aus Blau und Rot. Gelb und Blau hingegen sind durch Mischung nicht zu erzielen. Rot lässt sich zwar mischen, allerdings nur, wenn Magenta zur Verfügung steht, das selbst durch Mischung nicht zu erreichen ist.

Magenta ist ein Sonderfall unter den Primärfarben. Während Rot, Grün, Blau, Gelb und Cyan als Spektralfarben existieren, ist Magenta eine Mischung von Wellenlängen des Blau- und Rotbereichs.

Ein Farbstoff, der dem heutigen Magenta entspricht, wurde erstmals in den 1850er-Jahren unter dem Namen »Fuchsin« vorgestellt. Es handelt sich um einen der ersten chemisch hergestellten Farbtöne. *Fuchsin* ist von *Fuchsie* abgeleitet, einer Zierpflanze, deren Blüte eine ähnliche Farbe aufweist. Der Malerei und Färberei stand vor 1856 kein vergleichbarer Ton zur Verfügung. Deshalb waren bis dahin Rot, Gelb und Blau Grundfarben der bildenden Kunst. Auch damit lässt sich der Farbenreichtum der Natur einigermaßen wiedergeben. Magenta jedoch erreicht zusammen mit Cyan und Gelb einen größeren Farbumfang, weshalb die drei Farben zusammen mit Schwarz die Basis des Vierfarbendrucks bilden.

Werden die Primärfarben des Vierfarbendrucks übereinander gedruckt, ergeben sich Blau, Grün und Rot. Das heißt, auf dem Papier besteht ein Vierfarbendruck aus sechs bunten Farben sowie Schwarz und Weiß (Papier). Rot, Grün und Blau sind in CMYK also sowohl Sekundär- als auch Primärfarben. Das entspricht auch der Bedeutung dieser Farben für die Gestaltung: Neben Gelb gelten Rot, Grün und Blau als *psychologische Grundfarben*, Cyan und Magenta hingegen nicht. Auch in ihrer Intensität unterscheiden sich Rot, Grün und Blau kaum von Cyan, Magenta und Gelb. Es ist somit nur folgerichtig, alle sechs als *Primärfarben der Gestaltung* zu betrachten.

Da die CMYK-Varianten von Rot, Grün und Blau nicht die Sättigung ihrer RGB-Äquivalente erreichen, ist damit nicht die Intensität einer Bildschirmwiedergabe zu erreichen. Das Problem liegt in der Physik und der *nicht perfekten Reinheit* der Druckfarben. Um den zu erzielenden Farbraum zu erweitern, gibt es Druckverfahren mit mehr als vier Grundfarben. Der deutsche Drucktechniker und Farbentheoretiker Harald Küppers entwickelte einen Siebenfarbendruck auf Basis seiner Farbenlehre und deren Grundfarben Cyanblau, Magentarot, Gelb, Orangerot, Grün, Violettblau, Schwarz und Weiß. Gedruckt werden sieben dieser acht Farben – Weiß kommt durch das Papier ins Spiel. Die Abkürzung dafür lautet CMYKOVG. Von Pantone gibt es ein System mit Namen »Hexachrome«, das auf sechs Grundfarben aufbaut: Cyan, Magenta, Gelb, Schwarz, Orange und Grün (CMYKOG).

Harald Küppers' Farbenlehre zählt auch Schwarz und Weiß zu den Grundfarben. Tatsächlich gibt es ohne Weiß keinen Vierfarbendruck. CMYK funktioniert nur auf einem weißen Träger, in der Regel Papier. RGB wiederum kann kein Schwarz erzeugen – wir sehen es, wenn Rot, Grün und Blau *off* sind. Den Begriff *Primärfarben* würde ich zwar bunten Farben vorbehalten, als Grundfarben, ohne die es einerseits kein CMYK und andererseits kein RGB gibt, sind sie aber dennoch zu betrachten. Auch psychologisch kommt den Farbeindrücken Schwarz und Weiß grundlegende Bedeutung zu.

Die klassischen Primärfarben der Malerei entsprechen etwa Karminrot, Kadmiumgelb und Ultramarinblau.

Die Primärfarben des Vierfarbendrucks und die *primären Sekundärfarben*.

Die untere Hälfte der Abbildung stellt das Druckraster der Buntstifte exemplarisch dar (es handelt sich nicht um eine Vergrößerung): Cyan und Magenta ergeben im Übereinanderdruck Blau, Cyan und Gelb Grün, Magenta und Gelb Rot. Inklusive Schwarz und Weiß (Papier) besteht das Resultat des Vierfarbendrucks aus acht Farben.

CMYK-Farbrad mit den sechs weiteren Sekundärfarben.

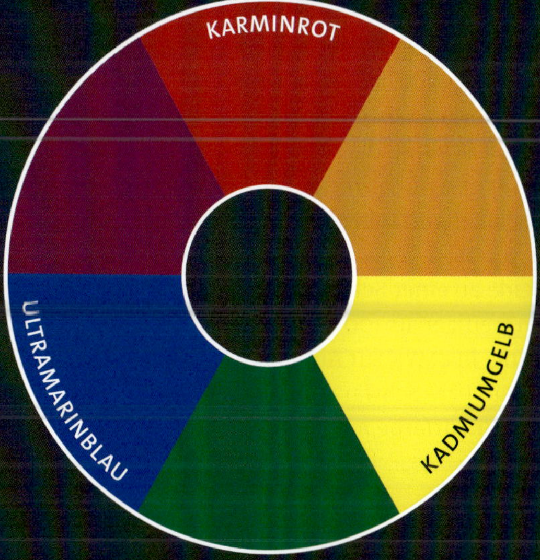

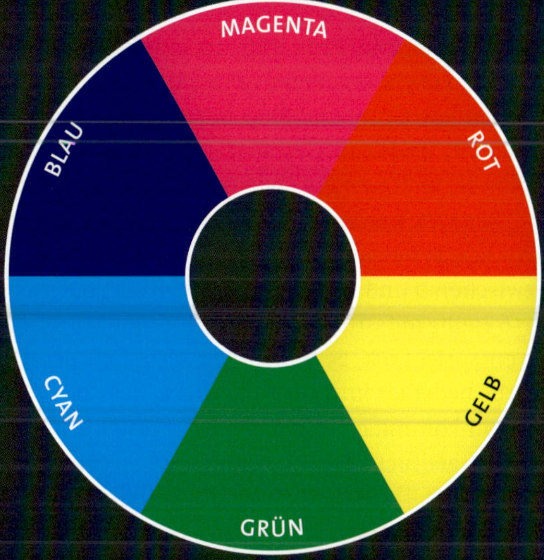

© Africa Studio | Shutterstock.com

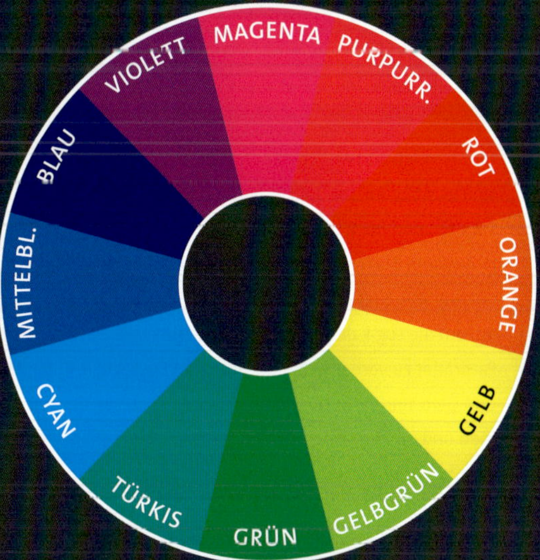

Sekundärfarben

Mischt man zwei Primärfarben, entsteht eine Sekundärfarbe. In CMYK ergeben 1:1-Mischungen der Primärfarben Rot, Grün, und Blau, in RGB erhalten wir Cyan, Magenta und Gelb. Gestalterisch kommt wie gesagt allen sechs Tönen die Bedeutung von Primärfarben zu.

In CMYK werden Farbanteile in Prozent angegeben. Für RGB verwenden die meisten Programme Werte zwischen 0 und 255. Diese beziehen sich auf die 256 Helligkeitsstufen, die mit 8 Bit möglich sind.[1] 0 entspricht 0 %, 255 entspricht 100 %. 0 % einer Primärfarbe bedeutet im Vierfarbendruck, dass sie nicht zu Papier kommt, bei 100 % wird eine durchgehende Fläche gedruckt. Die Werte dazwischen führen zur Rasterung – bei 50 % beträgt das Verhältnis von Rasterpunktgröße zu Freiraum dazwischen 50:50. In RGB bedeutet 0, dass die Lichtfarbe *off* ist, bei 255 leuchtet der Farbpunkt mit voller Intensität – stellen Sie sich eine Lampe in Primärfarbe mit einem Dimmer vor. Da jede Primärfarbe 100 % Anteil an einer Mischfarbe haben kann und die Anteile summiert werden, sind in RGB 300 % Farbe möglich, in CMYK 400 %. In der Druckvorstufe nennt man Letzteres »Farbauftrag«, und der ist ein relevanter Parameter der Druckproduktion.

Mischen wir eine Primärfarbe zu 100 % mit einer zweiten in geringerem Anteil, entstehen die moderateren Sekundärfarben Orange, Gelbgrün, Türkis[2], Mittelblau, Violett und Purpur. Diese sind zwar auch rein und lebendig, jedoch weniger *offensiv* als Rot, Grün, Blau, Gelb, Cyan und Magenta. Sie wirken ebenso freundlich, aktivierend und bunt, haben jedoch nicht die gleiche Signalwirkung. Das heißt, die sechs Primärtöne eignen sich zwar besser, um Aufmerksamkeit auf sich zu ziehen, führen aber auch eher zu einer aufdringlichen oder aggressiven Wirkung.

Weisen beide an einer Sekundärfarbe beteiligten Primärfarben weniger als 100 % auf, kommt es in RGB zur Schwärzung, in CMYK zur Aufhellung. Es ist, als würde man Weiß bzw. Schwarz hinzufügen, weshalb wir dann keine Sekundärfarbe mehr haben, sondern eine Tertiärfarbe.

Primärfarben wirken besonders intensiv. Das gilt in CMYK auch für Rot und Grün, obwohl sie in diesem Farbraum eigentlich Sekundärfarben sind.

Die Sekundärtöne zwischen den als primär empfundenen Farben sind ebenfalls kräftig, jedoch nicht ganz so plakativ.

Zwei bunte CMYK-Grundfarben zu je 100% gemischt führen zu einer besonders kräftigen Sekundärfarbe, die (etwa) einer RGB-Primärfarbe entspricht.

Auf RGB trifft dasselbe zu, nur umgekehrt.
Tipp: Die Screenshots zeigen das Farbe-Bedienfeld von Photoshop. Wenn Sie darin oder in einem ähnlichen Programm die Werte 0 Rot, 255 Grün und 255 Blau eingeben und die Farbe, die dann im Bildschirm zu sehen ist, mit der hier im Buch vergleichen, bekommen Sie eine Vorstellung davon, um wie viel leuchtender Farben am Monitor sein können.

Eine bunte Primärfarbe zu 100 % und eine zweite mit einem reduzierten Wert ergibt eine etwas moderatere Sekundärfarbe.

Für RGB gilt wieder dasselbe.

1 1 Bit ermöglicht zwei Zustände: 0 und 1, Schwarz oder Weiß. Bei 2 Bit sind es 4 Stufen, bei 3 Bit 8, bei 4 Bit 16, bei 5 Bit 32, bei 6 Bit 64, bei 7 Bit 128 und bei 8 Bit 256 Stufen.

2 In meinem Buch »Das ABC der Farbe« nannte ich diesen Ton bisher »Blaugrün«. Hier passe ich diesen Namen, wie auch ein paar andere, an, um die Logik der Bezeichnungen innerhalb der dargestellten Farbräder zu verbessern. Rot, Grün und Blau sowie Cyan, Magenta und Gelb sind zwar für die technischen Prozesse bei RGB-Bildschirmen und im Vierfarbendruck normiert, allgemein gelten jedoch keine verbindlichen Konventionen, wie die Farbe zu einem bestimmten Farbnamen genau auszusehen hat. Beispielsweise kann Ihre Vorstellung von Violett deutlich von dem rechts abgebildeten Farbton abweichen. Wo es keine allgemein gültigen Normen für die Bezeichnung einer Farbe gibt, muss ich den Namen selbst definieren, damit *die Kinder nicht namenlos bleiben*.

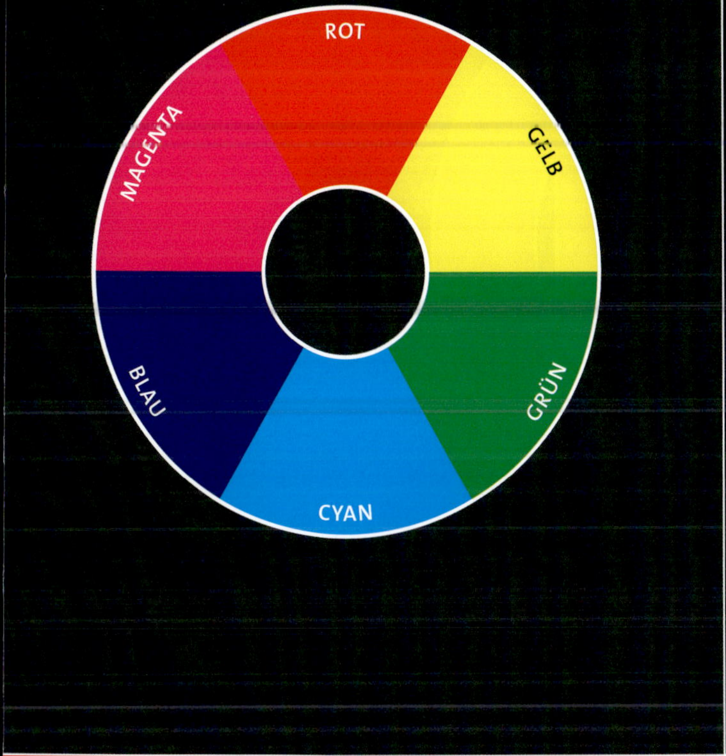
ROT
GELB
GRÜN
CYAN
BLAU
MAGENTA

ORANGE
GELBGRÜN
TÜRKIS
MITTELBLAU
VIOLETT
PURPUR

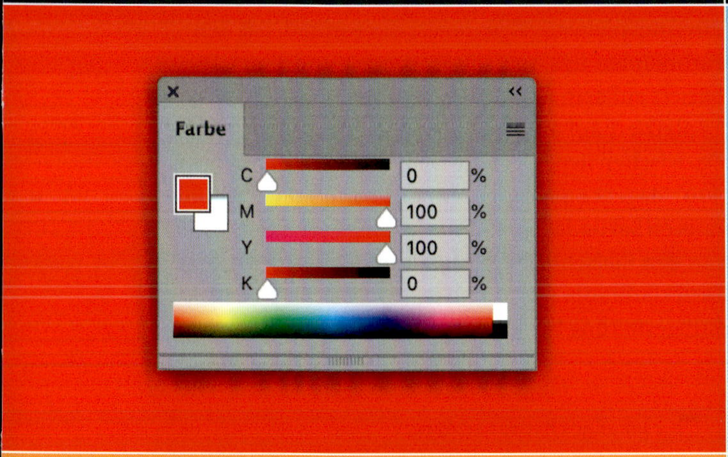
Farbe
C 0 %
M 100 %
Y 100 %
K 0 %

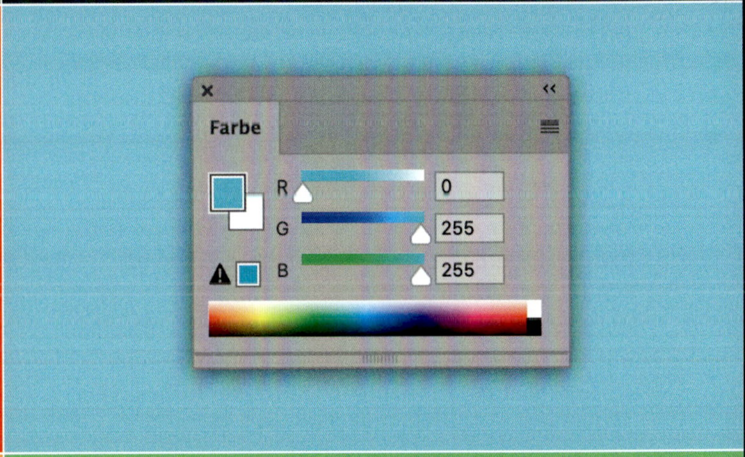
Farbe
R 0
G 255
B 255

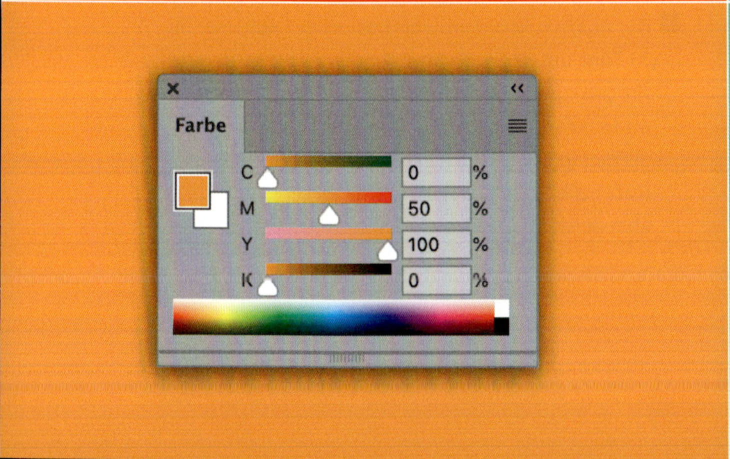
Farbe
C 0 %
M 50 %
Y 100 %
K 0 %

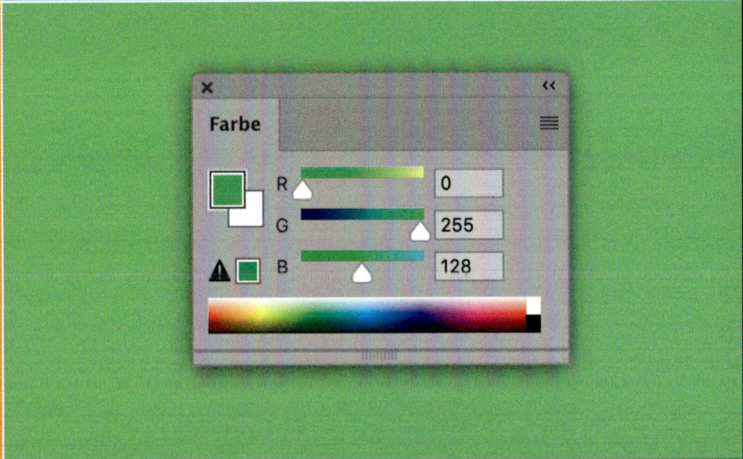
Farbe
R 0
G 255
B 128

Farbkreis

Ich bin überzeugt, dass man die Dinge besser handhaben kann, wenn man sie versteht und einzuordnen weiß. Als ich begann, mich detailliert mit Farbe auseinanderzusetzen, ging ich davon aus, dass es *ein* System zur Klassifizierung, Ordnung und Erklärung geben muss. Schnell lernt man jedoch, dass es nahezu unüberschaubar viele Modelle gibt. Das hängt zum einen damit zusammen, dass jedes System Stärken *und* Schwächen hat. Zum anderen spielt auch der Anwendungsbereich eine Rolle. Wir haben gesehen, dass sich RGB und CMYK ebenso ergänzen wie unterscheiden.

Seit Johannes Itten 1961 in »Kunst der Farbe« seine Farbenlehre vorgestellt hat, dominiert diese die Kunst und das Design. Itten geht bei seinem Ansatz von der menschlichen Wahrnehmung aus und stellt in seinem Farbkreis jeweils Farben gegenüber, die er als am gegensätzlichsten empfindet.

Als Itten seine Farbenlehre entwickelt, spielen CMYK und RGB noch keine große Rolle. Er geht von den Farben des Künstlers aus, und so findet sich in seinem Farbkreis weder Cyan noch Magenta. Der Praxis der Farbgestaltung des modernen Mediendesigns wird sein Ansatz nicht mehr gerecht.

Ein sinnvolleres System liefert das Farbrad, das den Farbräumen HSB, HSL sowie HSV zugrunde liegt. Dieses basiert auf dem Rot, Grün und Blau des RGB-Farbraums. Es platziert Rot auf 0°, Grün auf 120° und Blau auf 240°. Dazwischen liegen bei 60° Gelb, bei 180° Cyan und bei 300° Magenta und noch einmal dazwischen die moderateren Sekundärfarben. Es repräsentiert damit nicht nur den Bildschirmfarbraum RGB, sondern ebenso den Druckfarbraum CMYK, und ist somit als Grundlage zur Farbgestaltung im Mediendesign ideal geeignet.

Johannes Ittens Farbkreis

Der HSB/HSL/HSV-Farbkreis basiert auf RGB, hier in 24 Töne unterteilt und mit Angaben der Farbwerte für CMYK und RGB. Die RGB-Farben sind allerdings als Lichtfarben am Bildschirm deutlich intensiver als hier in der gedruckten Abbildung. Tatsächlich wären die Farben, wie sie rechts zu sehen sind, eher Tertiär- als Primär- oder Sekundärfarben.

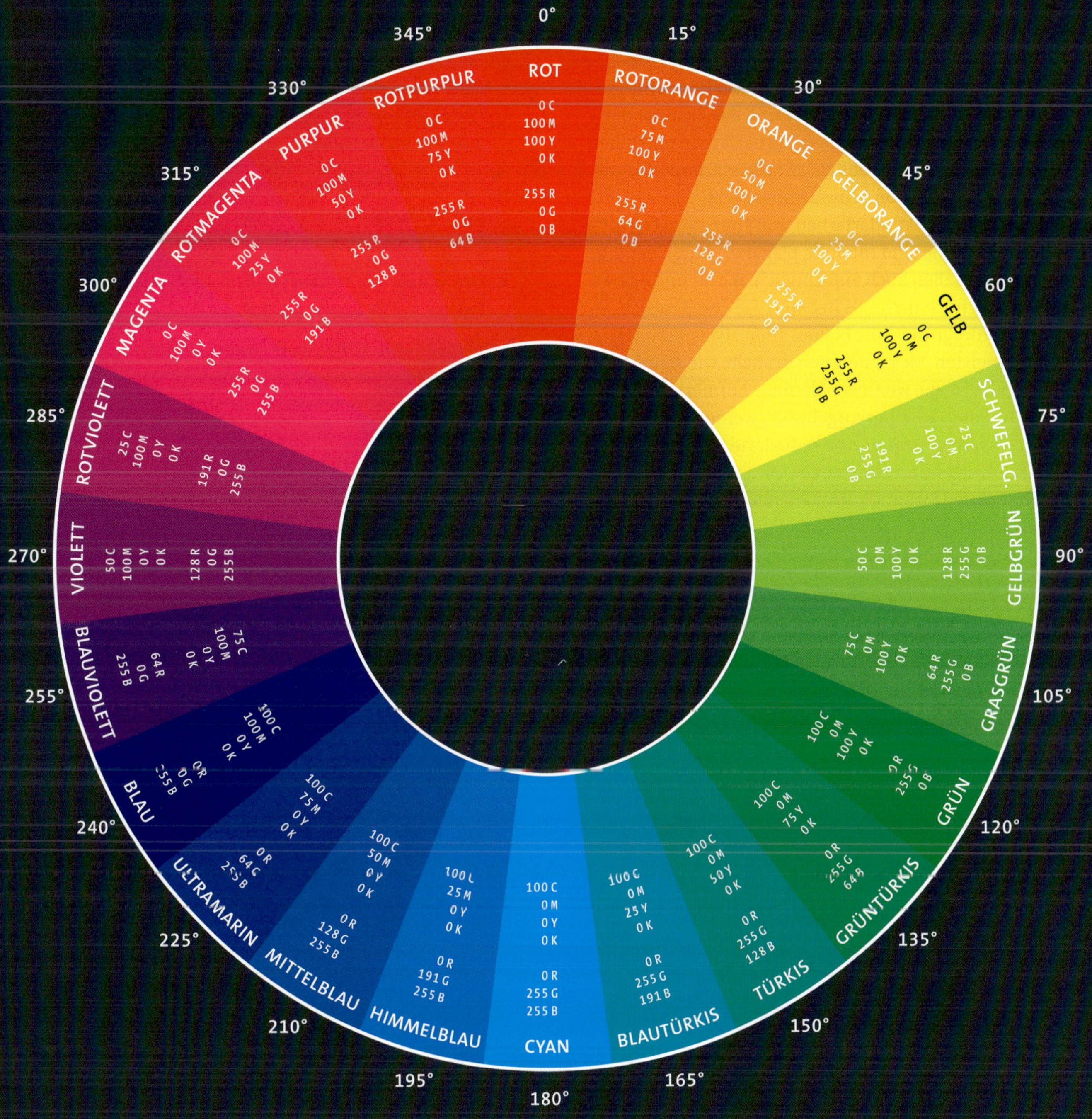
0°
15°
30°
45°
60°
75°
90°
105°
120°
135°
150°
165°
180°
195°
210°
225°
240°
255°
270°
285°
300°
315°
330°
345°
ROT
0 C 100 M 100 Y 0 K
255 R 0 G 0 B
ROTORANGE
0 C 75 M 100 Y 0 K
255 R 64 G 0 B
ORANGE
0 C 50 M 100 Y 0 K
255 R 128 G 0 B
GELBORANGE
0 C 25 M 100 Y 0 K
255 R 191 G 0 B
GELB
0 C 0 M 100 Y 0 K
255 R 255 G 0 B
SCHWEFELG.
25 C 0 M 100 Y 0 K
191 R 255 G 0 B
GELBGRÜN
50 C 0 M 100 Y 0 K
128 R 255 G 0 B
GRASGRÜN
75 C 0 M 100 Y 0 K
64 R 255 G 0 B
GRÜN
100 C 0 M 100 Y 0 K
2R 255G 0 B
GRÜNTÜRKIS
100 C 0 M 75 Y 0 K
0 R 255 G 64 B
TÜRKIS
100 C 0 M 50 Y 0 K
0 R 255 G 128 B
BLAUTÜRKIS
100C 0 M 25 Y 0 K
0 R 255 G 191 B
CYAN
100 C 0 M 0 Y 0 K
0 R 255 G 255 B
HIMMELBLAU
100 C 25 M 0 Y 0 K
0 R 191 G 255 B
MITTELBLAU
100 C 50 M 0 Y 0 K
0 R 128 G 255 B
ULTRAMARIN
100 C 75 M 0 Y 0 K
0 R 64 G 255 B
BLAU
100 C 100 M 0 Y 0 K
R G 255 B
BLAUVIOLETT
75 C 100 M 0 Y 0 K
64 R 0 G 255 B
VIOLETT
50 C 100 M 0 Y 0 K
128 R 0 G 255 B
ROTVIOLETT
25 C 100 M 0 Y 0 K
191 R 0 G 255 B
MAGENTA
0 C 100 M 0 Y 0 K
255 R 0 G 255 B
ROTMAGENTA
0 C 100 M 25 Y 0 K
255 R 0 G 191 B
PURPUR
0 C 100 M 50 Y 0 K
255 R 0 G 128 B
ROTPURPUR
0 C 100 M 75 Y 0 K
255 R 0 G 64 B

Tertiärfarben

Primärfarben sind technisch betrachtet Grundfarben, auf deren Basis sich annähernd alle anderen Farben mischen lassen, die selbst aber nicht durch Mischung zu erzielen sind. Sekundärfarben sind das Resultat der Mischung zweier Primärfarben. Tertiärfarben entstehen durch Mischung von mehr als zwei Primärfarben sowie durch Hinzufügen von Schwarz oder Weiß.

Primär- und Sekundärfarben weisen maximale Farbsättigung auf. Sie sind intensiv, plakativ, aktiv, lebendig und laut, zuweilen auch aufdringlich, schrill und aggressiv – in RGB noch mehr als in CMYK. Sie drängen sich in den Vordergrund – die blauen Töne etwas weniger, Rot am meisten. Sie eignen sich deshalb, wie schon gesagt, ideal dazu, wenn ein Element Aufmerksamkeit auf sich ziehen bzw. hervorgehoben werden soll.

Tertiärfarben weisen eine reduzierte Sättigung auf. Sie sind ruhiger und zurückhaltender. Strebt man nicht bewusst aktive Plakativität an, eignen sich Tertiärfarben besser zur flächigen Anwendung im Grafikdesign.

Je ausgeglichener die Anteile der Primärfarben an einem Tertiärton sind, desto weniger satt und lebendig fällt er aus. In RGB sinkt die Farbsättigung sogar auf 0, wenn Rot, Grün und Blau denselben Wert aufweisen. Das Ergebnis ist Grau – 128 Rot, 128 Grün und 128 Blau ergibt ein Grau mittlerer Helligkeit. Probieren Sie es aus!

Die Tertiärfarben des inneren Kreises sind entstanden, indem ich bei den Primär- und Sekundärfarben die jeweils fehlenden Farbanteile von 0 % auf 25 % erhöht habe.

Hier sind die Tertiärtöne durch Mischung mit der gegenüberliegenden Farbe – der Komplementärfarbe – entstanden.

Hier wurden die tertiären Farben durch Hinzufügen von 25 % Schwarz erzielt.

Bei den Tertiärfarben dieses Farbrades habe ich die Farbtöne um jeweils 25 % aufgehellt. Dadurch erhöht sich der Anteil der Papierfarbe, was dem Hinzufügen von Weiß entspricht.

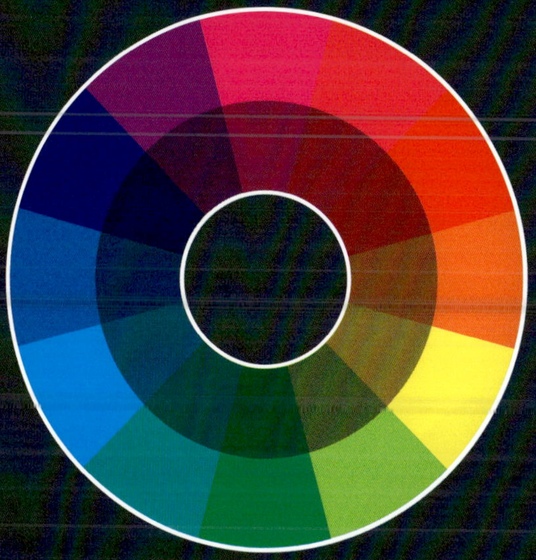
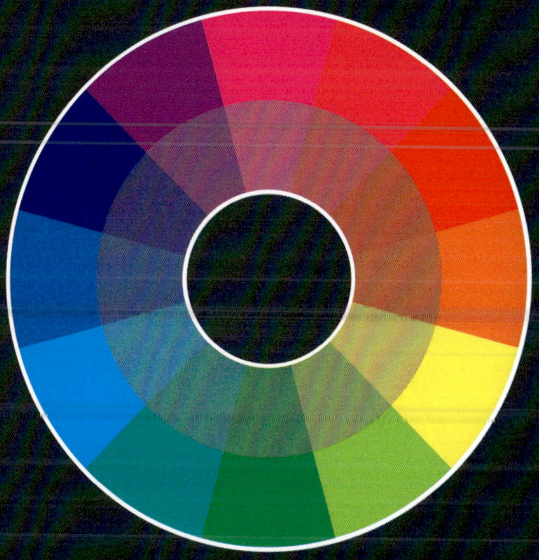
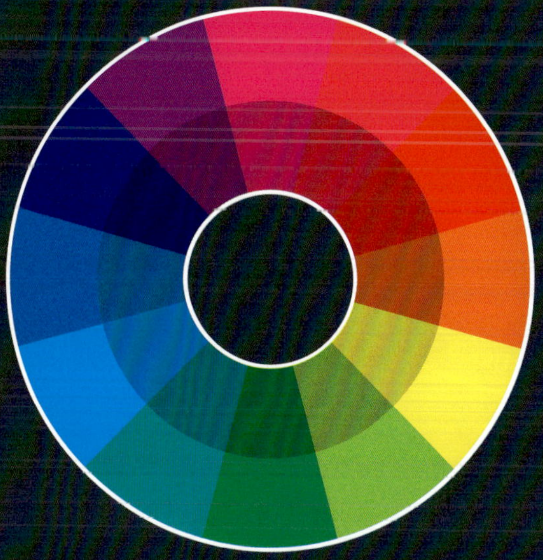
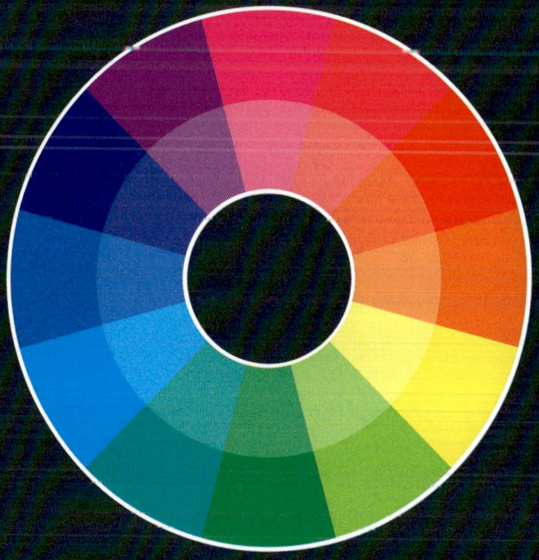

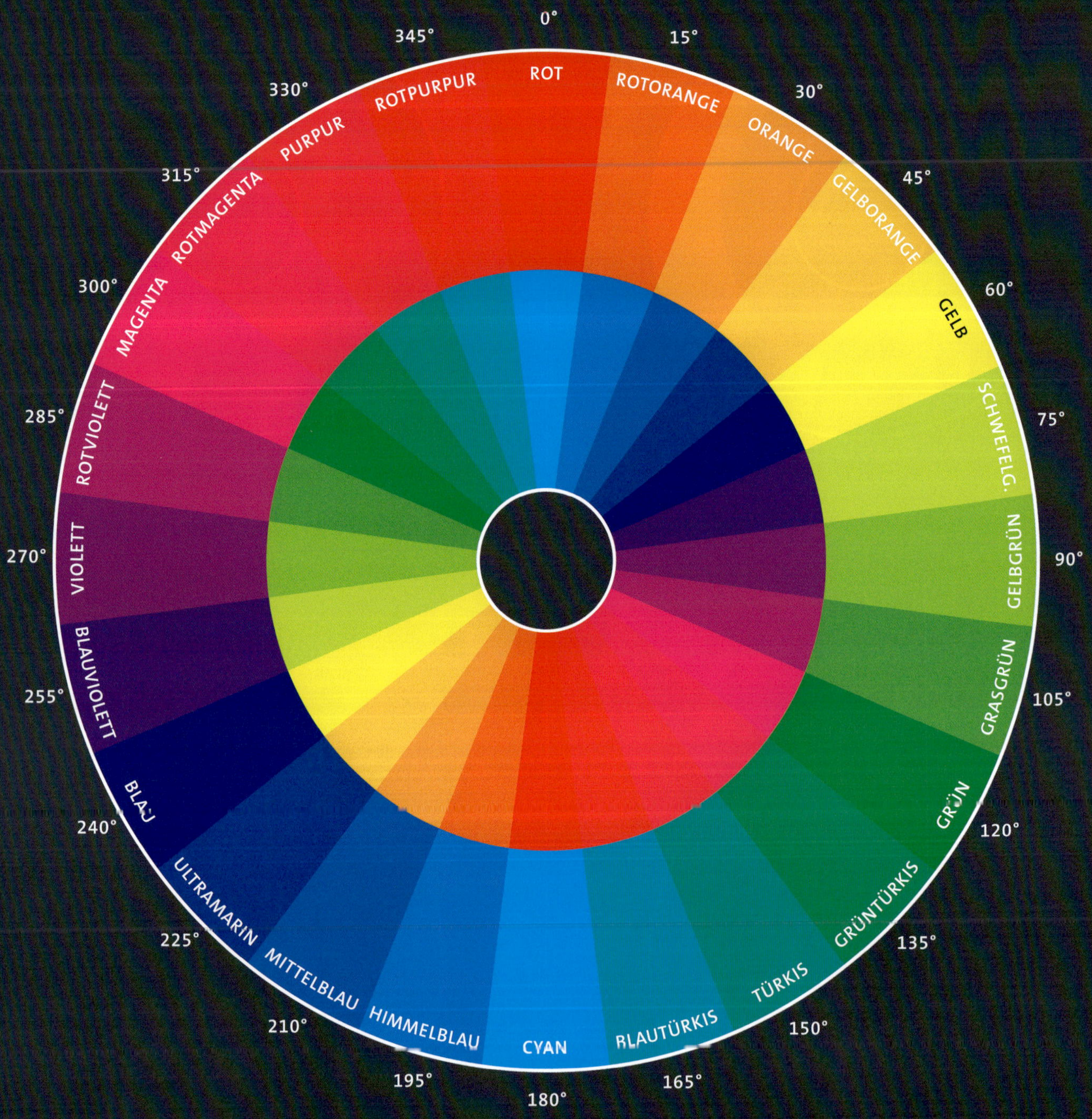
0°
ROT
15°
ROTORANGE
30°
ORANGE
45°
GELBORANGE
60°
GELB
75°
SCHWEFELG.
90°
GELBGRÜN
105°
GRASGRÜN
120°
GRÜN
135°
GRÜNTÜRKIS
150°
TÜRKIS
165°
BLAUTÜRKIS
180°
CYAN
195°
HIMMELBLAU
210°
MITTELBLAU
225°
ULTRAMARIN
240°
BLAU
255°
BLAUVIOLETT
270°
VIOLETT
285°
ROTVIOLETT
300°
MAGENTA
315°
ROTMAGENTA
330°
PURPUR
345°
ROTPURPUR

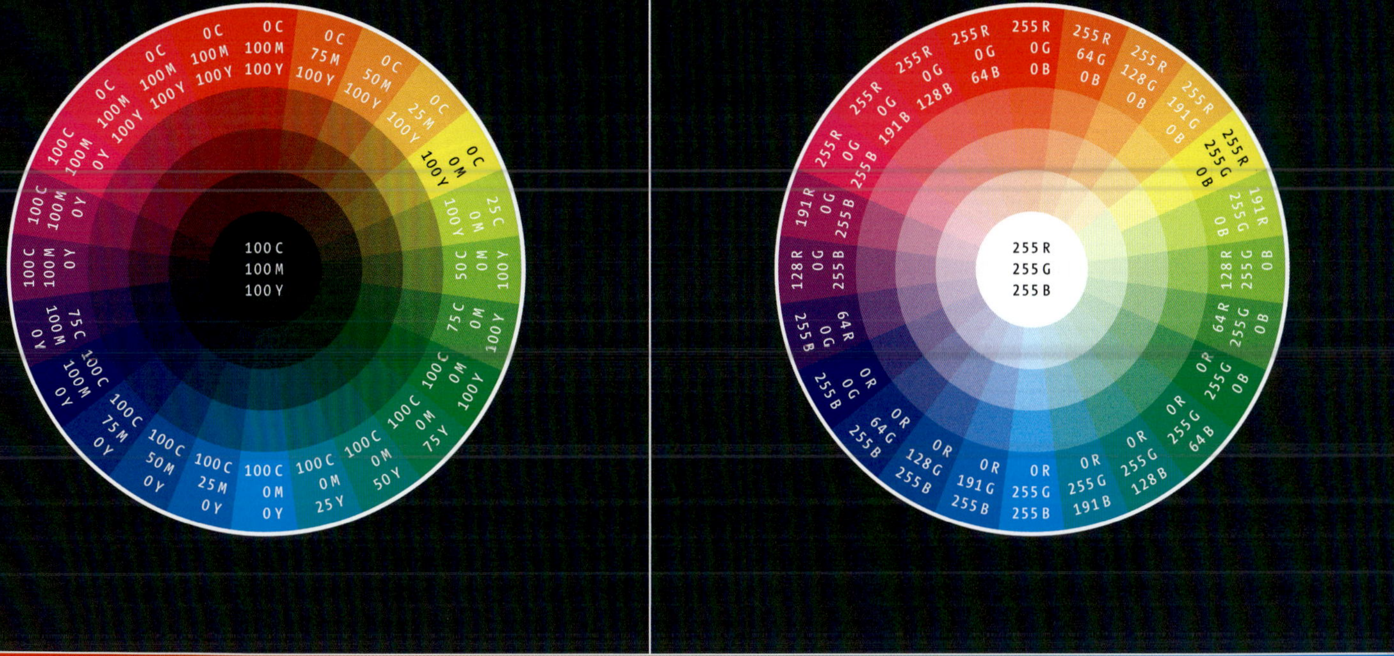

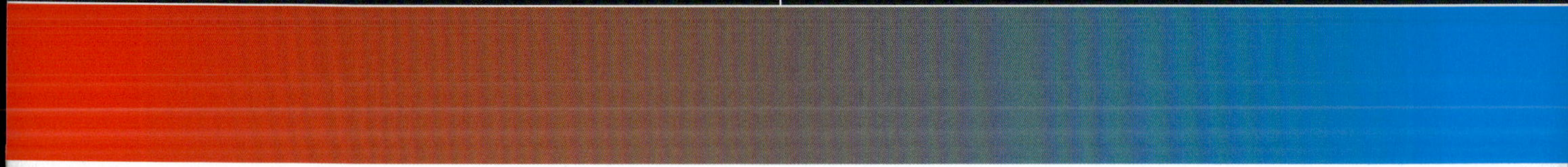

Komplementärfarben

Komplementärfarben sind *Gegenfarben*. Auf die Wahrnehmung bezogen handelt es sich um Farben, die als gegensätzlich *empfunden* werden. Wir können uns ein rötliches Gelb oder grünliches Blau vorstellen, aber kein grünliches Rot oder gelbliches Violett. Darauf basiert Ittens Farbkreis: Grün liegt gegenüber Rot, Blau gegenüber Orange und Gelb gegenüber Violett.

Farbtheoretisch gelten Farben als komplementär, wenn sie sich gegenseitig zu unbunt neutralisieren. Bei einem komplementären Farbpaar enthält eine Farbe immer genau die Werte, die dem Gegenüber fehlen. Werden die Farbwerte summiert, entsteht in CMYK (annähernd) Schwarz, in RGB Weiß. Der Mittelwert komplementärer Farben ergibt Grau – wenn Sie einen Verlauf aus zwei Komplementärfarben anlegen, entsteht in der Mitte Grau. In der Bildbearbeitung kann man über Komplementärfarben Farbstiche eliminieren.

Für die Gestaltung sind Gegenfarben aufgrund ihres Gegensatzes interessant. Gegenfarben repräsentieren jeweils den größtmöglichen Kontrast zwischen zwei Grundfarben. Rot und Cyan repräsentieren den größten Kalt-Warm-Kontrast, Gelb und Blau den größten Helligkeitskontrast und bei Grün und Magenta wird der Farbkontrast am intensivsten empfunden.

- Komplementärfarben liegen im Farbkreis gegenüber und werden als gegensätzlich empfunden.
- In CMYK summieren sich Gegenfarben zu Schwarz.
- In RGB summieren sie sich zu Weiß (die tatsächlichen Farben sind in RGB intensiver, wie hier).
- Der Mittelwert zweier Komplementärfarben ist Grau.

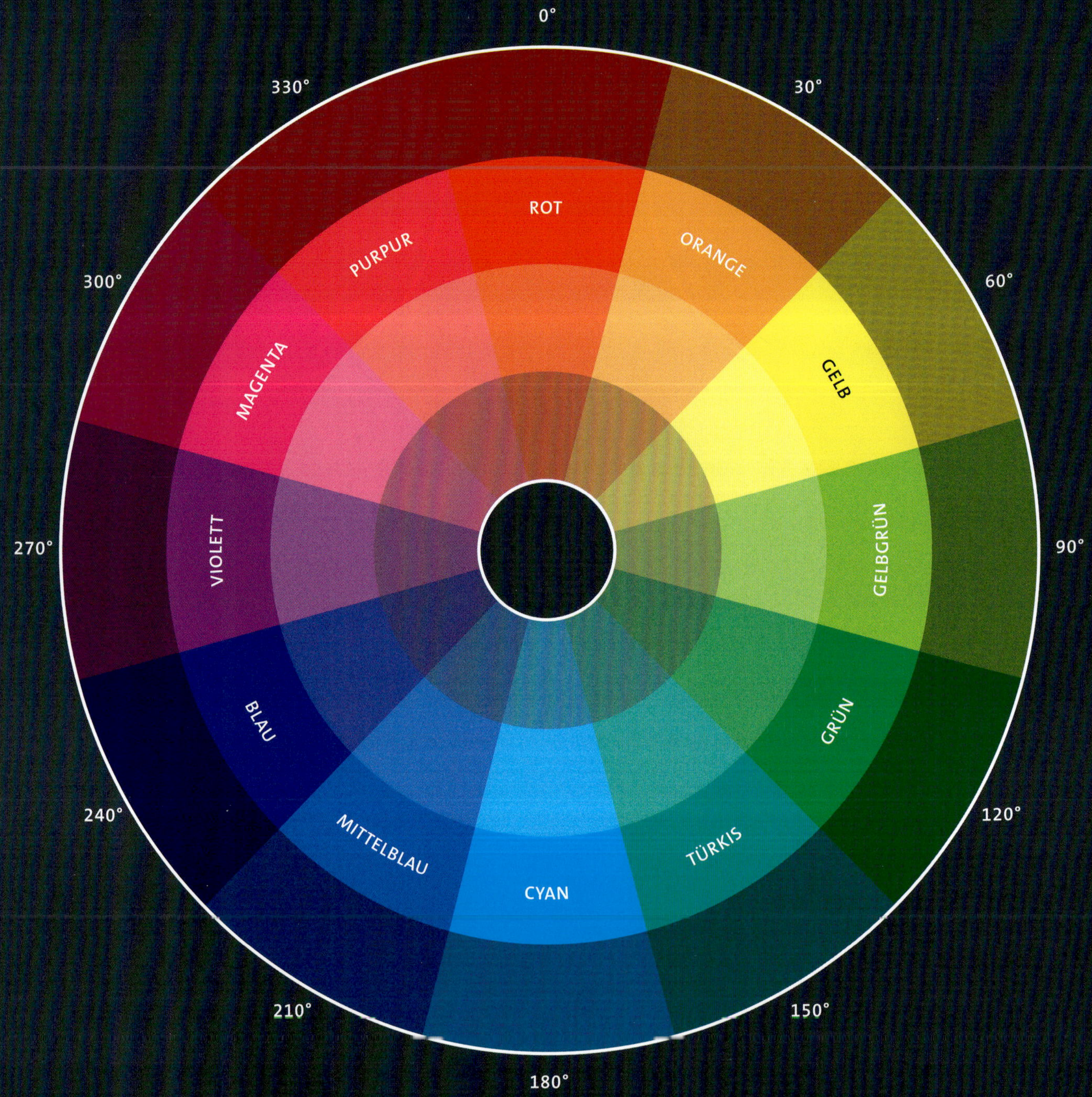
0°
30°
60°
90°
120°
150°
180°
210°
240°
270°
300°
330°
ROT
ORANGE
GELB
GELBGRÜN
GRÜN
TÜRKIS
CYAN
MITTELBLAU
BLAU
VIOLETT
MAGENTA
PURPUR

Buntton

Technisch lässt sich ein Farbton durch Angabe der Werte der Primärfarben definieren. 255 Rot, 128 Gelb und 0 Blau ergeben in RGB ein mittleres Orange, 0 % Cyan, 50 % Magenta, 100 % Gelb und 0 % Schwarz ergeben den äquivalenten Ton in CMYK. Zur Wiedergabe der Farben am Bildschirm und im Druck sind diese Definitionen unverzichtbar. Für die Gestaltung an sich sind diese Werte jedoch von überschaubarer Relevanz. Als Designer interessieren mich Farben wegen ihrer Wirkung. Und bezogen auf die Wirkung zählen die Eigenschaften der Farbtöne, nicht aus welchen Primärfarben sie bestehen.

Farbe lässt sich auf Basis dreier Eigenschaften beschreiben: 1. Buntton, 2. Sättigung und 3. Helligkeit.

Buntton wird in der Praxis und den Anwendungsprogrammen meist »Farbton« genannt. Für die Farbenlehre finde ich diese Definition unglücklich gewählt, da der Begriff in der deutschen Sprache für jede Farbe steht, ganz unabhängig von seiner Reinheit, Helligkeit oder Sättigung – in der Regel schließt er sogar Grau mit ein. Ich bevorzuge deshalb den sprachlich unbelasteten Begriff »Buntton«.

Wie das Wort *Bunt*ton nahelegt, bezieht es sich auf bunte Farben und schließt die unbunten Töne Schwarz, Weiß und Grau aus. Stellen Sie sich die Munttöne als *Farbbereich* vor. Die zentralen Farbbereiche der Gestaltung sind Rot, Orange, Gelb, Grün, Blau und Violett, die sich teils weiter differenzieren lassen, beispielsweise in Cyan (ein Blauton), Türkis, Magenta usw.

Jeder Farbton lässt sich einem Buntton-*Bereich* zuordnen. Ocker und Beige sind helle Gelbtöne, Oliv ein dunkler; Mint und Jade sind helle Grüntöne, Opal-, Tannen- und Moosgrün dunkle; Petrol liegt im dunklen Türkis- bzw. Cyan-Bereich; Ultramarin und Indigo sind tiefe Blautöne; Flieder und Malve sind dem Violett-Bereich zuzuordnen; Rosa nennt man helle Töne des Magenta- bis Rot-Bereichs; Bordeaux ist dunkles Rot; Brauntöne finden sich im Bereich Rot bis Orange, ebenso Lachs- und Hauttöne, letztere reichen wieder in den Gelb-Bereich hinein. Nur Schwarz, Weiß und Grau sind keinem Farbbereich zuzuordnen.

■□ Der beschriftete Ring enthält die reinen Primär- und Sekundärfarben. Die Töne des äußersten Rings entstehen durch Hinzufügen von 50 % Schwarz. Beim zweiten Ring von innen sind die reinen Farben um 25% aufgehellt. Die Töne des innersten Rings entstehen durch 3:1-Mischung des reinen Farbtons mit seiner Komplementärfarbe.

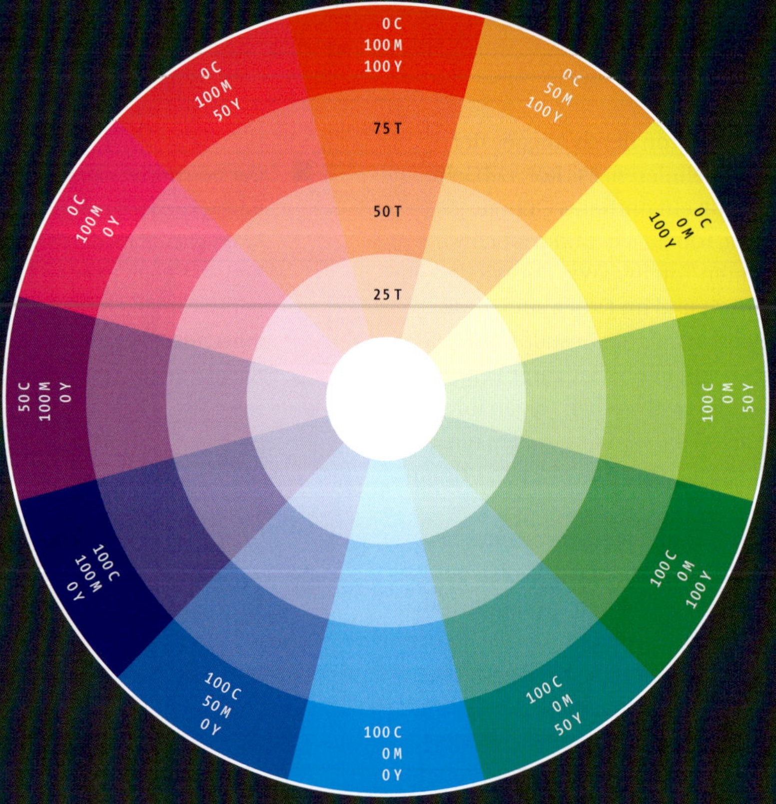

Helligkeit

Die zweite Eigenschaft eines Farbtons ist die *Helligkeit*. Dabei müssen zwei Arten von Helligkeit unterschieden werden. Das ist einmal die absolute Helligkeit – in der Medienproduktion spricht man von Tonwert, worauf wir noch detaillierter zu sprechen kommen werden. Weiß hat eine Helligkeit von 100 %, Schwarz 0 %. Jeder Farbton hat eine spezifische Helligkeit. Das reine Gelb in den Farbrädern oben (100 % Y) weist eine Helligkeit von etwa 94 % auf, während das Blau (100 % C, 100 % M) ungefähr einer Helligkeit von 22 % entspricht.

Die andere Art der Helligkeit ist relativer Natur. Sie geht vom reinen Buntton aus, also von den Primär und Sekundärfarben. Fügt man einem Buntton Weiß hinzu, wird er heller. Es entstehen Pastelltöne, die trotz der Aufhellung vergleichsweise freundlich und rein wirken. In CMYK sind dazu die Farbwerte der Primärfarben analog zu reduzieren. Die erste Aufhellungsstufe des 100 M/100 Y-Rots oben besteht aus 75 % M und 75% Y, die zweite aus je 50 % M und Y, die dritte aus je 25 % M und Y. Beim Orange links daneben sind es erst 37,5 % M und 75 % Y, dann 25 % M und 50 % Y und schließlich 12,5 % M und 25 % Y. In InDesign und Illustrator lässt sich ansonsten auch bei einem (globalen) Farbfeld der Farbton (T) reduzieren.

Alternativ lassen sich Primär- und Sekundärfarben abdunkeln, indem man Schwarz hinzufügt. In CMYK fällt das leicht, da Schwarz eine Zusatzfarbe des Farbraums ist. Die abgedunkelten Töne im Farbrad rechts oben kommen zustande, indem den Bunttönen jeweils 25 % K, 50 % K und 75 % K hinzugefügt werden.

In RGB ist Vergleichbares durch Anheben bzw. Absenken der Farbwerte möglich, allerdings direkt anhand der RGB-Werte etwas komplizierter. RGB-Werte lassen sich besser mittels des HSB-Farbraums definieren.

Aufgehellte und abgedunkelte Farben sind Tertiärtöne und weisen als solche nicht die Plakativität der reinen Bunttöne auf – ihre Eigenschaften entsprechen vielmehr den auf Seite 236 beschriebenen.

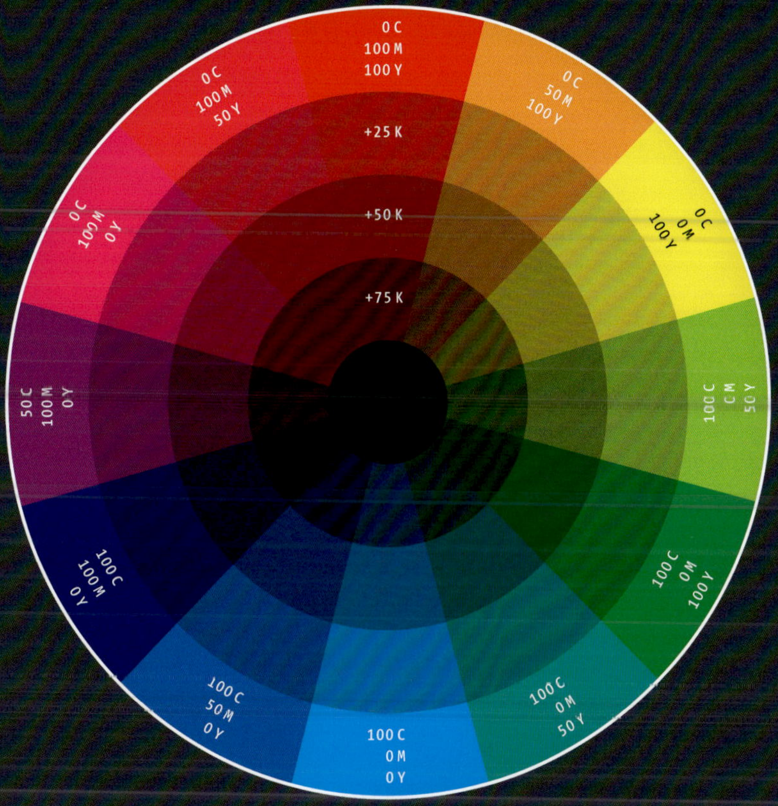

Farbrad mit reinen Buntfarben und schrittweise um 25 % aufgehellten Farbtönen. Die äquivalenten RGB-Werte sind hier nicht mehr angegeben, da die Unterschiede zu den CMYK-Farben des Drucks zu groß sind.

Farbrad, dessen reine Munttöne schrittweise durch Hinzufügen von jeweils 25 % Schwarz abgedunkelt sind

Farbe- und Farbfelder-Bedienfelder in Adobe InDesign. Über Reduzierung von »T« in »Farbe« bzw. »Farbton« in »Farbfelder« lassen sich als Farbfelder definierte Farben aufhellen. Das Reduzieren des Prozentwerts entspricht dem Hinzufügen von Weiß. In Illustrator funktioniert das nur mit Farbfeldern, die als »global« definiert sind.

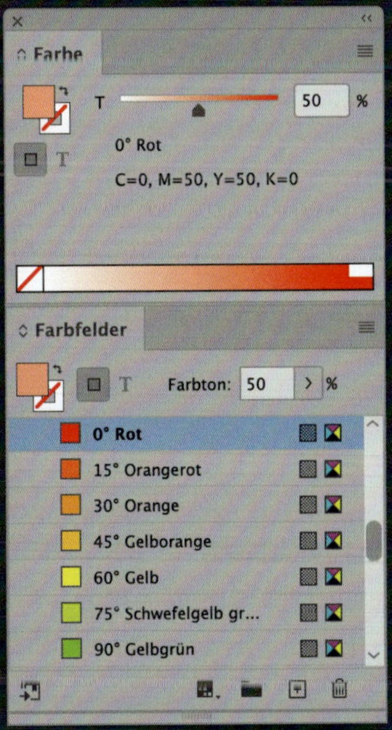

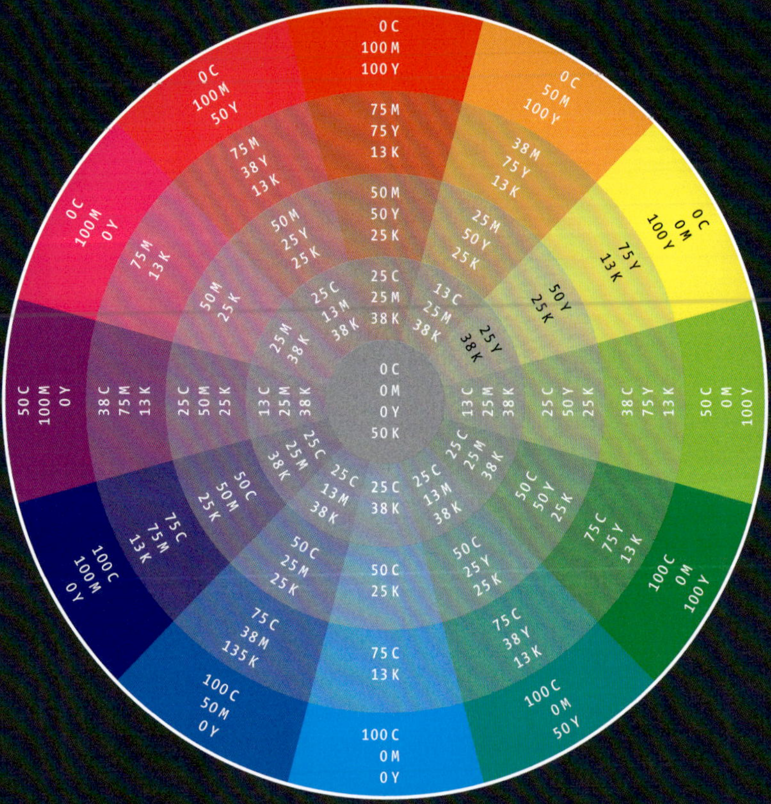
0 C 100 M 100 Y
0 C 50 M 100 Y
0 C 0 M 100 Y
50 C 0 M 100 Y
100 C 0 M 100 Y
100 C 0 M 50 Y
100 C 0 M 0 Y
100 C 50 M 0 Y
100 C 100 M 0 Y
50 C 100 M 0 Y
0 C 100 M 0 Y
0 C 100 M 50 Y
75 M 75 Y 13 K
38 M 75 Y 13 K
75 Y 13 K
38 C 75 Y 13 K
75 C 75 Y 13 K
75 C 38 Y 13 K
75 C 13 K
75 C 38 M 135 K
75 C 75 M 13 K
38 C 75 M 13 K
75 M 13 K
75 M 38 Y 13 K
50 M 50 Y 25 K
25 M 50 Y 25 K
50 Y 25 K
25 C 50 Y 25 K
50 C 50 Y 25 K
50 C 25 Y 25 K
50 C 25 K
50 C 25 M 25 K
50 C 50 M 25 K
25 C 50 M 25 K
50 M 25 K
50 M 25 Y 25 K
25 C 25 M 38 K
13 C 25 M 38 K
25 Y 38 K
13 C 25 M 38 K
25 C 25 M 38 K
25 C 13 M 38 K
25 C 38 K
25 C 13 M 38 K
25 C 25 M 38 K
13 C 25 M 38 K
25 M 38 K
25 C 13 M 38 K
0 C 0 M 0 Y 50 K

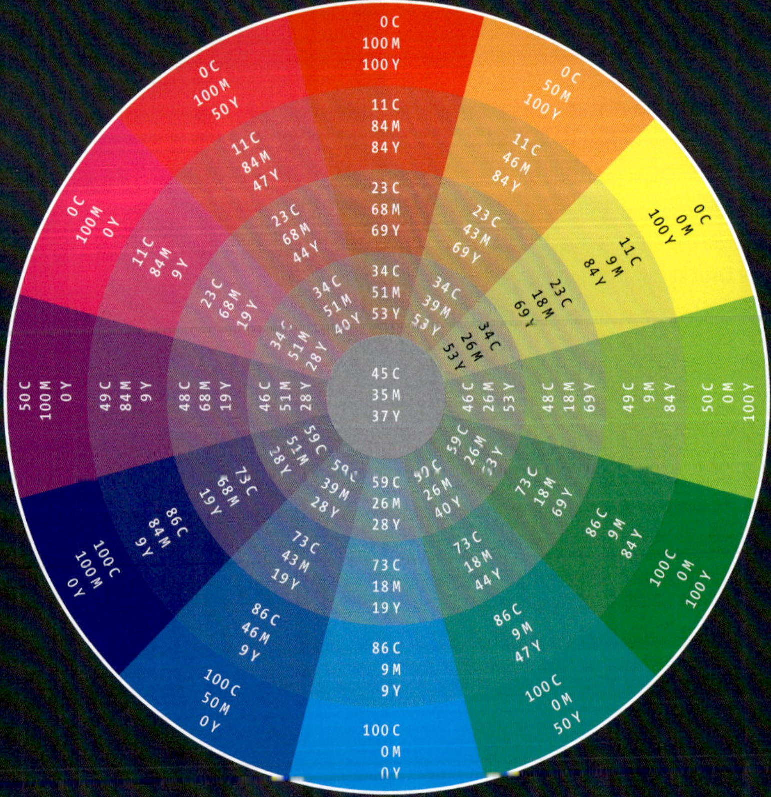
0 C 100 M 100 Y
0 C 50 M 100 Y
0 C 0 M 100 Y
50 C 0 M 100 Y
100 C 0 M 100 Y
100 C 0 M 50 Y
100 C 0 M 0 Y
100 C 50 M 0 Y
100 C 100 M 0 Y
50 C 100 M 0 Y
0 C 100 M 0 Y
0 C 100 M 50 Y
11 C 84 M 84 Y
11 C 46 M 84 Y
11 C 9 M 84 Y
49 C 9 M 84 Y
86 C 9 M 84 Y
86 C 9 M 47 Y
86 C 9 M 9 Y
86 C 46 M 9 Y
86 C 84 M 9 Y
49 C 84 M 9 Y
11 C 84 M 9 Y
11 C 84 M 47 Y
23 C 68 M 69 Y
23 C 43 M 69 Y
23 C 18 M 69 Y
48 C 18 M 69 Y
73 C 18 M 69 Y
73 C 18 M 44 Y
73 C 18 M 19 Y
73 C 43 M 19 Y
73 C 68 M 19 Y
48 C 68 M 19 Y
23 C 68 M 19 Y
23 C 68 M 44 Y
34 C 51 M 53 Y
34 C 39 M 53 Y
34 C 26 M 53 Y
46 C 26 M 53 Y
59 C 26 M 53 Y
59 C 26 M 40 Y
59 C 26 M 28 Y
59 C 39 M 28 Y
59 C 51 M 28 Y
46 C 51 M 28 Y
34 C 51 M 28 Y
34 C 51 M 40 Y
45 C 35 M 37 Y

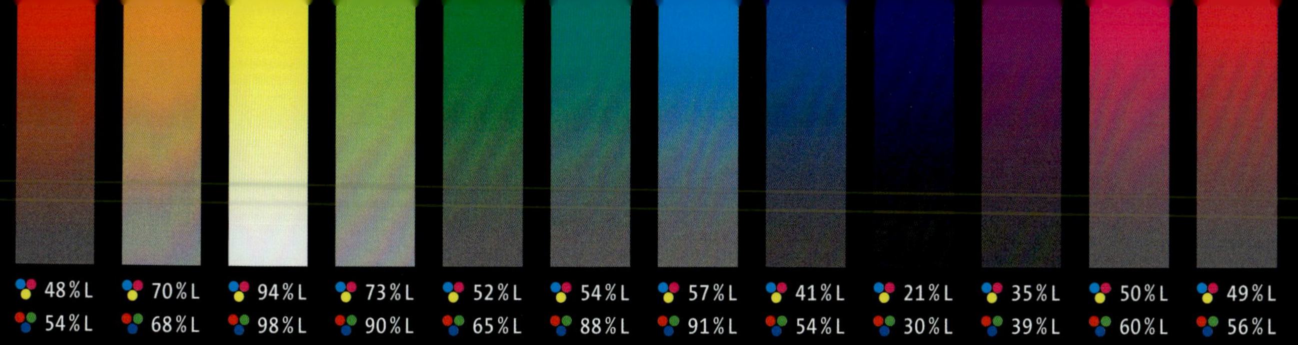

Sättigung

Zu Buntton und Helligkeit gesellt sich als dritte Farbeigenschaft die Sättigung. Wird einem Buntton Schwarz oder Weiß hinzugefügt, verliert er an Intensität – ein aufgehellter oder abgedunkelter Buntton hat eine geringere Sättigung als die Ausgangsfarbe. Solange jedoch nur Weiß bzw. Schwarz hinzugefügt wird, bleiben die aufgehellten Töne freundlich, die abgedunkelten werden dicht und tief. Anders sieht es aus, wenn sowohl Schwarz als auch Weiß hinzugefügt werden – die Farben vergrauen und werden matt. Vergraute Töne wirken zurückhaltend und unaufdringlich. Schon durch Aufhellung oder Abdunkelung stechen Bunttöne weniger ins Auge – Vergrauung macht sie noch ruhiger. Sie eignen sich also vorzüglich, wenn ein Layout vornehme Zurückhaltung vermitteln oder eine ruhige Wirkung an den Tag legen soll. Ferner bilden Farben geringer Sättigung auch ein ideales Umfeld und einen guten Hintergrund, um kräftige Bunttöne besonders zur Geltung zu bringen.

Die vergrauten Töne dieses Farbrades resultieren aus Reduzierung der Bunttöne (Aufhellung) und Hinzufügen von Schwarz. Schwarz und Weiß ergeben zusammen Grau. Es ist also, als wären Primär- und Sekundärfarben mit Grau gemischt worden. Die Werte 13 und 38 sind Rundungswerte von 12,5 bzw. 37,5.

Hier resultiert die Vergrauung aus der Mischung mit der jeweiligen Komplementärfarbe. Von den Werten ausgehend ergäben sich in der Mitte 50 % C, 50 % M und 50 % Y, was theoretisch farbneutralem Grau entsprechen sollte – bei RGB träfe das bei 128 R, 128 G und 128 B auch tatsächlich zu. In CMYK führen diese Werte in der Praxis jedoch zu einem ins Bräunliche tendierenden Grauton. Ich habe für die Grafik stattdessen CMY-Werte herangezogen, die ein tatsächlich neutrales Grau ergeben. Auch in dieser Grafik sind die Werte auf ganze Zahlen gerundet.

Die Grafik zeigt zwölf Primär- und Sekundärfarben, bei denen von oben nach unten die Sättigung abnimmt, die Helligkeit jedoch unverändert bleibt. Die Werte darunter zeigen die Lab-Helligkeit des Tones an. L steht für *Lightness* – 100 % L entspricht Weiß, 0 % L Schwarz. Der Vergleich von CMYK mit RGB zeigt deutlich, um wie viel heller die äquivalenten Töne am Bildschirm angezeigt werden können.

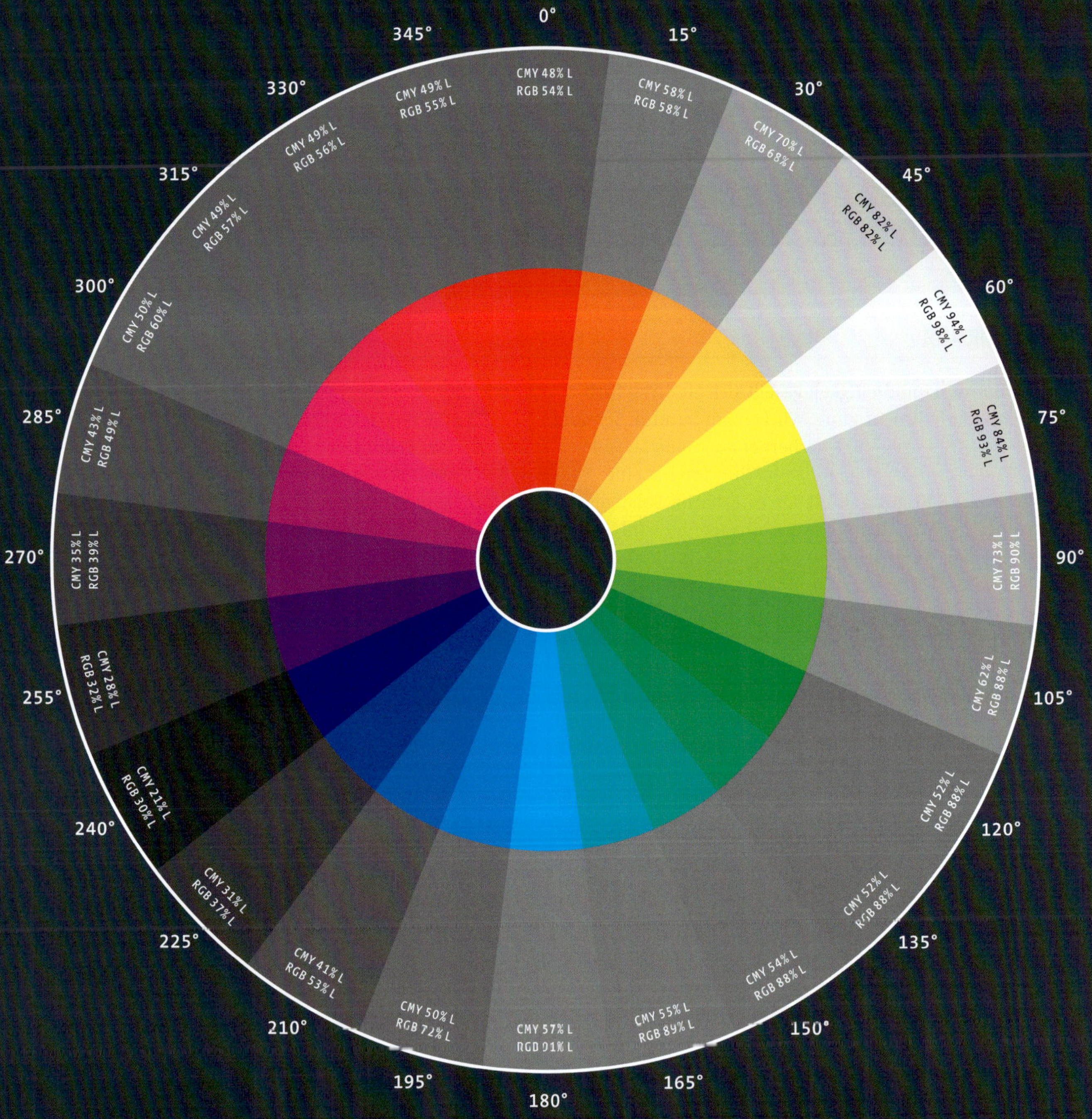
0°
CMY 48% L
RGB 54% L
15°
CMY 58% L
RGB 58% L
30°
CMY 70% L
RGB 68% L
45°
CMY 82% L
RGB 82% L
60°
CMY 94% L
RGB 98% L
75°
CMY 84% L
RGB 93% L
90°
CMY 73% L
RGB 90% L
105°
CMY 62% L
RGB 88% L
120°
CMY 52% L
RGB 88% L
135°
CMY 52% L
RGB 88% L
150°
CMY 54% L
RGB 88% L
165°
CMY 55% L
RGB 89% L
180°
CMY 57% L
195°
CMY 50% L
RGB 72% L
210°
CMY 41% L
RGB 53% L
225°
CMY 31% L
RGB 37% L
240°
CMY 21% L
RGB 30% L
255°
CMY 28% L
RGB 32% L
270°
CMY 35% L
RGB 39% L
285°
CMY 43% L
RGB 49% L
300°
CMY 50% L
RGB 60% L
315°
CMY 49% L
RGB 57% L
330°
CMY 49% L
RGB 56% L
345°
CMY 49% L
RGB 55% L

Tonwert

Tonwert bezieht sich auf die Werte, aus denen sich Farbtöne zusammensetzen, also das, was in CMYK in Prozent, in RGB als Zahlen zwischen 0 und 255 angegeben wird. In RGB ergeben höhere Werte hellere Töne, in CMYK dunklere.

Der Begriff *Tonwert* wird allerdings auch verwendet, wenn von der absoluten Helligkeit von Farbtönen die Rede ist. Das ist in der Praxis oft verwirrend, denn der Bildbearbeiter, der überwiegend in RGB arbeitet, stellt sich unter einem *hohen Tonwert* eine helle Farbe vor, während das für den Druckvorstufentechniker ein dunkler Ton ist.

In der Druckvorstufe wird der Tonwert oft als K für Graustufe gemessen – 0% K ist Weiß, 100 % K ist Schwarz. Mit K für CMYK-Schwarz hat das wenig zu tun. Ein Ton aus 100 % C, 100 % M, 100 % Y und 0% K hat einen Grauwert von etwa 90 % K (abhängig von den Farbeinstellungen), ohne Schwarz (K) zu enthalten.

Alternativ lässt sich die Helligkeit eines Farbtons mit dem L-Wert des Lab-Farbraums angeben. L steht wie schon gesagt für *Lightness* bzw. *Helligkeit* – 100 % L ist Weiß, 0% L ist Schwarz.

Wichtig für die praktische Gestaltung ist, dass zwischen den Farben der Gestaltungselemente und den Tönen ihrer Hintergründe ausreichend Helligkeitsunterschied besteht – ansonsten leidet die Erkennbarkeit.

- Der Tonwert der Grautöne außen weist jeweils dieselbe Helligkeit auf wie die Bunttöne innen.
- In CMYK ist 0 % C, M, Y und K Weiß; höhere Werte ergeben dunklere Töne. In RGB ergibt 0 R, 0 G und 0 B Schwarz; höhere Tonwerte sind heller.
- Gelb hat eine Helligkeit von 94 %, Blau von 21 %.
- Die Wiedergabe von Gelb auf Blau in Graustufen verdeutlicht den großen Helligkeitsunterschied.
- Magenta hat eine Helligkeit von 50 %, Grün 52 %.
- Die Umsetzung Magenta auf Grün in Graustufen lässt den Text beinahe verschwinden.

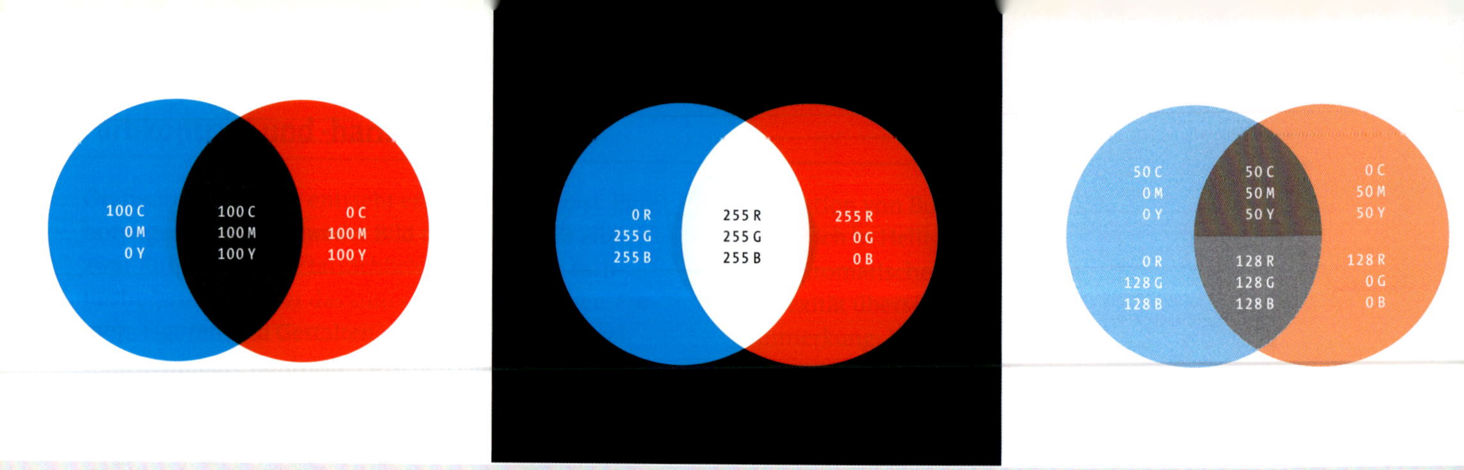

Komplementärkontrast

Den stärksten Farbkontrast ergeben Komplementärfarben (Seite 239). Diese enthalten jeweils genau die Farbanteile, die dem Gegenpart fehlen. Werden sie gemischt, neutralisieren sie sich zu einem unbunten Ton. 100 % Cyan ergibt mit der Gegenfarbe Rot (100 % M + 100 % Y) Farbwerte von 100 % C, 100 % M und 100 % Y – in der Theorie Schwarz, in der Praxis nicht ganz. In RGB führen Rot (255 R) und Cyan (255 G, 255 B) zu Farbwerten von 255 R, 255 G und 255 B, und das ist Weiß.

Erfolgt die Mischung in geringeren Werten zu gleichen Teilen, entsteht Grau. In CMYK ergeben mittelhelles Cyan (50 % C) und mittelhelles Rot (50 % M + 50 % Y) einen mittleren Grauton, in RGB ist das bei 128 Rot gemischt mit Cyan aus 128 G und 128 B der Fall. Immer, wenn die Primärfarben des Systems zu gleichen Teilen gemischt werden, entsteht Grau, wobei die Höhe der Werte bestimmt, wie hell oder dunkel es ausfällt.

Komplementärkontraste gelten als *Farbharmonien*. Die wichtigsten Harmonien sind Dreiklänge, Vierklänge, analoge Farbharmonie, monochromatische Farbharmonie und eben komplementäre Farbharmonie.

Im Grafikdesign werden gerne kräftige Farben eingesetzt, Mitte der 2020er-Jahre befinden sich reine Primärtöne besonders im Trend. In intensiven Farbtönen mag man Dreiklänge, Vierklänge und komplementäre Harmonien nicht immer als *harmonisch* empfinden. Vielmehr wirken sie heftig, laut, plakativ und dynamisch. Zurückhaltender sind analoge und monochromatische Harmonien. Doch auch Drei- und Vierklänge sowie komplementäre Kombinationen können Harmonie ausstrahlen, wenn man statt der reinen Bunttöne aufgehellte, abgedunkelte oder vergraute nutzt.

Gestalterisch liegt der Wert komplementärer Farbpaare in der Gegensätzlichkeit. Gelb und Blau sind vergleichsweise ruhig, weisen jedoch unter den Gegensatzpaaren den größten Helligkeitsunterschied auf. Rot und Cyan vermitteln den größten Kalt-Warm-Kontrast. Grün und Magenta sagt man nach, dass der Farbunterschied am drastischsten empfunden wird.

Auf Seite 232 habe ich erklärt, dass die Sekundärfarben Orange, Gelbgrün, Türkis, Mittelblau, Violett und Purpur moderater wirken als die primären Töne Rot, Grün, Blau, Cyan, Magenta und Gelb. Das gilt auch für komplementäre Farbpaare – Rot und Cyan wirken plakativer als Türkis und Purpur.

Komplementärfarben lassen sich in HSB (Seite 248) und HSL (Seite 250) sehr einfach bestimmen: Wenn zum H-Wert einer Farbe 180° addiert oder 180° von ihm abgezogen werden, erhält man die Komplementärfarbe.

- In CMYK mischen sich Komplementärfarben zu annähernd Schwarz.
- In RGB mischen sich Komplementärfarben zu Weiß.
- Durch Mittelung der Werte mischen sich Komplementärfarben zu Grau.
- Komplementäre Farbpaare sind die extremsten Farbkontraste und in reinen Tönen sehr plakativ.

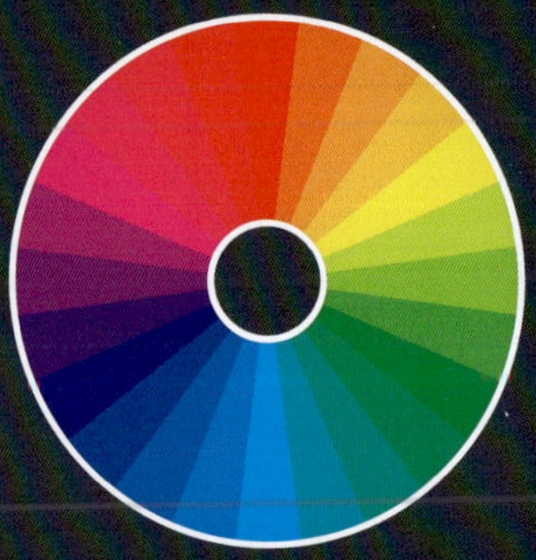

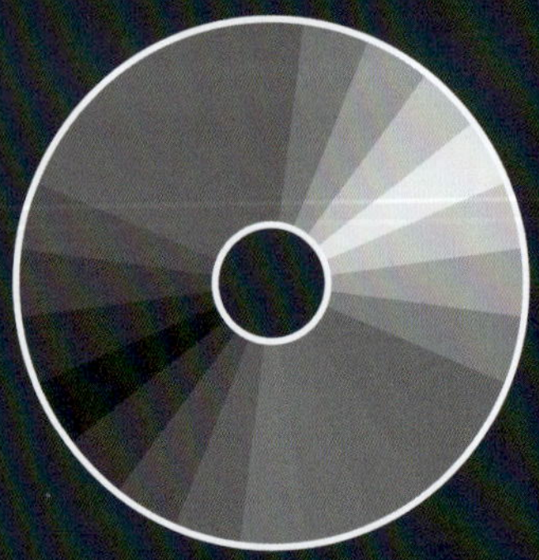

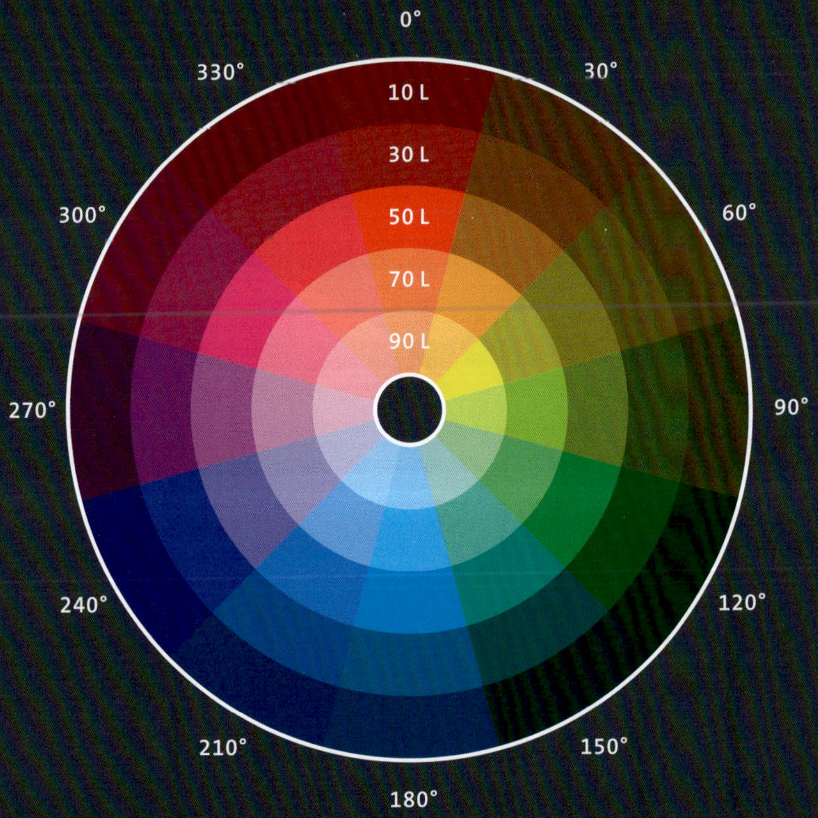

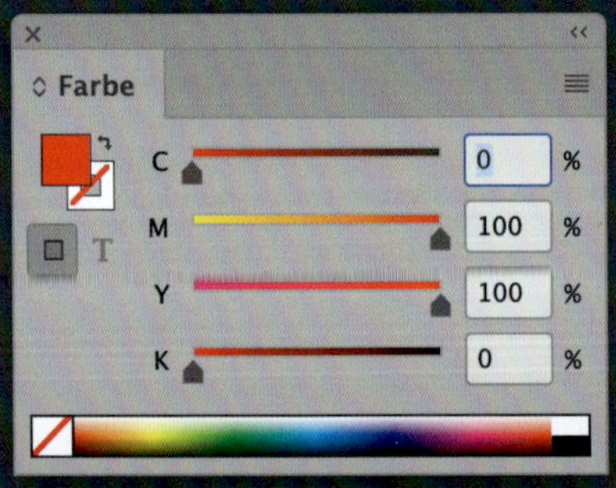

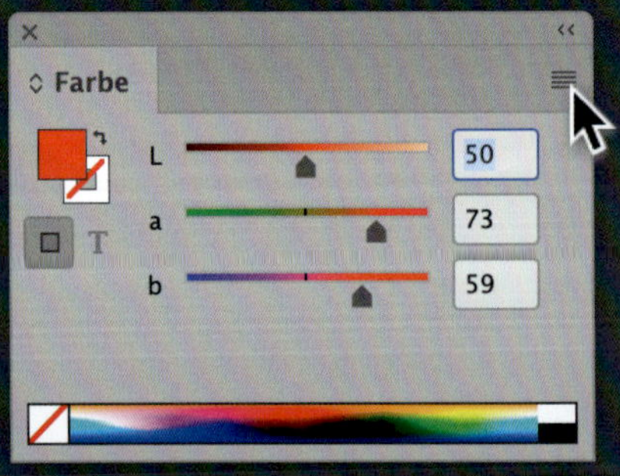

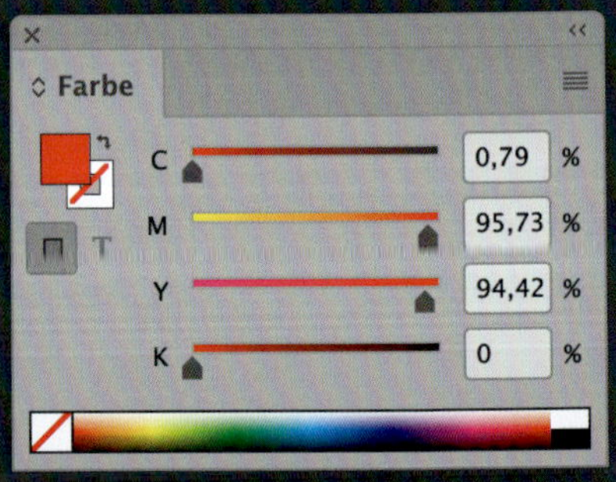

EINLABILESGLIED

EINSTABILESGLIED

Helligkeitskontrast

Komplementäre Farbpaare werden sowohl als *Komplementärkontrast* als auch als *Komplementärharmonie* gehandelt. Bevor wir uns mit weiteren Harmonien befassen, sehen wir uns die grafisch relevanten Kontraste an und beginnen beim *Helligkeitskontrast*. Wie schon unter »Tonwert« (Seite 247) gezeigt, ist ein deutlicher Helligkeitsunterschied notwendig, damit sich Elemente vom Hintergrund abheben.

Zu geringe Helligkeitsunterschiede können optisch irritieren, wenn sie direkt aufeinandertreffen – der orange Punkt auf grauer Fläche auf Seite 255 sollte das veranschaulichen. Aus diesem Grund habe ich um den magentafarbenen Punkt auf grüner Fläche auf der vorangegangenen Doppelseite eine weiße Kontur gelegt. Sie verhindert nicht nur einen Konflikt der Töne, sondern sorgt auch dafür, dass sich das Element vom Hintergrund abhebt und klar zu erkennen ist – bei Tönen gleicher Helligkeit fehlt sonst diese Klarheit. Handelt es sich um zwei helle Töne, empfiehlt sich zur Trennung eine schwarze Kontur. Selbstverständlich kann die Trennung nicht nur schwarz oder weiß erfolgen, sondern ebenso durch eine bunte Kontur, solange der Helligkeitsunterschied zu den Tönen, die getrennt werden sollen, ausreichend markant ist.

Der intensivste Helligkeitskontrast ist der von Schwarz zu Weiß. In gewisser Weise kann man das als Komplementärkontrast betrachten, denn die beiden Farben sind gegensätzlich und ergeben gemischt Grau.

Den Tonwert eines Farbtons kann man auch als sein *Gewicht* bezeichnen. Der englische Begriff *Lightness* für Helligkeit trifft das ganz gut, denn er lässt sich auch mit *Leichtigkeit* übersetzen. Helle Farben wirken leicht, dunkle Farben schwer. Das Gewicht der Farbtöne spielt logischerweise eine maßgebliche Rolle bei der Gewichtung (Seite 116) der Elemente der Gestaltung. Das letzte Beispiel auf Seite 255 zeigt drei Punkte in den Farben eines Dreiklangs, von denen der schwefelgelbe wegen seines vergleichsweise geringen Gewichts die Ausgewogenheit der Komposition stört. Das ist ein generelles Problem einer Farbgestaltung, die von Primär- und Sekundärfarben ausgeht. Farbkreise, die sich daraus ergeben, sind ungleichgewichtig. Gelb bildet den *Leichtigkeitspol*, Blau den *Schwerepol* – und wieder einmal ist das in CMYK ausgeprägter als in RGB.

Es gibt Farbsysteme, die nicht auf Primärfarben aufbauen, sondern entsprechend der menschlichen Wahrnehmung angelegt sind. Ein solches Modell ist das Natural Color System (NCS). Dieses hat sich zur Farbgestaltung in der Architektur etabliert, spielt jedoch im Mediendesign keine Rolle. Demselben Ansatz folgt das auf CIELab (Seite 252) aufbauende HLC-System (*Hue*, *Lightness*, *Chroma*; Letzteres steht für *Sättigung*). Da es jedoch lediglich vom Open-Source-Programm *Scribus* unterstützt wird, hat es im von Adobe-Produkten dominierten Markt praktisch keine Bedeutung.

24-teiliger Farbkreis

Der 24-teilige Farbkreis, auf Graustufen analoger Helligkeit reduziert. Gelb ist deutlich als Pol der hellen Primär- und Sekundärfarben zu erkennen, Blau als dunkler Pol.

Dieser Farbkreis basiert auf den Primär- und Sekundärfarben des HSB-Farbrades bzw. deren CMYK-Äquivalenten, entspricht also den Buntfarben der meisten bisher abgebildeten Farbkreise. Allerdings habe ich die Bunttöne der fünf Stufen mittels des Lab-Farbraums auf dieselbe Helligkeit gebracht – von außen nach innen 10 %, 30 %, 50 %, 70 % und 90 % L. Dadurch wirken sie optisch gleichgewichtiger. Würde man diesen Farbkreis in Graustufen umwandeln, erhielte man fünf nach innen heller werdende Ringe in jeweils einem homogenen Grauton.

So bin ich zur Definition der Farben vorgegangen: Zunächst habe ich den Buntton in CMYK definiert (hier 100-100-Rot); dann habe ich über das Bedienfeldmenü auf Lab umgestellt und den L-Wert mit 50 definiert. Der dritte Screenshot zeigt die CMYK-Werte nach der Änderung der Helligkeit.

Ein farblich leichtes Element zwischen zwei schweren ist eine instabile Brücke.

Ein schweres Element zwischen zwei leichten bildet eine stabile Brücke und kann die äußeren Elemente locker tragen/halten.

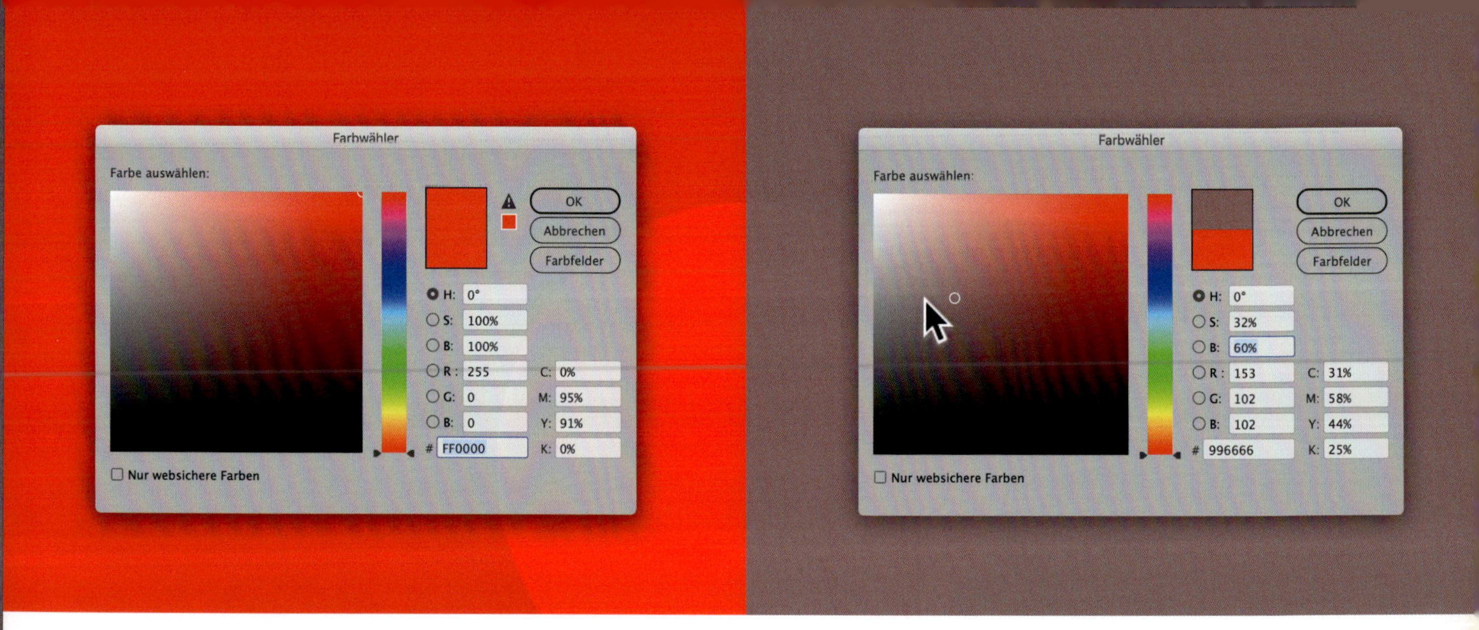

Sättigung reduzieren

In der Praxis werden Farben meist nach Gefühl eingestellt. Am Ende zählen keine Zahlenwerte, sondern wie ein Layout aussieht, wirkt und sich anfühlt. Das gilt auch, wenn Kontrasttöne mit geringer Sättigung als Gegenpol und Grundlage zu kräftigen Buntfarben eingestellt werden. Ich bin mir aber sicher, einige Leser wären enttäuscht, wenn ich nicht verraten würde, wie ich hier Buntfarben entsättigt habe, ohne dabei den Buntton (Seite 241) an sich zu verändern. Es gibt verschiedene Möglichkeiten, von denen ich hier ein paar beschreiben möchte.

- Über HSB (Seite 248) lässt sich in Illustrator und Photoshop die Sättigung durch Änderung der S- und B-Werte oder durch Verschieben des Punktes im quadratischen Feld vornehmen. Der Grund für das sichtbar andere CMYK-Ergebnis als bei den anderen Beispielen ist, dass die Adobe-Programme RGB-Werte bei der Umrechnung die Farbmanagement-Einstellungen berücksichtigen.

- Die Affinity-Programme bieten statt HSB HSL an (Seite 250). Hier wird die Sättigung allein über den L-Wert definiert. Dabei werden für CMYK C, M und Y gleichwertig verringert (Aufhellung; es kommt Weiß dazu) und K angehoben (es wird Schwarz hinzugefügt; Schwarz + Weiß = Grau = Vergrauung). Das können Sie in jedem Programm durch eigene Berechnung und Eingabe auch ohne HSB oder HSL vornehmen, was bei der Definition von CMYK-Farben gar keine schlechte Idee ist.

- Eine weitere Möglichkeit ist es, im Lab-Modus (möglich in Photoshop und InDesign) die a- und b-Werte gleichmäßig zu verringern. Hier habe ich a und b jeweils durch 5 geteilt (103 : 5 ≈ 21, 92 ÷ 5 ≈ 18). Der L-Wert (die Helligkeit) bleibt dabei unverändert.

- Eine weitere Möglichkeit besteht darin, die Primärfarbanteile anzugleichen. Wird eine Farbe mit ihrer Komplementärfarbe gemischt, vergraut sie (Seite 239 und 256). In RGB erhalten wir bei drei gleich hohen Werten neutrales Grau, in CMYK bei identischen CMY-Werten ein Warmgrau. Werden die Werte unter 50 % angehoben (in RGB unter 128) und die Werte darüber gesenkt, geschieht auch eine Vergrauung. Das ist einfach, wenn zwei Farbwerte identisch sind, es erfordert etwas komplexere Rechnereien, wenn es sich um drei unterschiedliche Werte handelt, aber es funktioniert.

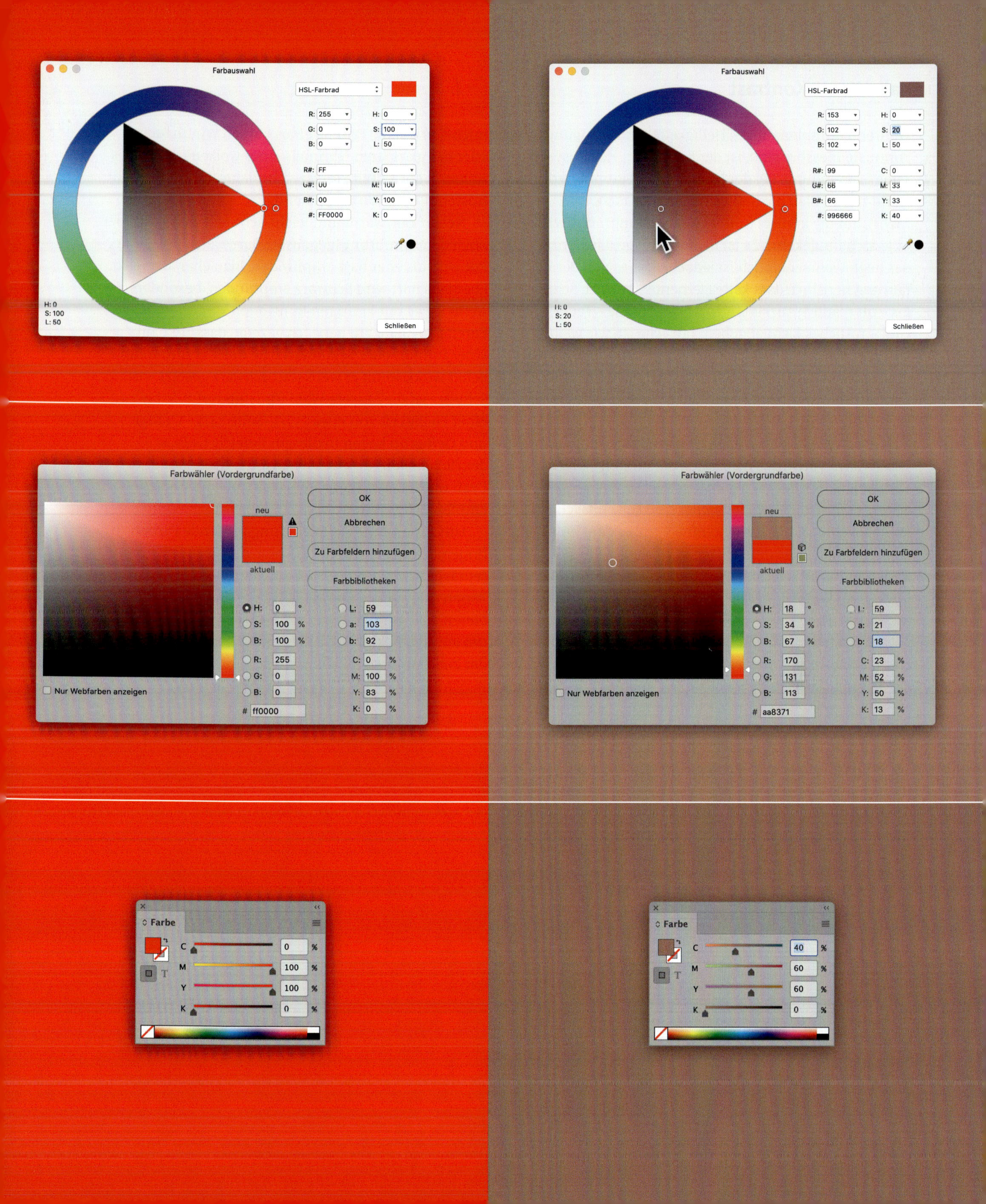
Farbauswahl
HSL-Farbrad
R: 255 G: 0 B: 0
H: 0 S: 100 L: 50
R#: FF G#: 00 B#: 00 #: FF0000
C: 0 M: 100 Y: 100 K: 0
H: 0 S: 100 L: 50
Schließen
Farbauswahl
HSL-Farbrad
R: 153 G: 102 B: 102
H: 0 S: 20 L: 50
R#: 99 G#: 66 B#: 66 #: 996666
C: 0 M: 33 Y: 33 K: 40
H: 0 S: 20 L: 50
Schließen
Farbwähler (Vordergrundfarbe)
OK
Abbrechen
Zu Farbfeldern hinzufügen
Farbbibliotheken
neu
aktuell
H: 0 ° S: 100 % B: 100 %
R: 255 G: 0 B: 0
L: 59 a: 103 b: 92
C: 0 % M: 100 % Y: 83 % K: 0 %
ff0000
Nur Webfarben anzeigen
Farbwähler (Vordergrundfarbe)
OK
Abbrechen
Zu Farbfeldern hinzufügen
Farbbibliotheken
neu
aktuell
H: 18 ° S: 34 % B: 67 %
R: 170 G: 131 B: 113
L: 59 a: 21 b: 18
C: 23 % M: 52 % Y: 50 % K: 13 %
aa8371
Nur Webfarben anzeigen
Farbe
C 0 % M 100 % Y 100 % K 0 %
Farbe
C 40 % M 60 % Y 60 % K 0 %

Kalt-Warm-Kontrast

Während Komplementär-, Helligkeits- und Sättigungskontraste messbar sind, ist der Kalt-Warm-Kontrast eine reine Empfindung. Bei der Messung der Farbtemperatur (Seite 221) ist Blau die heißeste Farbe (10 000 K und mehr), Rot die kühlste (unter 1500 K). Empfunden wird es jedoch umgekehrt. Es ist nicht genau geklärt, woran das liegt. Wahrscheinlich ist jedoch, dass es von der Erfahrung herrührt, dass kalte Elemente – Wasser, Schnee, Eis – oft bläulich-türkis sind, während heiße – Feuer, Glut – rötliches Licht abgeben. Tatsache ist, wie weiter vorne bereits erwähnt, dass die Temperatur in von Blau dominierten Räumen kühler eingeschätzt wird als in solchen, in denen Rot überwiegt, und zwar, wie man auf Wikipedia erfährt, um mindestens 4° C.

Viele Farbenlehren ziehen zwischen kalt und warm einen harten Schnitt – die Farben der oberen Hälfte des Farbkreises mit Rot als *Nordpol* gelten als warm, die untere Hälfte mit Cyan als *Südpol* sind kalt. Tatsächlich jedoch werden Grün und Violett als ambivalent empfunden und die Geister streiten sich, ob das eine oder andere nun kalt oder warm sein soll. Es widerspricht auch dem Wesen der Farbe, feste Trennlinien zwischen ihnen zu ziehen.

Auf mich wirkt das Gelbgrün auf der *Ostseite des Farbglobus* frisch – der Farbbereich erinnert mich an die schon sonnigen, aber noch nicht heißen Tage des Frühlings, an den Geschmack grüner Äpfel und insgesamt von Früchten, die eher säuerlich als süß sind. Violett weckt in mir abendliche Assoziationen – noch nicht ganz Nacht, wie Blau. Die Farbe hat etwas Behagliches – weder zu warm (Rot) noch zu kalt (Blau).

Gestalterisch sind kalt und warm natürlich von großer Bedeutung, ist die empfundene Temperatur doch maßgeblich an der Stimmung – dem *Mood* – eines Layouts beteiligt, vergleichbar mit der schweren Wirkung dunkler und der leichten Anmutung heller Töne. Ich habe den Eindruck, dass die grundlegenden Empfindungen – Leichtigkeit und Schwere, Wärme und Frische – bei der Farbgestaltung viel zu oft unbeachtet bleiben. Ich setze hier bewusst den Begriff *Frische* statt *Kälte*, da Letzteres meist negativ konnotiert ist. Ich habe den Begriff zwar weiter oben schon verwendet, um die Wirkung saftigen Grüns zu beschreiben, als Assoziation zu jungem Gemüse, frischem Obst und dem saftigen Grün junger Pflanzentriebe im Frühjahr, während ich mich hier auf die Frische eines kühlen Windhauchs oder des glasklaren Himmels eines wolkenlosen Tages während der kalten Jahreszeit beziehe. Kühl, aber nicht fröstelnd, sondern erfrischend.

Neben kalt/warm und leicht/schwer möchte ich hier noch den Anmutungsgegensatz hart/weich erwähnen. Rot wird als eher hart empfunden, Blau eher als weich. Ebenfalls hart wird Schwarz empfunden, besonders wenn Sie es mit kräftigen Bunttönen kombinieren. Bereits auf Seite 216 habe ich gezeigt, dass Text auf einer Primär- oder Sekundärfarbe weicher und freundlicher wirkt, wenn er weiß statt schwarz gesetzt wird. Schwarz ist die bessere Wahl für Hintergründe bis zu einer Helligkeit von etwa 75% L (Seite 247) – Orange und Gelbgrün liegen in diesem Bereich, Gelb ist deutlich heller. Ab 50% L – Magenta, Grün, Rot und Cyan weisen etwa diese Helligkeit auf – ist Weiß zu empfehlen.

Um zur anvisierten Stimmung passende Farben zu finden, können Sie Bilder suchen, die diese Stimmung repräsentieren, und sich an den darin enthaltenen Tönen orientieren. Die Websites von Bildagenturen bieten eine gute Möglichkeit der Stichworteingabe, um aus den Resultaten Aufnahmen auszuwählen, die der *Zielstimmung* nahekommen.

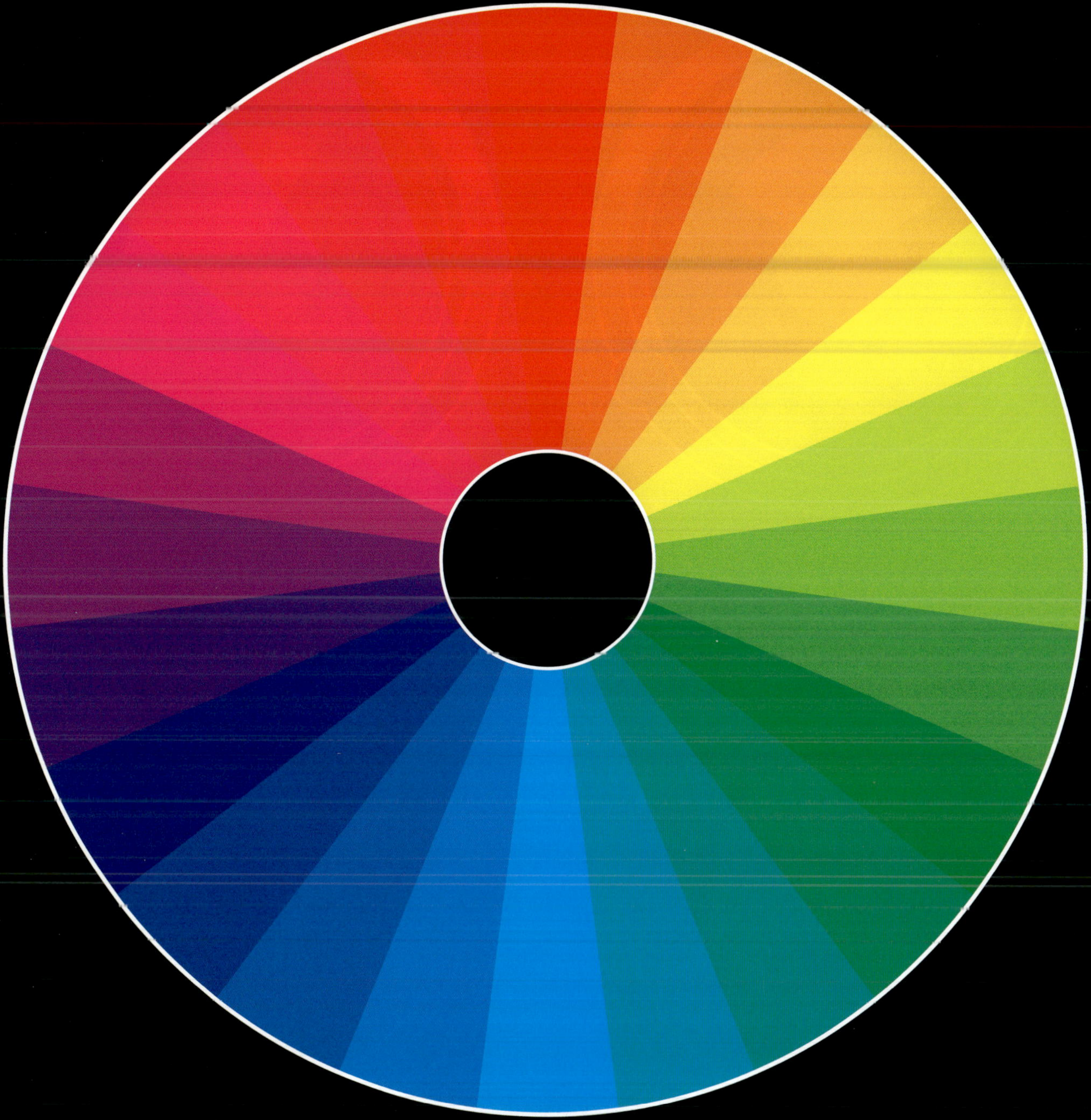

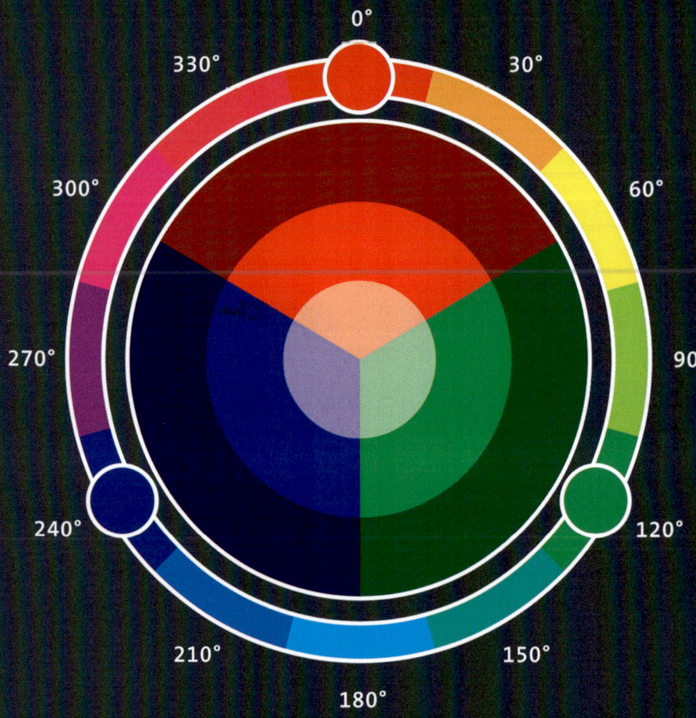
0°
30°
60°
90°
120°
150°
180°
210°
240°
270°
300°
330°

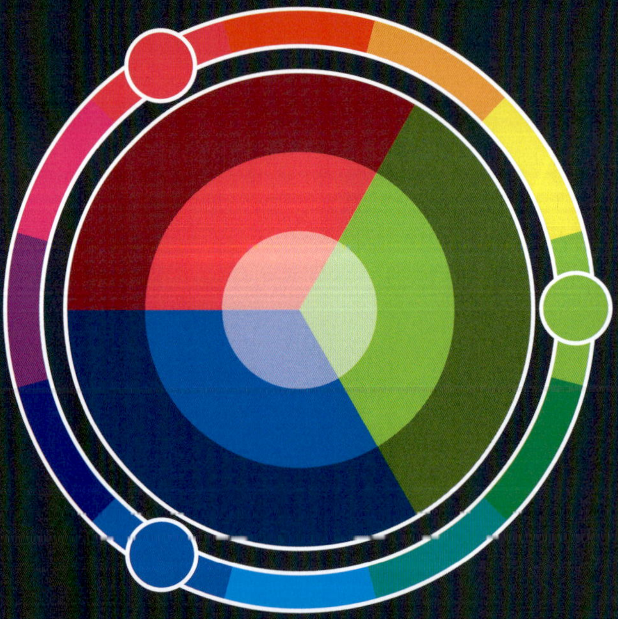

Farbdreiklänge

Wenden wir uns nach den Farbkontrasten den *Harmonien* zu und beginnen wir mit dem harmonischen Dreiklang, auch »Triade« genannt. Die Farben eines harmonischen Dreiklangs weisen am Farbkreis denselben Abstand zueinander auf. Ein Kreis umfasst 360°. Teilt man das durch drei, erhält man 120°. Das heißt, dass beispielsweise Rot, Grün und Blau bei 0°, 120° und 240° ein harmonisches Dreieck bilden. Dasselbe gilt für Cyan, Magenta und Gelb. Ein 12-teiliger Farbkreis liefert darüber hinaus noch zwei weitere Triaden. Dreiklänge lassen sich einfach anhand der Gradangaben des H-Werts in HSB und HSL berechnen.

In satten, intensiven Farben wirken Dreiklänge plakativ, aktiv, hektisch, überdreht bis aggressiv – in Primärfarben noch mehr als in Sekundärfarben. Setzt man stattdessen aufgehellte, abgedunkelte oder vergraute Varianten ein, werden die Resultate zurückhaltender. Gestalterisch ist es oft sinnvoll, einen Ton der Harmonie in hoher Sättigung zu definieren, die beiden anderen in zurückhaltenderen Varianten, also beispielsweise dunkles Türkis und Violett zu reinem Orange.

Neben dem harmonischen Dreiklang gibt es auch einen komplementären. Bei ihm wird eine Basisfarbe definiert, der die beiden Nachbarfarben der Komplementärfarbe gegenübergestellt werden, nicht aber die Komplementärfarbe selbst.

Ein 12-teiliger Farbkreis ermöglicht diese vier harmonischen Dreiklänge.

Zwei der sechs komplementären Dreiklänge, die auf Basis eines 12-teiligen Farbkreises möglich sind

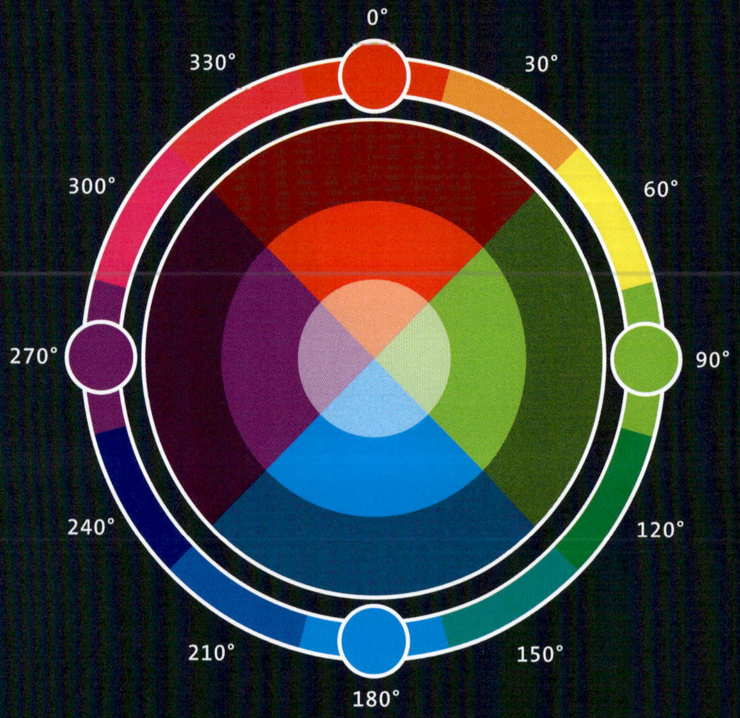
0°
30°
60°
90°
120°
150°
180°
210°
240°
270°
300°
330°

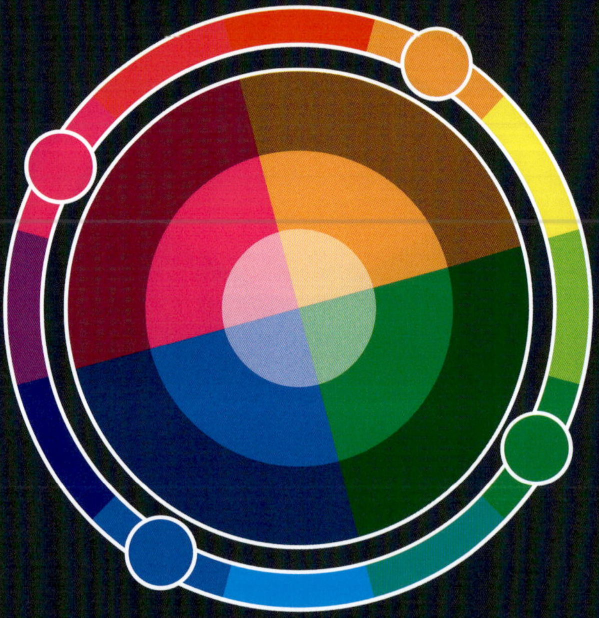

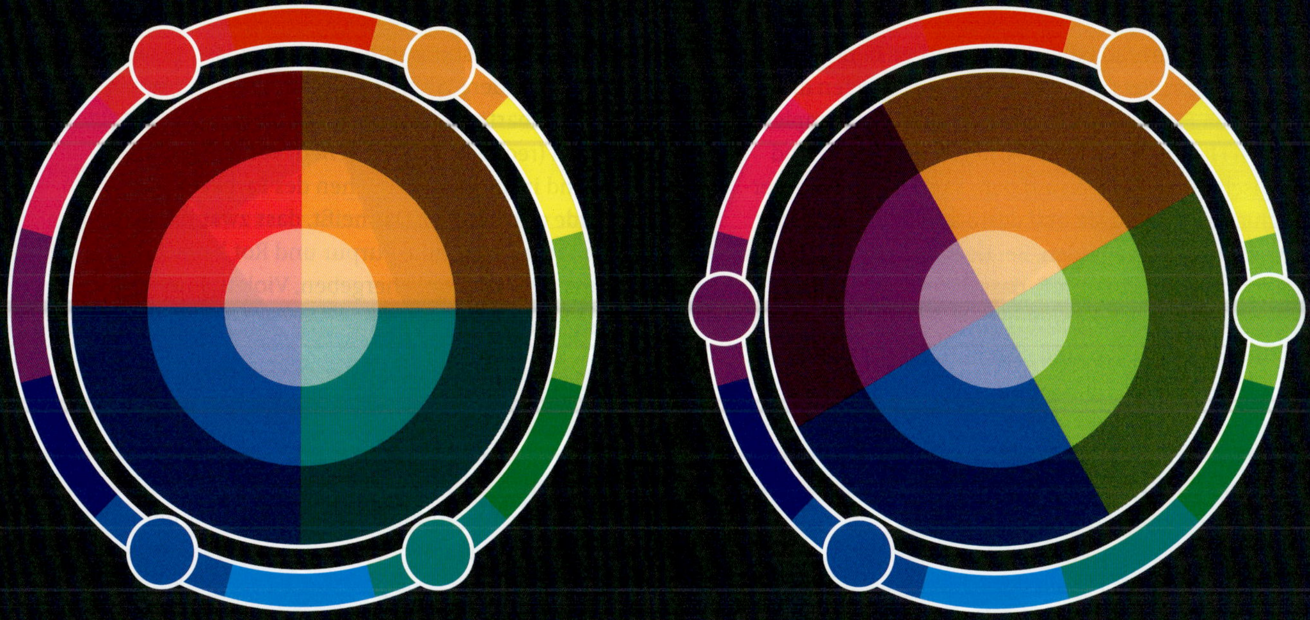

Farbvierklänge

Ein harmonischer Vierklang teilt den Farbkreis in vier gleiche Teile, das heißt, die Abstände betragen je 90°. Für die Wirkung gilt dasselbe wie für Dreiklänge. Besteht ein Vierklang aus lauter reinen Farben, wirkt er *sehr* bunt. Das muss nicht schlecht sein – auch die Logos von Google und eBay sind bunt. Besonders gerne werden Kinder mit kräftigen bunten Farben angesprochen. Ansonsten gilt wieder, dass sich eine Farbe des Vierklangs als kräftiger Leitton definieren lässt, während die anderen in reduzierter Intensität angelegt werden, um die Begleitmusik zu spielen.

Auch hier besteht die Möglichkeit einer alternativen Definition der Farbabstände. Oben sind zwei Vierklänge zu sehen, die einerseits einen Abstand von 60° zueinander aufweisen, andererseits von 120°.

Es spricht nichts dagegen, nach demselben Prinzip Fünf-, Sechs- oder Siebenklänge zu definieren – teilen Sie 360° durch die gewünschte Zahl, und Sie erhalten die Abstände des H-Werts am HSB/HSL-Farbrad.

Die Resultate aller Harmonien – egal ob Drei- oder Vierklang, analog oder monochromatisch – sind natürlich vom Farbmodell abhängig: Ein Farbkreis nach Johannes Itten (Seite 234) ergibt andere Harmonien, als das auf Basis des HSB/HSL-Kreises hier der Fall ist. Problematisch bei beiden Ansätzen ist, dass die reinen Farbtöne unterschiedlich hell und deshalb unterschiedlich *schwer* wirken. Das heißt, man darf sich nicht alleine auf die Berechnung von Harmonien verlassen und sich denken: *Gut ist's*, sondern muss stets überprüfen, ob das Berechnete auch wirklich gut und stimmig aussieht.

Auf Basis eines 12-teiligen Farbrades sind drei verschiedene harmonische Vierklänge möglich.

Zwei Varianten eines Vierklangs, bei dem die Abstände zwischen den Farben ein Rechteck bilden

Monochromatische Farbharmonie

Monochrom oder *monochromatisch* heißt einfarbig. Eine monochromatische Farbharmonie besteht aus verschieden hellen Abstufungen desselben Bunttons. Schwarzweißbilder sind ebenso monochrom wie sepiagetönte Varianten. Das Foto oben ist monochromatisch in Violett eingefärbt.

Bei monochromatischen Farbharmonien werden die Abstufungen aufeinander abgestimmt. Die um den Farbkreis angeordneten Fünfer-Harmonien rechts zeigen den reinen Buntton in der Mitte, nach außen hin abgedunkelte Varianten mit +33 % K und +66 % K, nach innen um 33 % und um 66 % aufgehellt.

Monochromatische Harmonien sind die ruhigsten Farbharmonien und werden gerne dort angewendet, wo Ruhe, Ausgeglichenheit und Zurückhaltung vermittelt werden sollen.

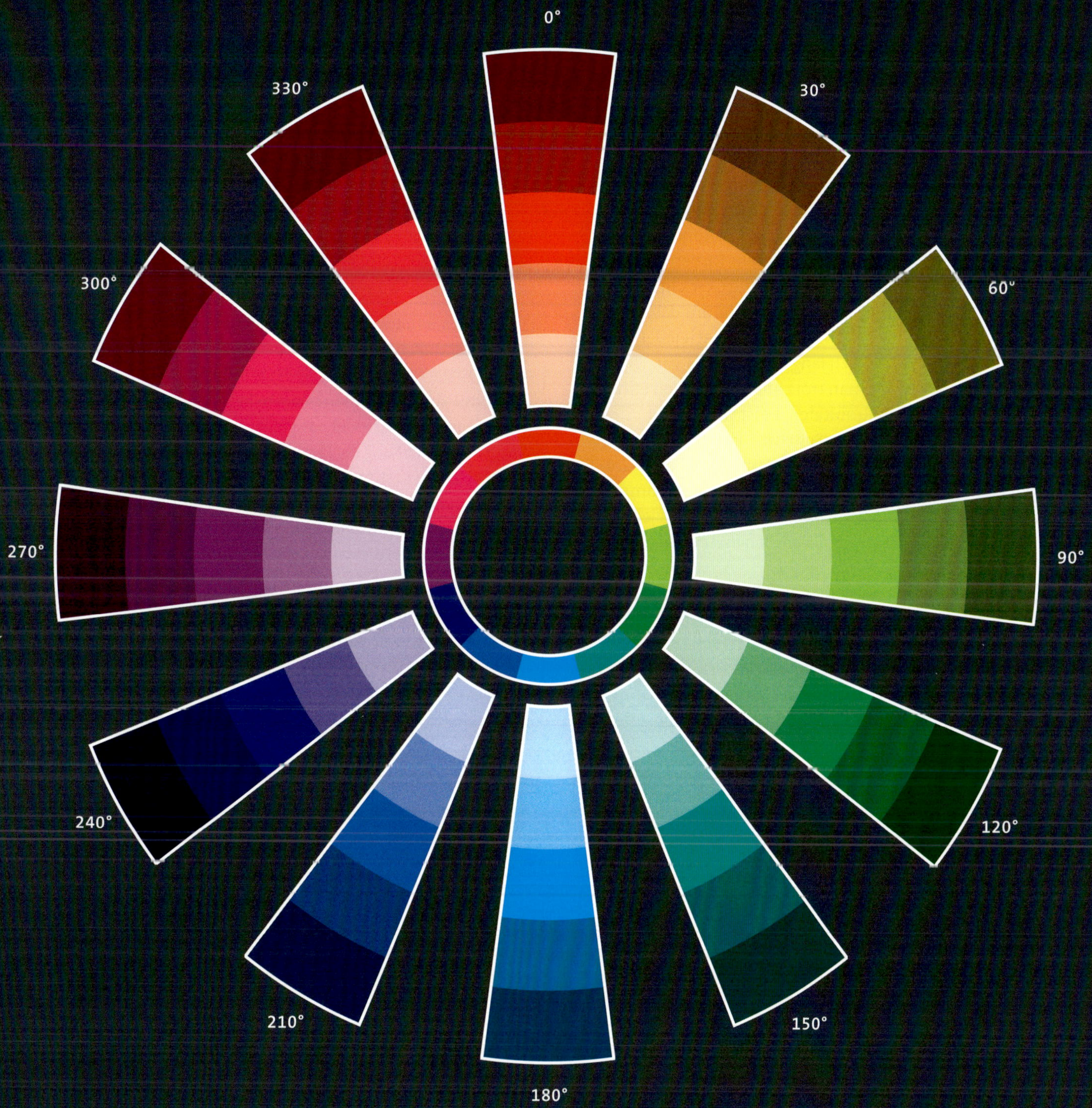
0°
30°
60°
90°
120°
150°
180°
210°
240°
270°
300°
330°

Farbhilfen

Vielleicht haben Sie sich schon die Frage gestellt, weshalb man trotz der Schwächen der Farbmodelle in der Gewichtung (Seite 254 und Seite 259) und den Farbabständen (Seite 270) überhaupt mit Harmonieregeln arbeiten soll. Es gibt aber durchaus gute Gründe. Zwei Farbtöne zu definieren ist simpel und geht meist schnell von der Hand. Bei mehreren Farbtönen wird es jedoch umso komplizierter, je mehr Farben in puncto Farbabstand, Sättigung, Helligkeit und Gewichtung aufeinander abzustimmen sind. Mir kommt das oft vor wie das Kürzen von Tischbeinen, wenn nach jedem Absägen ein anderes Bein zu lang ist. Auf Basis von Harmonieregeln kommt man trotz aller Schwächen effizienter zu stimmigen Resultaten. Es ist wie mit proportionalem Arbeiten (Seite 112): Ein souveräner Gestalter wird immer auch ohne Drittelregel oder Goldenen Schnitt zu ansprechenden Ergebnissen kommen, auf Basis proportionaler Berechnungen geht es jedoch schneller als durch oft endloses Ziehen – *erst hier, dann da, dann dort, dann wieder hier …*

Der größte Vorteil ist aber vielleicht, dass uns die Arbeit nach Harmonieregeln zu Ergebnissen führt, die uns ohne niemals einfallen würden. Wir alle neigen dazu, bestimmte Farben bevorzugt zu wählen und an andere erst gar nicht zu denken. Farbharmonien durchbrechen diese Mauer.

Dieses Kapitel vermittelt das Wissen, wie man auf Basis von HSB/HSL Farbharmonien berechnen kann, monochromatische Abstufungen über RGB und CMYK erzielt oder die Sättigung mittels Lab beeinflusst. Es gibt aber auch Programme, die einem das Experimentieren mit Harmonien leichter machen. Manche finden sich kostenlos im Internet, andere bekommt man für ein paar Euro als Desktop-Programm (da ich mit einem Mac arbeite, muss ich mich auf Mac-Apps beziehen, ich gehe aber davon aus, dass das Angebot unter Windows noch viel größer ist). Auch in den Adobe-Programmen finden sich Farbhilfen, wenn auch nach meinem Dafürhalten keine besonders gelungenen.

Unter *color.adobe.com* findet man Adobe Color. Das Tool basiert auf Ittens Farbenlehre und kennt RGB, HSB und Lab. Obwohl ich es hier als erstes aufliste, ist es nicht meine erste Wahl. Selbst als Farbexperte sind Adobes Farbwerkzeuge für mich undurchschaubar – das ist bei der in Illustrator integrierten Farbhilfe nicht anders. Auch die Bedienung fällt wenig intuitiv aus.

Relativ intuitiv bedienbar ist coolors – zu finden unter *coolors.co*. Anders als bei Adobe Color kann man die Farbpaletten allerdings nicht gezielt auf Basis konkreter Farbharmonien bestimmen. Vielmehr entscheidet das Programm über die Zusammenstellung der Farben. Farbpaletten mit coolors zu bestimmen, ist ein bisschen wie würfeln, was gar nicht schlecht ist, wenn es schnell gehen soll. Unter *www.gug.direct/coolors* gibt es ein YouTube-Tutorial zu dem Programm.

paletton.com ermöglicht wiederum, Farbpaletten anhand von Farbharmonien zu bestimmen. Es ist weniger intuitiv als coolors und auf vier Farben fixiert, aber das Tool meiner Wahl, wenn ich Farbpaletten systematisch bestimmen will.

goodpalette.io erzeugt Farbräume mit zwei bunten Farben und einem unbunten Farbton inklusive jeweiliger Schattierungen. Für das Webdesign liefert es Hauptfarbe, Akzentfarbe und die unbunten Töne für Hintergrund und Umfeld.

Pigment (*pigment.shapefactory.co*) liefert lediglich Zweierkombinationen, und es bietet nur zwei Einstellungsmöglichkeiten – Sättigung (Pigment) und Helligkeit (Lighting) –, ist dafür aber auch extrem leicht bedienbar und gar nicht schlecht zur Inspiration.

Ein Online-Werkzeug, das ich gelegentlich nutze, findet sich unter *colorizer.com*. Seine Stärke ist es, besonders viele Farbmodelle anzubieten –, neben RGB, CMYK, Lab, HSB und HSL auch Munsell.

https://color.adobe.com/de/create/color-wheel
ERSTELLEN
ENTDECKEN
TRENDS
Neu
LAB
BIBLIOTHEKEN
Thema extrahieren
Farbverlauf extrahieren
Barrierefreiheits-Tools
Farbmodus
HSB
Speichern unter
GuG 3
Name
My Color Theme
Tags
Eingeben oder unten auswählen
Bright
Neon
Colorful
Spring
Rainbow
Thema veröffentlichen
Auf Barrierefreiheit prüfen
Speichern
#BD00E0
#00ACE0
#E17200
#7BE000
Deutsch
Benutzerforen
Community-Richtlinien
Copyright © 2025 Adobe. All rights reserved.
Datenschutz
Nutzungsbedingungen
Cookie-Einstellungen
https://coolors.co/5f0f40-9a031e-fb8b24-e36414-0f4c5c
coolors
Tools
Go Pro
Sign in
Sign up
View
Export
Save
5F0F40
Tyrian purple
9A031E
Carmine
FB8B24
UT orange
E36414
Spanish orange
0F4C5C
Midnight green
https://paletton.com/#uid=3000u0kySzLk5FepBAoA7pUEMkk
Browse 1 Million Design Assets (NEW)
Like it?
Paletton Live Colorizer
cookie settings
paletton.com
UNDO
RESET
RANDOMIZE...
MORE INFO
Donate
Triad (3-colors)
add complementary
My Palette:
Hue: 0°
Dist: 30°
Base RGB:
FF0000
Fine Tune...
Vision simulation
COLORS
PRESETS
PREVIEW
EXAMPLES...
TABLES / EXPORT...
https://goodpalette.io/183bed-c74d10-a8aab3
goodpalette
Make beautiful color palettes for UI.
How To
goodbrief
Generate
Export
Palatinate Blue
#183BED
Brick Orange
#C74D10
#A8AAB3
UI MOCKUP | SLACKLIKE
https://pigment.shapefactory.co
#C5327E
#08726B
#6B8E8B
#C2C4C0
#EBEEF0
#F6574A
#FCD701
#9FA7BA
#EA5943
#212C3F
#322D34
#5A817C
#1F441B
#52CDE2
#532C5B
#CA608C
#8B7E7B
#233D56
#DDC035
#A73990
#E27F77
#AAAA9D
#8379F6
#F9EBFF
https://colorizer.org
Text
Reset All Data
Munsell (MHVC)
1G 7.5/22.6
Hue
41.21
Value
7.5
Chroma
22.6
Misc
Schemes
Shading
More Conversions
Complementary
Triad
Square
Analogic
Split-Complementary
Rectangle
All
If you have suggestions, you can contact me: sebastian.loncar [at] gmail.com. If you like my site, you can donate me a coffee:
Donate
Supported Color Spaces
RGB, HSL, HSV, CMYK, CIELab, YPbPr, XYZ, xyY, Munsell
All Color spaces convertible in all other color spaces.
Integer Conversions

Eigenschaften:
- › Aktiv
- › Dynamisch
- › Plakativ
- › Anregend
- › Aufregend
- › Signalfarbe

Assoziationen:
- › Alarm
- › Blut
- › Erotik
- › Feuer
- › Gefahr
- › Gewalt
- › Hitze
- › Krieg
- › Leidenschaft
- › Liebe
- › Macht
- › Mut
- › Rotes Licht (Stopp)
- › Rotlichtmilieu
- › Schärfe
- › Wärme
- › Wichtig

Eigenschaften:
- › Aktiv
- › Freundlich
- › Stimulierend
- › Warm
- › Gute Fernwirkung

Assoziationen:
- › Bau/Straßenbau
- › Buddhismus
- › Energie
- › Fruchtigkeit
- › Geselligkeit
- › Herbst
- › Jugendlichkeit
- › Kreativität
- › Künstlichkeit
- › Lebensfreude
- › Optimismus
- › Orange
- › Verspieltheit
- › Wandel
- › Wärme

Eigenschaften:
- › Zurückhaltend
- › Hell
- › Leicht
- › Neutral
- › Klar

Assoziationen:
- › Blässe
- › Das Gute
- › Erleuchtung
- › Frieden
- › Geist
- › Helligkeit
- › Klarheit
- › Leeres Blatt
- › Licht
- › Neuanfang
- › Redlichkeit
- › Reinheit
- › Unschuld
- › Weiße Fahne
- › Weiße Taube

Eigenschaften:
- › Neutral
- › Nüchtern
- › Zurückhaltend

Assoziationen:
- › Alter
- › Architektur
- › Beton
- › Depression
- › Metall
- › Sachlichkeit
- › Sand
- › Schlechtwetter
- › Seriosität
- › Silber
- › Stein
- › Urbanität
- › Weisheit

Eigenschaften:
- › Beruhigend
- › Zurückhaltend

Assoziationen:
- › Behaglichkeit
- › Biederkeit
- › Erdigkeit
- › Holz
- › Kaffee
- › Leder
- › Militär
- › Nazi
- › Natürlichkeit
- › Organisch
- › Schokolade
- › Tabak
- › Tarnfarbe
- › Tradition

Eigenschaften:
- › Aktiv
- › Dynamisch
- › Plakativ
- › Anregend

Assoziationen:
- › Barbie
- › Bonbon
- › Einfühlsamkeit
- › Feminin
- › Freundlichkeit
- › Homosexualität
- › Kleinkind
- › Schweinchen
- › Süße
- › Zartheit
- › Zucker

Eigenschaften:
- Hellste Farbe
- Freundlich
- Gute Fernwirkung

Assoziationen:
- Elektrizität
- Gefahr (mit Schwarz)
- Gelbe Seiten
- Gier
- Gold
- Heiterkeit
- Liberalismus
- Licht
- Neid
- Offenheit
- Optimismus
- Post
- Sauer
- Schande
- Sommer
- Sonne
- Textmarker
- Urin
- Vorsicht (gelbes Licht)
- Warnung
- Zitrone

Eigenschaften:
- Erfrischend
- Ausgleichend
- Beruhigend

Assoziationen:
- Bio
- Eifersucht
- Fruchtbarkeit
- Frühling
- Garten
- Geld
- Gemüse
- Gesundheit
- Gift
- Grünes Licht (Go)
- Harmonie
- Hoffnung
- Islam
- Jagd
- Natur
- Neid
- Ruhe
- Unreife
- Wachstum

Eigenschaften:
- Zurückhaltend
- Schwer
- Düster

Assoziationen:
- Abgrund
- Das Böse
- Eleganz
- Ernsthaftigkeit
- Erotik
- Glaubwürdigkeit
- Leere
- Nichts
- Sachlichkeit
- Schwere
- Seriosität
- Tod
- Trauer
- Unbestechlichkeit
- Unglück

Eigenschaften:
- Kühl
- Distanziert
- Steril
- Passiv

Assoziationen:
- Chemie
- Eis
- Eitelkeit
- Kosmetik
- Krankenhaus
- Sauberkeit
- Sterilität
- Stolz
- Zurückhaltung

Eigenschaften:
- Ruhig
- Warm
- Ausgeglichen

Assoziationen:
- Erotik
- Esoterik
- Exzentrik
- Feminismus
- Geheimnis
- Individualität
- Katholische Liturgie
- Königsfarbe
- Künstlichkeit
- Magie
- Meditation
- Reichtum
- Transzendenz
- Zauberei
- Zwiespältigkeit

Eigenschaften:
- Kühl/kalt
- Distanziert
- Zurückhaltend
- Beruhigend

Assoziationen:
- Eis
- Ferne
- Frieden
- Harmonie
- Himmel
- Innovation
- Klarheit
- Loyalität
- Meditation
- Melancholie
- Metall
- Phantasie
- Reinheit
- Sehnsucht
- Seriosität
- Spiritualität
- Technik
- Treue
- Union
- Wasser
- Weite
- Winter

Kapitel 6: **Visuelle Kommunikation**

THE JAZZ ARENA COOL IN BLUE

© Laurin Rinder | shutterstock.com

Miles Davis
Sarah Vaughan
Dave Brubeck
Chet Baker
Shelly Manne
Stan Getz
Gerry Mulligan

Kommunikationsdesign basiert auf visueller Sprache. Wenn Sie ein Gedicht schreiben, werden Sie andere Formulierungen wählen als für einen Roman; Berichte bedienen sich einer wiederum anderen Sprache. Es ist nicht nur von Bedeutung, *was* man sagt, sondern auch, *wie* man es sagt. Der Ton macht die Musik!

Markus Caspers skizziert in »Zeichen der Zeit – eine Einführung in die Semiotik« das Beispiel einer Schulklasse, die die Aufgabe erhält, ein Cover für ein *beliebiges* Musikalbum zu gestalten. Von dieser Aufgabenstellung ausgehend ist zu erwarten, dass die Entwürfe so vielfältig ausfallen, wie die Klasse Schüler hat. Lautet die Aufgabe hingegen, ein Cover im Stil des *Cool Jazz* der 1960er zu entwerfen, sollten eigentlich Resultate in derselben visuelle Sprache entstehen. Voraussetzung ist aber, dass die Schüler mit der grafischen Sprache des Genres der Zeit vertraut sind.

Als visuelle Wesen werden wir von Geburt an von visuellen Codes geprägt, die wir intuitiv bestimmten Bedeutungen zuordnen. So werden Sie wahrscheinlich Schirm und Melone als typisch englisch empfinden, Baskenmütze und Baguette mit Frankreich assoziieren oder einen Cowboyhut mit den USA. Typisch für Irland ist die Farbe Grün, wo Niederländer in Massen auftauchen, dominiert oft Orange.

Wer wie ich in den 1970ern aufgewachsen ist, für den sind bestimmte Muster in Orange, Braun und Grün untrennbar mit der Zeit verbunden – Neon und Schwarz verbinde ich mit den 80ern. Später Geborene werden vielleicht einen mit Blumen bemalten Bus den Hippies der 70er zuordnen oder einen sogenannten Ghettoblaster mit dem Hip-Hop der 80er. Doch abgesehen von absolut stereotypischen Symbolen fällt es schwer, visuelle Codes mit etwas zu assoziieren, wenn sie in unserer Lebenserfahrung nie präsent waren. Deshalb ist die Gestaltung eines Covers im Cool-Jazz-Stil der 60er auch eine kaum lösbare Aufgabe, wenn man diese Zeit nicht erlebt hat und/oder kein Cool-Jazz-Fan ist. Wo die Erfahrung fehlt, muss die Lücke via Recherche geschlossen werden. Ohne gezieltes Studium werden Sie kaum in der Lage sein, ein antikes Möbelstück einer historischen Epoche zuzuordnen oder zu bestimmen, ob ein fernöstlich anmutendes Kleid aus China, Japan oder Korea stammt. Epochen und Regionen unterscheiden sich nicht nur in den gesprochenen, sondern auch in den visuellen Sprachen. Als Kommunikationsdesigner muss ich visuelle Sprache nicht nur verstehen, ich muss mich auch in ihr ausdrücken können. Das mag leicht klingen, ist es aber nicht. Ungeübte Gestalter scheitern oft schon an der Aufgabe, einen Entwurf in einem zeitgemäß modernen Look zu kreieren. Während die Wahl einer trendigen Farbe und dem Zeitgeschmack entsprechender Bilder meist noch vergleichsweise leichtfällt, wird bei der Schriftwahl häufig danebengegriffen.

Schriftformen sind nicht zeitlos. Schriftarten, die vor Jahren besonders heiß und trendy waren, können gegenwärtig völlig *out* sein. Grafischer Stil ist nicht minder Moden unterworfen wie Bekleidung, auch wenn die Trends nicht gerade im Halbjahresrhythmus wechseln (was ja in der Mode auch nur am Laufsteg der Fall ist). Greift der Gestalter für einen Entwurf zu einer Schriftform, deren Formensprache einer vergangenen Dekade entspricht, wirken die Resultate im besten Fall ungewollt retro, meist aber eher verstaubt und missglückt.

Visuelle Sprache ist dabei nicht nur vom historischen, regionalen und subkulturellen Kontext abhängig, sondern ebenso vom individuellen Stil des Designers. Jeder Gestalter hat eine mehr oder weniger eigene Handschrift. Deren Stil wird nicht zuletzt davon abhängen, wo und bei wem man studiert hat. Beauftragen wir Studenten am Anfang ihres Studiums, ein Cover zu gestalten, werden wir so vielfältige Entwürfe erhalten, wie die Klasse Individuen hat. Am Ende hingegen ist zu erwarten, dass die Resultate bei gleichen Vorgaben sehr viel ähnlicher ausfallen. Die grafische Sprache der Studenten wird durch die Gestaltungsphilosophie und den Ansatz des Lehrkörpers geprägt sein. Zwangsläufig wird also, ganz abgesehen vom individuell unterschiedlichen Ausdruck jeder Persönlichkeit, auch jede Schule ihren eigenen *visuellen Dialekt* fördern. So wie beispielsweise das Bauhaus und in Nachfolge die Hochschule für Gestaltung Ulm ihren Absolventen ihren Stempel aufdrückten.

© Tribalium | shutterstock.com

© Kano07 | shutterstock.com

© Ure | shutterstock.com

© Cineberg | shutterstock.com

© Milan Zygmunt | shutterstock.com

© Savvapanf Photo | shutterstock.com

© Anton Gvozdikov | shutterstock.com

© skrcenyz | shutterstock.com

© J Walters | shutterstock.com

Visuelle Codes

Visuelle Sprache arbeitet mit visuellen Codes. Diese Codes vermitteln Bedeutung. So transportiert die Darstellung eines Totenschädels die Bedeutung *Tod*. Dabei können visuelle Codes noch mehrdeutiger und vielschichtiger sein als verbaler Ausdruck. Ohne Kontext wissen wir nicht, ob das Wort »Himmel« gerade für *Firmament* oder *Paradies* steht. Ebenso kann der Totenkopf einmal Identifikationssymbol von Piraten sein, ein andermal als Piktogramm auf einen giftigen Inhalt hinweisen. Hier kann die Farbe Aufschluss über den Kontext geben.

Viele Codes stehen für unterschiedliche Bedeutungen, vielleicht sogar die meisten. Wer sich der Codes bedient, ohne sich möglichst aller Bedeutungen bewusst zu sein, läuft Gefahr, missverstanden zu werden. Das kann ähnlich enden wie in einem Sketch von Monty Python, in dem John Cleese als ungarischer Tourist mit einem Phrasenbuch in einen Tabakladen kommt. Bedauerlicherweise sind die Übersetzungen nicht korrekt. So wird »können Sie mir den Weg zum Bahnhof weisen« mit »bitte streicheln Sie meinen Popo« übersetzt. Der Sketch endet mit einer Prügelei.

Wenn Sie gelegentlich in einer Sprache kommunizieren, die Sie nur rudimentär beherrschen, kennen Sie vielleicht die Situation, dass durch eine falsch verstandene Bedeutung oder eine falsche Aussprache Missverständnisse entstehen können. Ich erinnere mich an einen Urlaub auf den Kanaren, als wir uns in unserem Stammrestaurant wunderten, weshalb sich auf den Salaten an diesem Tag keine Avocado befand. Wir versuchten uns auf Englisch zu erkundigen, woraufhin der Kellner fragte, was wir mit einem *Lawyer* (Anwalt) wollten – Anwalt heißt auf Spanisch »Abogado«, was er wohl statt Avocado verstanden hatte (*Avocado* heißt auf Spanisch »Aguacate«).

Das Zeichen der Piraten

Dasselbe Zeichen in anderen Farben weist auf giftige Substanzen und gefährliche Zonen hin.

Der Irokesenschnitt signalisiert üblicherweise die Zugehörigkeit zur Punk-Szene.

Violett steht in der katholischen Liturgie für Übergang und Verwandlung und wird u. a. vor Ostern und Weihnachten getragen.

Der Kreis gilt ebenso als Symbol der Unendlichkeit wie der Zusammengehörigkeit. Im Ehering treffen sich beide Bedeutungen.

Der Regenbogen ist zur visuellen Marke der LGBTQ-Bewegung geworden.

Guy-Fawkes-Masken werden gerne von Aktivisten getragen, die sich dem Anonymous-Kollektiv zugehörig fühlen.

Der Fuchs steht für Schlauheit und List.

Die Mondsichel ist zwar kein *offizielles* Symbol des Islam wie das Kreuz im Christentum, dient aber dennoch oft der Identifikation.

Eine rote Lampe ist oft Hinweis auf Dienstleistungen eines sehr alten Gewerbes.

Wegmarkierungen halten einen auf Wegen, die nicht mehr als solche zu erkennen sind.

Stereotypisch englisch: Schirm und Melone – fehlt nur der Tee.

Zeichen

Ein Zeichen ist ein Hinweis, ein Verweis, ein Signal, eine Botschaft. Gesten, ein Räuspern, ein Blick, ein Tritt unter dem Tisch können Zeichen sein. Rauch ist ein Zeichen für Feuer. Rot ist je nach Kontext (Seite 58) ein Zeichen für Stopp oder Liebe, Grün für »Weg frei« oder Hoffnung.

Grafische Zeichen begegnen uns in Form von Verkehrszeichen, Piktogrammen, Phonogrammen, Ideogrammen und als Bildmarken in Firmen- und Produktlogos. Es gibt Satzzeichen, Zeichen für Musiknoten und Notenschlüssel, mathematische, technische und astrologische Symbole, Pfeile, Peace- und Anarcho-Zeichen, Yin & Yang, Smileys, hochgereckte Daumen, Handzeichen für Victory, man kann den Vogel oder ausgestreckten Mittelfinger zeigen und jüngst wurde die Welt mit unzähligen Emojis bereichert.

Allen Zeichen gemein ist, dass sie eine Bedeutung haben. Eine Form ohne Bedeutung ist kein Zeichen. Weiter vorne habe ich beschrieben, dass die Form eines Zeichens aus Figur (Seite 90) und Gestalt (Seite 92) besteht. Die Gestalt eines Zeichens lässt sich großzügig variieren, ohne dass die Bedeutung verloren geht. Wird hingegen die Struktur der Figur nicht eingehalten, verliert oder verändert sich die Bedeutung. Das Peace-Symbol beispielsweise ist eine konkrete Figur, die für die Bedeutung *Frieden* steht. Sie besteht aus einem Kreis, in dem drei Linien eine bestimmte Figur bilden. Verändere ich die Anordnung, geht die Bedeutung verloren. Oder sie verändert sich, z. B. zu Anarchie oder Mercedes.

© shurkin_son | shutterstock.com

© Krapka21 | shutterstock.com

© Bagus Production | shutterstock.com

© Timolina | shutterstock.com

© Goldencow Images | shutterstock.com

Symbol

Das altgriechische Wort »sýmbolon« steht für *Erkennungszeichen*. Tatsächlich wird *Symbol* häufig synonym für *Zeichen* verwendet. Doch auch wenn die Schnittmenge der Bedeutung der Begriffe groß ist, sind sie nicht deckungsgleich.

Das Peace-Symbol ist ein Zeichen. Eine weiße Taube hingegen *symbolisiert* zwar Frieden, ist aber an sich kein Zeichen. Ob die Taube fliegend, sitzend oder schlafend dargestellt wird, ob grafisch oder fotografisch, ist für die Vermittlung der Bedeutung nicht relevant. Auch die Erwähnung einer weißen Taube in einer Erzählung kann den Sinngehalt *Frieden* transportieren.

Buchstaben, Ziffern und Satzzeichen sind Zeichen, aber keine Symbole. Sex- und Statussymbole wiederum sind, wie der Name schon sagt, Symbole, aber keine Zeichen. Wobei es durchaus Zeichen gibt, die den Stellenwert eines Statussymbols haben, beispielsweise der Mercedes-Stern oder das Apple-Logo.

Vieles, was kein Zeichen ist, kann etwas symbolisieren. Löwen symbolisieren Mut, Eulen Weisheit, Füchse Klugheit, Schweine Glück, Bienen Fleiß, Glühbirnen Einfälle und Blitze Energie. Zur visuellen Kommunikation sind Zeichen, Symbole, Bedeutungen und Assoziationen unverzichtbar. Je umfangreicher mein Wissen und Verständnis darüber ist, desto größer ist mein visueller Wortschatz, um grafische Geschichten zu erzählen und Botschaften zu vermitteln.

Um mein Ausdrucksvermögen in visueller Kommunikation zu trainieren, habe ich vor einigen Monaten ein Projekt gestartet, bei dem ich mir jeweils einen Begriff vornehme und mir neun Motive überlege, die ihn symbolisch vertreten oder damit assoziiert werden können. Um mich gleichzeitig im Umgang mit Künstlicher Intelligenz zu üben, lasse ich die Bilder von generativer KI generieren. Die Resultate veröffentliche ich auf Instagram (*www.gug.direct/insta-analogie*) und in meinem Blog (*www.gug.direct/analogien*), um als Anregungen und zur Inspiration zu dienen.

© LittlePerfectStock / Shutterstock.com

Piktogramm

Piktogramme sind Bildzeichen. Im Ursprung ist ein Piktogramm eine vereinfachte Abbildung dessen, wofür es steht, also beispielsweise ein Kuhkopf für eine Kuh. Damit lassen sich allerdings nur visuelle Objekte abbilden. Um nicht sichtbare Elemente – beispielsweise Wind oder Klang –, Eigenschaften oder Aktivitäten abzubilden, werden assoziative Piktogramme verwendet. Ein Paar Beine steht dann nicht mehr für die entsprechenden Gliedmaßen, sondern für *gehen*. Oder es müssen abstrakte Zeichen erfunden werden, um die Bedeutung zu tragen, was natürlich kaum verstanden wird, ohne dass der Betrachter die Bedeutung vorher erlernt. Wir kennen das beispielsweise vom Symbol für W-LAN.

° Grad (Winkel, Temperatur)	" Zoll, Sekunde, Winkelsekunde	' Fuß (Maßeinheit), Minute, Winkelminute	# Nummer-Zeichen, Raute	§ Paragraph-Zeichen
& Et Kaufmanns-Und	& Et (Variante)	@ At, Klammeraffe	$ Dollar	¢ Cent
£ Britisches Pfund	€ Euro	¥ Japanischer Yen	* Asterisk, Stern, Fußnote, geboren	† Kreuz, Fußnoten, gestorben
‡ Doppelkreuz	¶ Alinea, Abschnitt, Absatz	© Copyright	® Registriert, registrierte Warenmarke	™ Unregistrierte Warenmarke
+ Plus	− Minus (auch Gedanken- und Streckenstrich)	÷ Geteilt	× Mal	= Gleich
< Kleiner als	> Größer als	% Prozent	‰ Promille	¼ Viertel (ebenso ½ und ⅓)

ƒ Blendenöffnung	µ Mikro	≤ Kleiner/gleich	≥ Größer/gleich	≠ Ungleich, ist nicht gleich
≈ Ungefähr	∞ Unendlich	π Pi, Kreiszahl	√ Wurzel	⌀ Durchschnitt
℮ Fertigpackungs-richtlinie	№ Numero, Nummer	☺ Smiley	♀ Venus	♂ Mars

Ideogramm

Moderne Schriftsysteme bestehen nicht nur aus Buchstaben, sondern umfassen auch Satz- und Sonderzeichen, Symbole und Ideogramme. Ideogramme sind Zeichen, die für ein Wort stehen. Die Ziffern (Seite 195) von 0 über 1 bis 9 gehören dazu. Ihre Wurzeln liegen, wie im dritten Kapitel erwähnt (Seite 131), in Indien, von wo sie von arabischen Wissenschaftlern übernommen wurden. Ihren Weg in das lateinische Abendland fanden die Zeichen im Hochmittelalter. Sie fügen unserem Schriftsystem aus Versalien und Gemeinen einen weiteren Satz an Figuren hinzu, deren Charakter bei genauer Betrachtung die andere Herkunft nicht verleugnen kann.

Ebenfalls den Ideogrammen sind die Zeichen & (für das französische *et, und*), % (Prozent), § (Paragraph) und Währungszeichen wie € zuzuordnen. Zusammen mit Buchstaben, Satz- und Sonderzeichen bilden diese Ideogramme den Zeichensatz (Seite 132) unseres Schriftsystems.

Diese 30 Zeichen sind Ideogramme und sollten eigentlich in jedem Zeichensatz (Seite 132) vorhanden sein.

Die ersten beiden Zeichen gehören ebenfalls zum regulären Standardzeichensatz und somit zum Gros der verfügbaren Schriftarten. Die restlichen 13 sind verbreitet, dürfen aber nicht in jedem Zeichensatz vorausgesetzt werden.

Wissenschaftlich befasst sich die *Semiotik* als Teil der Sprachwissenschaften mit der Bedeutung der Zeichen. Im semiotischen Modell werden die Zeichen in die Kategorien Ikon, Index und Symbol eingeteilt.

Ikon stammt vom altgriechischen »eikōn« für *Bild*. In der Semiotik steht es für eine mehr oder weniger originalgetreue Abbildung eines realen Objekts. Wie ähnlich die Abbildung dem Abgebildeten ist, wird *Ikonizität* genannt. Ein Foto eines lächelnden Menschen hat eine höhere Ikonizität als ein Smiley.

Das *Index* ist mit dem Objekt, auf das es verweist, verbunden. Rauch ist ein Index (Zeichen) für Feuer, Rauschen ein Index für Wasser, Backgeruch ein Index für frische Brötchen.

Symbole haben im semiotischen Modell weder Ähnlichkeit mit noch Verbindung zum Objekt, für das sie stehen. Dieser Definition folgend sind die Zeichen für weiblich und männlich ebenso Symbole wie das Peace-Zeichen und die weiße Taube.

Ikon ist von »Ikone« abgeleitet. Ikonen sind eine spezielle Form der Kult- und Heiligenbilder, die von der Spätantike bis zum Ende des Mittelalters vorwiegend in den Regionen der Ostkirchen entstanden. Sie widmen sich meist der Darstellung von Christus, Maria und Heiligen sowie Szenen der Bibel. Anders als die von der Renaissance geprägte Malerei, die man heute in vielen *Westkirchen* bewundern kann, strebt die Ikonenmalerei keine naturalistische Abbildung der Motive an. Die Stilmittel sind reduziert, fast grafisch. Details, die vom Subjekt des Motivs ablenken könnten, werden weggelassen. Auf die Vermittlung räumlicher Tiefe wird verzichtet. Wo plastische Körper angedeutet werden, widersprechen die Fluchten oft der Realität – Ikonen wirken eigentümlich flach. Alles zusammen führt zu einer plakativen Bildwirkung und einer Verdichtung der Bedeutung. Grafische und inhaltliche Konzentration rücken Ikonen in die Nähe von Piktogrammen. Sie sind nahezu so symbolhaft wie Zeichen.

Ikonografie ist ein Zweig der Kunstwissenschaft, der sich mit der Bedeutung der Motive bildender Kunst befasst. Bildende Kunst dient nicht nur der Abbildung von Motiven, sondern ist oft Träger von Symbolik und Bedeutung. Ein Spatz in einem Gemälde mag ein Spatz sein, die weiße Taube jedoch könnte als Repräsentant des Friedens dienen.

In der Bildwissenschaft steht *Ikon* für jede bildhafte Darstellung, egal ob es sich um Zeichen, Piktogramme, Illustrationen, Gemälde, Fotos, Infografiken, Schaubilder, Pläne etc. handelt. Bilder, die sich nachhaltig in das kollektive Bewusstsein der Gesellschaften eingegraben haben, werden *Medienikonen* genannt: Der erste Mensch auf dem Mond, die rauchenden Türme des World Trade Centers, Marilyn Monroe mit hoch gewirbeltem Rock in »Das verflixte 7. Jahr«, Albert Einstein mit herausgestreckter Zunge. Che Guevara gilt als Ikone der Revolution – kaum ein Ikon steht mehr für Aufstand als sein berühmtes Porträt von Alberto Korba. Coco Chanel gilt als Ikone der Mode, James Dean als Stil-Ikone – tragischerweise in einer Ikone zu Tode gekommen, dem Porsche 550 Spyder.

Zur Ikone wurde auch die Form der klassischen Coca-Cola-Flasche – sie funktioniert als Erkennungszeichen der Marke ebenso gut wie das Firmenlogo. Auch einige Markenlogos sind zu Ikonen geworden. Leute kleben sich Apples angebissenen Apfel auf das Auto, lassen sich den dynamischen Swoosh von Nike tätowieren oder tragen Taschen mit dem Playboy-Häschen – Rapper hängen sich Mercedes-Sterne um den Hals. Lauter Beispiele exzellenten Logodesigns. Wichtiger für die Motivation, sich mit diesen Logos zu schmücken, dürfte aber wohl das sein, was sie symbolisieren. Zu einer gerne kopierten Ikone wurde auch ein Poster für Barack Obama mit dem Titel »Hope«.

Ikone zu gestalten, gehört zu den Hauptaufgaben des Grafikdesigners. Egal, ob es sich um Piktogramme, Logos oder Motive für Werbeaufgaben handelt. Mittelalterliche Ikonen können uns insofern Vorbild sein, als sie Bedeutung durch Reduktion auf den Punkt verdichten. Das ist bei Piktogrammen, Logos und Werbemotiven gleichermaßen relevant. Schlägt man im Duden »ikonisch« nach, findet man, neben dem Bezug auf die Heiligenbilder, die Begriffe »bildhaft«, »anschaulich« und als Synonym »sprechend«. Ein gutes Ikon ist anschaulich und sprechend.

© Viacheslav Lopatin | shutterstock.com

© Roman Belogorodov | shutterstock.com

© Roberto Lusso | shutterstock.com

© Juli Hansen | shutterstock.com

Byzantinische Ikone aus dem 13. Jh. in der Sophienkirche in Istanbul

Der Land Rover Defender ist eine Ikone von Abenteuer und Entdeckung.

Grafik nach einem Foto von Alberto Korba. Das Porträt von Che Guevara ist zur Ikone von Revolution und Widerstand geworden.

Zu einer Ikone des Aufbruchs wurde ein Poster des Künstlers Shepard Fairey für den Präsidentschaftswahlkampf von Barack Obama 2008, das neben »Hope« auch mit den Titeln »Change« und »Progress« versehen wurde.

Zeichnung bedeutet nicht nur *grafisches Bild*. Auch eine Unterschrift wird *Zeichnung* (Unterzeichnung) genannt. In Firmen dienen Stempel der Zeichnung. Darauf befindet sich meist das Firmenlogo. Mit dem Logo drücken Unternehmen ihren Produkten und ihrer Kommunikation ihren Stempel auf. Das Logo ist ein Zeichen zum Kennzeichnen. Es dient der Markierung. Durch Markierung werden Unternehmen zu Marken.

Lange bevor Marketing begann, Unternehmen als Marken zu begreifen, wurde Eigentum mittels Brandzeichnung markiert. Im Englischen spricht man vom »Branding«. *Brand* ist der englische Begriff für *Marke*. Ein Brand ist weit mehr als ein Logo. Das Logo ist lediglich der wichtigste visuelle Repräsentant.

Wer an Logo denkt, denkt wahrscheinlich zuerst an grafische Symbole – an angebissene Äpfel, Hasen mit Fliege, rot-gelbe Muscheln oder vier miteinander verwobene Ringe. Ein großer Teil der Unternehmenslogos ist allerdings eher typografisch als ikonisch. Es sind keine symbolischen Zeichen, sondern Schriftzüge. Manchmal spricht man von *Typo-Logo*. Ich werde es hier *Wortmarke* nennen, auch wenn der Begriff im rechtlichen Sinn für den Wortlaut einer Marke steht und sich nicht auf die Form bezieht.

Wortmarken haben den Vorteil, dass sie sich lesen lassen. Die Bedeutung einer Bildmarke muss man erlernen. Einem Markt beizubringen, dass ein schwungvoller Haken für Nike steht, ein Panda für WWF, drei Streifen für Adidas oder ein Mammut für Bergsportausrüstung, braucht Zeit und Geld. Für kleine und mittelständische Unternehmen ist das kaum zu erreichen.

Gute Bildmarken transportieren mehr als nur einen Firmennamen. Sie haben symbolischen Charakter, vermitteln Bedeutung und sprechen die Emotionen an – damit tut sich ein reiner Schriftzug schwer.

In der Praxis findet man häufig kombinierte *Wort Bild-Marken*, um die Vorteile beider Lösungen zu vereinen. Der Firmenname findet sich dann typografisch neben oder unter das Symbol gesetzt, selten darüber.

Als drittes Element kommt oft ein Claim hinzu. Als *Claim* bezeichnet man den Leitsatz des Unternehmens. In einer perfekten Welt stehen Unternehmen für eine Mission und haben ein Leitbild. Das Leitbild wird in einem Leitsatz zugespitzt auf den Punkt gebracht. »Just do it!«

Landläufig wird häufig der Begriff »Slogan« synonym für *Claim* verwendet. Streng genommen jedoch bildet ein Claim das langfristige Leitmotiv des Unternehmens ab, während Slogans Überschriften für befristete Kampagnen sind. In der Praxis sind die Übergänge oft fließend, in Einzelfällen kann man sich streiten, ob etwas ein Claim oder ein Slogan ist. Das prägnante Sätzchen unter dem Logo jedoch sollte immer der Claim sein.

Bei großen Marken ist es eher die Ausnahme, dass der Claim, wie im Walmart-Logo zu sehen, generell mit dem Logo gekoppelt wird. Die Marketingbudgets multinationaler Konzerne erlauben ausreichend Marktpräsenz, um Markenname, Logo und Claim auch ohne permanente Verbindung bekannt zu machen. Für kleine und mittelständische Unternehmen ist das unmöglich, weshalb es besser ist, Symbol, Name und Botschaft stets kombiniert zu kommunizieren.

Markenlogos werden oft einseitig wegen ihrer Bedeutung für Marketing und Werbung betrachtet. Dabei können sie ebenso als Identifikationssymbol für die Mitarbeiter des Unternehmens fungieren. Wer mit Stolz für sein Unternehmen arbeitet, wird auch stolz auf dessen Erkennungszeichen sein.

- Was will uns der Apfel sagen? Think different!
- Die Muschel hat bei Shell Geschichte.
- Das *Bunny* entstammt einer Zeit, als Mann Frau »Hase« nannte. Das Produkt (Magazin) wurde (in den USA) eingestellt, die Marke blieb.
- Einst Zeichen einer Union von Autoherstellern
- Der bekannteste Haken der Welt
- Eine bedrohte Tierart als Symbol für die Bewahrung der Umwelt
- Jeder weiß, wofür drei Streifen stehen.
- Das Mammut vertritt die Marke eines Herstellers von Outdoor-Bekleidung und Ausrüstung.
- Walmart kombiniert Name, Symbol und Claim.

adidas®

MAMMUT®

Walmart

Save money. Live better.

Wortmarke

Auch wenn *Wortmarke* streng genommen für den Wortlaut der Marke steht, wird man sie in der Praxis stets in gleicher Form anwenden. Manchmal werden die Buchstaben eigens gezeichnet. Das ist bei allen rechts abgebildeten Beispielen mit Ausnahme von UPS und 3M der Fall. Oft zieht man aber auch bestehende Schriftarten heran und modifiziert sie. So handelt es sich etwa bei den drei Buchstaben im Emblem von UPS um angepasste Zeichen der Schriftart Dax. Bei 3M (*Minnesota Mining and Manufacturing Company*) wurden die Zeichen unverändert von der Helvetica Black übernommen und lediglich eng zusammengeführt.

Manchmal wird der Schriftzug mit einer Form kombiniert – Lego und Caran D'Ache stehen auf einem roten Quadrat, Ford auf einer Ellipse und UPS steht auf einer Form, die an ein Wappen erinnert.

Dass eine Wortmarke nicht die symbolische und emotionale Wirkung einer Bildmarke erreicht, heißt nicht, dass sie die Funktion als Logo nicht ebenso erfüllen kann. Eine Bildmarke ist ein Zeichen. Wortmarken bestehen ebenso aus Zeichen – den Buchstaben. Worte werden nicht Zeichen für Zeichen erfasst, sondern als Wortbild (Seite 186, 188 und 190). Wir nehmen die Zeichen als Einheit wahr, das Wort wird zur Grafik. »OMO« sieht anders aus als »ABBA«. Fügen wir zur einzigartigen Kombination der Buchstaben*figuren* noch die *Gestalt* einer eigenständigen Schrift hinzu, erhalten wir ein unverwechselbares Symbol. Dessen Inhalt ist zwar *nur* ein Wortlaut, dennoch wird das Symbol, konsequent angewendet, seine Rolle als Logo spielen.

Das funktioniert sogar, wenn der Schriftzug eine Schriftart verwendet, die andere ebenso nutzen, schließlich sind die Unterschiede schon durch die unterschiedlichen Figuren der Zeichen der verschiedenen Namen prägnant. Eine passende Schriftart abseits gängiger Standardschriften verstärkt die Eigenständigkeit. *Eigenständig* heißt allerdings nicht *exzentrisch*! Eine gute Schriftart ist nicht aufdringlich extravagant, sondern eher von subtiler Individualität. Zu viel Extravaganz wirkt schnell penetrant.

LEGO

UPS

3

CARAN D'ACHE
OF SWITZERLAND

GE

3M

Ford

Ray-Ban

makita

IBM

Bildmarke

Eine Bildmarke ist ein Zeichen. Wie jedes Zeichen besteht es aus *Figur* (Seite 90) und *Gestalt* (Seite 92). Anders allerdings als bei Zeichen ist bei einer Bildmarke die Gestalt ebenso verbindlich wie die Figur. Eine gute Bildmarke ist dabei nicht nur Platzhalter für einen Firmennamen, sondern vermittelt Bedeutungen darüber hinaus. Lufthansas Kranich steht nicht nur für *Lufthansa*, sondern symbolisiert *Fliegen* und als Zugvogel steht er für den Flug in die *Ferne*.

Die Bildmarke als *Figur* zu begreifen ist hilfreich, um am Ende einer Logo-Entwicklung nicht bei einer bloßen *Form* ohne konkrete Bedeutung oder Assoziation zu landen. Formen sind zwar mit Assoziationen verbunden, doch diese sind mindestens ebenso vielfältig, manchmal widersprüchlich und selten konkret, wie das auch bei Farben der Fall ist. In einem Kreis lässt sich ein Punkt, ein Ball, die Sonne, ein Planet, ein Loch und vieles mehr sehen. Er kann einen Umkreis ebenso repräsentieren wie eine Gruppe, was im Begriff Freun*deskreis* zum Ausdruck kommt. Natürlich kann man auf dieser Basis einen goldgelben Punkt über einen Schriftzug setzen und feststellen, er stehe für Sonne und Freundschaft. Oft sind *so* einfache Lösungen allerdings etwas zu billig. Es gibt Ausnahmen, in denen dermaßen simple Lösungen gerechtfertigt sein können – die Marke *Blaupunkt* beispielsweise hat tatsächlich nur einen blauen Punkt als Logo. In der Regel sind Figuren über geometrische Grundformen hinaus erforderlich, um konkretere Assoziationen zu wecken und nicht einfach beliebig zu bleiben.

Eine gute Bildmarke ist ikonisch (Seite 298) – bildhaft und sprechend. Die herausgestreckte Zunge der Stones symbolisiert die Revolution der Jugend der 1969er, der Mercedes-Stern steht für die Exzellenz der Marke, der NBC-Pfau repräsentiert die *Buntheit* der zum Netzwerk gehörenden TV-Sender und in das Toyota-Logo wurde so viel hineingepackt, dass es den Rahmen sprengen würde, hier auf alles einzugehen; ein T werden

© QualityHD | shutterstock.com

wohl die meisten schnell identifizieren. Genau genommen findet man in den drei Ringen sämtliche Buchstaben des Wortes TOYOTA. Ich persönlich erkenne darin auch den Kopf eines Stiers – eines Tieres, das mit Kraft verbunden wird.

Ein Logo sollte natürlich nicht nur eine Botschaft transportieren oder Assoziationen wecken, sondern darüber hinaus auch einzigartig sein. Allerdings halte ich nichts von der Forderung nach absoluter Einzigartigkeit. Ich nehme an, dass täglich Tausende neue Logos eingeführt werden und dass es wohl kaum ein Symbol gibt, das nicht schon irgendwie, irgendwo auf der Welt irgendwann verwendet wurde. Wichtig ist, dass keine Verwechselbarkeit mit dem Logo eines in derselben Region vertretenen Unternehmens oder einer international bekannten Marke besteht.

Um eine Bedeutung zu finden, die man dem Zeichen zugrunde legen kann, muss man sich mit dem Unternehmen befassen. Woher kommt es, was möchte es erreichen, wofür steht es? Ist ein Claim vorhanden, ist dessen Botschaft für die Gestaltung in Betracht zu ziehen. Überwiegend gibt entweder *er* die Richtung für die Symbolik vor oder der Firmenname. Beim Logo des amerikanischen Landmaschinenherstellers John Deere liefert der Name die Basis für das Symbol. Es zeigt einen springenden Hirsch. *Hirsch* heißt im Englischen »deer« – beides wird im Amerikanischen weitgehend gleich ausgesprochen.

Die Symbole im U von Unilever stehen jeweils für einen Geschäftsbereich des Multi-Marken-Konzerns.

Beim Logo für McDonald's stand die Unternehmensgeschichte Pate. Es leitet sich von zwei gelben Bogen ab – den *golden Arches* –, von denen die frühen Fast-Food-Restaurants der Kette flankiert wurden.

Geschichten eignen sich gut, um Bedeutung zu vermitteln. Man merkt sich Dinge besser, wenn sie mit Anekdoten verknüpft sind. Gedächtniskünstler erreichen ihre außergewöhnliche Merkfähigkeit oft dadurch, dass sie die Informationen mit Geschichten verbinden.

Storytelling nennt sich eine Methode, bei der Information gezielt mit Geschichten, Metaphern und Symbolen verbunden wird. Im Zusammenhang mit Werbung mag man bei *Geschichten erzählen* vielleicht an Drehbücher für Werbespots denken. Tatsächlich aber erzählen auch die Motive gut gemachter Plakate und Werbeanzeigen kleine Geschichten. Auch wenn es sich um Standbilder handelt, werden sie so konzipiert, dass sie die beabsichtigte Geschichte im Kopf der Betrachtenden auslösen. Gute Logos, wie etwa der Nike-Swoosh, leisten das ebenfalls, wenn auch subtiler.

Kaum ein Unternehmen hat heute ein einzigartiges Alleinstellungsmerkmal (USP, *Unique Selling Proposition*). Die meisten kennen Mitbewerber, die Vergleichbares anbieten. Deshalb versucht das Marketing, Produkten ein einzigartiges *Image* zu verleihen. Um das Image zu bilden, werden Geschichten – Mythen – kreiert. Apples Mythos lautet *anders denken*, Nikes Mythos *einfach tun*. Während Fakten rational sind, wirken Geschichten emotional. Emotionen erreichen uns tiefer und oft nachhaltiger.

Auf der vorangegangenen Seite habe ich geraten, ein Logo oder ein Werbemotiv als Ikon (Seite 298) zu begreifen. Religiöse Ikonen zeigen oft Szenen der heiligen Schriften. Sie erzählen Geschichten. Überlegen Sie zu Beginn der Entwicklung, was mit dem Logo oder dem Motiv mitgeteilt werden soll. Man kann nichts sagen, wenn man nicht weiß, *was* man sagen will. Weiß nicht, gibt's nicht! Erst wenn Sie wissen, *was* Sie vermitteln wollen, sollten Sie darüber nachdenken, *wie* Sie es vermitteln können. Überlegen Sie, mit welcher Geschichte, mit was für einer Metapher, mit welcher Symbolik Sie die Botschaft erzählen können.

Ein gelungenes Beispiel eines Geschichten erzählenden Logos: Der dynamische Bogen unter dem Schriftzug lässt ein Lächeln erkennen und ist gleichzeitig ein Pfeil – keine unpassende Assoziation für ein Unternehmen, das einem Bestellungen ins Haus liefert. Der Pfeil geht vom a zum z, was man so verstehen kann, dass es bei Amazon *alles von A bis Z* gibt.

Die von Guinness gesponserte Anzeige mit dem Untertitel *»the more you drink, the slower you react«* führt uns vor Augen, wie sich Alkohol auf das Reaktionsvermögen auswirkt (Agentur: Saatchi & Saatchi, Malaysia).

Mylanta ist ein Mittel, das bei Verdauungsproblemen, Sodbrennen und Blähungen helfen soll (Agentur: JWT, Sydney).

»Tempered Glass« ist Sicherheitsglas – absolut *lausbubensicher* (Agentur: Feedback, Lima, Peru).

Der Mustang GT ist offensichtlich zu schnell für den Fotografen (Agentur: LCT, Curitiba, Brazil).

Unvorsichtig geschnitten! Das Messer war zu scharf (Agentur: KNSK Werbeagentur, Germany).

amazon

S
ST
STO
STOP

Relieves
INDIGESTION
&WIND
-fast-
Double Strength

TEMPLEX
TEMPERED GLASS

Mustang GT 2019 with 466 horsepower engine. From 0 to 100 in just 4 seconds.
Ford
Slaviero

Sharper than you think. The WMF Grand Gourmet knife with Damasteel blade.
WMF

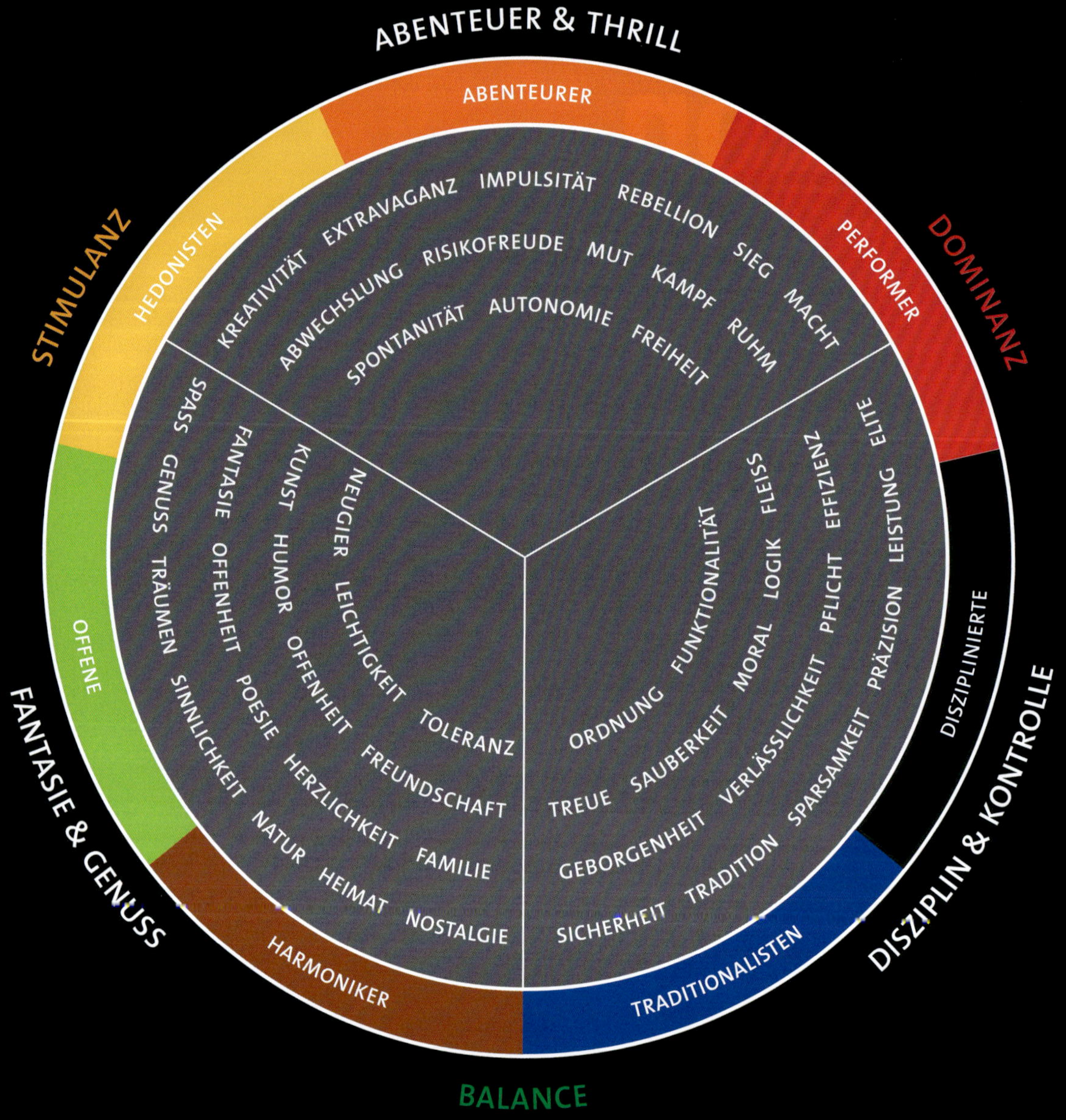
ABENTEUER & THRILL
ABENTEURER
IMPULSITÄT
EXTRAVAGANZ
REBELLION
KREATIVITÄT
RISIKOFREUDE
ABWECHSLUNG
MUT
SIEG
KAMPF
MACHT
SPONTANITÄT
AUTONOMIE
FREIHEIT
RUHM
STIMULANZ
HEDONISTEN
PERFORMER
DOMINANZ
SPASS
GENUSS
FANTASIE
KUNST
NEUGIER
TRÄUMEN
OFFENHEIT
HUMOR
LEICHTIGKEIT
SINNLICHKEIT
POESIE
OFFENHEIT
TOLERANZ
FREUNDSCHAFT
HERZLICHKEIT
FAMILIE
NATUR
HEIMAT
NOSTALGIE
OFFENE
FANTASIE & GENUSS
HARMONIKER
BALANCE
ELITE
LEISTUNG
EFFIZIENZ
FLEISS
PFLICHT
LOGIK
FUNKTIONALITÄT
PRÄZISION
MORAL
VERLÄSSLICHKEIT
ORDNUNG
SPARSAMKEIT
SAUBERKEIT
TREUE
GEBORGENHEIT
TRADITION
SICHERHEIT
DISZIPLINIERTE
DISZIPLIN & KONTROLLE
TRADITIONALISTEN

Recherche

Vor der Entwicklung eines Werbemotivs oder Logos muss man das Produkt oder Unternehmen kennen. Man kann nichts erklären, mit Botschaften versehen und mit Emotionen verbinden, das man nicht versteht. Es gilt deshalb, den Prozess mit Recherche und Analyse zu beginnen. Das ist ein umfangreiches Thema, locker imstande, ein eigenes Buch zu füllen, sodass ich es hier nur grob anreißen kann.

Marketing kennt verschiedene Werkzeuge und Methoden, um den Kern einer Marke zu bestimmen, die auch bei der Entwicklung der visuellen Kommunikation helfen. Einen guten Startpunkt zum Verständnis einer Marke bieten die *vier P* des Marketing: Product, Price, Promotion und Place. Vereinfacht ausgedrückt: Was ist das Produkt? In welchem Preissegment wird es positioniert? Wie wird es vermarktet? Auf welchen Kanälen wird es vertrieben? Viele Antworten auf diese Fragen sind auch für das Design im Rahmen von Unternehmenskommunikation und Werbung relevant.

In einer SWOT-Analyse werden Stärken (*Strengths*), Schwächen (*Weaknesses*), Chancen (*Opportunities*) und Risiken (*Threats*) analysiert und bewertet. Logisch, dass in der Marktkommunikation die Stärken zu betonen sind. Im Idealfall findet sich ein USP, welcher natürlich bei der Konzeption der grafischen Arbeiten zu berücksichtigen ist.

Zur Positionierung einer Marke erfreut sich im Marketing außerdem die sogenannte Limbic Map des Psychologen Hans-Georg Häusel großer Beliebtheit. Sie fächert die menschlichen Bedürfnisse Dominanz, Balance und Stimulanz auf, zwischen denen sich die Bereiche der Disziplin und Kontrolle, der Fantasie und des Genusses sowie von Abenteuer und Thrill auftun. Das daraus entstehende *Koordinatensystem* dient dann dazu, Marken zu verorten. So wird beispielsweise Mercedes als Marke von Tradition und Sicherheit gesehen, BMW wird Spaß und Genuss zugeschrieben, Audi technische Präzision, Leistung und Effizienz. Bei BMW und Audi schlägt sich diese Positionierung auch klar im Claim nieder: BMW – *Freude am Fahren*; Audi – *Vorsprung durch Technik*.

Den drei Bereichen der Limbic Map werden oft sieben Consumer-Typen zugeordnet: Abenteurer, Performer, Disziplinierte, Traditionalisten, Harmoniker, Offene und Hedonisten. Es geht dabei darum, den Zielgruppen der Marke einen Charakter zuzuweisen und sie besser zu begreifen. An sich sind Zielgruppen für Marketer, Werber und Gestalter eine abstrakte und gesichtslose Größe. Deshalb wird mit verschiedenen Methoden versucht, anonyme Zielgruppen als konkrete Charaktere zu verstehen. Das hilft, die passende Ansprache zu finden. Und das ist für die visuelle Kommunikation ebenso wichtig wie für die verbale.

Dass Firmenname und Claim wichtige Ansatzpunkte für die Entwicklung visueller Kommunikationsmittel sind, versteht sich von selbst. Man kann auch in der Firmengeschichte nach Spuren suchen, die sich zum Aufbau des Markenmythos eignen. Ich habe weiter vorne Shell als Beispiel eines Unternehmens genannt, bei dem das Logo offensichtlich keine Beziehung zum Produkt hat. Der Markenname Shell wurde 1890 für ein Unternehmen eingeführt, das mit dem Handel und Import von Muscheln Geld verdiente. Das ursprüngliche Logo einer Muschel wurde dann beibehalten, als sich das Geschäft mehr und mehr auf Erdöl verlagerte. Es steckt also schlicht und einfach eine historische Entwicklung dahinter. Als man in den 1960er-Jahren ein neues Logo für McDonald's entwickelte, entschied man sich, die beiden *Golden Arches* genannten Bogen (Seite 305) zu einem M zusammenzufügen, obwohl sich diese in der Architektur neuer Restaurants nicht mehr fanden.

Nicht zu vergessen bei den Recherchen ist das Mitbewerber- und Umfeld des Unternehmens. Marken funktionieren nur, wenn sie sich voneinander unterscheiden. Um eine sich von anderen unterscheidende Marke kreieren zu können, muss ich jedoch erst wissen, wie *die anderen* aussehen. Wir wollen ja nicht, dass unser Logo dem des Mitbewerbers zum Verwechseln ähnlich sieht oder unsere Kampagne wie eine Kopie einer anderen wahrgenommen wird.

Meine etwas freie Interpretation der Limbic Map von Dr. Hans-Georg Häusel (*www.haeusel.com*)

Ich habe auf der vorangegangenen Seite geschrieben, dass sich unter den Stärken einer Marke im Idealfall ein USP finden lassen sollte. Ich glaube, es gehört bei jedem Marketingkonzept zu den Grundpfeilern, ein Alleinstellungsmerkmal zu finden und zu definieren. Tatsache dürfte in modernen Märkten allerdings sein, dass sich nur die wenigsten Produkte herausragend von denen der Mitbewerber unterscheiden. Ein Auto ist ein Auto, ein Schuh ist ein Schuh, Milch ist Milch. Überall finden sich Stärken und Schwächen, doch kaum jemand bietet etwas, an das niemand sonst auch nur annähernd herankommt. Damit sich die Marken dennoch unterscheiden, wird ein Image kreiert. An die Stelle einzigartiger Funktion oder anderer rationaler Argumente, die sonst niemand zu bieten hat, tritt herausragender Stil und individuelle Emotion.

Besonders deutlich zeigte sich das in der Tabakwerbung vergangener Jahrzehnte. Zigaretten mögen unterschiedlich in Stärke und Geschmack sein, aber grundsätzlich ist eine wie die andere. Ein echtes Alleinstellungsmerkmal könnte eine gesunde Zigarette sein, aber das werden wir wahrscheinlich genauso wenig erleben wie warme Eislutscher. Um die Marken dennoch voneinander abzugrenzen, wurde ein Markenmythos aufgebaut und die Marke emotionalisiert. So wurde in den 1960er-Jahren aus der ursprünglichen *Frauen-Filterzigarette* »Marlborough« – Slogan: »Mild As May« – die Männer-Marke »Marlboro« für den einsamen Cowboy – den Marlboro-Mann.

Camel schärfte ab den 1980er-Jahren sein Image als Zigarette für den echten Mann mit der Figur eines Abenteurers und Entdeckers und zeigte ihn in unberührter Wildnis – Slogan: »Where a man belongs«. Anders als der Marlboro-Man war der Camel-Abenteurer mit dem Jeep oder Land Rover unterwegs, wenn er nicht gerade zu Fuß »meilenweit für eine Camel« ging. Passend zum Image der Werbekampagne wurde die Camel-Trophy ins Leben gerufen, eine Veranstaltung, auf der die Kundschaft Geländewagen fahren und Abenteurer spielen durfte. In den USA wich der Camel-Mann Ende der 80er-Jahre Joe Camel, einer Cartoon-Figur, mit der man offensichtlich die Raucher von morgen (Kinder) ansprechen wollte. Aufgrund der Einschränkungen, denen Tabakwerbung heute in Europa unterliegt, ist dessen Bekanntheit hierzulande überschaubar.

Andere Zigarettenmarken kreierten andere Images. Die Marke »Kim« präsentierte sich als Zigarette der modernen jungen Frau, während West in vielen Kampagnen auf markante urbane Typen setzte.

Es sind natürlich nicht immer Personen, an denen das Markenimage aufgehängt wird. Audi wird unter dem Claim »Vorsprung durch Technik« als technologischer Trendsetter positioniert, BMW stellt die »Freude am Fahren« in den Mittelpunkt und Mercedes stellt mit dem Slogan »das Beste oder nichts« klar, dass nur ein Mercedes *der Mercedes unter den Autos* sein kann. Nike steht für Kämpfen und Gewinnen, Apple für Innovation und Design, Ikea für unkonventionelles Wohnen, Coca-Cola für Ausgelassenheit und Jugend und McDonald's für familiäre Atmosphäre.

Auch wenn nicht beabsichtigt wird, eine Markenperson à la Marlboro- oder Camel-Mann zu kreieren bzw. ein modernes und/oder weibliches Pendant dazu, hilft es, wie schon gesagt, die Zielgruppe als Person zu beschreiben und zu begreifen. Je genauer das Bild ist, das man sich von einer Zielgruppe macht, desto eher wird es gelingen, ein Image zu kreieren, mit dem sie sich identifizieren kann.

CAMEL
Where a man belongs.
CAMEL LIGHTS
LOW TAR CAMEL TASTE
CAMEL FILTERS
SMOOTH TURKISH & DOMESTIC BLEND
Experience the
Camel taste in Lights and Filters.
LIGHTS: 8 mg. "tar", 0.7 mg. nicotine av. per cigarette, FTC Report DEC. '81.
FILTERS: 15 mg. "tar", 1.1 mg. nicotine av. per cigarette by FTC method.

Marlboro Red
or Longhorn 100's–
you get a lot to like.
FILTER CIGARETTES
Marlboro

kim heute
kim
Typisch kim
Lang und schlank
Geschmackvoll und leicht

West
West
Super Lights
THE TASTE
OF NOW.

Moodboard

Neben verschiedenen Formen der Recherche kann ein Moodboard ein hilfreiches Werkzeug bei der Entwicklung eines Designs sein. *Mood* heißt Stimmung, ein *Board* ist eine Tafel, eine Platte oder ein Brett. An das Moodboard werden Fotos, Zeichnungen, Skizzen, Entwürfe, Notizen etc. geheftet, die zur anvisierten Stimmung des Projekts passen könnten – heute werden Moodboards oft digital angelegt.

Während vorrangiges Ziel der Recherche (Seite 311) ist, die Marke rational zu erfassen, dient das Moodboard dazu, die passende Stimmung und Emotion zu finden. Man könnte sagen, dass man in der Recherche den Inhalt sucht, im Moodboard den Stil. Selbstverständlich werden im Verlauf der Recherche auftauchende Versatzstücke, die zur Stimmung passen, dem Moodboard angeheftet. So entsteht aus einzelnen Details ein Bild, das die Richtung weisen soll, in die sich das Image (Seite 312) der Marke entwickeln lässt.

Eine zentrale Rolle für das Moodboard spielen für viele Designer Fotos. Ausgehend von der anvisierten Zielgruppe bzw. dem ihr entsprechenden Charaktertyp sucht man nach Abbildungen von Szenen, Aktivitäten, Objekten, Symbolen, Designs etc., mit denen er/sie sich wahrscheinlich identifizieren kann. Es hilft, wie gesagt, sich die Zielgruppe nicht nur als gesichtslose Masse vorzustellen, sondern als konkretes Individuum. Wenn ich verstehe, worin sich die Vertreter der Zielgruppe sehen, verstehe ich auch, wie ich sie ansprechen kann. Ich weiß, solche Strategie, um Zielgruppen anzusprechen, klingen etwas manipulativ. Doch es ist per se nichts Schlechtes daran, eine ideale Ansprache für Personen und Gruppen zu suchen. Es ist, wie es in einem bekannten Werbespruch für Beton ausgedrückt wird: Es kommt darauf an, was man daraus macht!

Das Moodboard gibt nicht nur Aufschluss über die Art und den Charakter der zu einer Werbekampagne passenden Bilder. Vielmehr finden wir in den in der Sammlung dominierenden Farben einen Verweis auf einen zur Marke passenden Farbraum. Es zeigt sich, ob einzelne Farben vorherrschen oder wir einen bunten Mix vor uns haben, ob die Farben kräftig oder gedeckt sind und ob dunkle und schwere oder helle und leichte Töne überwiegen. Es ist generell ein praktischer Ansatz zur Bestimmung der einer Aufgabe angemessenen Farbtöne, nach Bildern passender Stimmung zu suchen.

Nehmen wir an, ich suche Farben, die *fruchtig* wirken. Dann besuche ich die Website einer Bildagentur wie Shutterstock, iStockphoto oder Adobe Stock, gebe »fruchtig« als Suchbegriff ein, und aus der Summe der Resultate lässt sich dann schließen, welche Farbtöne in *fruchtigen* Bildern vorherrschen.

Neben einer Basis zur Definition des Farbraums, des grafischen Stils, passender Symbolik und entsprechender Emotion können gesammelte Bilder und Grafiken auch Hinweise zur Gestaltung der Typografie liefern.

Moodboard-ähnliche Sammlungen können außerdem bei der Entwicklung von Logos und Piktogrammen hilfreich sein. Wieder können Bildagenturen helfen, Assoziationen, Analogien und eine passende Symbolik als Basis für die Figur zu liefern. Gebe ich beispielsweise auf *shutterstock.com* »Mut« ein, sehe ich im Suchergebnis Löwen, Superheldinnen, Bergsteiger in schwindelerregender Höhe, Personen, die über Abgründe springen, Fallschirmspringerinnen und Turmspringer, Astronautinnen und viele andere Motive, die das Potenzial zur Lösung der Aufgabe in sich tragen können.

Eine wertvolle Hilfe bieten heute natürlich auch KI-Programme. ChatGPT, Claude oder eine europäische Alternative wie Mistral eignen sich hervorragend als virtuelles Gegenüber für ein Brainstorming. Sie können mir interessante Inputs für Assoziationen zu einem bestimmten Begriff oder einem Thema liefern. Ich muss mir allerdings bewusst sein, dass die KI trotz des Wortes »Intelligenz« in ihrem Namen nicht tatsächlich intelligent ist, sondern lediglich Ergebnisse statistischer Berechnungen auswirft. Deshalb kommt dabei zunächst meist Naheliegendes und Profanes heraus. Sie ist nicht darauf programmiert, »out of the box« zu denken. Die Intelligenz muss vor dem Rechner sitzen und die richtigen Schlüsse ziehen. Doch als Impulsgeber für eigene Ideen ist sie außerordentlich hilfreich.

□■ Zwei Moodboards zu einer Projektaufgabe eines Grafiklehrgangs von Miriam Steinacher. Die gestellte Aufgabe war, einen grafischen Stil für einen Hersteller von Holzfahrrädern zu finden.

GENERAL SANS

PANCHANG

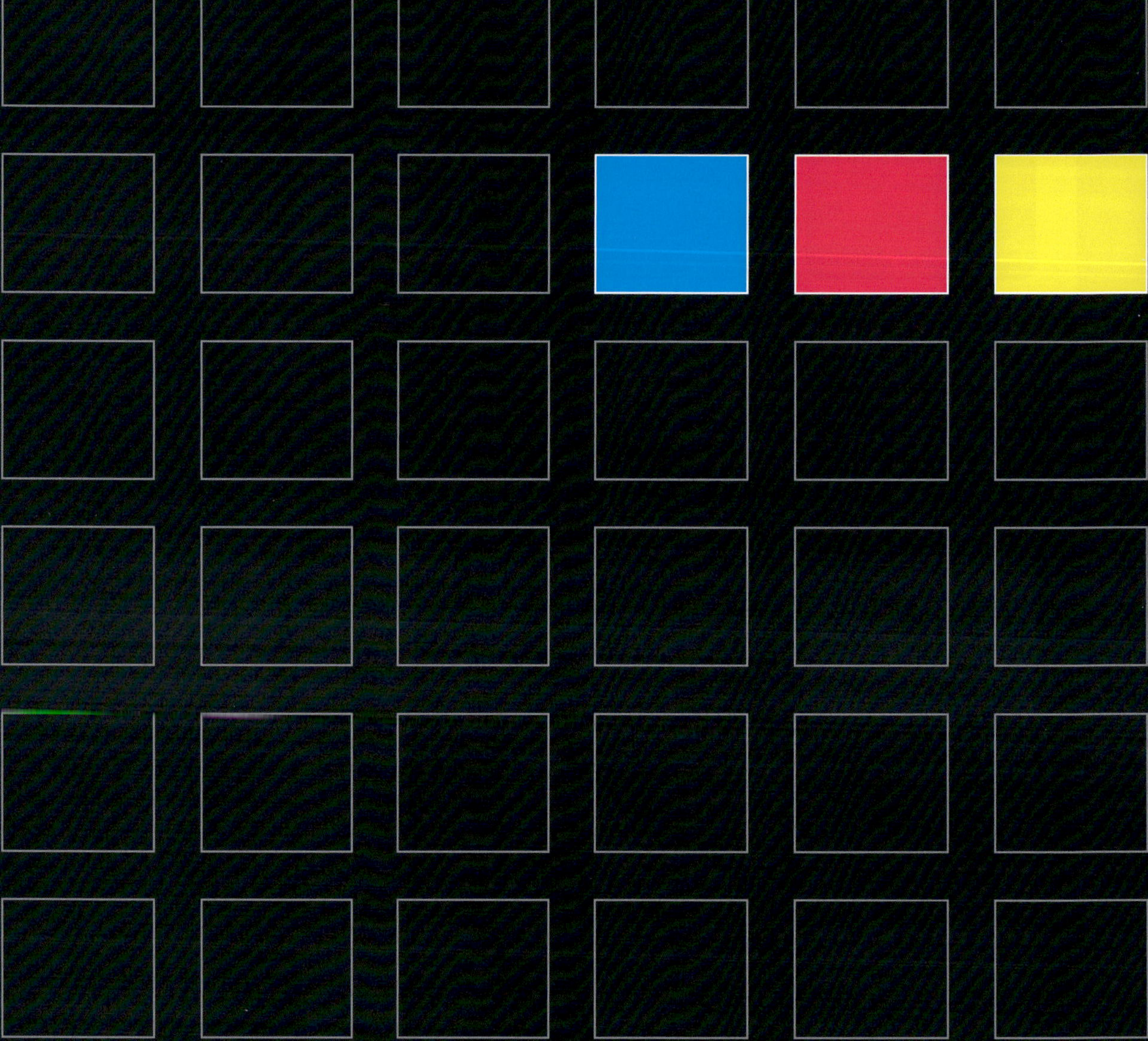

Kapitel 7: **Layout, Design und Reinzeichnung**

Layout und Reinzeichnung

In den bisherigen Kapiteln habe ich die wesentlichen Aspekte des Grafikdesigns skizziert, angefangen bei den Grundlagen der visuellen Wahrnehmung über die Formenlehre und deren Bedeutung für die Gestaltung, die Beurteilung, Kategorisierung und Auswahl von Schriften, Grundlagen und wesentlichen Details der Typografie sowie die praktischen Aspekte der Farbenlehre bis hin zur Bedeutung von Symbolik und grafischen Zeichen für die visuelle Kommunikation. In allen Teilen habe ich versucht, theoretische Aspekte außen vor zu lassen, die sich nicht direkt in die Praxis umsetzen lassen. Grundlage der Selektion bilden sowohl meine Erfahrungen als Gestalter als auch bei der Vermittlung von Gestaltung in der Ausbildung angehender Grafiker. Das heißt nicht, dass ich *theoretische* Grundlagen für irrelevant halte. Ich bin nur überzeugt, dass ein Fachbuch nicht gleichzeitig ein gut verständlicher Ratgeber für die Praxis und ein in die Tiefe reichendes theoretisches Grundlagenwerk sein kann.

Nehmen wir als Beispiel die *Semiotik* (Seite 298). Das ist eine interessante Wissenschaft, mit deren Hilfe sich Motive bis ins kleinste Detail analysieren lassen. Ihre Methoden helfen jedoch wenig bei der Entwicklung neuer Designideen und Kommunikationsstrategien. Die Beschäftigung mit der Theorie vertieft das Verständnis von Design und hilft, eine besserere Designerin bzw. ein besserer Designer zu werden. Doch bei der Vermittlung praktischen Wissens ist zu viel Theorie oft eher hinderlich und stiftet mehr Verwirrung als Klarheit. Deshalb versuche ich in diesem Buch auch, was im Design zentral ist: es auf das Wesentliche zu reduzieren. Dazu gehört, wegzulassen, was vom Kern ablenkt. Weniger ist mehr!

Die vorangegangenen Kapitel vermitteln jeweils die Grundlagen *eines* Aspekts des Grafikdesigns. In der Praxis müssen diese Aspekte zusammenfinden. Im letzten Kapitel möchte ich anhand häufig auftretender Aufgaben anreißen, wie sie sich zusammenführen lassen

und worauf Sie achten können. Die meisten dieser Aufgaben böten Stoff für ein eigenes Kapitel. Doch 30 weitere Kapitel? Das würde den Umfang jedes Buches sprengen! Deshalb konzentrieren wir uns auf ein paar zentrale Aspekte, um die grundlegenden Herangehensweisen zu skizzieren. Damit sollte auch eine Basis entstehen, um die Themen bei Bedarf mit weiterführender Literatur zu vertiefen.

Das Kapitel heißt »Layout, Design und Reinzeichnung«. Was »Design« ist, ist klar. »Layout« steht in der Grafik für *Entwurf*. Im Grafikdesign wird oft zwischen kreativen Grafikdesignerinnen und Layoutern – ausführenden Grafikern – unterschieden. Die einen sind für den kreativen Entwurf verantwortlich, die anderen führen ihn aus, was man *Reinzeichnung* nennt. Stellen Sie es sich vor wie Architekt und Baufirma.

Ich als Alleinunternehmer bin in meinem Grafikbüro Art Director (Chef-Grafiker) und Layouter in Personalunion. Für meine Aufträge entwickle ich in der Regel zunächst ein kreatives Layout oder eine Auswahl von mehreren Variationen und präsentiere sie den Auftraggeberinnen. Sind diese damit einverstanden, folgt die Reinzeichnung.

In der Entwurfsphase wird üblicherweise nicht alles bis ins Detail ausgearbeitet. Es wäre verschwendete Zeit, wenn der Entwurf nicht angenommen würde oder wesentliche Anpassungen erwünscht wären. Bilder werden für das Layout meist noch nicht eingekauft. Stattdessen setzt man gering aufgelöste *Layout-Bilder* ein, oft mit dem *Wasserzeichen* der Bildagentur. Der Kauf erfolgt erst nach Freigabe des Entwurfs. In der Reinzeichnung werden dann die Platzhalter durch die hoch aufgelösten Originale ersetzt.

In der Logo-Entwicklung werden in der Reinzeichnungsphase die Details optimiert, Farben exakt spezifiziert und Texte in Pfade umgewandelt. Die Dateien sind so aufzubereiten, dass sie unter verschiedenen Reproduktionsbedingungen funktionieren.

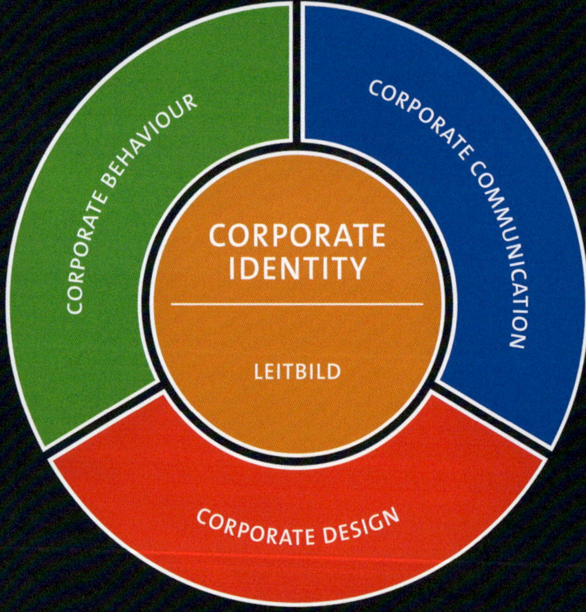

Corporate Identity (CI)

Grafikdesign ist keine Insel! Es ist es in der Regel Teil eines größeren Ganzen. Werbegrafik ist ein Aspekt des Marketings. In meinen Grafiklehrgängen lege ich großen Wert darauf, unseren Absolventen die Grundlagen des Marketings und der Markenpositionierung zu vermitteln, damit der Blick über den Tellerrand der eigenen Profession hinausreicht. Zwar ist Grafikdesign nicht ausschließlich Werbegrafik, doch Werbung dürfte wohl das Gros der Grafikerinnen ernähren, und was für Werbegrafik gilt, lässt sich meist auch auf andere Disziplinen des Kommunikationsdesigns übertragen.

Unternehmen und Organisationen sind *Körperschaften* und werden rechtlich als *juristische Personen* betrachtet. So wie sich bei realen Personen von klein auf ein persönlicher Charakter ausbildet, entwickeln Organisationen ihre Unternehmensidentität. Beim Menschen formt die vom Charakter geprägte Identität maßgeblich das Bild, das sich das Umfeld von der Person macht. Bei Unternehmen ist das nicht anders.

Im angelsächsisch beeinflussten Marketing sind Unternehmen *Corporations*. Wie bei realen Personen beeinflusst auch bei Unternehmen das Verhalten das Bild, das sich die Umwelt macht – man spricht von *Corporate Image*. Um das Image zu beeinflussen, hat das Marketing Methoden entwickelt, Unternehmensidentität strategisch zu gestalten. Im deutschen Sprachraum dominiert ein Modell, in dem die Unternehmensidentität als *Corporate Identity* verstanden wird. Ziel des CI-Konzepts ist, eine markante und vertrauenswürdige Identität zu entwickeln. Es soll ein positives *Image* entstehen. Eigentlich mag ich den Begriff *Corporate Image* nicht besonders. Er suggeriert, das Image ließe sich durch das Unternehmen planen und steuern. Tatsächlich jedoch ist das Image *Resultat* der *Corporate Identity* und kein steuerbares Instrument.

Das Corporate-Identity-Modell, wie es hierzulande verstanden wird, basiert auf einer Unternehmensphilosophie und einem Leitbild. Im Leitbild werden Ziele, Vision und Mission festgehalten. In das Zentrum des Leitbildes wird meist als Kernaussage ein markanter Leitsatz gestellt, den man Claim (Seite 300) nennt.

Eingefasst wird das Leitbild im Kern der CI von den nach außen wahrnehmbaren Aspekten: *Corporate Communication* (CC), *Corporate Behaviour* (CB) und *Corporate Design* (CD). *Behaviour* wird mit Benehmen, Verhalten, Auftreten und Handlungsweise

übersetzt. CB reicht von der Kompetenz und Freundlichkeit, mit der jeder Vertreter des Unternehmens Kundinnen, Lieferanten, Anteilseignerinnen, Medien und jeder anderen Öffentlichkeit begegnet, bis zum Umgang des Unternehmens mit seinen Mitarbeitenden und der Umsetzung der *Corporate Governance* (ethische Grundsätze) sowie der *Corporate Social Responsibility* (Verantwortung gegenüber der Gesellschaft, beispielsweise in Form der Unterstützung gemeinnütziger Projekte oder des Mäzenatentums).

Gutes tun heißt für Unternehmen immer auch darüber reden. Kommunikation wird in der CI im Rahmen der *Corporate Communication* definiert. Ein wesentlicher Bestandteil von CC sind Pressearbeit (*Public Relations*, PR) und Marktkommunikation in allen Kanälen der Bewerbung und Vermarktung. Ausgehend von der Erkenntnis, dass man nicht *nicht* kommunizieren kann, ist festzuhalten, dass in kaum einem Bereich des Unternehmens keine Kommunikation stattfindet.

Corporate Design bezieht sich auf das Erscheinungsbild. Es beginnt bei Visitenkarten, Briefpapier und Kuverts, geht über Präsentationsmappen, Notizblocks, Giveaways, Arbeitsbekleidung, Fahrzeugbeschriftung, Verpackungsdesign, Webdesign und Werbegrafik und reicht bis hin zur Definition eines eigenständigen fotografischen Stils (*Corporate Photography*) oder einer einheitlichen Firmenarchitektur (*Corporate Architecture*). Als *visuelle Kommunikation* ist Grafikdesign quasi das Gesicht der Corporate Communication. Von den drei CI-Bausteinen ist CD am einfachsten auszuführen. Grafischer Stil lässt sich leichter zentral kontrollieren als Verhalten und Kommunikation auf allen Ebenen.

Wie gesagt ist das CI-Modell besonders in den deutschsprachigen Ländern von Bedeutung. Im angelsächsischen Raum wird unter *Corporate Identity* das visuelle Erscheinungsbild verstanden, also das, was bei uns Corporate Design ist. Der Begriff *Corporate Design* ist im US-amerikanischen Marketing-Verständnis unbekannt. Was wir unter CI verstehen, lässt sich international eher unter *Branding* subsumieren, auch wenn sich die Konzepte doch etwas unterscheiden und Branding auch auf Produkte angewendet wird, was bei CI unsinnig wäre.

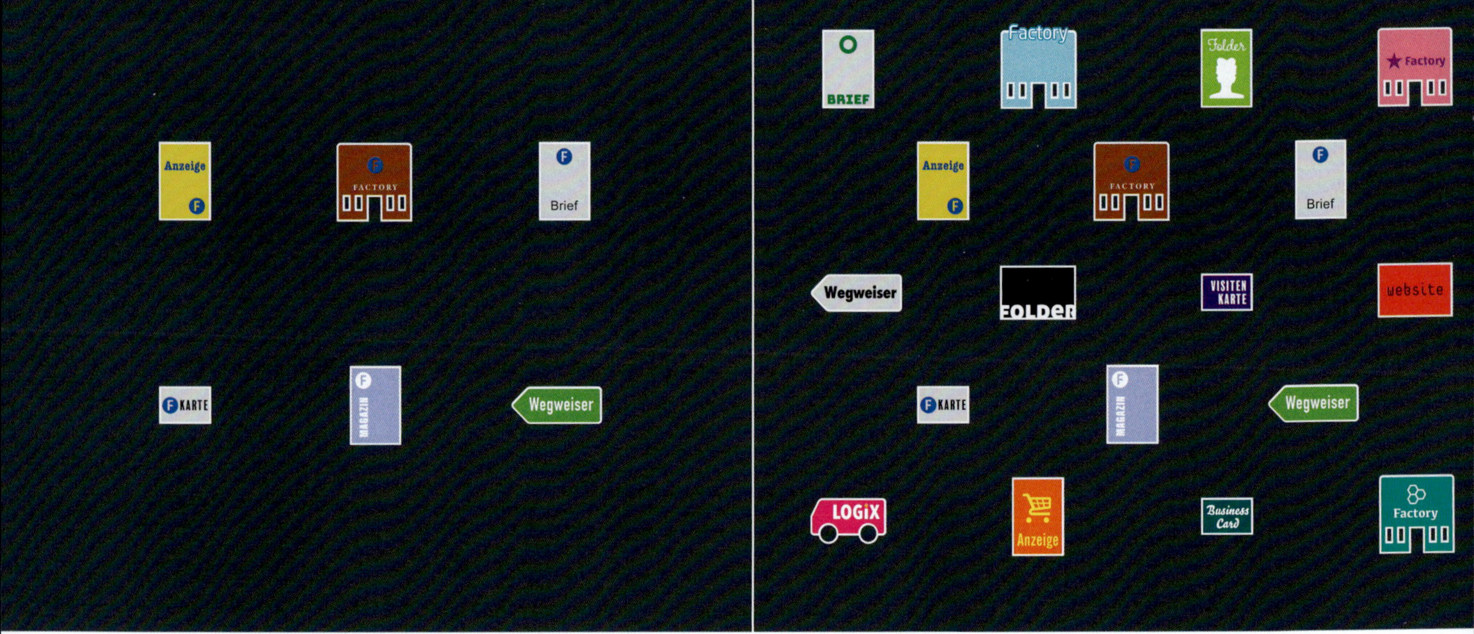

Corporate Design (CD)

Im Rahmen der Corporate Identity befasst sich der Grafiker selbstverständlich vor allem mit dem *Corporate Design*, wobei es für die Gestaltung nicht von Nachteil ist, ein Verständnis der gesamten CI inklusive des Leitbilds zu haben. Beim Stichwort CD denken wohl die Meisten zuerst an *Logo*. Ein Logo ist aber nur ein Logo und noch lange kein Corporate Design. Das Ziel von CD ist, die visuellen Repräsentanzen des Unternehmens möglichst unmittelbar, unverwechselbar und weithin sichtbar als zu ihm gehörend zu markieren. Das Logo ist lediglich der Stempel im Zentrum. Nicht minder von Bedeutung ist die konsequente Anwendung von Farbe und Typografie.

Zwei bedeutende Organisationen verlassen sich in ihrem Erscheinungsbild nahezu ganz auf die Farbe. Wenn Sie ein knallrotes Fahrzeug mit weißer Beschriftung sehen, ist die Assoziation »Feuerwehr« nicht weit. Bei Rotem Kreuz und Rotem Halbmond verhält es sich genau umgekehrt: Weiß dominiert, Rot ist im Logo als Kontrapunkt präsent. Die Schriftarten sind bei beiden Organisationen nicht international genormt (das deutsche Rote Kreuz setzt in der Regel auf Helvetica und Arial, das österreichische hat eine der Futura ähnliche Hausschrift). Doch bei beiden Organisationen würde uns wohl etwas anderes als eine strenge Grotesk irritieren. Kaum weniger markant sind die Erscheinungsbilder von ADAC und Post. Auch Tankstellen sind ein Beispiel für starke Erscheinungsbilder. Als Autofahrer erkennt man oft schon von weitem, welche Marke am Rande der Straße Treibstoff anbietet.

Im Gestaltungsunterricht zeige ich zum Thema Corporate Design stets Grafiken, in denen ein Platzhaltertext in der Schriftart und den Farben bekannter Unternehmen zu sehen ist – kein schriftlicher Hinweis auf die Marke, schon gar kein Logo. Unternehmen mit starker visueller Identität wie ADAC, Mercedes oder die Deutsche Telekom werden überwiegend spontan erkannt. Damit das funktionieren kann, ist aber eben

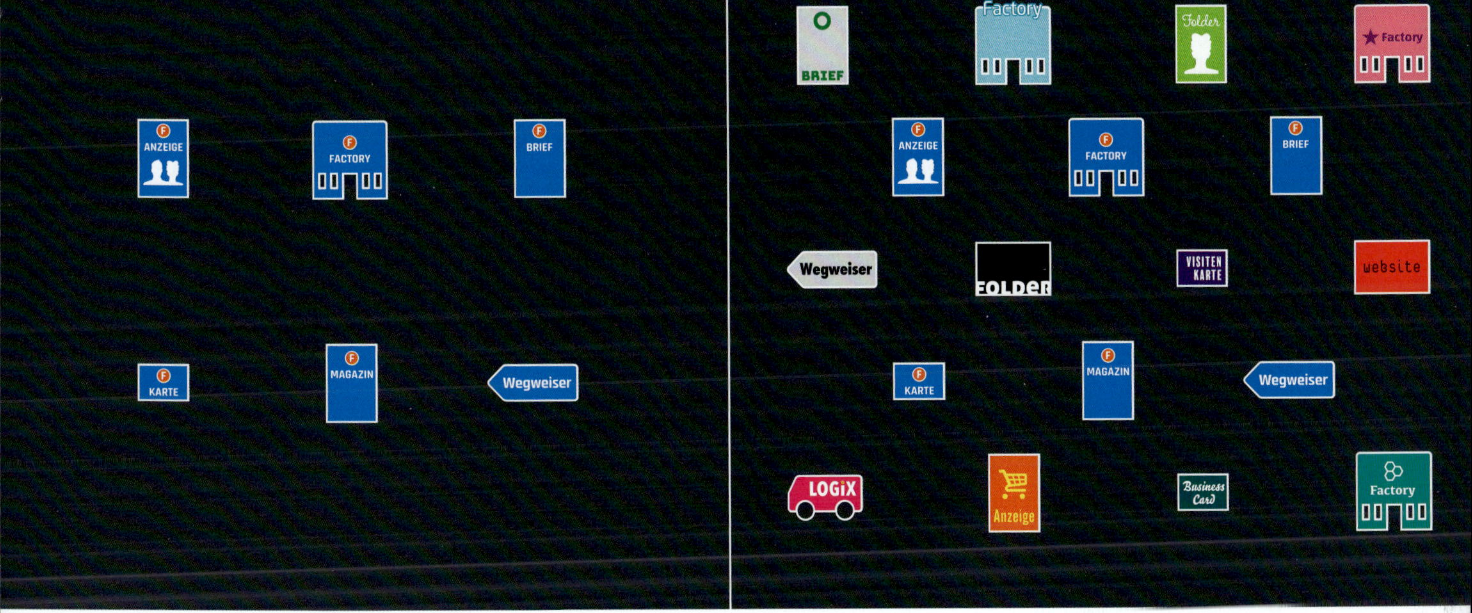

wichtig, eine Schriftart als *Hausschrift* zu definieren und sie konsequent und möglichst ohne Ausnahme einzusetzen. Ebenso sind Farbtöne als *Hausfarben* zu bestimmen. Große Konzerne legen manchmal sogar recht komplexe Farbräume fest. Dabei genügt es nicht, nur die Farben an sich zu definieren, sondern es ist ebenso von Bedeutung, wie die Farben einzusetzen sind. Im CD-Handbuch (CD-Manual) wird festgehalten, welche Farben zu dominieren haben und welchen die Rolle des Kontrapunkts zukommt. Beispielsweise ist im Erscheinungsbild der Feuerwehr Rot dominant, während Weiß als Kontrapunkt fungiert, beim Roten Kreuz ist es umgekehrt.

Ein Logo allein ist zu wenig, um als visuelle Klammer die Zusammengehörigkeit der Repräsentanzen des Unternehmens sichtbar zu machen. Das würde nur gehen, wenn man alleine auf der Welt wäre.

Tatsächlich operiert kein Unternehmen alleine auf dem Markt. Unzählige Organisationen buhlen um die Aufmerksamkeit.

Erst wenn neben dem Logo auch konsequent Hausschriften und Hausfarben eingesetzt werden und die Gestaltung einem einheitlichen Schema folgt, funktioniert Corporate Design.

Ein starkes CD setzt sich auch auf stark umworbenen Märkten durch.

Damit ein Logo als Markenzeichen und in der praktischen Umsetzung funktioniert, muss es einige Kriterien erfüllen. Das sind die wichtigsten:

1. **Ein gutes Logo ist ikonisch.** Es ist anschaulich und sprechend. Es erzählt eine Geschichte oder basiert auf einer, auch wenn sie oberflächlich nicht immer offenkundig sein muss wie bei Apple (Seite 307), McDonald's (Seite 305) oder Shell (Seite 311).
2. **Ein gutes Logo ist authentisch.** Es repräsentiert den Charakter des Unternehmens. Traditionsbewusstsein verlangt einen anderen Stil als Progressivität; Technologie wird anders visualisiert als Naturverbundenheit; Dynamik sieht anders aus als Ruhe.
3. **Ein gutes Logo spricht die Zielgruppen an.** Kinder werden anders angesprochen als Jugendliche, diese anders als junge Erwachsene, junge Erwachsene anders als Menschen in der Mitte des Lebens und die wiederum anders als Senioren. Frauen finden sich in einer anderen visuellen Sprache wieder als Männer, Eltern betrachten die Welt anders als Singles.
4. **Ein gutes Logo ist einzigartig.** Das ist ein hehrer Anspruch in einer Welt, in der es mehr Markennamen gibt, als Sprachen Wörter umfassen. Trotzdem ist darauf zu achten, dass keine Verwechslungsgefahr mit international bekannten Logos, mit in der Branche bekannten sowie in der jeweiligen Region operierenden Unternehmen besteht
5. **Ein gutes Logo ist einfach.**
6. **Ein gutes Logo ist ästhetisch.**
7. **Ein gutes Logo ist einfarbig reproduzierbar.** Kaum ein Logo, das nicht auch einmal mit nur einer Farbe wiedergegeben werden muss (z. B. in sw). Deshalb ist bei der Entwicklung eine einfarbige Variante zu berücksichtigen. Ebenso sind Varianten für den Einsatz auf hellen Hintergründen erforderlich sowie welche für dunkle.
8. **Ein Logo muss auf einer Fläche von etwa 25 × 25 mm funktionieren.** Das ist ein Richtwert! Hat ein Logo Quer- oder Hochformat, ist der Richtwert zu adaptieren. Angehende Grafiker machen meist den Fehler, sich an den Dokumentformaten, auf denen sie entwerfen, zu orientieren, meist A4 oder das Format ihres Monitors. Feine Details, die in diesen Formaten wirkungsvoll sind, verlieren sich allerdings im in der Praxis üblichen Maßstab. Auf einer Visitenkarte steht selten mehr als der genannte Richtwert zur Verfügung. Auch die Wiedergabe am Bildschirm ist zu testen – als Faustregel würde ich hier von etwa 90 × 90 Pixel ausgehen.
9. **Ein gutes Logo muss den erwartbaren Reproduktionsbedingungen gerecht werden.** Logos für Hotels werden in Wäsche gestickt oder in Produkte geprägt; in manchen Unternehmen ist Gravur wichtig; andere wollen das Logo aus Folie schneiden, um Fahrzeuge zu beschriften. Die Gestaltung darf diesen Anforderungen nicht im Wege stehen!
10. **Ein gutes Logo basiert auf einem Anwendungskonzept.** Die Grafikerin muss beim Entwurf vorausplanen, wie das Logo später eingesetzt wird. So gilt es zu bedenken, auf welchen Hintergründen die farbige Variante platziert werden darf und auf welchen nicht – die Basis ist meist weiß. Auf Seite 32 finden Sie Beispiele, die vor Augen führen, wie das Umfeld eine Farbe beeinflusst. Außerdem kann es sinnvoll sein, für besonders kleine Wiedergaben eine Logo-Variante ohne Claim zu erstellen oder, wie im Beispiel »Turtle«, die Strichstärken dafür kräftiger auszuführen.

Logos sollten möglichst als Vektordatei angelegt werden. Pixeleffekte – in Adobe Illustrator beispielsweise Photoshop-Filter und Schlagschatten – sollten vermieden werden. Sonderfunktionen, wie *interaktives Malen* oder *Angleichen*, sind bei der Reinzeichnung in reguläre Pfade umzuwandeln. Dasselbe gilt für die verwendeten Schriften (archivieren Sie nach Möglichkeit eine Version, bevor Sie die Schrift in Pfade umwandeln – das kann spätere Anpassungen erleichtern).

Verschiedene Farbvarianten sind im Normalfall Pflicht: Eine farbige Version in RGB, eine in CMYK, manchmal sind Vollton-Varianten (z. B. Pantone) sinnvoll. Ebenso sind einfarbige Versionen (meist schwarz) für helle Hintergründe und eine (meist weiße) für dunkle Hintergründe zu gestalten. Das Standard-Dateiformat für Logos ist Vektor-EPS. Kunden, die keine Grafikabteilungen betreiben, sollten zusätzlich JPEG- und PNG-Dateien bekommen.

Sechs Beispiele guter Logo-Gestaltung aus Abschlussprojekten des Werbelehrgangs, an dem ich Gestaltung unterrichte.

Christian Neyer, 2011: »Ecolook«, Brillen aus Holz. Die Eule ist das perfekte Symbol für das Produkt: Sie steht für Natur, Weisheit und gutes Sehen.

Patricia Marte, 2013: »Glückskind«, ein Getränk für Schwangere. Das Symbol lässt sich sowohl als Baby mit Schnuller als auch als Schwangerschaftsbauch sehen; müßig zu erwähnen, dass das Kleeblatt für Glück steht.

Jasmin Marte, 2016: »Löffelglück«, Bio-Pudding. Die vom Löffel wehenden Blätter stehen für Leichtigkeit.

Christine Burger, 2017: »Zom Bur«. Name und Claim sind Dialekt und heißen »Zum Bauer – Echte Montafoner Küche«. Das Symbol ist von den für die Region typischen traditionellen Holztischen abgeleitet.

Carolin Hehle, 2020: »Ozean Piraten«, Sneakers für Kinder aus recyceltem Plastikmüll aus den Meeren. Der Wal mit der Augenklappe erklärt sich von selbst.

Elisa Moosbrugger, 2020: »Turtle«, coole Sneakers aus recyceltem Meeresplastik. Das Symbol nimmt die Form eines Schildkrötenpanzers auf. Es existieren zwei Logo-Varianten: eine mit feinen Linien für große Wiedergaben, eine mit stärkeren für kleine Anwendungen.

Hausschrift und Typografie

Wahrscheinlich hätten Sie bei den wenigsten Farbkombinationen der vorangegangenen Doppelseite das Unternehmen erraten, würde es nicht darunterstehen. Hier rechts sehen Sie Hausfarben *und* Hausschrift. Ich vermute, dass Sie hier einige der Marken erkennen, ohne die Beschreibungen in der Box zu lesen. Die Beispiele veranschaulichen, wie wichtig für das CD neben Logo und Farbe die Hausschrift ist.

Der Stil der Hausschrift – oft *Corporate Font* genannt – muss zum Charakter des Unternehmens passen. Sie muss zwar meist nicht die Lesbarkeitskriterien (Seite 186) an eine Satzschrift für ein Buch oder Magazin erfüllen, sollte aber dennoch einigermaßen lesbar sein – eigenständig, aber nicht extravagant. Es gilt, was bereits unter *Wortmarke* (Seite 302) beschrieben steht: Bei auffallend eigenwilligen Schriftarten fällt besonders auf, wenn sie auch woanders gesichtet werden. Vorsicht ist ebenso bei Schriften geboten, die gerade der heißeste Renner sind, denn im nächsten Jahr sind sie womöglich nur mehr *Schnee von gestern*.

Absehen würde ich ebenso von Systemschriften wie Arial, Calibri, Times, Verdana oder – Gott bewahre! – Comic Sans, die auf nahezu jedem PC vorinstalliert sind. Dass viele Konzerne dieselben Schriftarten als Hausschrift führen – *Univers* kommt rechts dreimal vor, *Helvetica* zweimal (Swiss ist *eine Helvetica* unter anderem Namen) –, hat historische Gründe. In Zeiten von Blei- und Fotosatz war Schrift *Hardware* und teuer. International tätige Unternehmen wählten Schriftarten, die quasi Standard in der Druckindustrie waren, und dazu gehörten Helvetica, Univers, Futura, Gill Sans oder Franklin Gothic.

Seit Schrift Software ist, die sich innerhalb von Minuten über das Internet beziehen lässt, nutzen mehr und mehr Unternehmen weniger verbrauchte Typen oder lassen sich gleich eine eigene Schrift *maßschneidern*, was z. B. Adobe, Aral, Audi, Jet, Mediamarkt, Nivea, Obi, Siemens, VW und die Stadt Wien gemacht haben.

Umstritten ist unter Designern, ob Hausschrift und Schriftart des Logos identisch sein müssen. Puristen bestehen darauf. Ich sehe das weniger dogmatisch. Manchmal wirkt eine Schrift im Logo perfekt, eignet sich aber definitiv nicht für Lesetexte. Dann ist eine passende Alternative besser.

Ich gehe bei der Bestimmung üblicherweise so vor, dass ich nach dem Logo-Entwurf prüfe, ob die darin verwendete Schriftart für Mengentext geeignet ist. Wenn ja, wird sie als Hausschrift definiert. Ist das nicht der Fall, wird eine andere gewählt, die harmoniert.

Schriften kosten Geld und sind nach Arbeitsplätzen zu lizenzieren. Deshalb nutzen KMUs die Hausschrift oft nur auf Rechnern für die Kommunikation nach außen. Intern wird auf Systemschrift zurückgegriffen. Das ist auch notwendig, wenn *offene Dokumente* (Word, Excel etc.) mit Partnern ausgetauscht werden, da sonst die auf dem System des Partners fehlende Schriftart ersetzt werden muss und das den Textumbruch durcheinanderwirft.

- Orange, Grau und Swiss 721: ZDF
- Blau, Gelb und Noto IKEY: Ikea
- Silber (Grau) und Corporate A: Mercedes. Die Schriftsippe Corporate A-S-E wurde speziell für DaimlerChrysler gestaltet.
- Typisch Milka: Violett, in Headlines wird häufig eine Serifenschrift eingesetzt
- Dunkelblau und Nivea Bold: Nivea (die abgebildete Schrift ist dem Original ähnlich)
- Orange und Obi Sans: Obi
- Blau und Schriftart Aral V2: Aral
- Magenta und TeleNeo: Deutsche Telekom
- Violett, Orange und Univers: FedEx
- Grün, Gelbgrün, Gelb und Univers: bp
- Orange, Pink und Hornbach Bad House: Hornbach
- Gelb, Braun und Dax: UPS

Schrift und Farbe
Schrift und Farbe
Schrift und Farbe
Schrift und Farbe
SCHRIFT UND FARBE
Schrift und Farbe
Schrift und Farbe
Schrift und Farbe
Schrift und Farbe
Schrift und Farbe
Schrift und Farbe
Schrift und Farbe

look

Tree

BOSCH
Invented for life

JOHNNIE WALKER.
KEEP WALKING.

i'm lovin' it®

PUMA®
puma.com

GOODYEAR

Tchibo

Ciba

CISCO™

YAMAHA

OBI

1) ... macht Kinder froh – und Erwachsene ebenso.
2) Have a break, have a ...
3) Hoffentlich ... versichert.
4) Auf diese Steine können Sie bauen.
5) Wenn's um Geld geht ...
6) Ist die Katze gesund, freut sich der Mensch.
7) Freude am Fahren.
8) Quadratisch. Praktisch. Gut.
9) Vorsprung durch Technik.
10) Da weiß man, was man hat.
11) Nicht immer, aber immer öfter.
12) Katzen würden ... kaufen.
13) Die zarteste Versuchung, seit es Schokolade gibt.
14) ... . What else?
15) Just do it.
16) Brille: ...
17) Hier bin ich Mensch, hier kauf' ich ein.
18) The Freshmaker.
19) ... verleiht Flügel.
20) Es gibt immer was zu tun.
21) Alles ..., oder was?
22) I'm lovin' it.
23) Wir sind da.
24) ... lohnt sich.
25) Das Beste oder nichts.
26) Taste the Feeling.

Bildmarke, Name und Claim

Logos werden oft als Kombination aus Symbol, Name und Claim angelegt. Nur international tätige Konzerne können problemlos auf die Koppelung des Symbols mit dem Namen und dem Claim verzichten. Diese Marken sind in der Öffentlichkeit durch massive Präsenz auf den Werbekanälen ausreichend sichtbar, um den Leitsatz zu etablieren, ohne ihn fest an das Logo zu binden. Ein paar Markenlogos sind sogar so bekannt, dass noch nicht einmal der Name zum Symbol dazugesetzt wird, man denke nur an den angebissenen Apfel oder den dynamischen Haken des Sportartikelherstellers.

Was meiner Meinung nach ein gutes Logo auszeichnet, habe ich auf Seite 326 angeführt. Auf Seite 300 haben wir das Thema Logo aus dem Blickwinkel der Symbolik und der Kommunikation betrachtet. Anschließend habe ich beschrieben, dass eine Bildmarke (Seite 304) Bedeutung (Seite 306) haben, ikonisch (Seite 298) sein und eine Geschichte (Seite 308) erzählen soll. Ein gutes Logo basiert auf einer Idee (Seite 314)!

Gerade Grafikanfänger glauben oft, das Symbol mit dem Schriftzug verschmelzen zu müssen. Das funktioniert aber nur, wenn sich die Idee aus den Figuren der Buchstaben ergibt bzw. ableiten lässt. Ist das nicht der Fall, sollte man davon absehen, die Idee in das Wort hineinzuzwingen. Wenn Sie eine Idee für ein Symbol haben und darüber nachdenken, wie Sie es in den Schriftzug integrieren können, sind sie auf dem Holzweg. In der Regel ist es besser, man stellt den Namen neben, unter oder – seltener – über das Symbol.

Die Idee, aus den o Augen zu machen, drängt sich bei »look« regelrecht auf.

Das T eignet sich hervorragend als Baumstamm.

Symbol, Name und Claim kombiniert

Auch eine Möglichkeit: Symbol und Schriftzug mit der Homepage kombinieren.

Goodyear ist ein Reifenkonzern. Das Logo geht auf die mit Flügeln versehenen Schuhe des Gottes Merkur zurück.

Tchibo: Man kann den röstfrischen Kaffee förmlich riechen.

Ciba: Der Schmetterling steht für Entwicklung und Transformation, die vielen bunten Farben für die verschiedenen Geschäftsfelder des Chemiekonzerns.

Das Elektronik- und Kommunikationsunternehmen Cisco wurde in San Francisco gegründet. Das Logo abstrahiert die Golden Gate Bridge über die San Francisco Bay.

Yamaha ist ein Mischkonzern, dessen Wurzeln im Instrumentenbau liegen. Die gekreuzten Stimmgabeln finden sich sowohl im Logo der Yamaha Corporation (Instrumente, Hi-Fi und Elektronik) als auch in jenem der Yamaha Motor Company, nur ist das Logo einmal blau und einmal rot.

Obi hat an sich einen Schriftzug als Logo, doch das Maskottchen ist in der visuellen Kommunikation der Baumarktkette omnipräsent. Laut Unternehmensgründer Manfred Maus ist der Biber der Heimwerker schlechthin.

1) Haribo; 2) KitKat; 3) Allianz; 4) Schwäbisch Hall; 5) Sparkasse; 6) Kitekat; 7) BMW; 8) Ritter Sport; 9) Audi; 10) Persil; 11) Clausthaler; 12) Whiskas; 13) Milka; 14) Nespresso; 15) Nike; 16) Fielmann; 17) dm; 18) Mentos; 19) Red Bull; 20) Hornbach; 21) Müller; 22) McDonald's; 23) ADAC; 24) Lidl; 25) Mercedes-Benz; 26) Coca-Cola

Schriftzug – Satz- und Schriftart

Das lateinische Alphabet ist bikameral (Seite 142), weshalb sich der Charakter von Versal- und gemeinen Figuren unterscheidet. Versalien sind formell, statisch und sachlich, während Gemeine informell, dynamisch und persönlich anmuten (Seite 190). Da die formalen Unterschiede im Charakter der Figuren (Seite 90) von Gemeinen und Versalien von den Gestaltern der Schriften recht gut ausgeglichen wurden und werden und wir das Miteinander der beiden Formen von Kindesbeinen an gewohnt sind, ist der bikamerale Satz Selbstverständlichkeit für uns, sodass uns kleinere ästhetische Fragwürdigkeiten gar nicht bewusst werden. Bei der Gestaltung eines Logos jedoch strebt man als Designer die *perfekte Lösung* an und dann fällt die kleinste grafische Unstimmigkeit auf, die man im normalen Satz nicht hinterfragt.

Doch nicht nur Versalien und Gemeine können im Aufeinandertreffen in manchen Schriftarten etwas holprig wirken. Auch Versalie mit Versalie und Gemeine mit Gemeiner harmonieren nicht in jeder Kombination absolut. Ein permanentes Sorgenkind ist aufgrund seiner Anatomie das versale L. Der ausladende Fuß führt immer zu einer Lücke im Wortbild, egal welcher Buchstabe folgt, besonders aber, wenn sich ein versales A anschließt (Seite 190). Das L sabotiert den Satz nur dann nicht, wenn es als Letztes stehen darf. Aus diesem Grund setze ich Namen mit L in Schriftzügen nur in Ausnahmen versal, sofern es nicht den Abschluss bildet.

Wie harmonisch das Wortbild eines Begriffs ausfällt, ist ebenso von der Schriftart abhängig wie von den Buchstabenkombinationen, die es bilden, und ebenso davon, ob versal, in Gemeinen oder gemischt gesetzt wird. Um die optimale Schriftart zu ermitteln, setze ich es in InDesign oder Illustrator zweimal: einmal in Versalien, einmal in Gemeinen. Dann wende ich infrage kommende Schriftarten auf die Auswahl an. Meist weiß man zu diesem Zeitpunkt bereits, ob eine Antiqua, eine Egyptienne, eine Grotesk oder ein anderer Charakter in Frage kommt. Adobes Programme bieten die Möglichkeit, Schriften entsprechend zu filtern. So muss ich dann nur mehr die installierten Fonts dem Alphabet folgend durchgehen. Habe ich eine Schrift gefunden, die infrage kommt, kopiere ich den formatierten Text und setze danach an der Kopie die Sichtung fort. Am Ende können sich zehn, zwanzig oder mehr mögliche Varianten auf der Zeichenfläche befinden.

Üblicherweise drucke ich die Muster aus und hänge den Ausdruck an die Wand, wo er nach Möglichkeit etwas hängen bleibt. Fällt mein Blick zwischendurch darauf und ein Kandidat sticht mir als unpassend ins Auge, streiche ich ihn durch. Auf diese Art trenne ich die Spreu vom Weizen.

Ausschlaggebend dafür, ob ich mich am Ende für Versalsatz oder Gemeine entscheide, ist eben auch, ob ich eine statisch repräsentative Wirkung anstrebe oder ob Lebendigkeit und Bescheidenheit zum Ausdruck kommen soll.

Zu überlegen ist ebenso, ob Aufrechte (Seite 136) oder Kursive (Seite 172) passender ist. Kursiven wirken oft besonders dynamisch und können den Eindruck *des Gesprochenen* vermitteln. Kritisch sind allerdings Kombinationen von Aufrechter und Kursiver, da der *Knick in der Neigung* ästhetisch suboptimal ist. Werden zwei Kursiven verschiedener Schriftarten kombiniert, ist darauf zu achten, dass die Neigung identisch ist. Bei verschiedenen Winkeln ist der Unterschied nicht Fisch und nicht Fleisch (Seite 60), und das ist immer Gift für die Gestaltungssuppe. Bei Bedarf muss die Neigung angeglichen werden.

Der Logo-Entwurf von Sarah Ranak, Werbelehrgang 2012, basiert auf der Franklin Gothic. An sich ein Klassiker, bei diesem Wort jedoch harmonieren die Breiten von a und v nicht optimal.

Der Charakter der Univers ähnelt bei diesem Wort dem der Franklin, doch die Breiten von a und v harmonieren besser.

Gefilterte Suche in Illustrator nach einem passenden Font für eine Name-/Claim-Kombination.

Aufrechter Name, kursiver Claim: Es entsteht ein optisch fragwürdiger Knick von Zeile zu Zeile.

Oben sind die beiden linksbündig ausgerichtet, unten bilden die Schrägen von M und N eine Linie.

Die Kursive des Namens ist stärker geneigt als die des Claims. Der optische Knick wirkt disharmonisch.

Hier wurde die Neigung des Claims an die des Namens angeglichen.

Schriftzug – Detailtypografie

Die Schriftart einer Wortmarke darf prägnant sein. Neben einer Bildmarke ist jedoch Zurückhaltung angesagt, damit dem Symbol nicht die Show gestohlen wird. Auf Seite 326 schrieb ich, dass für Typo-Puristen Hausschrift und Schrift im Logo identisch sein müssen. Ein Mix *im* Logo wäre demnach ein No-Go. Ich sehe das etwa so wie Erik Spiekermann, der, als er einmal gefragt wurde, ob sich Ober- und Unterlängen zweier Zeilen in Titeln berühren dürfen, antwortete: Wenn es besser aussieht, ja!

Im Logo »Airfin« von Bianca Rudigier-Strolz sehen Sie zwei verschiedene Sans-Schriften. Eigentlich ein Tabu (Seite 167)! Hier aber hatte die Gestalterin einen Grund und die Mischung harmoniert.

Im zweiten Kapitel geht es um Anordnung und Ausrichtung. Was dort steht, basiert auf den Gesetzen der Wahrnehmung. Berücksichtigen Sie sie bei der Gestaltung Ihrer Logos. Und nicht nur bei Logos!

Achten Sie auch auf saubere Zurichtung der Texte! Ein markantes Symbol auf Basis einer cleveren Idee zu entwickeln, ist meist ein beträchtlicher Aufwand. Das Zurichten weniger Wörter ist rasch erledigt. Minuten der Optimierung der Details bei etwas einzusparen, das Jahre oder Jahrzehnte Bestand haben soll, ist an der falschen Stelle gespart. Beachten Sie Zeilen- und Wortabstände (Seite 206) und dass der Zeilenabstand in der Regel größer sein muss als der Wortabstand (*Gesetz der Nähe*, Seite 47).

Nicht jede Gestaltung verlangt typografische Exzellenz. Manche Aufgaben rechtfertigen kein großes Budget, um an Details zu feilen. Anspruchsvolles Design hingegen lebt maßgeblich von präzisen Details. Das trifft auf das Logo-Design besonders zu. Falsche Kapitälchen mögen Details sein, die Laien nicht bemerken, doch für grafisch sensible Augen unübersehbar sind. Akzeptieren Sie keine unnötigen ästhetischen Mängel, nur weil sie von den meisten nicht wahrgenommen werden. Ein gutes Orchester wird auch keine falschen Zwischentöne akzeptieren, nur weil das ungeschulte Ohr sie wahrscheinlich nicht wahrnimmt.

Bianca Rudigier-Strolz, 2020: Name und Claim sind zwei verschiedene Groteskschriften.

Die Univia passt sehr gut zum Claim, wirkt jedoch für den versalen Namen nicht überzeugend.

Der Name sieht in der Supria Sans besser aus, in den Gemeinen des Claims jedoch wirkt er *hölzern*.

Dieses Beispiel orientiert sich an einer bekannten Marke. Die untere Zeile klebt zu nah am Namen. Das kleine »Bass« bildet optisch eine Einheit mit dem Doppel-S. In der zweiten Abbildung habe ich Zeilen- und Wortabstand etwas ausgeglichen.

Eine asymmetrische Zeile lässt sich nicht symmetrisch an einer anderen ausrichten (Seite 88). Links (bzw. rechts) ausrichten ist hier besser.

Hier soll »REPAIR« stehen, nicht »REP AIR«. Bei Schriften, die nicht gut zugerichtet (Seite 215) sind, muss korrigiert werden.

Das o ist nicht unter das T unterschnitten (Seite 215). Auch so etwas gehört korrigiert!

Wortabstände (Seite 206) sind in der Regel für Mengentexte optimiert. Bei Titeln, Überschriften oder im Logo sind sie in aller Regel zu groß (oben). Unten zeige ich eine optimierte Variante.

Beim oberen Beispiel entspricht die Laufweite bei beiden Zeilen der Standardeinstellung der Schrift. Bei eher großen Schriftgraden gehört sie reduziert, bei kleinen erweitert, so wie ich das bei der unteren Variante gemacht habe.

Echte Kapitälchen (Seite 197) sind ein typografisches Detail (da ich die Johnnie-Walker-Schrift nicht habe, ist hier eine ähnliche gesetzt).

Falsche Kapitälchen sind ein unschönes Detail, das im anspruchsvollen Design nichts zu suchen hat.

Schrift verzerren (Seite 202) geht gar nicht! Wer nicht sieht, wie hier die ästhetische Qualität leidet, sollte es erst recht nicht machen.

AIRFIN
keep running

AIRFIN
keep running

AIRFIN
keep running

BASS
PLAY BASS

DESIGNWORKS®
GESTALTUNG DIE ARBEITET

REPAIR

BASS
PLAY BASS

DESIGNWORKS®
GESTALTUNG DIE ARBEITET

Tomcat

Designworks
Gestaltung die arbeitet

Designworks
Gestaltung die arbeitet

Designworks
Gestaltung die arbeitet

Designworks
Gestaltung die arbeitet

JOIINNIE WALKER.
KEEP WALKING.

JOHNNIE WALKER.
KEEP WALKING.

Krähe

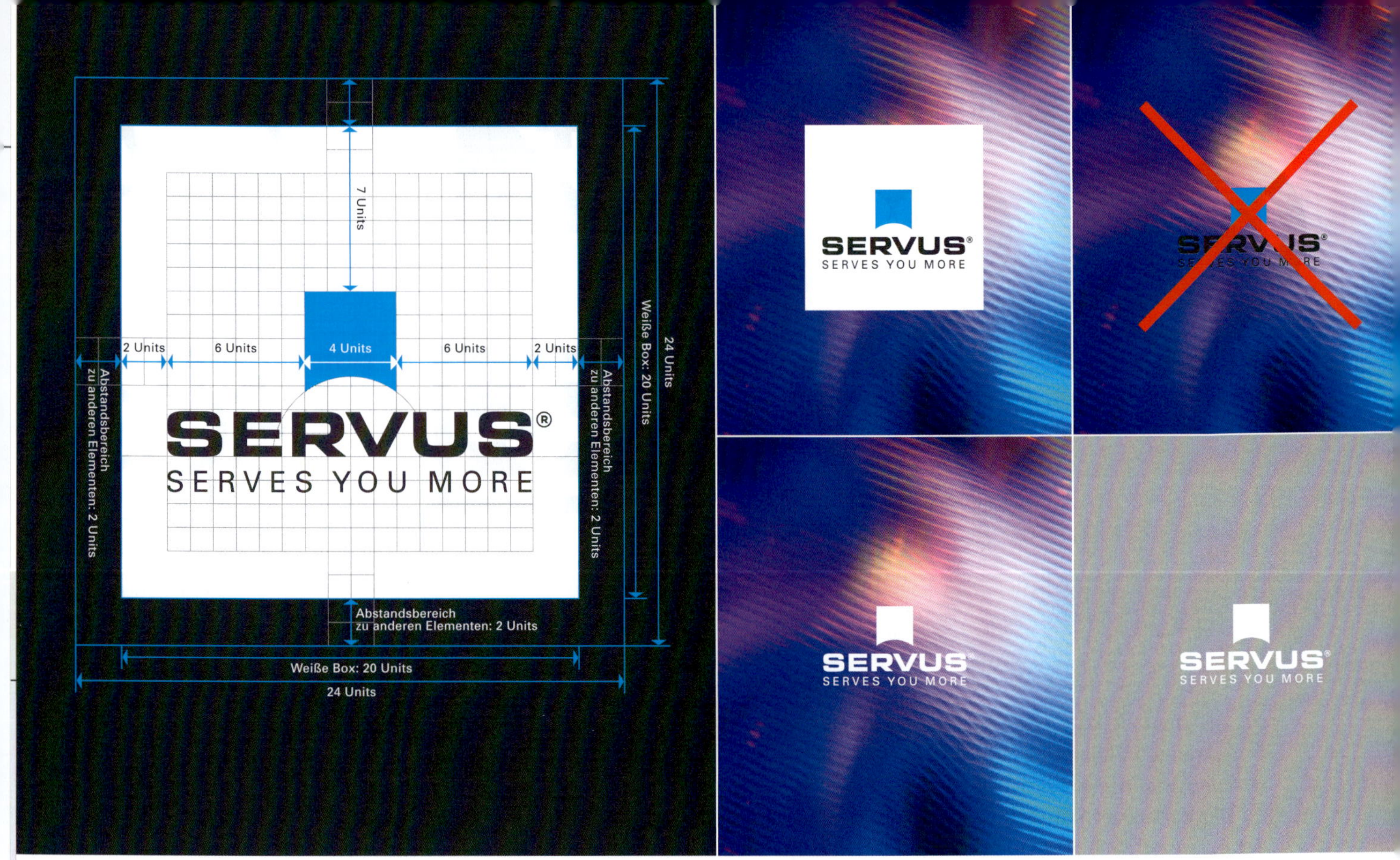

CD-Manual

Die zentralen Eckpunkte des Corporate Designs müssen verbindlich sein und sollten in einem CD-Handbuch – auch Manual genannt – festgehalten werden. In Konzernen sind CD-Manuals oft sehr umfangreich und können mehrere Ordner umfassen.

In Deutschland und Österreich findet man weniger multinationale Konzerne als Klein- und Mittelstandsunternehmen. Als Gestalter muss ich in angemessenen Dimensionen denken. Überfrachtete CD-Handbücher werden der Aufgaben nicht gerecht. Als Grafikdesignerin möchte man CD-Vorgaben nach Möglichkeit einhalten. Doch bei der Suche nach Informationen in schlecht strukturierten Manuals geht oft zu viel Zeit verloren. Aus dieser Erfahrung gestalte ich CD-Handbücher so reduziert und unmissverständlich wie möglich. Erlaubtes kennzeichne ich mit Smiley oder Thumbs-up, bei Verbotenem ist der Smiley traurig oder der Daumen zeigt nach unten. Wenn man das zu verspielt findet, kann man auch Ampelsymbole verwenden.

Üblicherweise beginne ich CD-Manuals mit der Beschreibung des Logos und seiner Anwendung. Ich erkläre Herleitung und Bedeutung des Symbols, zeige, wie es konstruiert und aufgebaut ist, und halte fest, was für Farben als Fond erlaubt sind und wie er nicht beschaffen sein darf. Für Hintergründe, die diesen Vorgaben nicht entsprechen, sind Varianten in Schwarz und Weiß zu beschreiben. Die Logo-Versionen (farbig, Schwarz/sw und Weiß/Negativ) werden dargestellt, die erforderlichen Farbvarianten (CMYK, RGB, Vollton/Pantone) genannt und die Dateien und ihre Dateinamen werden gelistet (EPS, AI, JPEG, PNG).

Auf die Beschreibung des Logos folgt die Definition der Hausfarbe und des Farbraums (Seite 330). Ich zeige die primären Hausfarben sowie die sekundären Farbtöne und nenne Farbwerte bzw. Farbnummern (CMYK, RGB, Vollton/Pantone, evtl. des Weiteren RAL, Klebefolien, Textilfarben etc.) Hier gehört auch beschrieben, welche Anteile welche Farben im Design einnehmen

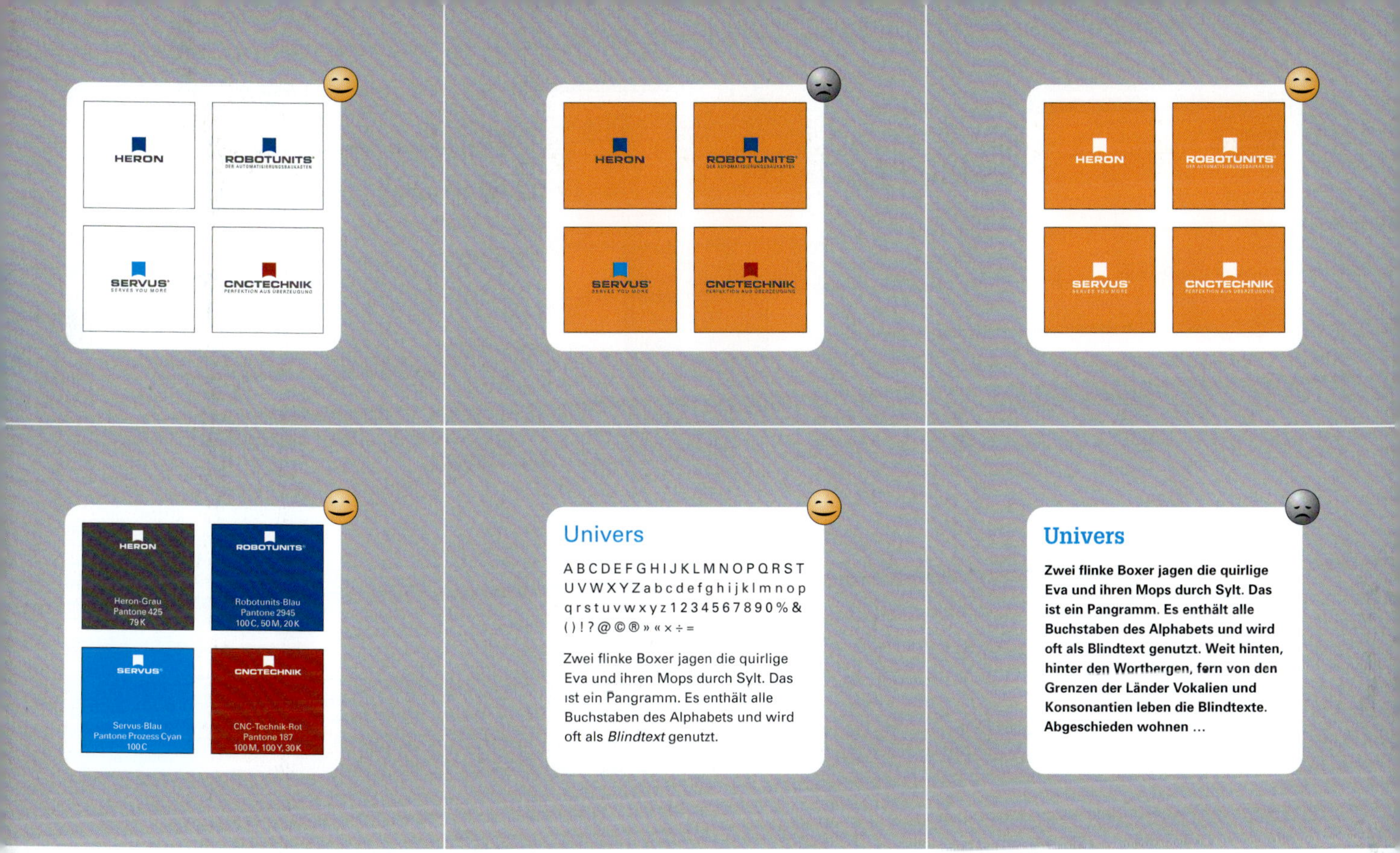

dürfen, also ob das *Prinzip Feuerwehr* oder *Rotes Kreuz* anzuwenden ist (Seite 324), oder ob sich die Töne in der Gewichtung die Waage halten sollen. Schließlich folgt die dritte tragende Säule des Corporate Designs, die Hausschrift (Seite 332) und ihre typografische Anwendung.

Die Abbildungen oben stammen aus CD-Manuals für die Heron-Gruppe, ein mittelständisches Unternehmen im Westen Österreichs, links für die Tochter »Servus«, rechts die Definitionen für die gesamte Gruppe.

- Logo: Aufbau und Proportionen
- Logo mit Box für nicht weiße Hintergründe
- Farbiges Logo auf Nichtweiß ist verboten.
- Negatives Logo für bunte Hintergründe
- Negatives Logo für graue Hintergründe
- Farbige Logos der Gruppe immer auf Weiß
- Farbige Logos auf Grau oder Bunt: verboten!
- Für farbigen und grauen Hintergr.: negatives Logo
- Definition der Hausfarben
- Die Hausschrift ist Univers in Bold und Oblique.
- Andere Schriften oder andere Schriftschnitte sind verboten.

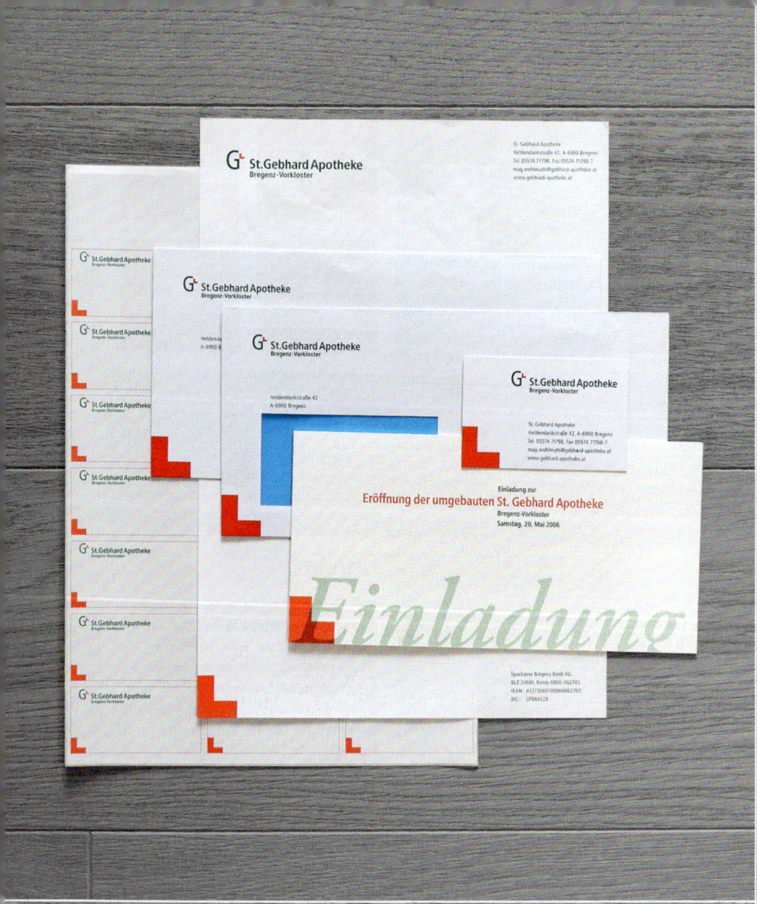
St.Gebhard Apotheke
Bregenz-Vorkloster
Eröffnung der umgebauten St. Gebhard Apotheke
Einladung

Praxis für Allgemeinmedizin

CashSystems
Roger Kössler

kabelhahn
Christian Brandstetter

Geschäftsausstattung

Zur Grundausstattung jedes Unternehmens gehört die Geschäftsausstattung (GA). Deren wichtigste Bestandteile sind Visitenkarte, Briefkopf und Kuvert, manchmal kommt zur Briefvorlage ein separates Folgeblatt hinzu. Darüber hinaus werden oft Kurzmitteilungen, Notizblocks mit Firmenlogo und Faltmappen benötigt.

Wenn man das Firmenlogo mittig oder linksbündig und die Kontaktdaten darunter setzt, entsteht noch kein individuelles Erscheinungsbild. Erst die kreative Platzierung der Elemente, eigenständige Typografie und präsente Farben verleihen einem CD Kraft. Dass die Hausschrift (Seite 332) und die Hausfarben (Seite 330) zum Einsatz kommen, versteht sich von selbst. Sekundäre Gestaltungselemente, die sich auf den verschiedenen Drucksachen wiederholen, verstärken den individuellen Charakter.

In Deutschland und Österreich ist C6/5 bzw. DIN lang üblich, in der Schweiz daneben auch C5. Oft sind zusätzlich Kuverts oder Taschen in C4 sinnvoll. Beachten Sie allfällige Postnormen!

Die hier und nachfolgend gezeigten Praxisbeispiele sind etwas in die Jahre gekommen. Dennoch repräsentieren meine eigenen Arbeiten meine Gestaltungsphilosophie am besten und zeigen ideal, was ich im Grafikdesign für wichtig halte. Ich finde auch, dass man ihnen gar nicht so sehr ansieht, dass manche schon beinahe zwanzig Jahre auf dem Buckel haben. Vor allem im Corporate Design versuche ich immer eine gewisse Zeitlosigkeit zu erreichen. Allerdings ist meine Meinung zu *meinen* Arbeiten natürlich nicht ganz objektiv.

- Der rote Winkel ist ein sekundäres CD-Element.
- Ein sehr eigenwilliger Farbraum
- Der Winkel der sekundären Elemente ist von der Lage der Kursivschrift übernommen.
- Die grauen Elemente lösen sich in Pixel auf.
- Einfache GA für ein Unternehmen am Start; preiswerte Lösungen müssen nicht billig aussehen.
- Die sekundären Elemente *verankern* das Logo.

3L
3-LITER-HAUS

sonja ch. kelz

andrea jochum
body, flow & creativity

innotool®
austria
FOR YOUR PRECISION

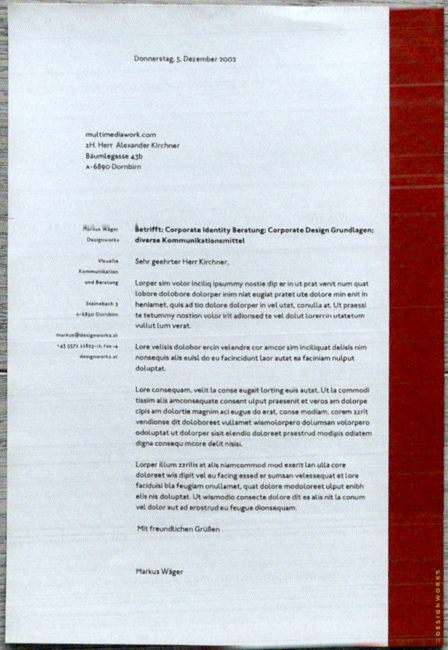

Briefkopf

»Briefe haben keinen Charakter, seit sie nicht mehr von Hand geschrieben werden«, heißt es. Das stimmt, wenn alle dieselben Schriftarten in derselben Standardformatierung desselben Programms nutzen. Dass nicht nur der Vordruck eines Briefs individuell gestaltet werden kann, sondern auch die Korrespondenz darauf, zeigen die Beispiele »Trias« und »Designworks«. Unter anderem ist die Satzbreite (Seite 209) für Lesbarkeit und Ästhetik sinnvoll definiert worden.

Dezente Hintergründe oder Tönungen des Papiers sind erlaubt, wenn sie beim Kopieren verschwinden, damit der Text nicht unleserlich wird. Besonderes Papier ist schick und bereitet ein haptisches Erlebnis.

Informationen wie Adresse, Bankverbindung und Rechtliches sind sekundär und dürfen in kleinen Schriftgraden gesetzt werden – der Korrespondenztext ist der Haupttext! Für Datenangaben bestehen rechtliche Normen, was in der Praxis weniger heiß gegessen als gekocht wird. Oft werden nur die wichtigsten in der Druckerei vorgedruckt, alles andere wird später nach Bedarf mit auf den Bürodrucker geschickt.

Am Rand ist eine dezente Markierung praktisch 105 mm von oben platziert – um den Brief zu falten (außer, wegen C5, in der Schweiz). Eine mittige Markierung hilft bei manchen *Lochern*.

- Der Bereich für den Korrespondenztext ist grau (Baustoff Beton) hinterlegt, das Papier rückseitig gelb (Sonne, Energie) bedruckt.
- Viel Platz für Farbe – das Logo steht im CD soweit möglich immer auf Cyanblau.
- Die hautfarbene Tönung des Papiers passt zu einer Behandlungsform, die unter die Haut geht.
- Randabfallender Balken mit Produktbereichen und Claim
- Die Korrespondenz hält sich an die Regeln guter Typografie: Schriftgrad 10 pt und 13 cm Satzbreite.
- Die GA für mich selbst und der Korrespondenztext darauf dürfen schon besonders individuell angeordnet sein.

andrea jochum
body, flow & creativity
scheffelstraße 3, 6900 bregenz, austria
www.andreajochum.com, b.f.c@andreajochum.com
0043 664 4600797

PSA
PARTS & SYSTEMS
Thomas Isenring
Leiter Administration/Personal
Tel. +41 71 747 51 96
Fax +41 71 747 51 61
tisenring@psa-ag.ch
PSA - Paul Schilling AG
Werkstrasse 7, 9434 Au/SG, CH
Tel. +41 71 747 51 51
Fax +41 71 747 51 61
www.psa-ag.ch

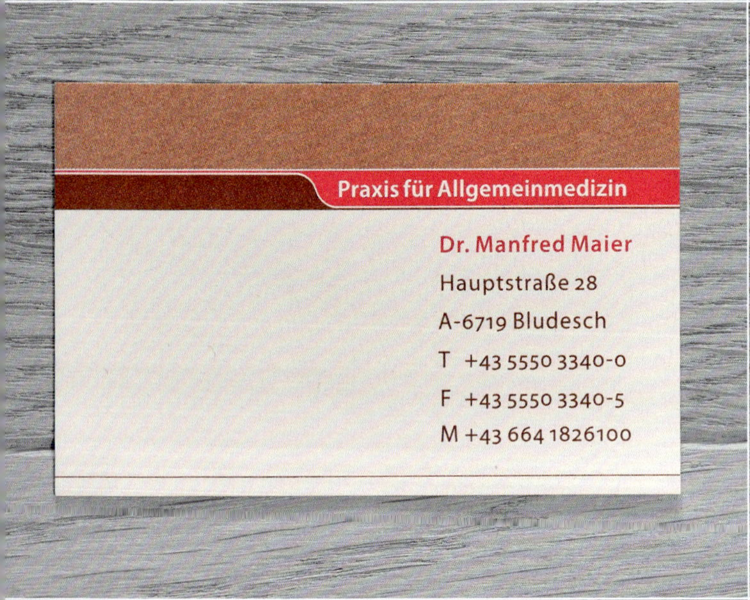
Praxis für Allgemeinmedizin
Dr. Manfred Maier
Hauptstraße 28
A-6719 Bludesch
T +43 5550 3340-0
F +43 5550 3340-5
M +43 664 1826100

sonja ch. kelz
VISIONäres marketing
betr. oec. Sonja Ch. Kelz
J. G. Ulmer-Straße 21
A-6850 Dornbirn
Festnetz : 0043 5572 398802
Mobil : 0043 664 2314673
sonja@sonjakelz.at
sonjakelz.at

hausinstallateur
hubert metzler
wasser | wärme | solar
gropper 1123 · A-6863 egg
tel : 05512 3012
mobil : 0664 4302129
fax : 05512 3012-4
service@hausinstallateur.at
hausinstallateur.at

CashSystems
Roger Kössler
Marketing & Verkauf
eidg. dipl. Verkaufsleiter
P·O·S-NETWORKS
CashSystems GmbH
Wynentalstrasse 1
CH-5723 Teufenthal
Tel. +41 62 776 55 90
Fax +41 62 776 55 91
koessler@cashsystems.ch
www.cashsystems.ch

Visitenkarte

Eine Visitenkarte ist im wahrsten Sinn des Wortes *die Visitenkarte des Unternehmens*. Sie vermittelt Eindruck. Um Kunden zu gewinnen investieren Unternehmen oft einige Zeit in ein Erstgespräch. Zeit ist Geld! Erstgespräche werden selten bezahlt. Ist es da wirklich sinnvoll mit einer Visitenkarte, bei der ein paar Cent gespart wurden, einen billigen Eindruck zu hinterlassen?

Das Format der Karten ist nicht genormt, doch sinnvollerweise orientiert man sich am Scheckkartenformat (ca. 86 mm × 54 mm). Der Schriftgrad muss der Größe des Formats angemessen aber problemlos lesbar sein – Werte zwischen 6 pt und 9 pt sind meist passend.

Ich empfehle, alle wichtigen Informationen auf einer Seite zu platzieren. Trotzdem mache ich gerne etwas mit der Rückseite – nackte Rückseiten finde ich immer irgendwie *verwahrlost*. Man kann beispielsweise die Webpräsenz bewerben.

Überlegen Sie, welche Informationen notwendig und/oder erwünscht sind und wie diese formuliert werden sollen. Ist die Angabe eines Fax 2020 wirklich noch notwendig? Muss vor »mail@domain.de« wirklich »E-Mail« geschrieben werden? Auch Telefonnummern erkennen die Leute ohne Beschriftung und ein *Etikett* ist nur sinnvoll, wenn mehrere solcher Nummern auf der Karte stehen (z. B. eine für das Faxgerät).

- Kräftiger Karton mit interessanter Struktur
- Das Logo ist randabfallend platziert, der Balken unten und das Quadrat rechts *stützen* es.
- Aufteilung im Goldenen Schnitt (Seite 107)
- Karton mit Struktur und geprägtes Logo
- Farbe wirkt! Orange ist freundlich und warm.
- Viele dynamisch aufsteigende Linien
- Hochformat geht natürlich auch; und die Rückseite *ziert* eine gelbe (sonnige) Fläche.
- Diese Karte ist mit einer matten Folie kaschiert, was eine besonders interessante Haptik ergibt.

Mit Hingabe wilde Magnolien pflücken

Mit Hingabe wilde Magnolien pflücken

Mit Hingabe wilde Magnolien pflücken

Mit Hingabe wilde Magnolien pflücken

Der Arbeitsbereich

So können Sie die Bedienfelder arrangieren

Als Individualist arbeite ich in meinen Programmen gerne mit individualisierten Arbeitsbereichen. Hier erfahren Sie, wie man einen Arbeitsbereich einrichten und speichern kann.

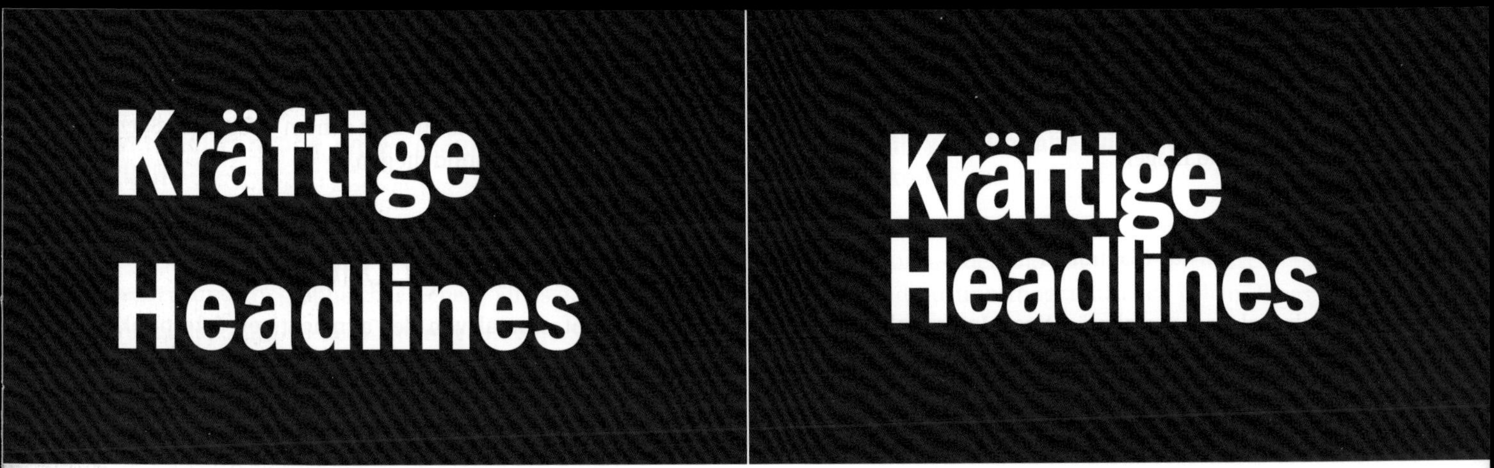

Titel (Headline)

Titel über Inseraten und auf Plakaten werden »Headline« genannt, ebenso die Überschriften über Zeitungsartikeln, sowohl off- als auch online. Auf der *Titel*seite von Print-Medien findet sich der Titel (Name) der Publikation. Außerdem tragen Kapitel in Büchern oft Titel. Dieses Buch hat sieben Kapitel und somit sieben Kapiteltitel. Er ist in der Regel die oberste (erste) Ebene der Überschriftenhierarchie.

Laien in der Gestaltung neigen dazu, Titel mit allen Mitteln der Typografie zu betonen: größer, fetter, farbiger, *versaler, unterstrichener*. Doch auch hier gilt: Weniger ist mehr! *Eine* zusätzliche Auszeichnungsform genügt oft, um Text ausreichend als Titel auszuzeichnen. Zwei vom Haupttext abweichende Formatierungen sollten definitiv genug sein. Der größere Schriftgrad gehört so gut wie immer dazu. Zusätzlich wird gerne eine Alternativschrift und/oder ein anderer Schriftschnitt verwendet. Man kann dem Text auch eine hervortretende Farbe geben oder ihn in Versalien setzen. Von Unterstreichung hingegen lässt man in der gepflegten Typografie eher die Finger – ästhetisch ist sie nur selten überzeugend.

Dass es auch ohne *erschlagenden* Schriftgrad geht, zeigt die Abbildung »Erfolg macht Spaß …«: Die Headline der Einladung gewinnt ihre Präsenz durch den üppigen Freiraum rundherum sowie die markante Ausrichtung am Smiley. Der Smiley ist aufgrund der hervorstechenden Farbe der markante Punkt (Seite 66) des Layouts und fungiert als Eye-Catcher. Dass die Headline mit ihm eine Zeile (Linie, Seite 68) und somit eine Gestaltungsachse (Seite 72) bildet, lenkt die Aufmerksamkeit zusätzlich darauf.

So, wie die Laufweite bei kleinen Schriftgraden zum optischen Ausgleich zu erweitern ist (Seite 198), sollte sie in den Schriftgraden von Titeln reduziert werden. InDesigns Standard-Zeilenabstand von 120 % des Schriftgrads ist für Mengentext knapp (Seite 206) – für Überschriften und Titel ist er hingegen unbedingt zu reduzieren. Damit die Zeilen schön schließen, empfiehlt sich eine Reduzierung des Wortabstands. Logisch, dass bei markanten Headlines auch auf die Zurichtung (Seite 215) der Buchstaben zu achten ist!

- »Erfolg macht Spaß …« wird auch ohne übergroße Formatierung eindeutig als Titel wahrgenommen.
- Titel, Untertitel und *Lead-in* eines Workshops meines Buches zu Adobe Photoshop
- Headline in InDesigns Standardeinstellungen
- Geschlossenere Wortbilder durch reduzierte Laufweite
- Durch reduzierten Zeilenabstand verschmelzen die Zeilen zum Block.
- Verringerter Wortabstand verbessert die Geschlossenheit der Zeilen.
- Headline in InDesigns Standardeinstellungen
- Um Erik Spiekermann zu wiederholen: Ober- und Unterlängen (Zeichen generell) dürfen sich berühren, wenn es besser aussieht.

Hier sehen Sie eines der Formate, die heute in der Buchtypografie für Literatur und Belletristik gängig sind. Die Linien im Hintergrund zeigen ein Konstruktionsschema, wie es in der klassischen Typografie zur Gestaltung des Satzspiegels üblich war. Ausgesprochen schick, der üppige Freiraum rundherum! In Büchern über Typografie wird in der Regel beschrieben, wie die Konstruktion zustande kommt – auch in meinem Buch »Grafik und Gestaltung«. Aber ist Ihnen in der Praxis schon einmal ein Buch mit so einem opulenten Satzspiegel begegnet? Außer in einem Antiquariat?

Heutzutage nutzt die Typografie Seiten ökonomischer. Das Prinzip der Seitenaufteilung ist allerdings weitgehend dasselbe geblieben: Oben ist der Abstand des *Satzspiegels* zum Seitenrand (*Kopfsteg*) geringer als unten (*Fußsteg*), der Abstand zum Bund (*Bund-* oder *Innensteg*) ist geringer als jener zum äußeren Rand (*Außensteg*). Außen muss ausreichend Abstand zwischen Satzspiegel und Rand sein, damit der Daumen die Seiten bequem halten kann, ohne dass er Text verdeckt. Ebenso ist unten ausreichend Freiraum zum Halten erforderlich. Innen muss der Abstand ausreichend groß sein, dass der Text nicht vom Bund verschluckt wird. Bei zu geringem Bundsteg muss der Leser das Buch sehr weit *auseinanderbiegen*, was nicht zuletzt den Bund beschädigen kann.

Die Pagina (Seite 353) steht hier zentriert unter dem Satzspiegel. Häufiger wird sie stattdessen an der Außenkante des Satzspiegels ausgerichtet. Eine Norm, wo die Seitenzahl stehen muss, gibt es nicht. Sie dürfen also kreativ sein. Allerdings nicht so kreativ, dass der Leser sie nicht findet. Sie muss immer am selben Platz stehen und keinesfalls nahe am Bund, denn dann müsste man das Buch immer ganz aufmachen, um die Seitenzahl zu lesen. Einer seitlichen Platzierung im Außensteg hingegen steht entgegen und es wurden auch schon die Paginierungen beider Seiten auf derselben zusammengefasst.

Kopfsteg

Satzspiegel

Belletristik und Literatur wird nahezu ohne Ausnahme in Antiqua (Seite 142) gesetzt. Ich unterstelle, dass eine Grotesk dem Verkaufserfolg eines Buches im Offline-Buchhandel schaden würde. Anders als beim Online-Handel nimmt man Bücher im Geschäft in die Hand. Wir haben eine Erwartung, wie ein Buch auszusehen hat. Eine dermaßen markante Abweichung von der Norm, wie ein Roman in Grotesk, wäre irritierend.

Der Charakter der Schrift sollte zur Art der Erzählung passen. Wer die Typografie neutral halten möchte, entscheidet sich für eine lebendige Antiqua (Seite 169) nach humanistischem Vorbild (Seite 152). Vertreter dieser Schriftgruppe, wie die Garamond, Bembo, Palatino oder Trump Mediäval, sind Klassiker der Romantypografie, und aufgrund des häufigen Vorkommens wirken sie gewohnt und neutral. Ist eine Geschichte in der Welt der *Reichen und Schönen* angesiedelt, würde ich aber schon über eine strenge Satzschrift (Seite 171) nach klassizistischem Vorbild (Seite 154) nachdenken oder bei einem *sehr historischen Stoff* über eine venezianische Renaissance Antiqua (Seite 169).

Der Schriftgrad bewegt sich in der Buchtypografie meist rund um 9 Punkt, wiederum abhängig von der Schriftart und dem Buchformat. Bücher haben vergleichsweise kleine Formate. Das hier abgebildete gehört mit 148 mm × 210 mm zu den größeren. 10 Punkt wäre dafür beim Gros der Schriftarten zu viel. 8,5 bis 9,5 Punkt sollte eine gute Richtschnur sein. Darüber hinaus gelten die Regeln zur Formatierung lesefreundlicher Mengentexte (Seite 354), was Laufweite, Zeilen- und Wortabstand angeht.

Damit Absätze nicht übersehen werden, ist ein Erstzeileneinzug (Seite 212) üblich, so wie ich ihn bei diesem Text hier, in der Weite des Zeilenabstands, gesetzt habe (Zeilenabstand = 12,6 Punkt, Erstzeileneinzug = 12,5 Punkt). Als Auszeichnungsform (Seite 198) ist selten mehr als eine Kursive (Seite 172) notwendig. Proportionale Mediävalziffern (Seite 195) integrieren sich besser in den Fließtext als Versalziffern und sind deswegen zu bevorzugen.

Bundsteg

Außensteg

Pagina

Fußsteg

Fachbuch

Manche Fachbücher enthalten ausschließlich Text und teilen das Format mit Literatur und Belletristik, weswegen sie im Prinzip identisch gestaltet werden. Es gibt allerdings einen Unterschied: Fachbücher *dürfen* in Egyptienne (Seite 144) oder Grotesk (Seite 160) gesetzt werden, bei manchen Themen erwartet das der Leser sogar und würde Antiqua als verstaubt, unsachlich und/oder nicht modern genug empfinden. Dass Romane in Antiqua gesetzt sein *müssen*, sie im Fachbuch aber *falsch* sein kann, ist selbstverständlich völlig irrational, doch der Mensch ist kein rationales Wesen. Wir sind Gewohnheitstiere. Romane *sind Antiqua*, ebenso Zeitungen, sachliche und technische Fachliteratur *ist Grotesk*. Wenn Erwartungen verletzt werden, reagieren wir irritiert und mit Skepsis.

Illustrierte und bebilderte Fachbücher sind komplexer und anspruchsvoller zu gestalten als reine *Lesebücher*. Selten wird in nur einer Spalte gesetzt. Häufig gibt es eine breite Spalte für den Haupttext und eine schmalere Marginalspalte. Ebenso ist aber auch Mehrspaltigkeit üblich, meist zweispaltig.

Fachbücher enthalten normalerweise verschiedene Überschriftenebenen, Bildunterschriften sowie aktive und integrative Auszeichnungen (Seite 198). Auch können Untertitel, Einleitungen, Fact-Boxes, Zitate oder Programmiercode vorkommen. Die Schriftart muss den Anforderungen gerecht werden. Ein Schriftmix ist eher die Regel als die Ausnahme. Zur Auszeichnung von Code sind Monospace-Schriftarten (Seite 195) üblich, was einen Mix unumgänglich macht – dicktengleiche Schriften sind für umfangreiche Lesetexte ungeeignet.

Für die Satzart – ob Block- oder linksbündiger Satz (Seite 212 und Seite 211) – gelten keine Regeln. Man sollte sie je nach Spaltenbreite wählen. Außerdem hängt die Entscheidung davon ab, ob man Leben in das Layout bringen möchte – dann Flattersatz – oder es beruhigt werden soll – dann Blocksatz. Darüber hinaus gelten weitgehend dieselben Regeln wie auch für die Gestaltung der Belletristik.

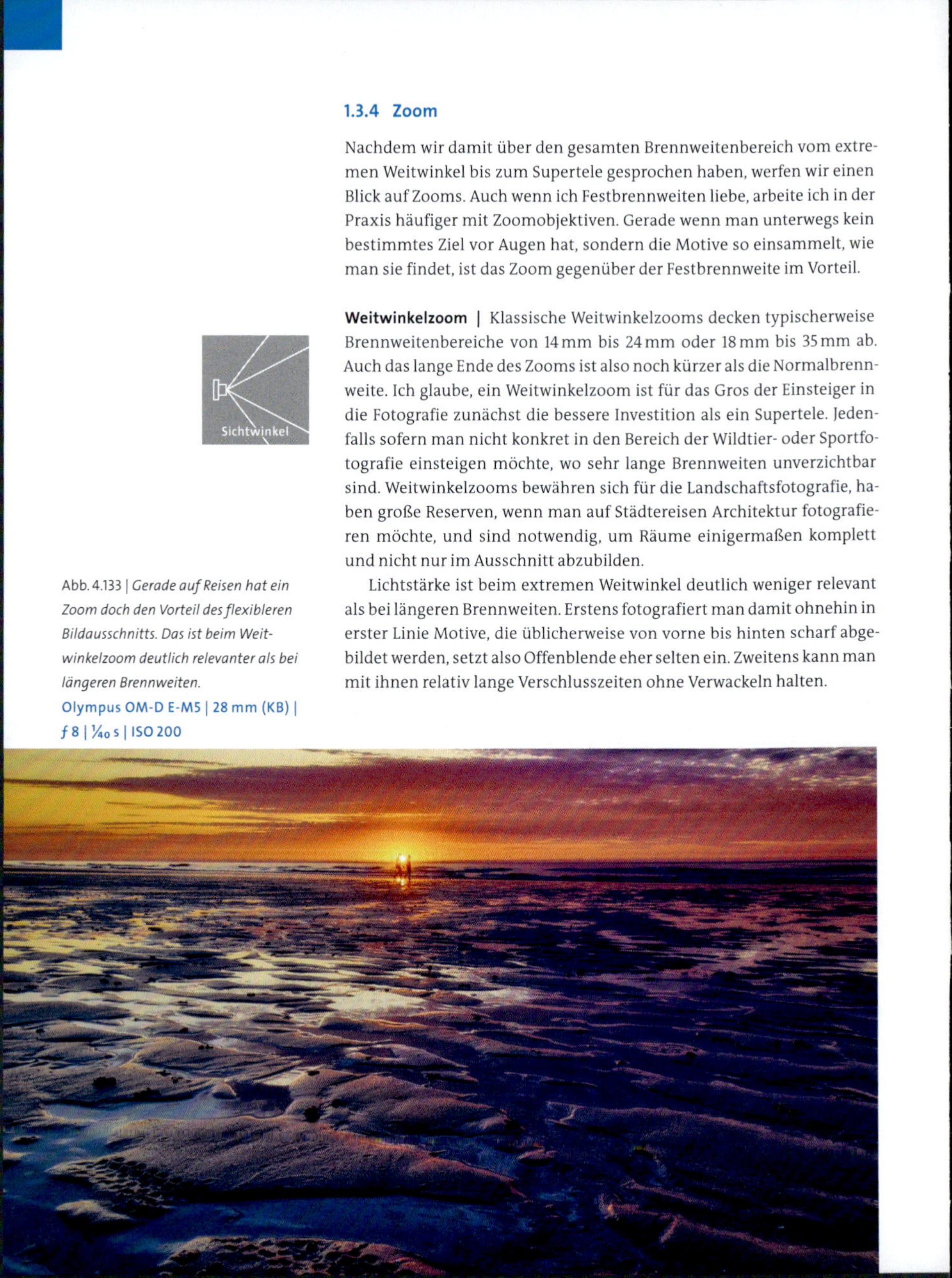

1.3.4 Zoom

Nachdem wir damit über den gesamten Brennweitenbereich vom extremen Weitwinkel bis zum Supertele gesprochen haben, werfen wir einen Blick auf Zooms. Auch wenn ich Festbrennweiten liebe, arbeite ich in der Praxis häufiger mit Zoomobjektiven. Gerade wenn man unterwegs kein bestimmtes Ziel vor Augen hat, sondern die Motive so einsammelt, wie man sie findet, ist das Zoom gegenüber der Festbrennweite im Vorteil.

Weitwinkelzoom | Klassische Weitwinkelzooms decken typischerweise Brennweitenbereiche von 14 mm bis 24 mm oder 18 mm bis 35 mm ab. Auch das lange Ende des Zooms ist also noch kürzer als die Normalbrennweite. Ich glaube, ein Weitwinkelzoom ist für das Gros der Einsteiger in die Fotografie zunächst die bessere Investition als ein Supertele. Jedenfalls sofern man nicht konkret in den Bereich der Wildtier- oder Sportfotografie einsteigen möchte, wo sehr lange Brennweiten unverzichtbar sind. Weitwinkelzooms bewähren sich für die Landschaftsfotografie, haben große Reserven, wenn man auf Städtereisen Architektur fotografieren möchte, und sind notwendig, um Räume einigermaßen komplett und nicht nur im Ausschnitt abzubilden.

Lichtstärke ist beim extremen Weitwinkel deutlich weniger relevant als bei längeren Brennweiten. Erstens fotografiert man damit ohnehin in erster Linie Motive, die üblicherweise von vorne bis hinten scharf abgebildet werden, setzt also Offenblende eher selten ein. Zweitens kann man mit ihnen relativ lange Verschlusszeiten ohne Verwackeln halten.

Sichtwinkel

Abb. 4.133 | *Gerade auf Reisen hat ein Zoom doch den Vorteil des flexibleren Bildausschnitts. Das ist beim Weitwinkelzoom deutlich relevanter als bei längeren Brennweiten.*
Olympus OM-D E-M5 | 28 mm (KB) | *f* 8 | 1/40 s | ISO 200

Um weitere Töne zu erzielen, müssen die Grundfarben gerastert werden, das heißt, sie werden in Punkte aufgelöst. Punkte, die üblicherweise so klein sind, dass sie sich mit bloßem Auge nicht erkennen lassen.

Durch Übereinanderdruck und Rasterung lassen sich aus den drei Grundfarben Orange, Türkis, Violett, Purpurrot, Gelbgrün, Mittelblau, Rosarot sowie alle Farben dazwischen mischen. Braun entsteht aus Magenta und Gelb mit Cyan oder Schwarz. Grau wird durch Rastern von Schwarz erzielt. Man schätzt, dass auf Basis des Vierfarbendrucks unter idealen Bedingungen etwa eine halbe Million Farbnuancen möglich sind.

Überdrucken und Aussparen

Druckfarben sind lasierend. Von lasierend spricht man, wenn Farben nicht decken, sondern den Untergrund durchscheinen lassen. Aquarellfarben beispielsweise sind lasierend. Wenn Sie eine Fläche mit einer gelben Aquarellfarbe bemalen und dann Blau darüberlegen, mischen sich die Farben zu Grün.

Wenn Sie in InDesign gestalten, verhalten sich die Farben allerdings so, als wären sie deckend. Erstellen Sie ein gelbes Rechteck und legen ein X in Cyan darüber, schimmert kein Gelb durch ❶. Tatsächlich würde das Ergebnis jedoch so ❷ aussehen, würden die Elemente im Druck übereinandergedruckt. Dass es dennoch funktioniert, liegt an einem Trick, den man als Aussparen bezeichnet: Die Form des oben liegenden Objekts wird aus den Flächen, die darunterliegen, ausgeschnitten ❸ (ausgespart). Das geschieht automatisch, und wo notwendig werden die Einstellungen von

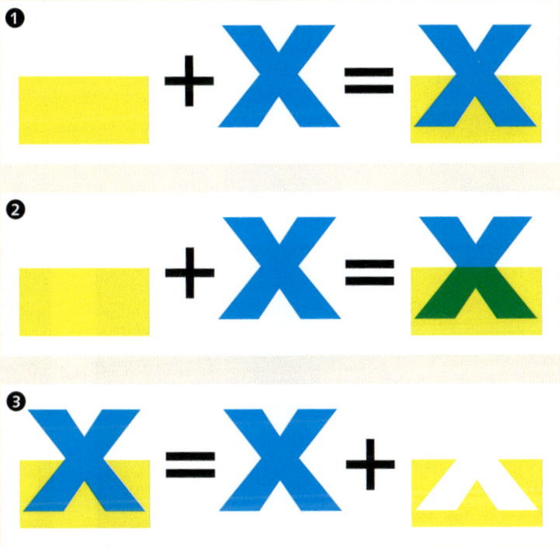

Das Druckraster dieser Abbildung werden Sie ohne Lupe kaum erkennen.

In einem groben Raster wiedergegeben, lässt sich gut nachvollziehen, wie die Farbnuancen durch Rasterpunkte simuliert werden.

Eine Seite aus meinem Buch »Die kreative Fotoschule« (70 % der Originalgröße). Der Haupttext ist in TheAntiqua (wie in diesem Buch) mit 9 pt Schriftgrad und 4,6 mm ZAB gesetzt, Überschriften, Bildlegenden und Marginaltext in TheSans (ebenfalls so wie hier). Für Ordnung sorgt ein sechsspaltiges Raster, vier davon leiten den Haupttext, zwei sind zur Marginalspalte zusammengefasst. Die Überschriftenhierarchie wird durch die Nummerierung verdeutlicht. Der zweite Absatz wird in der Abbildung von einer Spitzmarke (Seite 353) eingeleitet (»Weitwinkelzoom«).

Grundlagenexkurs aus meinem Workshop-Buch über InDesign (ebenfalls 70 %). Schriftart: Syntax, 9 pt auf 13 pt. Dem Layout liegen fünf Rasterspalten zugrunde. In den Exkursen bilden je zwei Rasterspalten eine Textspalte, eine Spalte bleibt frei. Mit Nummern aus einem speziellen Ziffern-Font wird auf Bilder bzw. Bildteile verwiesen.

Gestaltungsraster

Grafikdesign lebt im Wesentlichen von Ordnung (Seite 28). Bereits als es um die Umsetzung von Bildmarken ging, habe ich die Nützlichkeit von Rastern für das Design herausgestrichen (Seite 342). Rechts sehen Sie eine Doppelseite aus »Die kreative Fotoschule« und das dafür verwendete Rastersystem. Es basiert auf sechs Spalten, von denen wie schon erwähnt vier den Haupttext leiten, während zwei – jeweils außen – die Marginalie bilden. »Marginalie« stammt aus dem Lateinischen und heißt so viel wie *Rand* oder *zum Rand gehörend*. Ein lateinisches Wort für *Randnotiz*, könnte man sagen.

Ich arbeite bevorzugt mit sechsspaltigen Rastern – jedenfalls wenn das Format nicht deutlich größer oder wesentlich kleiner als A4 ist. Auch dieses Buch basiert auf sechs Spalten – im Hintergrund sehen Sie sie angedeutet. Überlagert werden sie von einem zweiten Raster. Etwas kompliziert, aber notwendig, um das Buch so gestalten zu können, wie ich es mir vorstellte.

Zwei Raster in einer Publikation übereinanderzulegen ist ein wenig ungewöhnlich. Weniger ungewöhnlich ist hingegen, Seiten nicht nur entlang der Horizontalen in Kolumnen einzuteilen, sondern ebenso für eine vertikale Aufteilung zu sorgen. Es entsteht ein modulares Rastersystem, das die Gestaltung konstanter und geordneter Layouts effektiver macht. Damit zu arbeiten, ist etwas gewöhnungsbedürftig, aber hat man den Dreh erst heraus, kommt man sehr viel schneller zu ordentlichen Resultaten.

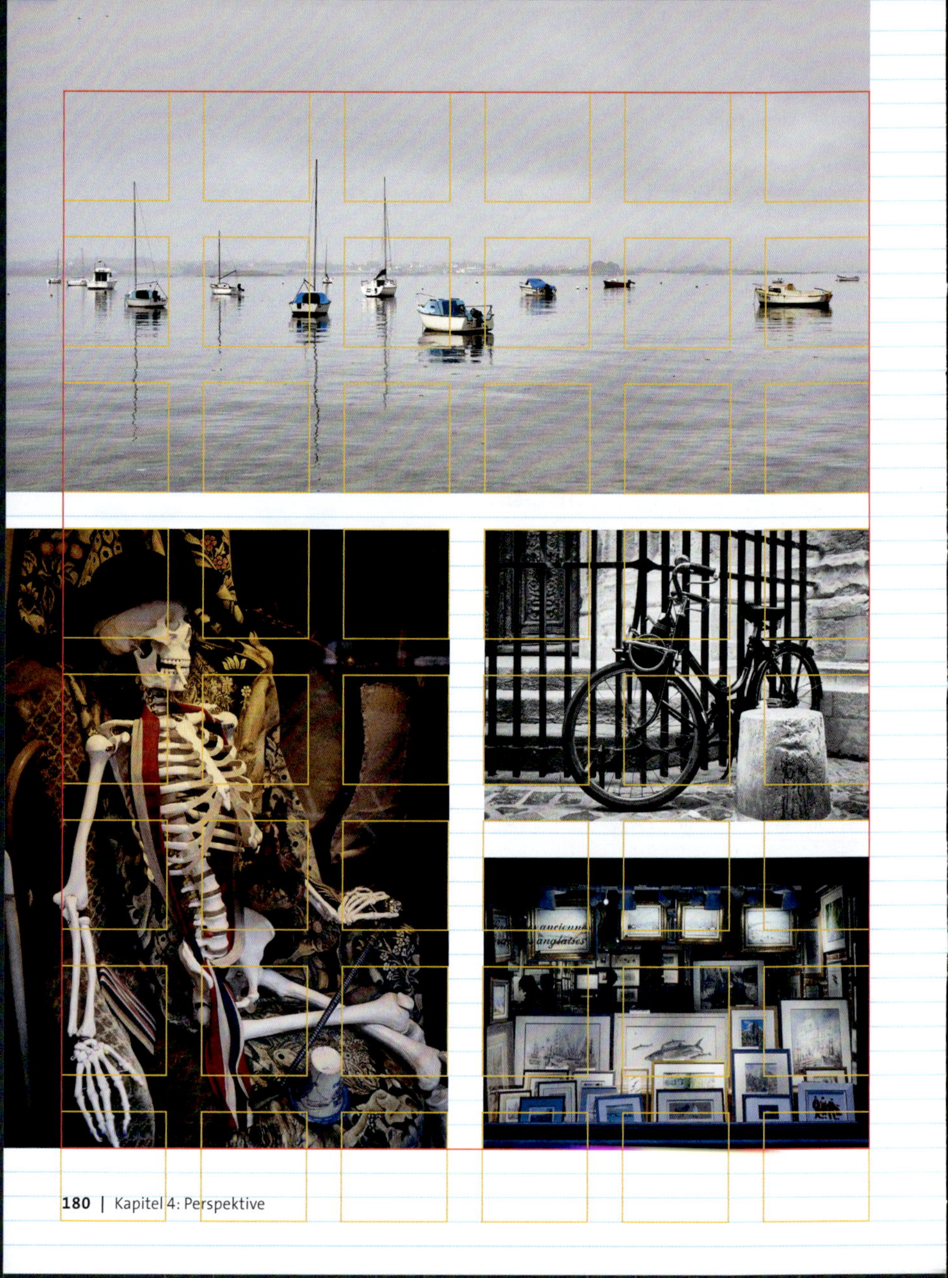

Wichtig ist, Raster nicht als Gefängnisse zu sehen. Wenn man glaubt, man müsse jedes Element exakt in die Rasterfelder (orangefarbene Felder) quetschen, schadet das dem Layout mehr, als es nützt. Ein typografisches Raster ist ein Hilfsmittel, so wie die Kästchen auf einem Notizblock. Auch darauf werden Sie das Muster nur zur Orientierung nutzen und ihm nicht mit jeder Linie, die Sie zeichnen, strikt folgen. Das Raster soll die Layoutelemente einfangen und ordnen, wo es sich anbietet, aber nicht in ein Korsett zwängen. In der Abbildung sehen Sie z. B., dass sich Bilder und Textflächen *überwiegend* an den Rasterfeldern orientieren, der Abstand der Bilder des Fahrrads und des Schaufensters sind jedoch zu den Modulen versetzt. Das Foto des

1.2.3 Distanz

Fotografische Laien und Einsteiger tun sich oft schwer damit, zu verstehen, weshalb viele ambitionierte Fotografen auf Festbrennweiten schwören. Zwar wird mit der Zeit verstanden, dass sie überwiegend eine bessere Lichtstärke aufweisen als Zoomobjektive, aber auf den Komfort des Zoomens zu verzichten, können sich viele dennoch nicht vorstellen. Dabei kann ich mit einer Festbrennweite den Bildausschnitt ebenso bestimmen wie mit dem Zoom. Ich muss mich dazu nur bewegen. Möchte ich einen engeren Bildausschnitt, gehe ich näher, möchte ich einen weiteren, entferne ich mich.

Zwar wird man mit einer Festbrennweite schneller an die Grenzen der Wahl des Bildausschnitts stoßen als bei einem Zoom, aber deshalb zu glauben, man könne damit nicht kreativ fotografieren, ist ein Irrtum. Im Gegenteil hemmen Zooms häufig die Kreativität, weil man dem Komfort verfällt, anstatt nach idealen Blickwinkeln zu suchen. Festbrennweiten zwingen einen richtiggehend dazu, kreative Lösungen zu suchen. Ich habe schon mehrfach mehrtägige Reisen unternommen, bei denen mich nur ein oder zwei Festbrennweiten begleiteten und von denen ich trotzdem mit tollen Fotos zurückgekehrt bin. Gewiss gibt es einzelne Motive

Abb. 4.70 | *Die Aufnahmen dieser Doppelseite entstanden mit einer Olympus OM-D E-M5 und einer Lumix mit 20 mm Festbrennweite auf einer Tour mit dem Roadster durch den Norden Frankreichs. Anstatt mit dem Zoom entsteht der Bildausschnitt bei der Festbrennweite durch Veränderung der Distanz zum Motiv.*

Perspektive kreativ gestalten | 181

Schaufensters hätte ansonsten unglücklich beschnitten werden müssen. Auch die Höhe des Satzspiegels (rot eingerahmt) schließt nicht mit den Rastermodulen ab, sondern ist drei Zeilen nach oben versetzt. Außerdem ist die Fußzeile mit der Paginierung halbzeilig zum Raster versetzt – die Zeile hätte sonst zu weit unten gehangen.

Trotzdem erfüllt das Raster seinen Zweck: Die Gestaltungselemente schnappen in ihm ein, wo es sich anbietet, und brechen aus ihm aus, wo es besser aussieht. Layouts werden nicht lesefreundlicher, aber sie wirken *designter*.

Ausgangspunkt zur Entwicklung von Rastersystemen ist das Grundlinienraster (blaue Linien). Das sind Hilfslinien, an denen der Text ausgerichtet wird. Ich vergleiche es gerne mit den Linien in einem Schreibheft. In der Buchtypografie sorgt das Ausrichten der Texte am Grundlinienraster dafür, dass die Zeilen vorder- und rückseitig bündig auf dem Papier stehen. Wichtig ist das bei dünnem, nicht opakem Papier. Opazität bezieht sich auf die Durchsichtigkeit eines Materials – durchscheinendes Papier ist *nicht opak*. Scheinen zwischen den Zeilen einer Seite die Zeilen der Rückseite durch, ist das unschön und stört die Lesbarkeit. Stehen die Zeilen einer Seite mit der Rückseite deckungsgleich, stört das weniger.

Der Vorteil am Grundlinienraster ausgerichteter Texte ist auch, dass die Zeilen in den Spalten bündig stehen, wie links an Haupt- und Bildtext zu sehen.

Logisch, dass die Weite des Grundlinienrasters dem ZAB entsprechen muss. Sein Wert ist ja Basis für die Entwicklung des Rasters. Spaltenabstände sollten *mindestens* dem ZAB und maximal dem 1,5-fachen ZAB entsprechen, das heißt bei 12 Punkt ZAB 12 Punkt bis 18 Punkt Abstand. »Die kreative Fotoschule« hat einen Spaltenabstand von 6,9 mm bei 4,6 mm ZAB, dieses Buch hier (»ABC des Grafikdesigns«) hat 4,4 mm ZAB und 6,6 mm Spaltenabstand. Sie sehen: Ich arbeite gerne mit dem 1,5-fachen des ZAB.

Ich gehe in diesem Beispiel zur Entwicklung eines Gestaltungsrasters von A4 aus, weil es das geläufigste Format ist und Sie es so für Ihre Praxis adaptieren können.

1. **Spaltenanzahl ermitteln:** Zuerst brauchen Sie eine Vorstellung, wie das Layout aussehen soll. Es empfiehlt sich also erst ein Entwurf. Er zeigt, wie viele Spalten sinnvoll bzw. erforderlich sind. Nehmen wir an, er sieht zwei Textspalten vor. A4 ist 210 mm breit. Eine Spalte kann also maximal 105 mm breit sein. Damit ist aber noch kein Platz für Spaltenabstände und Stege (Seite 360) einberechnet. Nehmen wir für Abstände und Ränder zusammen 50 mm an, bleiben 160 mm (210 – 50 = 160) für *zwei* Spalten, eine kann demnach maximal 80 mm breit werden.
2. **Schriftgrad ermitteln:** Der Spaltenabstand sollte sich am ZAB (Seite 355) orientieren. Dieser ist von Schriftart (Seite 200), Schriftgrad (Seite 204) und Satzbreite (Seite 209) abhängig. Um einen angemessenen ZAB zu ermitteln, erstelle ich im Layoutprogramm einen Textrahmen in der berechneten Breite (80 mm), fülle ihn mit Platzhaltertext und formatiere ihn mit 9 Punkt Schriftgröße. Ich erstelle einen Ausdruck und begutachte ihn. Ist das Resultat gut, ist der Schriftgrad gefunden. Wenn nicht, wird korrigiert und neuerlich ausgedruckt.
3. **ZAB bestimmen:** Nach der Ermittlung des Schriftgrads wird der Zeilenabstand bestimmt. Dazu können Sie den Schriftgrad mit 1,2 multiplizieren, um 120 % davon zu erhalten. Stellen Sie den Zeilenabstand auf diesen Wert ein und machen Sie wieder einen Ausdruck. Wahrscheinlich ist der Wert zu gering. Erhöhen Sie ihn und testen Sie neuerlich anhand eines Ausdrucks. Da der ZAB Basis des Rasters werden soll, ist es sinnvoll, ihn in Millimeter zu definieren. Ich entscheide mich häufig für 4,25 mm, 4,5 mm, 4,75 mm oder 5 mm – in diesem Buch sind es allerdings 4,4 mm.
   › Alternative – ZAB mit doppelter Versalhöhe: Wie gesagt hat sich in meiner Gestaltungspraxis die zweifache Versalhöhe als ZAB bewährt. Um ihn zu ermitteln, messe ich die Versalhöhe im Gestaltungsprogramm, um den Messwert mit zwei zu multiplizieren. Das Ergebnis ist der ZAB. Auch hier ist mittels Testausdruck zu prüfen, ob der Wert tatsächlich ideal ist. In diesem Buch beträgt der Schriftgrad 9 Punkt (3,175 mm), die Versalien messen knapp 2,2 mm, der ZAB beträgt 4,4 mm. In diesem Beispiel rechne ich der Einfachheit halber mit 5 mm weiter.

Mit dem ZAB steht die Basis für die Einstellungen des Grundlinienrasters (Seite 365) fest und wir leiten davon den Spaltenabstand (Seite 365) ab. Ich nehme dafür oft den 1,5-fachen Wert, die Gestaltung auf Basis des einfachen Werts ist allerdings etwas einfacher, weshalb ich wieder 5 mm übernehme.

Der Entwurf, den wir uns vorstellen, soll zwar zwei Textspalten haben, doch Rastersysteme unterteilen den Satzspiegel üblicherweise feiner. Wie gesagt finde ich bei A4 und ähnlich großen Formaten sechs Spalten ideal. Auf der vorherigen Doppelseite können Sie sehen, wie sich Bilder darin einpassen lassen: Der Satzspiegel kann ein Bild à sechs Spalten aufnehmen, zwei Bilder à drei oder drei Bilder à zwei. Oder das Bild nimmt vier Spalten ein und das daneben zwei. Die Ausrichtung geht in den Layoutprogrammen mittels *magnetischer* Hilfslinien und Raster flott und das Ergebnis weist klare Proportionen und aufgeräumte Verhältnisse auf. Ermitteln wir also als nächstes die Spaltenbreite, Spaltenabstände und seitlichen Ränder.

1. **Spaltenabstände:** Zwischen sechs Spalten gibt es fünf Spaltenabstände. Fünf Abstände à 5 mm ergeben zusammen 25 mm (5 × 5 = 25).
2. **Maximale Spaltenbreite berechnen:** Ziehen wir die Summe der Spaltenabstände (25 mm) von der Breite von A4 (210 mm) ab, erhalten wir 185 mm (210 – 25 = 185). So viel steht für alle sechs Spalten zur Verfügung. Das bedeutet, eine Spalte kann maximal 30,8 mm breit sein (185 ÷ 6 ≈ 30,8). Allerdings sind dabei Außen- und Bundsteg nicht berücksichtigt.
3. **Tatsächliche Spaltenbreite berechnen:** Ich definiere die Spaltenbreite sofern möglich als Vielfaches des ZAB. Der ZAB beträgt 5 mm. Ein Vielfaches davon ist 25 (5 × 5). Sechs Spalten à 25 mm ergeben zusammen 150 mm (25 × 6 = 150).

4. **Spalten + Abstände = Satzspiegelbreite:** Zählen wir die sechs Spalten (6 × 25 = 150) und die fünf Abstände (5 × 5 = 25) zusammen, erhalten wir 175 mm (150 + 25 = 175).
5. **Seitliche Stege berechnen:** Ziehen wir von der A4-Breite (210 mm) den Satzspiegel (175 mm) ab, bleiben 35 mm (210 – 175 = 35). Das steht uns für Bund- und Außensteg zur Verfügung – ein guter Wert! Ist der Wert zu knapp oder zu groß, muss mit anderen Spaltenbreiten gerechnet werden.
   › Wie das auf Bund- und Außensteg verteilt wird – 15 mm innen und 20 mm außen, umgekehrt, beidseitig 17,5 mm oder anders – entscheiden Sie.
6. **Kopf- und Fußsteg:** Die Stege oben und unten werden in der Regel auf die seitlichen Abstände bezogen. Wenn Sie beispielsweise innen 15 mm und außen 20 mm wählen, wären 15 mm oben und 20 mm unten eine logische Option.

Um ein modulbasiertes Rastersystem zu entwickeln, fahren Sie so fort:

1. **Rasterfeld + Abstand:** Hier nehme ich ein Feld mit 25 mm Höhe an, rechne einen Abstand mit 5 mm hinzu und erhalte 30 mm.
2. **Anzahl der Rasterfelder:** Auf A4-Höhe (297 mm) passen so neun Module (297 ÷ 30 = 9,9).
3. **Satzspiegelhöhe:** Neun Module zusammen ergeben 270 mm (9 × 30 = 270). Davon sind 5 mm abzuziehen – zwischen neun Feldern befinden sich acht Abstände – und so kommen wir auf 265 mm für die Satzpiegelhöhe.
4. **Kopf- und Fußsteg:** Für die Abstände oben und unten bleiben demnach 32 mm (297 – 265 = 32). Auch hier gilt: Wie Sie die 32 mm verteilen – z. B. je 16 mm oben und unten oder anders –, entscheiden wieder Sie.

LDfacz
www.ldleasing.at
#1 | 06/01
Ein Gewinn für Anleger
LD-Werbung 2000: markant und erfolgreich
Hervorragende Entwicklung der Hypo St. Gallen
Berger-Auflieger spart 1,7 t Gewicht!
Abschied vom IFB
LD-Leasing wächst stärker als der
Menzi Muck A51 – mit noch mehr Power
LD-Leasing GmbH
Klaudiastraße 6, 6850 Dornbirn
Geschäftsstellen

Häusles Entsorgungskonzept für Wolford:
Wie man aus Netzstrümpfen Zement bremst.
In der Industrie entstehen große Mengen an Abfällen. So auch bei Wolford. Doch wie das Beispiel des Entsorgungskonzepts für Wolford zeigt, ist das, was abfällt, noch lange kein Müll.
Keine Abfälle mehr auf die Deponie

LOACKER
RECYCLINGne
ker Recycling s.r.o
er Slowakei

Das Design von Zeitungen und Zeitschriften wird Editorial Design genannt. Was der Unterschied zwischen Zeitungen und Zeitschriften ist, wissen wir. Aber können Sie ihn auch erklären? Wikipedia beschreibt es verkürzt zusammengefasst so: »*Zeitschriften* (›Journal‹ oder auch, vom Englischen ›magazine‹, ›Magazin‹) bezeichnet ein regelmäßig erscheinendes Medium mit Ausrichtung auf ein bestimmtes Thema bzw. Fachgebiet.« Im Gegensatz dazu wird geschrieben: »Die Zeitung ist, anders als die Zeitschrift, ein der Aktualität verpflichtetes Presseorgan und gliedert sich meist in mehrere inhaltliche Rubriken wie Politik, Lokales, Wirtschaft, Sport oder Feuilleton.«

Wie bereits weiter vorne angedeutet, findet man für den Haupttext von Zeitungen nahezu ausschließlich Schriftarten mit Serifen. Früher wurde sogar eine eigene Schriftgruppe mit der Bezeichnung »Zeitungs-Antiqua« definiert. Deren Charakter war irgendwo zwischen Übergangsantiqua (Seite 155) und Egyptienne (Seite 158) angesiedelt. Heute jedoch findet man im Zeitungssatz die verschiedensten Arten von Antiqua und Egyptienne.

Ein Schriftmix ist bei Zeitungen beinahe die Regel. Häufig werden im Kontrast zur Serifenschrift im Haupttext Sans-Serif-Schriften für Titel und Überschriften verwendet. Die Typografie ist komplex, da mit sehr vielen unterschiedlichen Anforderungen umgegangen werden muss. Im Großen und Ganzen gilt aber auch im Editorial Design, was in den Kapiteln »Schrift« und »Typografie« beschrieben und unter »Mengentext« (Seite 354) zusammengefasst wurde. Eine Ausnahme bildet im Layout von Zeitungen die Satzart: Wie in Kapitel 4 erklärt (Seite 213), wird in aller Regel im Blocksatz gesetzt, obwohl die Spalten dafür eigentlich zu schmal sind – oft kommen wegen der großen Formate sieben bis zwölf Spalten zum Einsatz. Grund für den Blocksatz trotz der geringen Satzbreite ist, dass die Layouts üblicherweise außerordentlich viele Elemente enthalten, sodass Flattersatz zu unruhig wäre, obwohl der Preis für die geraden Kanten zu beiden Seiten auffallend unterschiedliche Wortabstände sind.

Bei Zeitschriften sind die Vorstellungen, denen das Layout gerecht werden muss, weniger eng gefasst. Im Grunde geht, was gefällt. Das Design wird vor allem von der Zielgruppe und der Thematik abhängig sein. Ich habe in den 1990ern Techno-Magazine gesehen, deren Typografie völlig unlesbar war. Lesbarkeit war aber wohl auch nicht das Maß der Dinge bei diesen Lifestyle-Produkten. Ausschlaggebend war vielmehr, *cool* und *schräg drauf* zu sein – bei der Menge Ecstasy, die die Mitglieder der Technoszene damals intus hatte, waren Probleme bei der Lesbarkeit wohl auch selten der Typografie geschuldet. *Seriösere* Zielgruppen hätten auf diese Layouts wohl reagiert wie der Teufel auf das Weihwasser.

Der kalifornische Designer David Carson wurde sogar mit unlesbaren Layouts zum Helden der Designszene des ausgehenden Millenniums. Carson zeichnete damals für die Grafik des Rock-and-Roll-Magazins »Ray Gun« verantwortlich. Ich hörte einst eine Anekdote über ihn, dass er ein Interview von Ray Gun mit Brian Ferry in *Zapf Dingbats* gesetzt habe, da er der Ansicht war, Ferry habe nur Unsinn verzapft (Zapf Dingbats: ✢❏❉❁■ ✦❄❏❏❚).

Auch wenn man kein spezialisierter Editorial Designer ist, erhält man gelegentlich die Aufgabe, Kunden- oder Mitarbeitermagazine zu gestalten. Die Abbildungen links zeigen drei solcher Magazine, die von mir gestaltet wurden. Selbstverständlich, dass ich dafür Gestaltungsraster nutze, wie ich sie auf den beiden vorangegangenen Doppelseiten beschrieben habe. »LDfacz« und »Wertstoff« haben A3-Format, »Recycling-News« A4. Ersteres basiert auf einem Raster mit sieben Spalten, »Wertstoff« hat acht, das dritte Magazin fünf. Dass es sich zweimal um Publikationen für Recycling-Unternehmen handelt, ist reiner Zufall.

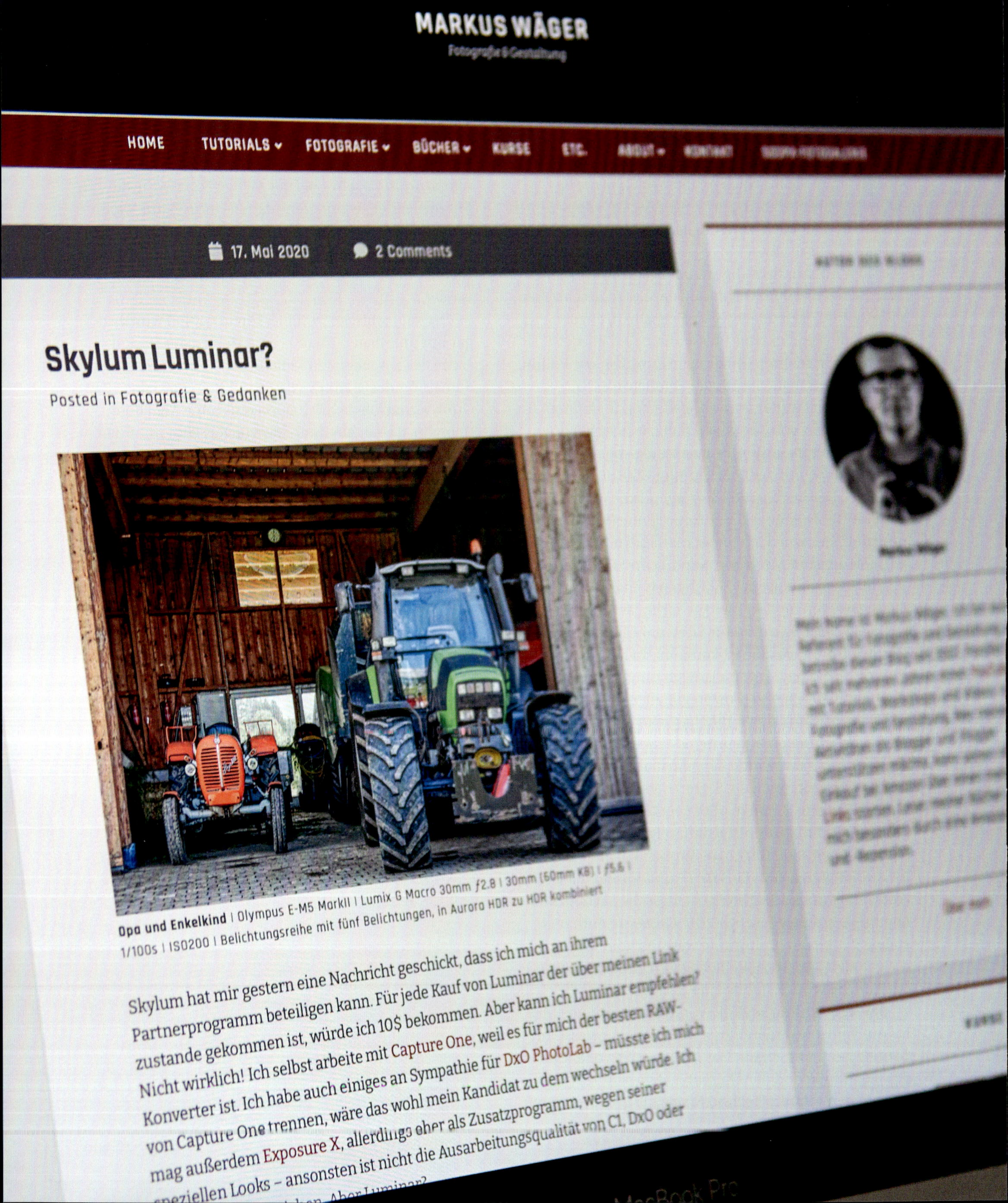

MARKUS WÄGER
Fotografie & Gestaltung
HOME
TUTORIALS
FOTOGRAFIE
BÜCHER
KURSE
ETC.
17. Mai 2020
2 Comments
Skylum Luminar?
Posted in Fotografie & Gedanken
Opa und Enkelkind | Olympus E-M5 MarkII | Lumix G Macro 30mm ƒ2.8 | 30mm (60mm KB) | ƒ5.6 | 1/100s | ISO200 | Belichtungsreihe mit fünf Belichtungen, in Aurora HDR zu HDR kombiniert
Skylum hat mir gestern eine Nachricht geschickt, dass ich mich an ihrem
Partnerprogramm beteiligen kann. Für jede Kauf von Luminar der über meinen Link
zustande gekommen ist, würde ich 10$ bekommen. Aber kann ich Luminar empfehlen?
Nicht wirklich! Ich selbst arbeite mit Capture One, weil es für mich der besten RAW-
Konverter ist. Ich habe auch einiges an Sympathie für DxO PhotoLab – müsste ich mich
von Capture One trennen, wäre das wohl mein Kandidat zu dem wechseln würde. Ich
mag außerdem Exposure X, allerdings eher als Zusatzprogramm, wegen seiner
speziellen Looks – ansonsten ist nicht die Ausarbeitungsqualität von C1, DxO oder

Webdesign

Das Internet wurde von Wissenschaftlern und Technikern entwickelt. Design spielte in den frühen Tagen keine Rolle. Als ich 1997 erste Websites gestaltete, schrieb man ein Gerüst aus HTML und füllte es mit Text und Bildern im JPEG- oder GIF-Format. Die kreativen Möglichkeiten gingen kaum über die Auswahl des Hintergrunds hinaus.

Lange Zeit war man im Webdesign auf etwas mehr als eine Handvoll Schriftarten angewiesen, die praktisch auf jedem Computer vorhanden waren: Arial, Verdana, Tahome, Trebuchet und – als einzige Serifenschrift – Georgia. Portale, die auf Nummer sicher gehen und auch ältere Systeme nicht vor Darstellungsprobleme stellen wollen, nutzen noch heute diese Fonts.

Längst ist das Internet den Kinderschuhen entwachsen und Webdesign ist eine Gestaltungsdisziplin für sich mit ganz eigenen Rahmenbedingungen. Ich selbst verlegte mich wieder mehr auf Print-Design, als PHP, JavaScript, dynamisches HTML und Programmierung neben HTML Platz nahmen – Code schreiben ist nicht mein Ding. Dennoch gestalte ich regelmäßig mittels *Cascading Style Sheets (CSS)* das Design von Webseiten, primär meines eigenen Blogs.

Gute Typografie ist am Bildschirm nicht weniger von Bedeutung als auf Papier, und ihre Regeln sind weitgehend dieselben, schließlich richten sich Text und visuelle Kommunikation in beiden Fällen an die Wahrnehmung des Menschen. Zu den wesentlichen Unterschieden gehört, dass Monitore aus größerer Entfernung betrachtet werden als Bücher, Magazine oder Broschüren (Seite 209). Deshalb sollten Schriften eben auch vergleichsweise größer definiert werden. 16 Pixel haben sich wie schon geschrieben als gute Einstellung erwiesen. *Perfekte Einstellungen* zu definieren, ist hingegen kaum möglich. Zu viele verschiedene Ausgabegerät (Desktop-Monitor, Laptop, Tablet, Smartphone), zu viele Einstellmöglichkeiten für die Auflösung, zu viele verschiedene Betriebssysteme (Windows, Mac, Linux in allen denkbaren aktuellen und historischen Versionen), zu viele Browser (ebenfalls von topaktuell bis fahrlässig veraltet), zu unterschiedliche Benutzer.

Wenn ich eine Broschüre gestalte, wird sie gedruckt auch so aussehen, wie ich sie am Bildschirm gestaltet habe. Im Webdesign ist das nicht der Fall. Das Internet ist liquide (flüssig). Die Elemente dürfen nirgends fest verankert sein, sondern müssen fließen können. Gestaltung muss sich nach den Gegebenheiten richten und sich daran anpassen, mit welchem Browser auf welchem System und welchem Gerät ein Besucher meine Website *ansurft*.

Webdesign basiert zwar auch häufig auf Rastern, doch mit den Rastersystemen des Print-Designs lässt sich das nicht vergleichen. Es wäre auch gar nicht sinnvoll, das zu wollen. Schon der Gedanke an Mehrspaltigkeit ist für Webseiten absurd (probiert wurde es trotzdem). Leider scheinen wohl wegen der vielen Unterschiede manche Designer, die das Web gestalten, der Ansicht zu sein, sie könnten die Regeln der klassischen Typografie ignorieren. Das Resultat sind schlecht lesbare Texte. Dabei genügt es schon, die wichtigsten Grundregeln der Lesetypografie einzuhalten, um dem Besucher einer Seite das Lesen leichter zu machen: Eine gut lesbare Schrift, ausreichend Schriftgröße, ausreichend Zeilenabstand und eine angemessene Satzbreite – über den Aberglauben, dass Text immer so breit fließen soll, wie der User das Fenster aufzieht, sollten wir endlich hinwegkommen. Laufweite und Wortabstand lassen sich über CSS definieren, und ich nutze das auch, um Titel kompakter zu setzen. Inwiefern das auch zur Optimierung der Lesbarkeit von Fließtexten sinnvoll ist, ist aufgrund der unterschiedlichen Ausgabegeräte fragwürdig.

In Sachen Schrift sind wir glücklicherweise auch nicht mehr auf das halbe Dutzend allgegenwärtiger Fonts angewiesen. Heute kann jeder seine Website mit der Schriftart seiner Gunst gestalten. Seiten wie *fonts.google.com* und *fontsquirrel.com* bieten zahlreiche Freefonts zum kostenlosen Download an, die man in der Regel sowohl für Desktop-Anwendungen als auch zur Installation auf einem Server nutzen darf. Mein eigener Blog nutzt 2025 den Freefont *Bespoke*.

Ein Flyer – auf Deutsch heißt das Flugblatt – ist ein (nicht gefaltetes) Blatt, das ein- oder beidseitig mit Werbung, Information oder irgendetwas dazwischen bedruckt ist. Ein vorgeschriebenes Format gibt es nicht, aber ich glaube, wir dürfen davon ausgehen, dass das Gros dieser *fliegenden Blätter* A4-Format hat, gefolgt vom Postkartenformat.

Ein Folder – dafür gibt es die deutschen Begriffe *Falter* und *Faltblatt* – besteht ebenso aus nur einem Blatt, wird aber – wer hätte das gedacht! – gefaltet. Landläufig verwenden wir den Begriff auch für mehrseitige gebundene (also aus mehreren Blättern bestehende) Publikationen. Ich ziehe dafür *Broschüre* vor, um es vom reinen Folder zu unterscheiden.

Am häufigsten begegnen uns Folder, die zweimal gefaltet sind und ein schmales, hohes Format haben. Meist wird dabei ein Teil, wie abgebildet, nach innen, unter die Vorderseite geklappt. Landläufig wird das oft »Leporello« genannt, was aber nicht richtig ist. Ein Leporello wird anders gefaltet, nämlich in Z-Form. Tatsächlich nennt sich die übliche Faltvariante bei diesen Foldern »Wickelfalz«. Das Papierformat ist A4, die Vorderseite ist 100 mm breit, die Rückseite ebenso, der eingeklappte Teil bekommt die verbliebenen 97 mm – die Verkürzung des Einklappers ist notwendig, damit es beim Schließen nicht *klemmt*. Der Vorteil des Formats ist, dass es sich gut einstecken lässt und es in ein C6/5-Kuvert passt.

Natürlich ist es nicht verboten, Folder anders zu gestalten. Wenn man A3 nimmt und faltet, erhält man einen Folder in A4. Auf so einem Format kommen Bilder ganz anders zur Geltung. Es geht aber auch *ganz anders*. Ich mache beispielsweise die Vorderseite gerne etwas kürzer, sodass ein Teil der Innenseite Teil des Titels wird. Und man kann selbstverständlich auch mehr als zweimal falten.

Ein Wickelfalz und seine Maße

A4-Flyer (Rückseite)

A4-Folder, offenes Format A3

Dieser Folder wurde dreimal gefaltet. Das geschlossene Format ist 210 × 148 mm (A5), offen hat er eine Breite von 836 mm.

Bei dieser Einladung befindet sich der Text, »Wir laden Sie/Dich recht herzlich …«, auf der Innenseite. Durch Verkürzung des Deckels um 10 mm wird er zum Teil des Titels.

Dieser Folder ist 7-fach im Zickzackfalz gefaltet und hat ein offenes Format 960 × 300 mm. Noch größer wäre schwierig, da weder die Auswahl an Papieren mit mehr als 1 m noch an Druckmaschinen, die das drucken könnten, groß ist.

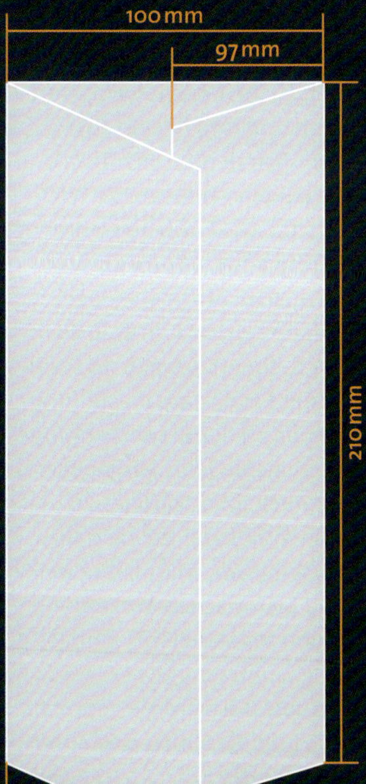

Sanierung und Restauration
denkmalgeschützter Gebäude
›Bestandsaufnahme und Schadensanalyse
›Renovierung gebräuchlicher Holzbauteile
›Vorbeugende Holzschutz-Maßnahmen
›Trockenlegung von Mauerwerk
›Sanierung und Konservierung von Stein
›Restauration von Fenstern, Türen und Treppen
RHOMBERG BAU

1,2, Klick und abgerechnet.

einladung zum Sommercocktail
Wir laden Sie/Dich recht herzlich zum diesjährigen Sommercocktail der Jungen

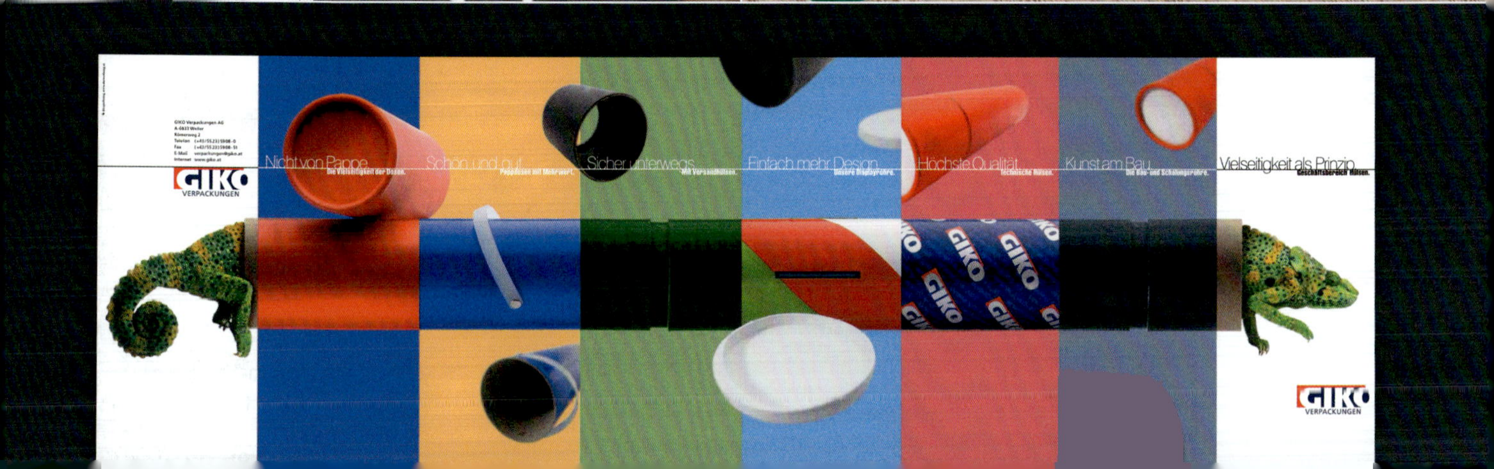
GIKO VERPACKUNGEN
Nicht von Pappe
Schön und gut
Sicher unterwegs
Einfach mehr Design
Höchste Qualität
Kunst am Bau
Vielseitigkeit als Prinzip
GIKO VERPACKUNGEN

PSA
PARTS & SYST
Präzision im System

Starke Partner
als Qualitätsgarant

Gemeinsam
zur optimalen Lösung

PSA
PARTS & SYSTEMS

Broschüre

Auch eine Broschüre sollte den Regeln der Lesetypografie folgen, sofern die Inhalte tatsächlich gelesen werden sollen und nicht rein dekorativen Zwecken dienen, was im Übrigen ebenso für Flyer und Folder gilt.

Zur Gestaltung von Broschüren bieten sich modulbasierte Rastersysteme, wie sie auf Seite 367 beschrieben wurden, an. Man hat meist vergleichsweise wenig Text und viel gestalterischen Freiraum, Bilder und Grafiken so zu platzieren, wie und wo man möchte. Bei Büchern und Magazinen sind größere Textmengen zu bändigen und man kann Abbildungen nicht dahin stellen, wo es grafisch ideal wäre, sondern muss sie in räumliche Nähe zum Text setzen, zu dem sie gehören. Der Aufwand, ein Raster anzulegen, lohnt aber nur, wenn die Broschüre ein Dutzend Seiten oder mehr umfasst, weshalb man es bei Flyern und Foldern erst gar nicht in Betracht zieht. Der Vorteil des Rasters liegt nicht nur in der größeren Gestaltungseffizienz, sondern eben auch im aufgeräumten Layout, das zu erzielen ist und das eine *designte* Wirkung vermittelt. Dasselbe gilt natürlich ebenso für Kataloge und Ähnliches.

Bei Image-Broschüren, die primär der Bewerbung eines Produkts, einer Dienstleistung oder eines Unternehmens dienen, müssen selten enorme Text- und Bildmengen untergebracht werden. Viel eher kenne ich das Gegenteil, nämlich, dass zwar ein repräsentatives Druckwerk erstellt werden soll – man möchte ja *etwas darstellen* –, aber keine substanziellen Texte und professionellen Bilder zur Verfügung stehen. Aus jeder Not an Inhalt sollte ich als Grafiker eine Tugend für das Design machen, möglichst großformatig mit Bildern arbeiten – vorausgesetzt, die Aufnahmen geben etwas her – und Weißraum Platz geben. Das wirkt deutlich nobler, als jeden Zentimeter mit *irgendetwas* zu stopfen. Ich kann nur wiederholen: Weniger ist mehr!

Achten Sie darauf, dass sich der Seitenumfang durch 4 teilen lässt! Damit Blätter geheftet oder gebunden werden können, muss es jeweils vier (!), durch den Falz getrennte Seiten pro Blatt geben – eine Doppelseite also. Ein einzelnes, nicht gefaltetes Blatt lässt sich nicht heften.

Die gegenüberliegenden Abbildungen zeigen eine 24-seitige Broschüre für das Unternehmen PSA. Das Format beträgt 20 cm × 30 cm, eines, das ich gerne verwende, weil das 2:3-Seitenverhältnis etwas eleganter wirkt als die DIN-Formate. Dafür habe ich ein Gestaltungsraster mit quadratischen Modulen mit 5 cm Größe entwickelt, ohne Abstände dazwischen – man darf auch bei der Entwicklung von Gestaltungsrastern kreativ sein! Auf der Titelseite spiegelt sich das Raster in den Quadraten der Abbildungen.

Inserate, oder auch Anzeigen, kann man im Grunde in zwei Typen unterteilen: Anzeigen für konkrete Angebote und Image-Inserate. Erstere bewerben ein bestimmtes Produkt, eine Dienstleistung oder ein Anliegen (beispielsweise einer NGO). Dazu gehören üblicherweise Beschreibungen mit Hilfe von Text, Tabellen oder Grafiken. Es liegt also ein gewisser Informationsgehalt vor. Bei Image-Inseraten geht es rein darum, *Präsenz zu zeigen*. Ein Beispiel: Wenn Nike einen neuen Schuh bewirbt und dabei konkret auf Innovationen und Vorzüge eingeht, dann ist das ein *Produkt-Inserat*. Eine Nike-Anzeige hingegen, in der ein cooler Basketballer einen Ball in einem Korb versenkt, ohne dabei direkt auf ein Produkt zu verweisen, dient rein der Image-Pflege.

Inserate sind, ebenso wie Plakate und Werbung in den digitalen Kanälen, wichtig, um zu zeigen, dass eine Marke (noch) da ist. Jeder kennt Snickers! Die Marke muss nicht mehr beworben werden. Aber würde sie nicht mehr beworben, verlieren wir sie aus dem Fokus – und greifen das nächste Mal vielleicht zu Mars. Werbung sorgt dafür, dass Marken präsent bleiben und als *aktuell* wahrgenommen werden. Ich bemerke bei meinem eigenen Einkaufsverhalten, dass ich dazu neige, Produkte eher links liegen zu lassen, auf die ich schon länger nicht mehr aufmerksam wurde. Milky Way? Ist die Marke aus der Werbung verschwunden, wirkt das Produkt schnell *irgendwie alt*.

Es liegt in unserer Natur, Neuem – also *Fremdem* – gegenüber zunächst skeptisch zu sein. Vertrauen kann man nur Dingen, die man kennt. Werbung sorgt dafür, dass wir das Produkt kennen, bevor wir es jemals in Händen hatten. Also vertrauen wir den Marken, die wir aus der Werbung kennen. Dass dieses *erworbene* Vertrauen nicht immer gerechtfertigt ist, wissen wir aus eigener Erfahrung.

Zu Produkt-Anzeigen gehören jene von Märkten, die auf aktuelle Angebote aufmerksam machen und in denen der Preis neben der Produktabbildung die Hauptrolle spielt (»1 kg *arme Sau* jetzt für 1 Euro!«). Diese Gestaltung ist meist überladen bis trashig und wirkt billig – *billig* ist schließlich die Kernbotschaft. Wer billig sucht, wird von billig Wirkendem angesprochen. Man weiß, dass sich preiswerte Produkte weniger gut verkaufen, wenn die Verpackung einen hochwertigen Eindruck vermittelt, als wenn sie *billig gestaltet* ist. Es scheint sogar so zu sein, dass man teure Produkte in gut erreichbarer Höhe in die Regale einräumen muss, will man einen guten Absatz erzielen, während Billiges auch geht, wenn der Kunde sich dafür bücken muss.

Bis in die frühen 1980er hinein wurde Werbung als informativ wahrgenommen. Anzeigen, bei denen das Motiv vergleichsweise wenig Platz einnahm und beschreibender Text dominierte, waren keine Seltenheit. Doch die Welt hat sich gewandelt – auch die Welt der Werbung. Selbst bei Produktanzeigen wird der Text heute auf das Wesentlichste reduziert. Schließlich kann in Zeiten des Internets jeder im Handumdrehen weitere Informationen einholen. Den Informationen auf der Website wird ohnehin höhere Glaubwürdigkeit eingeräumt, als dem, was in Werbung geschrieben steht.

Für die Gestaltung von Anzeigen gibt es kein Erfolgskonzept, was allerdings für Werbung und Marketing generell gilt. In der Regel findet sich das Motiv im oberen Bereich, beschreibende Texte darunter, der Stammplatz des Logos ist rechts unten, was in Sachen Blickführung quasi dem *Ausgang* des Inserats entspricht. Die Headline kann über dem Motiv stehen, daneben oder als Überschrift über dem Text. Texte werden in der Werbung auf gut Angelsächsisch *Copy* bzw. *Body Copy* genannt. Das Logo gehört nach meinem Empfinden nach rechts, egal ob oben oder unten. Allerdings wird eine Anzeigengestaltung nicht deshalb nicht funktionieren, weil das Logo links steht. Denkbar ist im Prinzip alles, es sollte nur durchdacht sein.

Die größte Herausforderung bei der Entwicklung von Werbung ist immer, die clevere Idee zu finden. Das ist besonders schwierig, wenn kein einzelnes Motiv zu finden ist, sondern eine ganze Kampagne konzipiert werden soll. Nur eine Kampagne, in der Motive und Texte wie aus einem Guss wirken, ist eine gute Kampagne. Links ein Beispiel, dessen Idee von meinem Kollegen Wolfgang Hartmann entwickelt wurde – er hat auch die netten Autos geknetet – und die Helmut Wiener wie immer wunderbar *betextet* hat. Ich zeichnete für Bildbearbeitung und Layout verantwortlich.

Großes Ehrenwort, bei Fink gibt's nur ehrliche Gebrauchte.
Als VW- und Audi-Händler liegt bei Fink die Latte hoch. Auswahl und Qualität muss auch bei Gebrauchten stimmen. Darum hat Fink den Gebrauchtwagen-Check: Wer verkaufen will, lässt hier prüfen und freut sich über bare Zahlung. Und wer sucht, hat Finks Ehrenwort auf Qualität.
fink
Audi
Autoland Fink
A-6842 Koblach, Telefon (0 55 23) 6 26 12-0
www.weltauto.com/808

Alles neu macht der Mai, alles flink macht der Fink.
Frühlingsgefühle für Ihr Auto? Fink macht's möglich: Mit dem Frühjahrs-Check. Damit gute Laune die ganze warme Zeit bleibt und Ihr Wagen Wochenendausflüge ebenso spritzig meistert wie ausgedehnte Urlaubsreisen. Also flink zu Fink und flott durch die schönsten Monate des Jahres brausen!
fink
Audi
Autoland Fink
A-6842 Koblach, Telefon (0 55 23) 6 26 12-0
www.weltauto.com/808

Ich liebe Fink, weil er mich liebt.
Fink ist anders. Persönlich, freundlich, man nimmt sich Zeit für Sie. Ein VW- und Audi-Händler, der dem Anspruch dieser Marken mehr als gerecht wird. Mit allem, was dazugehört: ehrliche Gebrauchte, Service, Reparatur, Zubehör. Und mit einer »Liebe« zur Arbeit, die schon sprichwörtlich ist.
fink
Audi
Autoland Fink
www.weltauto.com/808

Der Fink-Check ist wie Grippe-Impfung für Autos.
Diesen Winter gibt`s kein schlechtes Wetter – vorausgesetzt, Ihr Wagen war im Fink-Check. Denn der stärkt die Widerstandskräfte Ihres Autos. Vitamine für Motor, Fahrwerk, Karosserie bringen es sicher durch Kälte, Nebel, Schnee und Eis. Lassen Sie Ihren Wagen jetzt »Grippe impfen« – bei Fink!
fink
Audi
Autoland Fink
A-6842 Koblach, Telefon (0 55 23) 6 26 12-0
www.weltauto.com/808

PUR
FEIN. GSUND. SCHNÄLL.
VEGAN & BIO
WWW.PUR.SUPPEN.CH
DIE OSTSCHWEIZER BAUERN SIND STOLZ AUF IHR GEMÜSE,
WIR AUF UNSERE SUPPEN.

PUR
FEIN. GSUND. SCHNÄLL.
VEGAN & BIO
WWW.PUR.SUPPEN.CH
DIE OSTSCHWEIZER BAUERN SIND STOLZ AUF IHR GEMÜSE,
WIR AUF UNSERE SUPPEN.

Ächt Muntafu
Öffnungszeiten
Di-Sa: 14-23 Uhr
So: 9-22 Uhr
Mo: Ruhetag
Zom Bur
Ächti Muntafuner Kuchi
Zom Bur GmbH
Panoramastraße 3
6780 Bartholomäberg
+43 664 52 41 842
info@zombur.at
www.zombur.at

Urspüngli
Öffnungszeiten
Di-Sa: 14-23 Uhr
So: 9-22 Uhr
Mo: Ruhetag
Zom Bur
Ächti Muntafuner Kuchi
Zom Bur GmbH
Panoramastraße 3
6780 Bartholomäberg
+43 664 52 41 842
info@zombur.at
www.zombur.at

Poster und Plakat

Landläufig ist Poster und Plakat dasselbe. In der Praxis müssen wir allerdings zwischen Postern mit Formaten bis etwa 70 cm Breite × 100 cm Höhe und Plakaten, die darüber hinausgehen, unterscheiden. Die Unterscheidung ist für die Gestaltung wesentlich.

Poster, die beispielsweise in Fußgängerzonen für Passanten aufgehängt werden, in Schaufenstern oder den Geschäften selbst, dürfen Informationen enthalten, für die sich der Betrachter einen Moment Zeit nehmen muss. Das heißt, beschreibender Text ist hier erlaubt.

Bei Plakaten, vor allem bei Großflächenplakaten, die primär neben Straßen aufgehängt werden und die die Insassen der vorbeifahrenden Autos erreichen sollen, ist Lesetext unsinnig. Bei dieser Werbeform muss möglichst drastisch reduziert werden. Ein Motiv, eine Headline, ein Logo. That's it! Bei dieser Werbeform empfiehlt sich darüber hinaus, tatsächlich das Logo an einem bestimmten Platz unterzubringen, nämlich oben. Diese Plakate hängen häufig knapp über den Straßen oder Gehwegen. Steht ein Auto davor, ist ein unten platziertes Logo *verparkt*. Insgesamt müssen Gestaltung und Typografie möglichst spontan erfassbar sein. Schwer lesbare Schriften können einen Augenblick zu viel fordern, um entziffert zu werden, wodurch die Botschaft schneller passiert als erfasst wird. Aufgrund der besseren Fernlesbarkeit bevorzuge ich für die Gestaltung von Großflächenplakaten Groteskschriften.

Die Abbildungen links zeigen noch einmal zwei Projektarbeiten aus Werbelehrgängen. Oben zwei Großflächenplakate von Melanie Hasler: Ein Image-Bild vermittelt die passende Stimmung, die Produktabbildung zeigt klar, worum es geht, und das Logo steht, wie für Plakate ideal, oben. Die Headline mag etwas lang sein, aber die Abbildungen sprechen für sich. Man mag zwar nicht auf den ersten Blick erkennen, dass sich in den Gläsern Suppen befinden, aber die Domain ist so clever gestaltet, dass sie die Information dazu unaufdringlich und doch unübersehbar übermittelt.

Darunter zwei Poster von Christine Burger für ihr Abschlussprojekt »Zom Bur«. Diese Formate werden weniger an Straßenrändern platziert, sondern in Schaufenstern oder Geschäften. Hier kann mehr Information transportiert werden und die Typo darf etwas schwerer lesbar sein, wie die auf die Bilder gestellten vertikal verlaufenden Headlines zeigen.

Anhang